História de uma alma

Teresa de Lisieux

História de uma alma

Nova edição crítica
realizada e comentada por

Conrad De Meester

Prefácio do cardeal Godfried Danneels
Prólogo de padre Bernard Bro

Dados Internacionais de Catalogação na Publicação (CIP)
(Câmara Brasileira do Livro, SP, Brasil)

Teresa do Menino Jesus, Santa, 1873-1897.
  História de uma alma / Thérèse de Lisieux ; nova edição crítica por Conrad De Meester ; [tradução Jaime A. Clasen]. – 4. ed. – São Paulo : Paulinas, 2011. – (Coleção Biblioteca Paulinas. Série espiritualidade)

  Título original: Histoire d'une âme
  Bibliografia.
  ISBN 978-85-356-2086-3
  ISBN 2-7509-0079-4 (Ed. original)

  1. Lisieux (França) – Biografia 2. Santas cristãs – França – Lisieux – Biografia 3. Teresa do Menino Jesus, Santa, 1873-1897 I. De Meester, Conrad. II. Título. III. Série.

11-11708   CDD-282.092

Índice para catálogo sistemático:
1. Santas : Igreja Católica : Biografia e obra 282.092

Título original: *Histoire d'une âme*
© 2005 by Editions Presses de La Renaissance, Paris.

Direção-geral: *Flávia Reginatto*
Conselho Editorial: *Dr. Afonso M. L. Soares*
  Dr. Antonio Francisco Lelo
  Dr. Francisco Camil Catão
  Luzia M. de Oliveira Sena
  Dra. Maria Alexandre de Oliveira
  Dr. Matthias Grenzer
  Dra. Vera Ivanise Bombonatto
Editores responsáveis: *Vera Ivanise Bombonatto e Afonso M. L. Soares*
Tradução: *Jaime A. Clasen*
Copidesque: *Cirano Dias Pelin*
Coordenação de revisão: *Marina Mendonça*
Revisão: *Sandra Sinzato*
Direção de arte: *Irma Cipriani*
Gerente de produção: *Felício Calegaro Neto*
Fotos: *Office Central de Lisieux*
Editoração Eletrônica: *Fama Editora*
Capa: *Wilson Teodoro Garcia*

4ª edição – 2011
8ª reimpressão – 2024

Nenhuma parte desta obra poderá ser reproduzida ou transmitida por qualquer forma e/ou quaisquer meios (eletrônico ou mecânico, incluindo fotocópia e gravação) ou arquivada em qualquer sistema ou banco de dados sem permissão escrita da Editora. Direitos reservados.

Cadastre-se e receba nossas informações
paulinas.com.br
Telemarketing e SAC: 0800-7010081

Paulinas
Rua Dona Inácia Uchoa, 62
04110-020 – São Paulo – SP (Brasil)
📞 (11) 2125-3500
✉ editora@paulinas.com.br

© Pia Sociedade Filhas de São Paulo – São Paulo, 2008

SUMÁRIO

Prefácio 9
Prólogo 13
Agradecimentos 17
Introdução à edição brasileira 19
Nota do tradutor 23

Manuscrito A
Dedicado à Madre Inês de Jesus

Advertência 26
Siglas 26
Introdução ao Manuscrito A(gnes = Inês) 28
[Capítulo 1 – Prólogo – Alençon – Morte de sua mãe] 47
[Capítulo 2 – Primeiros anos em Lisieux] 68
[Capítulo 3 – Aluna na Abadia – Cura extraordinária] 84
[Capítulo 4 – Chamado à santidade – Primeira comunhão – Graças e fraqueza] 101
[Capítulo 5 – Minha conversão completa – Amar Jesus com paixão e segui-lo] 124
[Capítulo 6 – Viagem a Roma – Teresa retardada para o Carmelo] 148
[Capítulo 7 – Postulante e noviça no Carmelo] 171
[Capítulo 8 – Profissão – Oferenda ao Amor Misericordioso] 186

Manuscrito G
Dedicado à Madre Maria de Gonzaga

Advertência 212
Siglas 212
Introdução ao Manuscrito G(onzaga) 214
[Capítulo 9 – Na escuridão da fé, a descoberta da Caridade] 227
[Capítulo 10 – "Atraí-me, corramos"] 258

Manuscrito M
Dedicado à Irmã Maria do Sagrado Coração

Advertência 286

Siglas 286

Introdução ao Manuscrito M(aria) 288

[Capítulo 11 – Os Segredos de Jesus – Minha vocação, é o Amor –
   no Coração da Igreja] 303

Epílogo

Introdução 323

Oferenda ao Amor Misericordioso... 328

Anexos

Anexo 1 – Amostras da escrita de Teresa 335

Anexo 2 – Horário do Carmelo de Lisieux 337

Anexo 3 – Genealogia da família Martin 339

Anexo 4 – Cronologia 343

Anexo 5 – Lista dos pontos-e-vírgulas introduzidos por nós
   no texto de Teresa... 349

Anexo 6 – Autores principais.. 353

Anexo 7 – Notas-chave desta edição 355

PREFÁCIO

Em 1898 aparecia a primeira edição da *Histoire d'une âme*. A autobiografia da pequena carmelita de Lisieux se tornaria o monumento da espiritualidade do século XX. Ainda que, imediatamente após a sua morte, o pequeno círculo do Carmelo de Lisieux já se desse conta do valor dos manuscritos, naquele momento ninguém podia prever o impacto e a irradiação que estas páginas teriam sobre as almas. A simplicidade e a força da mensagem evangélica e da doutrina paulina sobre a graça se puseram, mais uma vez na história da Igreja, a irradiar uma luz fosforescente, como balizas ao longo do caminho dos seres humanos em busca de Deus.

Tudo o que santa Teresa escreveu foi por obediência. É a obediência — uma escuta forte e atenciosa, como nos ensina a etimologia de *ob-audire* — que está na base da transparência que caracteriza as páginas de Teresa. Em toda autobiografia, o autor se escuta a si mesmo. Via de regra, ele escuta apenas a sua própria voz, auto-analisa-se, muitas vezes, aliás, para tirar daí algum título de glória ou pelo menos de orgulho. Só ouve a sua própria história em *monofonia*.

Teresa, ao contrário, através de tudo o que ela experimentou no seu corpo e na sua alma, através de toda a sua história, percebe a voz de Deus. Teresa escuta em *estéreo*: ela não se analisa a si mesma, ela descobre as maravilhas de Deus na sua vida. Por isso ela não tira daí nenhum motivo de glória para ela mesma; todos os acontecimentos de sua vida, toda a evolução de sua alma, ela os metamorfoseia numa imensa ação de graças para com o seu Senhor. Eis o que a obediência pode produzir na alma de um pobre. Ela purifica a matéria bruta de nossa vida de suas escórias. Porque a obediência age "como o fogo do fundidor e como o sabão das lavadeiras" (Ml 3,2).

Teresa encarna *a cultura da dependência amorosa*, o que é apenas outra fórmula para o *espírito de infância*. Só Deus sabe quantas almas, que viviam ainda nas terras rudes e sombrias do jansenismo, encontraram, graças a ela, o país ensolarado da confiança. "Nunca se tem confiança demais em Deus", disse ela. Só uma criança é capaz de arriscar-se a tais audácias. Esse reequilíbrio da lei e da graça foi profundamente terapêutico para o século XX.

A cura teresiana de uma das patologias mais perigosas da história da Igreja — o jansenismo — é o fruto de uma espantosa maturidade teológica. Teresa foi educada — sem mesmo dar-se conta — além da teologia como pura ciência, num nível em que esta se transmuda em sabedoria. A gente poderia admirar-se, até quase escandalizar-se, porque esta moça, que não passou nunca pelos rigores da pesquisa teológica, seja proclamada doutora da Igreja. Ela nunca se arriscou unicamente numa teologia da inteligência ou da razão. Praticou antes de tudo *a teologia do coração*. Porém essa teologia do *amor* é a única que é capaz de subir até o topo do saber sobre Deus. Teresa é a demonstração irrefutável do fato de que a teologia não se limita à mera abordagem científica e crítica do dado revelado. "A ciência infla, mas o amor edifica", diz Paulo (1Cor 8,1). A nova doutora da Igreja encontra, então, os próprios acentos da teologia espiritual dos Padres e de algumas grandes figuras da Idade Média e até de todos os tempos. Sim, a teologia é também, e antes de tudo, sabedoria.

Teresa obteve essa *inteligência do coração* por um verdadeiro excesso de amor por seu Esposo e Senhor. Porque o amor tem olhos no corpo todo, como os querubins na visão de Ezequiel: "O seu corpo todo, o dorso, as mãos, as asas, bem como as rodas, estavam cheias de olhos em torno..." (Ez 10,12). Essa *teologia espiritual* leva diretamente à oração; é seu preâmbulo. Conduz também a um grande amor pelos seres humanos, porque é uma teologia que não faz senão pensar ou refletir. Ela olha, escuta, toca. E como diz são João em sua primeira epístola: "[...] o que ouvimos, o que vimos com os nossos olhos, o que contemplamos e o que nossas mãos apalparam a respeito do Verbo da vida — porque a vida se manifestou; e nós vimos, testemunhamos e vos anunciamos a vida eterna..." (1Jo 1,1-2). Quem percebeu alguma coisa por amor, comunica-a aos outros por esse mesmo amor.

Foi uma idéia feliz publicar, no momento em que o papa João Paulo II proclamou Teresa doutora da Igreja, uma nova edição crítica de

Prefácio

História de uma alma, que, ao mesmo tempo, restabelece a ordem exata dos manuscritos.

Porque *a chuva de rosas* após a sua morte, que Teresa prometeu, não findará, evidentemente, nem com o século, nem com o milênio que terminaram. Ainda há um número infinito de almas que devem ser curadas e firmadas na confiança, pelo olhar que lançarão no espelho desta *História de uma alma*.

Seja padre Conrad De Meester agradecido por ajudar-nos, por esta edição nova, a progredir no caminho espiritual teresiano e carmelitano através dos séculos.

† Godfried cardeal Danneels
Arcebispo de Malinas e Bruxelas

PRÓLOGO

Na montanha, a água da torrente é muito límpida. É impossível avaliar a sua profundidade se não houver alguma pedra para fazer jorrarem bolhas leves e aerifeitas.

Teresa de Lisieux é muito límpida. Com mais de cem anos de distância, estamos longe de ter medido a profundeza de suas intuições.

Um dos grandes teólogos do século XX, o cardeal Yves Congar, falou com razão dos dois "faróis atômicos" que a Providência acendera na beira do século XIX: Teresa de Lisieux e Charles de Foucauld.

Mais de quatro mil obras partiram em busca dos segredos de Teresa. Sem nenhuma hesitação, sete papas fizeram dela "a luz de seu pontificado". Única doutora da Igreja reconhecida por João Paulo II, ela é o equivalente aos maiores, sem ter feito medo aos pequenos do Evangelho. Ao contrário, os teólogos estão desorientados diante dela. Os "pequenos" encontraram imediatamente o essencial, o que nenhuma fórmula pode traduzir de maneira suficiente: o amor. Nele ela acendeu a sua vida, exprimiu-o como poucos santos, doutores, poetas fizeram. Em mais de duas mil páginas ela o cantou, viveu, proclamou. De maneira evangélica, simples, forte, infinitamente sedenta. Sua atitude e suas palavras, diante da agonia, fizeram Bernanos dizer: "É com tais palavras de criança que os seres humanos se levantam".

A limpidez de seus escritos é demasiado transparente para que se pense tê-los um dia terminado. A restituição de seus textos e palavras levou várias equipes a trabalhar: monsenhor Combes, padre Gabriel de Sainte-Marie-Madeleine, padre François de Sainte-Marie, monsenhor Guy Gaucher, Jacques Lonchampt e irmã Cecília. O trabalho foi imenso. A edição do centenário exigiu quase quarenta anos de labor de uma equipe de pesquisadores notáveis.

HISTÓRIA DE UMA ALMA

Eis uma nova etapa. A última? Por que não? Padre Conrad De Meester tem a tenacidade de um flamengo: atenciosa, fraterna, porém verdadeira. Quando uma hipótese de leitura lhe pareceu não apenas uma hipótese, mas uma certeza, ele a desenvolveu diante de nós. E, de repente, desapareceram as incertezas, as leituras flutuantes ou animosidades inúteis.

Por que opor dúvidas ou desconfiança a certas testemunhas mais próximas, madre Inês e as outras irmãs de Teresa, quando uma leitura benevolente mostra com evidência que as suspeitas eram enganosas?

É preciso dizer alto: esta edição restitui simplesmente a verdade. Seja ela exigente ou feliz, foi a busca da verdade que guiou durante quarenta anos os trabalhos de padre De Meester e a incondicional amizade afetuosa do Carmelo de Lisieux, sem dissimular nenhuma fraqueza. *Amicus Plato, magis amica veritas*. Padre Conrad não cedeu de modo algum a nenhuma paixão. Sua tenacidade para verificar tudo, sua cultura da história mística do Ocidente, seu gênio de investigador — não hesito em dizer "gênio" teológico, histórico, psicológico — soube decifrar as armadilhas, olhar mais longe que os acertos de conta e começar a dar um crédito de simpatia a todos os parceiros da vida de Teresa. Todos foram amados, questionados por padre Conrad, impelidos a suas posições de defesa para que uma luz feliz acabasse aparecendo.

Entre as muitas análises, recursos, justificações que, neste livro, abrem para uma nova leitura desta *História de uma alma*, está primeiro, evidentemente, a restituição do título. *Manuscritos autobiográficos* não queriam dizer nada, esse título poderia ser atribuído tanto a Chateaubriand como a de Gaulle ou a Giscard.

Mais profundamente, uma novidade essencial, entre muitas outras, merece ser destacada. É a importância restituída à troca de cartas de Teresa com sua irmã Maria. Padre Conrad De Meester respeita a unidade e a continuidade evidente dos dois manuscritos em que Teresa faz um novo exame de sua vida — como uma psicanálise diante de Jesus e de suas superioras. Padre François de Sainte-Marie tinha interpolado entre os dois manuscritos a *Carta a Maria do Sagrado Coração*. Isso era romper a unidade da autobiografia de Teresa, modificar a ordem da edição original e privar o leitor de elementos históricos essenciais para a compreensão da

Prólogo

inesgotável *Carta de Teresa a Maria do Sagrado Coração*. É indispensável ter lido o segundo manuscrito sobre a sua vida antes da troca de cartas com sua irmã Maria, que, então, toma uma densidade existencial única em toda a história mística da Igreja. Padre Conrad restabelece também a verdade, a mesma que as irmãs de Teresa tinham respeitado na sua edição. É detalhe tal redescoberta do texto? Certamente, não. Este texto dá a chave de ouro de todas as intuições teresianas.

Padre Conrad tem um trunfo que muito poucos, senão nenhum exegeta de Teresa, tiveram de igual modo, a saber, o conhecimento do interior da vida do Carmelo e das carmelitas. Há mais de quarenta anos ele mantém contatos, visitas, retiros, conselhos e direção espiritual em muitos carmelos vivos. Estudou, perscrutou, publicou sobre a vida de duas outras carmelitas de prestígio do século XX, a bem-aventurada Isabel da Trindade e Santa Teresa Benedita da Cruz (Edith Stein), sendo ambas devedoras de Teresa.

Faltava um conhecimento não apenas das companheiras de Teresa, mas também de suas mestras. Nenhuma edição nos torna tão presente aquele cujos escritos Teresa lera e dos quais ela sabia de cor muitas páginas, esse outro gênio que, antes de Pascal e Descartes, tinha chegado aos arcanos da razão e da alma humana — são João da Cruz.

Por que uma nova edição? Já disse, era preciso restabelecer — com suavidade, mas com firmeza — muitas hipóteses de leituras hesitantes. Era preciso ir às fontes mais seguras nas quais Teresa bebera continuamente. Era preciso conhecer do interior os ritmos, as alegrias e as orações, a estrutura e os riscos de uma vida de enclausurada para não falar apenas do exterior. Enfim, faltava uma memória, uma erudição, uma exigência de verdade sem compromisso. Essas não são as menores qualidades da erudição de padre Conrad De Meester. Quem o conheceu bem conhece a teimosia zelosa de que ele é capaz quando se trata da verdade.

Teresa ter-lhe-ia dedicado a sua frase: "Nunca busquei senão a verdade".

Caro padre Conrad, obrigado.

Bernard Bro, op

AGRADECIMENTOS

Agradecemos vivamente a nossas irmãs do Carmelo de Lisieux, que sempre atenderam aos nossos pedidos e concordaram em revisar nosso manuscrito por ocasião da primeira edição.

Agradecemos de todo o coração a monsenhor Raymond Zambelli, ex-reitor da Basílica de Lisieux, atualmente reitor dos santuários de Nossa Senhora de Lourdes e a padre Bernard Bro, que muito nos animaram e apoiaram, bem como ao monsenhor Guy Gaucher, bispo auxiliar de Bayeux e Lisieux, por seu apoio fraterno. Agradecemos igualmente, com respeito cordial, ao nosso arcebispo, o cardeal Godfried Danneels, pelo Prefácio.

Por ocasião desta nova edição, agradecemos particularmente a Jean Clapier, Pierre Descouvemont, Virginia Azcuy, Tomás Alvarez, Jacques Gauthier, Raymond Zambelli e Bernard Bro. Pudemos integrar suas mínimas observações e sugestões.

Conrad De Meester

INTRODUÇÃO
À EDIÇÃO BRASILEIRA

Uma das obras de maior alcance espiritual nos últimos cem anos é, certamente, a famosa *História de uma alma*, publicada a primeira vez treze meses depois da morte da jovem freira de 24 anos, ocorrida em 30 de setembro de 1897.[1] Por ocasião dessa primeira edição, de dois mil exemplares, que reproduzia o habitual obituário das carmelitas, não se podia prever o sucesso dos manuscritos que continham uma breve autobiografia, dividida em duas partes e um texto, sob forma de carta, em que Teresa manifestava o coração de seu ensinamento, seguidos de outras cartas e de poesias.

Teresa foi canonizada pelo papa Pio XI em 17 de maio de 1925, mas só foi possível ter acesso a seus manuscritos depois da morte de sua irmã mais velha, Paulina, que fora também sua superiora no Carmelo e herdeira de seus papéis, ocorrida em 28 de julho de 1951. Preparou-se, então, uma edição crítica, publicada em 1956 e retomada na importante Edição do Centenário, em 1997. Esse é o texto que serve de base às principais traduções de que dispomos no Brasil.[2]

Apesar do cuidado com que foi inicialmente estabelecido esse primeiro texto crítico, a comparação com os manuscritos e outros documentos conservados no Carmelo de Lisieux foi mostrando a necessidade de uma revisão, de que finalmente se incumbiu o carmelita belga frei Conrad De Meester, que publicou seu trabalho na Bélgica e depois na França, em

---

1. A pequena brochura tinha por título *Santa Teresa do Menino Jesus e da Santa Face. História de uma alma, escrita por ela mesma, Cartas-Poesias.*
2. Teresa do Menino Jesus, Santa. *Obras completas (textos e últimas palavras)*. São Paulo, Loyola, 1997. E Teresa do Menino Jesus e da Santa Face, Santa. *Obras completas, escritos e últimos colóquios*. São Paulo, Paulus, 2002. 1336 p.

2005. Esse texto, considerado hoje o mais autorizado, merecia sem dúvida ser traduzido, sobretudo porque, tendo adotado um critério de maior fidelidade aos manuscritos, inclusive na pontuação, traduz sem dúvida, de modo mais autêntico, o pensamento da autora.

O Conselho Editorial de Paulinas Editora, considerando que o público brasileiro, grande devoto de santa Teresinha, merecia ter acesso a um texto melhor, se propôs a traduzi-lo privilegiando também o critério da literalidade. É esta a obra que oferecemos aos leitores mais exigentes, sem descurar a preocupação de torná-la acessível ao grande público.

Uma grande novidade da nova edição crítica é a adoção da ordem dos manuscritos apresentada pelas primeiras edições, e que foi abandonada na edição crítica de 1956, na origem das traduções acima mencionadas.

Como no original, nossa edição apresenta, em primeiro lugar, os dois escritos propriamente autobiográficos, que comportam uma primeira parte, escrita no início de 1895, e uma segunda parte, escrita mais tarde, no segundo semestre de 1896, definindo os dois textos: Manuscrito A (de Agnes, em francês; Inês, em português — madre Inês de Jesus, priora em 1895) e Manuscrito G (de Gonzaga — madre Maria de Gonzaga, priora em 1896).

Por razões cronológicas, as edições críticas anteriores intercalam um texto que data também de 1896, mas que, na realidade, não é um relato autobiográfico e sim uma exposição didática, em que Teresa, a partir, por certo, de sua experiência, expõe, por assim dizer, o essencial de sua doutrina. Seguindo as edições originais, anexamos esse texto à autobiografia, denominando-o Manuscrito M (Maria do Sagrado Coração, irmã a quem foi diretamente dirigido).

O restabelecimento da continuidade temática entre as duas partes da autobiografia põe em evidência o texto didático da carta à irmã Maria do Sagrado Coração, que constitui verdadeira síntese do ensinamento subjacente de Teresa, declarada doutora da Igreja pelo papa João Paulo II em 19 de outubro de 1997.

Teresa nos ensina a partir de sua vida. Interpreta sua autobiografia como de uma alma, para empregar seu vocabulário, inteiramente apaixonada por Jesus, *alguém* que a ama e está presente em todos os momentos de sua existência. Tereza vive, de fato, no dia-a-dia, nos acontecimentos aparentemente mais insignificantes da rotina conventual e do relacionamento fraterno, a grandeza do perfeito seguimento de Jesus, pois, como Jesus, seu alimento é fazer a vontade do Pai. O amor de Jesus por ela a coloca no centro da Igreja e na intimidade com a Trindade.

A doutrina de Teresa, de que o Manuscrito M contém um resumo feito por ela mesma, se inscreve no seio do relacionamento pessoal de Jesus com Teresa e de Teresa com Jesus. Aos desejos quase impossíveis segue-se o caminho para o perfeito *amor*, vivido na pequenez e na humildade, mas que inclui todas as vocações, sendo, ao mesmo tempo, aberto à universalidade da Igreja e voltado para a união definitiva com a Trindade, conduzido pela força de Jesus que nos ama a todos, a começar pelos mais pequeninos.

O segredo dos escritos de Teresa foi muito bem expresso pela reputada filósofa Edith Stein antes de tornar-se a carmelita, depois canonizada, irmã Benedita da Cruz. Ao seu primeiro contato com a *História de uma alma*, confessava ter-se dado conta de que se estava diante de uma vida humana atravessada, do início ao fim, unicamente pelo amor de Deus. "É de uma grandeza incomparável", comentava, exatamente aquilo que busco eu mesmo e quero comunicar a todos.

Francisco Catão

NOTA DO TRADUTOR

A presente tradução de *História de uma alma* foi feita a partir de uma edição crítica. Optou-se, então, por fazer uma tradução tal que este livro pudesse ser usado também como edição crítica. Ou seja: o leitor de santa Teresa de Lisieux não teria necessidade do original francês para estudo ou consulta. Ora, isto exigiu certas escolhas, que o leitor deve ter presente durante a leitura ou manuseio do livro.

Em primeiro lugar, trata-se de uma tradução *literal*. Às vezes, a leitura pode ficar um pouco dura por causa dessa literalidade, mas é o preço a pagar. Uma vez que as palavras francesas e portuguesas, geralmente, têm o latim por trás, elas carregam, em si mesmas, uma carga semântica que é preciso respeitar. Traduzir é interpretar. Nós *não* quisemos interpretar o pensamento de Teresa.

Em segundo lugar, quanto às *palavras*. Teresa escreve na década de 1890. Não houve muita mudança de lá para cá no vocabulário francês. Teresa tem preferência por certas palavras e isso pode ser importante para interpretar a própria personalidade dela. Por exemplo: "embalsamar" em vez de perfumar, "esmaltar" em vez de salpicar ou espalhar, "incitar" em vez de encorajar ou animar. Essas e outras palavras foram todas traduzidas ao pé da letra. Outro exemplo: "pensar", para Teresa, em geral significa rezar, meditar, como ela mesma diz. Usa "crer" no sentido de imaginar, pensar. Quando usa *songer*, quase sempre é sonhar, mas, às vezes, é melhor traduzir por imaginar. A fidelidade a uma edição crítica passa por este caminho.

Em terceiro lugar, quanto à *pontuação*. Teresa usa muito o ponto de exclamação e o ponto final. É muito comum encontrarmos cinco, seis, nove, 11 pontos no final da frase. Às vezes, um ponto de interrogação ou exclamação e um ou mais pontos finais. Foi tudo observado como está no original. Teresa usa também o ponto-e-vírgula. Mas De Meester inclui muitos outros. Ele fez uma relação dos que introduziu. No entanto Teresa quase não usa a vírgula. Além de serem um pouco diferentes as regras do uso da vírgula no francês e no português (o português usa-a muito mais), ela ainda a economiza. Há, mesmo, notas de De Meester chamando a atenção para sentidos diferentes por falta da vírgula. Na tradução, foi seguido o texto de Teresa, mesmo que, às vezes, pareça forçado.

Em quarto lugar, quanto às *notas*, que são muitas, como sói acontecer nas edições críticas. A numeração das notas da tradução nem sempre é a mesma do original. Mas, quando se remete a uma nota no original, fizemo-lo de tal maneira na tradução que o leitor não terá dificuldade em localizá-la. Há pouquíssimas notas de tradução também. Raras vezes, são colocadas dentro da nota do autor, entre colchetes.

Em quinto lugar, quanto aos *textos bíblicos*. No tempo de Teresa, não havia boas traduções da Bíblia, muito menos do original grego e hebraico. Os textos bíblicos eram traduzidos da *Vulgata*, geralmente para uso litúrgico. Teresa cita-os fazendo, às vezes, alterações importantíssimas. Algumas dessas citações são temas de notas de rodapé. Por isso os textos bíblicos citados não foram copiados de uma tradução atual da Bíblia. As citações bíblicas foram traduzidas do francês, mantendo-se a máxima fidelidade possível. Isto é muito importante para entender o sentimento, o pensamento e o raciocínio de Teresa.

Em sexto lugar, os *textos de outros autores*. Teresa cita outros autores. Seguiu-se o mesmo critério utilizado para as citações bíblicas. Por isso que certas citações de são João da Cruz e de santa Teresa d'Ávila podem até diferir um pouco das traduções atuais em língua portuguesa de suas obras.

Além dessas seis observações, chamamos a atenção para os *recursos gráficos* utilizados ao longo da obra para facilitar a leitura. Remetemos, quanto a eles, às introduções aos manuscritos.

Se a leitora ou o leitor, às vezes, achar que o texto ficou um pouco (ou muito) estranho, lembre-se de que a intenção é chegar ao pensamento puro e simples de Teresa do Menino Jesus e da Sagrada Face. Sem interpretações.

MANUSCRITO A

Dedicado à

MADRE INÊS DE JESUS

Advertência

Nos textos de Teresa que se seguem encontrar-se-á uma utilização às vezes irregular e incomum de maiúsculas, de abreviações, da pontuação muito abundante... Respeitamos o estilo espontâneo e muitas vezes evocador da Teresa escritora. Os três sinais mais usados são os seguintes:

° = remete a uma *referência bíblica* assinalada na margem.

⁺ = precede um texto, às vezes uma única palavra, escrito por Teresa em *escrita inclinada*.

/ = indica o começo do fólio, *reto* (r) ou *verso* (v), cuja numeração é dada na margem.

Siglas

A = **Manuscrito A**(gnes = Inês)
G = **Manuscrito G**(onzaga)
M = **Manuscrito M**(aria)

Correspondência com as siglas utilizadas nas edições dependentes do padre François de Sainte-Marie (1956):

A = A
G = C
M = B

ARM = Abbé Arminjon, *Fin du monde présent...*, seguido da indicação da "Conferência" em algarismo romano (cf. terceira nota em A 3v).

CE e **CV** = São João da Cruz, **Cântico Espiritual** e **Chama Viva de Amor** seguidos da estrofe e do verso, fáceis de encontrar em todas as edições.

DYN = nossa obra *Dynamique de la confiance...* (cf. nota 8 da introdução ao Manuscrito A).

HA = *Histoire d'une âme* [*História de uma alma*], primeira edição de 1898.

PF I, II ou III = os três volumes de **P.** François de Sainte-Marie que acompanham a edição fototípica (1956, fac-símile) dos três manuscritos de Teresa, e

PFMA = edição tipográfica (impressa) por **P.** François dos **M**anuscritos **A**utobiográficos.

NEC = **N**ova **E**dição do **C**entenário, volume dos Manuscritos Autobiográficos.

NECMA = **N**ova **E**dição do **C**entenário, volume dos **M**anuscritos Autobiográficos.*

Siglas dos escritos e palavras de Teresa utilizadas na NEC: **LT** = Lettres de Thérèse [Cartas de Teresa]; **LC** = Lettres de ses correspondants [Cartas de seus correspondentes]; **LD** = Lettres diverses [Cartas diversas que falam de Teresa]; **PN** = Poesias; **RP** = Récréations pieuses [Recreações Piedosas (peças de teatro)]; **Pri** = Prières [Orações]. Finalmente **DE** = Derniers Entretiens (palavras de Teresa relatadas por madre Inês, incluindo o **CJ** = Carnet jaune [Caderno amarelo], seguido da data e da ordem da palavra citada).

---

* N.T.: Thérèse de l'Enfant-Jésus et de la Sainte-Face. *Nouvelle édition du Centenaire* [nossa sigla = NEC]. *Edition critique des Oeuvres complètes (textes et dernières paroles).* Nova edição em oito volumes. Paris, Cerf-DDB, 1992. Várias vezes o leitor encontrará, no presente volume, a lista dos escritos de Teresa e seu significado. [Nossa sigla NECMA, seguida da página, remete ao volume dos *Manuscritos autobiográficos. Edição crítica*, 1992.]

INTRODUÇÃO

ao

Manuscrito A(gnes = Inês)

Alençon, 13 de julho de 1858. Luís Martin e Zélia Guérin se casam. Ele, filho de militar, relojoeiro-joalheiro, trinta e quatro anos de idade; ela, filha de policial, vinte e seis anos, dirigindo já sua manufatura de renda. Os dois são profundamente crentes. "Pais sem igual", escreverá Teresa com uma veneração sem fingimento (A 4r), "mais dignos do Céu que da terra", diz ela com um reconhecimento sem limites por todo o bem espiritual recebido (LT 261). No entanto Zélia e Luís têm os pés no chão. Seus comércios prosperam. Sensíveis, porém, ao conselho de Jesus (Mt 6,3), sua mão esquerda ignora o que sua mão direita dá aos pobres, mas sua mão sabe poupar com prudência para o futuro dos filhos.

1. Um percurso de uniões e de separações

Eles terão nove filhos. Quatro morrerão com pouca idade. Dois meninos, duas meninas. A mortalidade infantil era muito grande antes dos espetaculares progressos da medicina. A visão do Céu modera os lutos.

No dia 2 de janeiro de 1873, nasce a nona filha: Maria Francisca Teresa. É a nona filha, mas é muito querida, esperada, amada e cantada. Quinze dias antes do nascimento, Zélia escreve à sua cunhada de Lisieux: "Eu amo loucamente as crianças, nasci para tê-las".[1] A pequena Teresa sentiu esse amor louco. Antes mesmo do nascimento, seu coraçãozinho "sensível e amoroso" (A 4v, 38r) vibrou com aquela que a leva. Quinze dias após

---

1. Martin, Z. & L. *Correspondance familiale.* Paris, Cerf, 2004. CF 83, p. 119. Para um esboço mais amplo sobre os pais de Teresa, suas raízes, seu meio, ver o álbum C. De Meester (Dir.) & G. Salvatico, *Thérèse et Lisieux*, Paris, Médiaspaul, 1997, bem como P. Descouvemont & H. Loose, *Thérèse et Lisieux*, Paris, Cerf, 1991, e G. Gaucher, *Histoire d'une vie. Thérèse Martin*, Paris, Cerf, 1982.

o nascimento, a mãe se abre mais uma vez à cunhada: "Durante a gravidez, observei uma coisa que nunca acontecera com meus outros filhos; quando eu cantava, ela cantava comigo... Confio isso a você, ninguém poderia acreditar nisso".[2] Uma mãe que canta. Uma filha que vibra em uníssono.

Quando Teresinha repousa, enfim, nos braços acariciadores de sua mãe, o céu se assombra. Ela fica doente, luta contra a morte. Para salvá-la, Zélia, então com quarenta e dois anos de idade e acometida de um câncer no seio, do qual morrerá menos de cinco anos mais tarde, vê-se obrigada a confiá-la a uma ama-de-leite, a "Rosinha", que leva o bebê à fazenda de Semallé. Primeira e dolorosa separação para Teresa, com dois meses e alguns dias de idade.

Treze meses mais tarde, nova separação dolorosa, quando ela é arrancada da mamãe amamentadeira para ser levada para a cidade, para junto de sua verdadeira mamãe, à qual se ligará intensamente. Desse período ela guarda lembranças conscientes, as mais distantes. E são felizes: "Minhas primeiras lembranças estão impressas de sorrisos e de carícias" (A 4v), "tudo me sorria na terra" (A 12r), eis os "anos ensolarados da minha pequena infância" (A 11v).

No dia 28 de agosto de 1877, o sol de Teresa se põe. Zélia morre. Novo arrancamento, que fere a criança até o fundo da alma. Com um sentimento psicanalítico afinado, Teresa saberá fazer a ligação: "A partir da morte de Mamãe, meu caráter feliz mudou completamente, eu tão viva, tão expansiva, fiquei tímida e mansa, excessivamente sensível" (A 13r).

> A família se muda para Lisieux, morando de aluguel, para ficar perto do tio Guérin, irmão de Zélia e tutor das crianças. Por enquanto, a presença de Papai, "de coração tão *terno*" (A 13r), e das quatro irmãs — Maria, Paulina (escolhida por Teresa como "segunda Mamãe", cf. A 13r), Leônia e Celina — é um bálsamo benfazejo que remedia, no momento, as feridas psíquicas profundas. A casa dos "Buissonnets" é seu ninho protetor.

Mas quando, em seu nono ano, Teresa é matriculada na escola das beneditinas como meio-pensionista, não está suficientemente armada para essa vida ruidosa. Mais ainda, um ano mais tarde, Paulina, sua "segunda

---

2. MARTIN, Z. & L. *Correspondance familiale*, cit. CF 85, p. 121.

Mamãe", decide seguir sua vocação no mosteiro do Carmelo. Golpe terrível! "Espada enfiada no meu coração": "Como poderia descrever a angústia do meu coração?", escreve Teresa (A 25v). De repente, ela não é mais uma criança. A vida "apareceu-me em toda a sua realidade, vi que ela não era senão sofrimento e separação contínua" (A 25v).

> Mais uma vez ela perdeu a figura materna protetora e afundou-se numa doença psicossomática. Depois de quase dois meses dessa "tão estranha doença" (A 28v), Teresa é curada da crise mais forte que ela jamais conhecera pelo "sorriso" da Virgem Maria, "sua Mãe do Céu" (A 30r). Sua doença, da qual uma longa fase de escrúpulos e de lágrimas freqüentes serão os sintomas significativos, só é vencida no dia de Natal de 1886, quando Teresa "reencontra a força de alma que perdera aos 4 anos e meio e que devia conservar para sempre" (A 45r).

Tendo, finalmente, escapado do "círculo estreito em que girava sem saber como sair" (A 46v), com toda a riqueza de seu ser ela se abre a Jesus, ao próximo, ao estudo, ao futuro, ao amor: "Senti, numa palavra, a *caridade* entrar no meu coração" (A 45v). Ela nos dirá com que ímpeto apressado se entregará a isso até transpor, aos quinze anos e três meses, a porta do Carmelo.

> Aí ela não busca seguranças: "As *ilusões*, Deus me deu a graça de *não ter* NENHUMA ao entrar no Carmelo [...] o sofrimento estendeu-me os braços e lancei-me neles com amor" (A 69v). Penosa entre todas as provações foi a doença de seu pai, que precisou ser internado numa clínica psiquiátrica. Depois de um longo "martírio" — para ele e suas filhas — de três anos (A 73r), tendo tudo diminuído, ele volta a Lisieux e morre dois anos mais tarde. Nesse meio tempo, para Teresa, a fé e a oferenda transformaram pacientemente todo sofrimento em encontro com Jesus Salvador; é a fonte secreta da felicidade que irradia nas páginas que mandaram que ela escrevesse: o Manuscrito A.

2. Uma história de "graça"

Era uma tarde de inverno. Começo de janeiro de 1895. Com tanta graça quanto profundeza, Teresa evoca diante de madre Inês e Maria do Sagrado Coração alguns acontecimentos de sua infância.

Introdução ao Manuscrito A(gnes = Inês)

Maria lança uma idéia: e se Teresa colocasse suas lembranças no papel![3] Madre Inês hesita. Hesitação compreensível, dado o pouco tempo livre no horário estrito do mosteiro, onde uma irmã nunca redigira suas memórias. Por instigação de Maria, madre Inês acaba cedendo e pede a Teresa que escreva.

Que é que, exatamente, a priora pediu a ela? Felizmente, possuímos a esse respeito um documento de primeira classe. Data de apenas algumas semanas após o pedido. É o caderno de Teresa.

Aí Teresa relata um detalhe da conversa fundadora com madre Inês, a qual foi conquistada, exatamente como Maria, pelo relato de sua admirável irmãzinha: "[...] pediste-me para escrever sem constrangimento o que me viesse ao *pensamento*" (A 3r). O assunto, portanto, não foi estritamente delimitado pela madre Inês, segundo uma idéia preconcebida. Teresa tem carta branca ao evocar o seu passado.

---

3. Estão guardados os testemunhos das irmãs de Teresa (a partir de 1910) sobre essa primeiríssima germinação: para madre Inês em PO (Processo ordinário = Procès informatif ordinaire), pp. 146, 148, 155, e PA (Processo apostólico = Procès apostolique et Petit procès pour la recherche des Ecrits de la sainte), p. 201; para Maria do Sagrado Coração em PO, p. 237, e PA, pp. 245-246; para irmã Genoveva em PO, p. 274, e PA, p. 314 e em suas *Notes préparatoires au Procès apostolique* (de 1915). Essas informações não são necessariamente muito detalhadas nem sempre conformes. Tudo se desencadeou numa "tarde de inverno" de 1894-1895 (madre Inês diz com precisão em PA, p. 201: "No começo de 1895"), num momento recreativo (mais numerosos nos dias depois do Natal e do Ano Novo; é 2 de janeiro, aniversário de Teresa, que favorece a volta às lembranças do passado?). Teresa conta com encanto alguns traços de sua infância diante de madre Inês e Maria; irmã Genoveva *não está presente* na conversa (cf. seu testemunho e o da madre Inês). Maria lança a sua idéia. Teresa ri. Madre Inês hesita. Maria insiste, alegando (não necessariamente na presença de Teresa) a probabilidade da morte próxima de Teresa: "Vejais, é um anjo que não ficará por muito tempo na terra". (Irmã Genoveva atesta também nas suas *Notes*: "Prevíamos que ela não viveria por muito tempo".) A ordem de escrever não foi dada por madre Inês sem alguma troca ulterior; Inês relata a objeção de Teresa: "O que quereis que eu escreva que já não sabeis?" (PO, p. 155). Madre Inês testemunha: ela "me deu seu caderno do dia 20 de janeiro de 1896, para minha festa. Eu estava na oração da tarde. Ao passar para ir à sua estala, irmã Teresa do Menino Jesus ajoelhou-se e me entregou este tesouro. Eu lhe respondi com um simples gesto de cabeça e pus o manuscrito sobre nossa estala, sem abri-lo. Só tive tempo de lê-lo após as eleições desse mesmo ano, na primavera. [...] Ela não estava absolutamente preocupada com isso, sem nunca me perguntar se eu tinha lido o seu caderno nem o que eu pensava a respeito. Um dia, eu lhe disse que não tivera tempo de ler nada dele; ela não pareceu sentida com isso" (PO, p. 146).

Na primeira frase do Manuscrito, Teresa situa o pedido da priora num contexto mais amplo: "A vós, Madre querida, a vós que sois duas vezes minha Mãe, venho confiar a história de minha alma..... No dia em que me pediste para fazê-lo..." (A 2r). O que madre Inês parece vagamente esperar, o que ela "pediu para fazer", é uma "história" da vida de Teresa. No final do seu relato, Teresa se desculpará com sua priora: "Vós me perdoareis de ter abreviado muito a história da (minha) vida religiosa" (A 84v). Por que pedir "perdão", se esta última parte de sua vida não era vagamente esperada e suposta pela priora?

Para Teresa é evidente — e todo o Manuscrito A o provará — que ela deverá falar do *conjunto* de sua vida: "a história da minha alma" (A 2r, 4r, 27r; cf. 70r), "a história da minha vida" (A 3r, 84v), "a história da florzinha" (A 3v, 2r, 6r, 84v). Não apenas as lembranças de sua infância, mas também as de sua vida religiosa. E Teresa focaliza também no lado interior de sua experiência. É, aliás, o que madre Inês espera, ao mesmo tempo deixando-lhe grande liberdade na elaboração do trabalho: "Confiar a história de (minha) alma... No dia em que me pedistes para fazê-lo".

Não se trata, portanto, de fazer uma simples coleção de algumas anedotas isoladas, semelhantes às que puderam ser evocadas nessa tarde de inverno na recreação, mas de um relato mais coerente e elaborado do passado de Teresa, daquilo que ela viveu humana e espiritualmente; uma "história" de sua "alma", da qual os acontecimentos esparsos são o trampolim. O que madre Inês deseja, antes de tudo, está condensado por Teresa nas palavras "história", "minha" e "alma". Com a surpreendente maestria de sua maturidade espiritual e na liberdade que é deixada a ela, Teresa conceberá no decorrer da escrita a anamnese de seu passado de graça — não porém, sem um primeiro tempo de gestação, como veremos.

Se o desejo de madre Inês tinha-se verdadeiramente concentrado no relato das lembranças *da infância* de sua irmã, é impensável que esta anuncie, sem reação, desde as primeiras palavras, um outro assunto diferente daquele que é desejado por sua priora, e isso num caderno que ela intitulou "caderno de obediência".[4]

É, pois, um erro monumental querer limitar o Manuscrito A ao domínio das "lembranças de (sua) infância" (A 4v). Certamente, as lembranças da infância estão presentes aí, porém há muito mais. Quando Teresa evoca o "pequeno milagre" (A 44v) de Natal de 1886, que a fez definitivamente "sair da infância" (A 45r), o seu relato só está a meio caminho; todo o resto não tem nada a ver com a sua infância.

---

4. Numa das capas.

Ademais, às lembranças da infância se misturará por toda parte a reflexão da religiosa, adulta, madura, espiritual. Ela não fica na materialidade chata dos acontecimentos dos quais fala, mas considera o seu peso de graça que agora ela vê transparecer em toda parte. Ponto de vista que ela sublinha diante de madre Inês, que lhe pediu "para escrever sem constrangimento o que me viesse ao *pensamento*". Teresa acrescenta: "Não é minha vida propriamente dita que vou escrever, são os meus *pensamentos* sobre as graças que Deus se dignou de conceder-me".[5] O verdadeiro objetivo do relato, seu objeto formal, era um olhar em profundidade sobre sua vida. Em termos de oração: "[...] vou fazer apenas uma coisa: Começar a cantar o que devo repetir eternamente — "As Misericórdias do Senhor!!!" (A 2r).

"A história de minha alma" é uma história de "graça" (o termo aparece 69 vezes no Manuscrito A), uma história sagrada, uma história de salvação. Aqui fala uma santa. O futuro saberá reconhecê-lo claramente.

3. O divino Tecelão

Diferente de um *Diário*, que é feito dia a dia, é com anos de distância que Teresa lança sobre sua *autobiografia* "um olhar sobre o passado" (A 3r). Sua constatação? Deus esteve presente em toda parte. "Só a sua misericórdia fez tudo o que há de bom nela" (A 3v). Eis o relato: a ação de Deus no ritmo dos acontecimentos. É o fio de ouro que percorre o tecido de sua vida e que faz da *História de uma alma* uma narração de fundo duplo.

Ao longo de todo o relato, o divino Tecelão não cessará de tecer. É ele quem age, faz, permite, conduz, mostra, revela, quer, compraz-se em chamar, digna-se de instruir, dá... Jesus está em ação, no passado e no momento presente. A ação de Jesus é, por excelência, a chave de leitura do Manuscrito A, que é preciso usar permanentemente se quisermos entender o segredo da mensagem. "Sim, Jesus fez tudo isso para mim" (A 47r).

---

5. A 3r. Mesma chave de leitura ao descrever sua viagem a Roma, que focaliza sobre as "*principais* impressões que tive" (A 60v), impressões que têm muita ligação com Jesus e com a vida de amor que ela persegue no Carmelo. Após a resposta evasiva do papa a respeito de sua entrada no Carmelo, para Teresa "terminara, minha viagem não tinha mais nenhum encanto aos meus olhos, pois a meta não fora alcançada" (A 64r).

Teresa lança um olhar em profundidade sobre uma Presença em profundidade: o nome de Jesus aparece 175 vezes no Manuscrito A. É a música do seu coração. Como aconteceu aos discípulos de Emaús (Lc 24,31), Teresa reconhece claramente *aquele* que a acompanhou por todo o caminho. Inúmeras vezes o seu coração vibrante teve de desdobrar-se em oração de ação de graças e de louvor, pela aventura de amor divino que aconteceu com ela e na qual ela se deixou seduzir com todo o seu ser. Jesus é seu fascinante "único amigo" (A 40v). A reciprocidade de seu amor é total.

> Que momento ideal para se dizer! "Amadurecida no crisol das provações exteriores e interiores" (A 3r), Teresa alcançou uma rara maturidade espiritual. Humanamente, também, ela vive, em 1895, um auge de paz e de felicidade. Ela pode, discretamente, dedicar-se à formação monástica das noviças recém-chegadas, entre as quais está a sua própria irmã Celina, tendo sido a entrada desta, para Teresa, "o mais íntimo de (seus) desejos" (A 81v). Ela é amada na comunidade a serviço da qual ela desenvolve os ricos dons de sua natureza: pintar, escrever poesias e composições recreativas para os dias de festa. A comunidade apreciou particularmente a sua peça sobre Joana d'Arc, representada para a festa de madre Inês, no dia 21 de janeiro de 1895, apenas alguns dias antes de ela começar o Manuscrito A. Sua saúde ainda é relativamente boa.[6] Faz dois anos que sua querida Paulina é priora, o que leva Teresa a "voar nas estradas do amor" (A 80v). O doloroso sofrimento do seu pai, falecido em 29 de julho, é passado; Teresa "o encontra depois de 6 anos de ausência, eu o sinto em volta de mim, olhando-me e protegendo-me" (LT 170).

E sobretudo, durante o outono de 1894, a jovem monja entendeu com clareza deslumbrante quanto Deus a ama com um amor de pai e de mãe, de "misericórdia", *precisamente porque ela é pequena*. Era o *heureca* fundador de sua "pequena via", onde doravante ela confia plenamente seu sonho de santidade só à ação santificante de Jesus.[7] Anteriormente, a palavra "misericórdia" estivera, por assim dizer, ausente dos escritos de Teresa. Agora ela se

---

6. Relativamente, porque já em 1894 se anunciam os indícios inquietantes de uma degradação que pode tornar-se fatal. Cf. NEC. *Correspondance générale*. pp. 773 e 796-797. No começo de janeiro de 1985, as irmãs Martin temem já que Teresa não viva mais muito tempo.

7. De Meester, C. *Dynamique de la confiance. Genèse et structure de la "voie d'enfance spirituelle" de sainte Thérèse de Lisieux*. 2ᵉ éd. revue et corrigée. Paris, Cerf, 1995. pp. 73-116 (daqui em diante, este livro será citado pela signa DYN).

apresenta sete vezes só no prólogo do Manuscrito A. A descoberta recente de sua "pequena via" é um projetor poderoso que, com suas luzes vivas, ilumina o ser íntimo de Deus, de que "o próprio do amor é abaixar-se", mostrando, assim, "sua grandeza infinita"; "esse é o mistério" de seu agir. Agora Teresa está deslumbrada por todos os "benefícios" e "privilégios de Jesus em (sua) alma", "preferências" e "atenções totalmente gratuitas de Jesus" (A 2r-3v).

4. "Inundada de luzes"

O Manuscrito A, redigido sob o signo da "misericórdia divina", à luz da qual Teresa relê toda a sua vida, torna-se uma ardente meditação escrita, retomada de tempo em tempo. Isso deixa, inevitavelmente, traços em sua alma. Em silêncio, essa longa meditação contribuiu muito para que alguns meses mais tarde, no dia 9 de junho, na festa da Santíssima Trindade, Teresa pudesse "compreender mais que nunca quanto Jesus deseja ser amado". No contexto isso quer dizer: quanto Jesus deseja que permitamos que Deus nos ame. Nesse dia Teresa se oferece sem reserva como "vítima de holocausto" no fogo do Amor Misericordioso.

As conseqüências foram imprevisíveis. Ela escreve para madre Inês: "Vós conheceis os rios, ou melhor, os oceanos de graças que vieram inundar a minha alma.... Desde esse dia feliz, parece-me que esse *Amor* me penetra, me cerca, que a cada instante esse *Amor Misericordioso* me renova" (A 48v). Depois dessa data de 9 de junho, a luz foi ainda mais intensa, com seu reflexo de fervor no Manuscrito A. O dia "9 de junho" foi um novo e potente projetor.

> É importante saber onde, exatamente, Teresa está nessa data na sua redação. No começo, Teresa pôs a data "janeiro de 1895"; ao terminar, ela fala ainda "deste ano, 9 de junho" (sempre 1895, portanto). Teresa não se isentava de modo algum de suas tarefas cotidianas nem se dispensava absolutamente do seu costume de "dar prazer" às irmãs; ela só avança, portanto, lentamente no seu trabalho de escritora. "Eu o faço em tantas vezes diferentes", reconhece ela na caminhada, "por causa do meu pouco tempo livre".[8]

---

8. (A 56v). Teresa escreveu "unicamente durante seus tempos livres", diz madre Inês (PO, p. 146). Por sua vez, irmã Genoveva afirma em suas *Notes préparatoires au Procès apostolique*: "Ela só escrevia interrompidamente, durante os raros momentos livres que a Regra deixa, tornados mais raros ainda pelo cuidado das noviças".

Em nossa opinião, no começo Teresa não escreveu muito. Tem-se a impressão de que já passou certo tempo "desde o dia em que" madre Inês lhe pediu que escrevesse (A 2r). De fato, antes de 21 de janeiro ela estava presa à sua importante peça de teatro sobre Joana d'Arc, que era preciso compor, ensaiar, preparar, representar. Depois de janeiro, ela ainda compôs longas poesias: *Viver de amor*, de 15 estrofes, e as 55 estrofes do *Cântico de Celina*.[9] Além disso, ela teve de gastar tempo para ler uma importante fonte utilizada em seguida no seu Manuscrito, a saber, as numerosas cartas de sua mãe a Paulina e a Maria, cartas que farão Teresa viver num diálogo intenso com sua mãe. Quando ela escreve, quase no final do seu prólogo, que, desde sua entrada no Carmelo, "sete anos se passaram" (A 4r — em francês, no indicativo presente da forma passiva), estamos, indubitavelmente, realmente próximos desse sétimo aniversário de sua entrada, próximos de 9 de abril de 1895, dois meses antes de sua Oferenda de 9 de junho.

Ignora-se o ritmo exato do trabalho de Teresa, ainda que normalmente se progrida menos no começo que no fim, quando o texto deve ser entregue. A hipótese seguinte pode oferecer uma certa aproximação. Se forem distribuídos os 81 fólios ulteriores (após 4r do prólogo) sobre os nove meses do ano que restam (abril a dezembro de 1895), quer dizer, a uma média de cerca de nove fólios por mês, Teresa deve estar, por volta de 9 de junho, pelo fólio 23, quando ela fala do tempo em que tinha entrado na escola da abadia, e Paulina ainda estava em casa.

Seja como for, em A 32r, ao falar de seu chamado à santidade percebido desde a infância, Teresa tem essa palavra extremamente interessante, dita de passagem: "Nessa idade eu não recebia *luzes* como agora, quando estou inundada" (A 32r). "Inundada de luzes" ela está por sua união a Jesus, onde o dom é total e total a acolhida. O que Teresa escreverá um dia sobre a oração como fonte de "ciência Divina" (G 36v) e sobre "a ciência de amor", que ela ambiciona como único bem (M 1v), ela já experimenta plenamente em 1895.

---

9. PN 18, março-abril 1895. Essa evocação longa e detalhada de tudo o que Celina, em grande parte como a própria Teresa, viveu e amou, depois de tudo o que encontra no Carmelo, como Teresa, foi um verdadeiro ensaio geral para a redação da sua "história de uma alma". Numerosos temas, detalhes e imagens voltarão no Manuscrito A. Na poesia se reconhecem igualmente os ricos dons de coração, de pensamento, de oração, de atenção, de sensibilidade — os cinco sentidos estão atuantes! — e de palavra de escritora. Excelente exercício de habilidade para seu Manuscrito!

Introdução ao Manuscrito A(gnes = Inês)

É do interior para o exterior, passando por todos os seus ricos dons, que corre a inspiração que guia a sua palavra. "O Espírito de Amor me abrasa com seu fogo", escrevia ela em fevereiro de 1895 (PN 17). E no próprio Manuscrito A: "Jesus não tem nenhuma necessidade de livros nem de doutores para instruir as almas, Ele o Doutor dos doutores, ensina sem ruído de palavras.... Nunca o ouvi falar, mas sinto que Ele está em mim, a cada instante, Ele me guia, me inspira o que devo dizer ou fazer" (A 83v).

Dizer ou fazer. Escrever também: "Ele me guia, me inspira". Durante este relato, muita inspiração e muita alma passam por sua pena. Teresa vive à beira de sua fonte. A fonte tornou-se rio, tudo em Teresa está penetrado da água viva da presença de Jesus, e é nessa plenitude de graça e de luz que ela olhará os acontecimentos de sua vida e explicará o seu sentido oculto.

5. A escritora e seus talentos

Para tornar-se santa, Teresa apela para sua "confiança audaciosa [...] naquele que é a Virtude, a própria santidade" (A 32r). Mas para ser a escritora que a obediência pede que seja, ela investe todos os dons de uma personalidade que está cumulada deles.

Esses dons são numerosos! Um "coração sensível" (A 4v, 38r). Um "caráter feliz" (A 12r). Uma inteligência aberta "muito cedo" (A 4v), que entende e retém facilmente "o sentido das coisas" (A 37r). O olho que vê o detalhe. A imaginação viva e muito desperta para o símbolo,[10] como suas poesias dão testemunho. O gosto pelo grande, pelo belo,[11] pelo verdadeiro.

---

10. O símbolo que lhe é pessoalmente o mais caro é a *flor*. Ela o aplica a si no próprio título que dá ao seu relato: "História primaveril de uma Florzinha branca" (A 2r). Um estudo aprofundado permitiria constatar todas as virtualidades contidas nesse símbolo: beleza (corola), delicadeza (pétalas), receptividade (cálice), floração, vida (dessecamento e morte), fragilidade, dependência das circunstâncias da natureza (chuva, sequidão, noite, aurora, tempestade, nevoeiro, neve, com sua simbólica própria). A "flor" de Teresa está muito ligada ao sol (símbolo de Jesus), ao orvalho (graça), à terra onde ela está plantada e lança suas raízes (família, Carmelo, o mundo; colheita para o Céu). Viva, ela é cheia de possibilidades de crescimento. Plantada no canteiro, no jardim, desempenha o seu papel social, está escondida ou brilha aos olhares. Pode pertencer a alguém (Jesus, a Santíssima Virgem, madre Inês). Bela, ela oferece uma grande variedade e deseja agradar, pode tornar-se oferenda, presente, sinal de amizade, de amor. A "flor" de Teresa é muito *consciente*: é ela.

11. Cf. A 46v: "Sempre amei o grande, o belo".

A capacidade de trabalhar bem com a inteligência.[12] A intuição e a interioridade, que fazem nascer nela "pensamentos profundos"[13] e "sentimentos profundos".[14] Uma memória que, precisamente, para os "pensamentos"[15] e as "impressões profundas e *poéticas*,[16] é muito fiel. É conhecimento do coração humano[17] e da psicologia diferente das pessoas.[18] O seu próprio "sentir" de tal modo afinado.[19] Uma longa familiaridade com o espiritual e o divino. Pureza e vigor de alma. Se a tudo isto se acrescentar o dom da expressão, não é de admirar que Teresa se torne uma boa escritora sem ter procurado sê-lo. E ela possui esse dom da expressão! Se, na opinião dela, lhe faltava no começo de sua vida religiosa, "agora ([...] ela) exprime (seus) pensamentos com uma facilidade muito grande" (A 70v-71r).

Percebe-se que Teresa não sofre demais ao redigir, sente até o prazer criativo do verdadeiro escritor, diverte-se muitas vezes ao sabor da pena. De alguma maneira, ela estava preparada para isso; na escola, seus "maiores sucessos eram a história e a redação" (A 37v), duas qualidades promissoras para uma futura biógrafa! Teresa sempre teve um talento real para inventar, criar, compor.[20] E não esqueçamos que, antes de escrever o relato circunstanciado de sua vida e de sua alma, ela já pudera fazer uma certa experiên-

---

12. Cf. A 46v: "[...] tomada de um desejo extremo de saber [...] em poucos meses adquiri mais conhecimentos que durante meus anos de estudos".
13. A 14v, 18r, 33r, 58r. Aos dez, onze anos, ela se isola de boa vontade: "Eu *pensava* [...] em Deus, na vida, na ETERNIDADE, enfim *penso!*..." (A 33v).
14. A 12v, depois do falecimento de sua Mamãe, "eu não falava com ninguém dos sentimentos profundos que sentia".
15. Cf. A 34r: "Para meus *pensamentos* não quis escrever nenhum, dizendo que me lembraria bem, o que foi verdade....."
16. Cf. A 11v. Em relação com as belezas da natureza que ela vê durante a sua viagem a Roma, Teresa fala no mesmo sentido: "Ah! Que poesia enchia a minha alma à vista de todas essas coisas que eu olhava pela primeira e pela última vez na minha vida" (A 67r).
17. A palavra "coração" ocorre 155 vezes no Manuscrito A. Por exemplo, A 38r: "Oh! como é *estreito* e *volúvel* o coração das criaturas!!!"
18. Cf. A 59r, ao falar de sua viagem a Roma: "Ah! como vimos pessoas diferentes, que estudo interessante...".
19. O verbo "sentir" ocorre 84 vezes no Manuscrito A.
20. Escutemos a escolar: "Eu gostava também de contar histórias que inventava na medida em que me vinham à cabeça, minhas companheiras me cercavam animadas e, às vezes, alunas maiores se misturavam à turma das ouvintes. A mesma história durava vários dias, pois comprazia-me em torná-la sempre mais interessante à medida que via as impressões que ela produzia e que se manifestavam nos rostos de minhas companheiras" (A 37r).

Introdução ao Manuscrito A(gnes = Inês)

cia de longa composição ao preparar suas duas peças de teatro sobre Joana d'Arc, onde ela vivenciou intensamente uma outra história de salvação.

A Teresa escritora não dará a cada detalhe e a cada acontecimento a mesma atenção. Por exemplo, em relação com a bondade de seu pai, é preciso *escolher* entre os "mil pequenos fatos desse gênero que irrompem em multidão em (sua) memória".[21]

Escrever é *renunciar*, e Teresa "não quer entrar nos detalhes" (A 35r), pormenores que a "levariam longe demais" (A 53v). Ela adverte: "O que acabo de escrever em poucas palavras precisaria de muitas páginas com detalhes, mas essas páginas nunca serão lidas na terra" (A 75r). Ela decide "*parar*" quando expõe o seu desejo de rezar pelos sacerdotes: "Se continuasse a falar sobre este assunto, não acabaria nunca!..."[22]

Ao contrário, sobre certos acontecimentos a câmera se *demora*: a doença misteriosa aos dez anos (A 26r-30v), o dia de sua primeira comunhão (A 34r-35v), a graça de Natal de 1886 (A 44v-45r), a audiência papal (A 62v-64r), o dia de sua entrada no Carmelo (A 68v-69v). Ela gosta de fazer o *zoom* sobre detalhes que passamos a ver em grande plano, por exemplo, no momento do sorriso da Virgem Maria (A 30r), o momento exato de sua primeira comunhão (A 35r) ou da segunda (A 36r). *Ampliações*, mas, muitas vezes também, vistas muito gerais, do alto, em *resumo*.[23]

O relato autobiográfico não é, portanto, perfeitamente retilíneo. Às vezes, Teresa se dá conta de ter *antecipado*,[24] ou de estar *distante* "muito longe do (seu) assunto; por isso (ela se) apressa a voltar" (A 39r). Ela repara também esquecimentos em seu relato, voltando conscientemente para trás.[25]

---

21. A 14v. Cf. A 11v, acerca dos passeios com Papai no Pavilhão: "Os menores detalhes ficaram gravados em meu coração". Ou em relação com a doença de sua mãe: "Todos os detalhes [...] estão presentes em meu coração" (A 12r). Acerca de sua primeira comunhão: "Que inefáveis lembranças deixaram na minha alma os *menores detalhes* desse dia do Céu" (A 34v).
22. A 56v. Igualmente para todos os "detalhes interessantes" das cidades italianas e as "mil pequenas circunstâncias particulares de nossa viagem" (A 59v).
23. Por exemplo, nas primeiras dez linhas de A 45v, um processo de seis meses parece ser condensado numa só noite de Natal de 1886.
24. Por exemplo, A 10v: "Preciso parar, não devo mais falar de minha juventude, mas do pequeno Duende de quatro anos".
25. Por exemplo em A 31r-v.

6. À mesa do coração

Eis, portanto, um texto que conquistará o mundo. No entanto, no começo havia apenas a intenção de agradar a exatamente três pessoas: antes de tudo a Inês, mas também a Maria e Genoveva.[26] E a Jesus, sobretudo a Jesus.

Concretamente, isto quer dizer que Teresa escreve na maior intimidade, para entes queridos entre todos, ligados a ela por uma mesma descendência, em numerosos pontos um mesmo passado, uma mesma vocação, um mesmo gênero de vida. Uma mãe, uma madrinha, uma irmã. Três pessoas que, reciprocamente, a conhecem intimamente, mesmo se ainda fizerem profundas descobertas ao ler a inefável Teresa.[27]

Escrito de família, este Manuscrito A está endereçado à sua "segunda Mamãe", que é também seu "Jesus vivo" enquanto priora (A 80v). O Manuscrito A é como uma carta íntima, uma longa conversa de coração a coração. O *segundo leitor* que somos nós é inopinadamente convidado a sentar-se à mesa do coração, onde nada é escondido, onde tudo é compartilhado. Ele olha num livro aberto. E ao descobrir esse coração de Teresa desejoso de que "todas as criaturas" possam ter "as mesmas graças" a fim de que assim "Deus não (seja) temido por ninguém, mas amado até à loucura" (A 83v), o *segundo leitor* sabe que é também virtualmente amado por Teresa e que cria com ela um laço de amizade, de conivência fraterna.

O clima de intimidade com suas irmãs favoreceu amplamente uma comunicação descontraída. Nada deve frear o diálogo de Teresa. Com madre Inês, ela falará "sem constrangimento" (A 3v), pondo em jogo uma espécie de *associação livre*, que não dissimula nada porque ela não tem

---

26. Teresa fala a suas três irmãs juntas: "Ah! minhas queridas irmãzinhas" (A 29v). Cf. o testemunho de madre Inês: "Ela acreditava escrever somente para mim e para suas duas outras irmãs, Maria e Celina" (PO, p. 148). No ponto de partida, não estava previsto que o Sr. e a Sra. Guérin lessem o caderno; mais tarde, Teresa fará certos acréscimos à sua intenção. Originalmente, tampouco se pensava em passar o caderno a Leônia, que estava na Visitação de Caen. Isso explica que Teresa escreverá seu primeiro ensaio de vida religiosa entre as clarissas de Alençon: "[...] fiquei triste com sua *extraordinária* entrada, porque a amava muito e não tinha podido abraçá-la antes de sua partida" (A 43v). No entanto Teresa terá muita atenção, em seu Manuscrito, com respeito a Leônia.

27. É o que acontecerá novamente a Maria depois de ter recebido, em setembro de 1896, o texto que Teresa redigiu a seu pedido. Cf. o Epílogo, neste volume.

nada a dissimular, dizendo "simplesmente o que Deus fez por ela sem tentar esconder seus favores, sob pretexto de uma falsa humildade" (A 3v). Todo temor de topar com a incompreensão lhe é estranho, ela sabe que é pressentida: "Um coração de mãe sempre compreende o seu filho, mesmo quando não sabe senão balbuciar, por isso estou certa de ser compreendida e adivinhada por vós que formastes o meu coração e o oferecestes a Jesus" (A 3v); "onde outra pessoa veria apenas um relato enfadonho, vosso *coração materno* encontrará encantos" (A 4r). Ela falará, portanto, "com a simplicidade de uma criança que conhece o amor de sua Mãe!" (A 56v). O Manuscrito A é um monumento de honestidade. Aqui tudo é transparente.

> Eis, pois, uma escritora que se permite dizer: "Falarei com abandono, sem me preocupar nem com o estilo nem com as numerosas digressões que farei" (A 4r). Mas esta outra confissão surpreendente, "não reflito antes de escrever" (A 56v), não deve fazer com que mudemos de opinião: é a despreocupação de alguém que possui ao mesmo tempo um verdadeiro talento de escritor. Teresa saberá encantar não só pela profundeza de sua alma, mas também pela fineza de sua percepção. Faz o que disse com grande beleza literária acerca do Campo Santo de Milão: cinzelar imagens e jogar pétalas "com uma espécie de negligência, que para mim aumenta o seu encanto" (A 59r).

"Não refletir antes de escrever" não quer dizer "não pensar" ao escrever. Teresa possui uma excelente inteligência, viva, intuitiva, cheia de empatia. Ademais, ao escrever, ela está muito *consciente* da presença de Jesus. Inteiramente entregue àquele que proclama: "Eu sou o Caminho, a Verdade e a Vida" (Jo 14,6), é em Jesus que brota o caráter inapreensível de Teresa, a riqueza de sua mensagem e a razão de seu impacto profético.

7. O conteúdo do Manuscrito A

Algumas palavras sobre a estrutura do livro. Terminado o prólogo (A 2r-4r), a própria Teresa propõe uma divisão em três partes: "Na história da minha alma até a entrada no Carmelo, distingo três períodos bem distintos; o primeiro [...] vai [...] até a partida de nossa querida Mãe para a pátria dos Céus" (A 4r).

Ela logo aplicará à sua vida inteira essa divisão reservada, primeiro, "até sua entrada no Carmelo" e falará do "segundo período da minha existência, o mais sofrido dos três [...] desde os meus quatro anos e meio até o meu décimo quarto ano, época em que reencontrarei meu caráter *de criança* ao entrar no sério da vida" (A 13r). Na noite de Natal de 1886, "começou o terceiro período da minha vida, o mais bonito de todos, o mais cheio das graças do Céu" (A 45v). Fato notável, um passo tão impressionante como a entrada no Carmelo não inaugura um novo período para Teresa. Portanto a verdadeira chave para entrar na sua história não é sua situação exterior, mas a da "alma": a força reencontrada e o amor libertado. Sua entrada precoce no Carmelo é apenas uma expressão sua.

Incluídas todas as "digressões", poder-se-ia, *grosso modo*, subdividir assim a descrição dos três períodos:

O primeiro período compreende duas seções: 1. As relações afetuosas de Teresa com seus pais e suas irmãs (A 4v-11v); 2. A doença mortal de sua mãe (A 12r-13r).

O segundo período compreende também duas grandes seções: 1. A vida nos Buissonnets antes da entrada de Paulina no Carmelo (A 13v-26v); 2. As "misérias" da vida (A 27r-44v).

O terceiro período compreende quatro seções: 1. A transformação de sua alma após o Natal de 1886 (A 45r-50v); 2. A luta para entrar no Carmelo (A 51r-55v); 3. A viagem a Roma (A 56r-68r); 4. Sua vida no Carmelo (A 68v-84v).

Chamamos a atenção para certas linhas de força que parecem atravessar todo o Manuscrito. Cada uma delas se apresenta, geralmente, numa bipolaridade.

1. De um lado, *o amor de Jesus* (vontade de Deus); do outro, o amor *próprio*.

2. De um lado, o *Céu* (eternidade, pátria); do outro, o *tempo* (exílio, mundo, morte).

3. De um lado, a *verdade* (humildade); do outro, a *vaidade* (orgulho, vazio).

4. De um lado, a *Misericórdia* (graça); do outro, a *confiança* (abandono).

5. De um lado, a *generosidade* (renúncia, esquecimento de si, sacrifício, escolha); do outro, a *recusa* (pecado, medo do pecado).

6. De um lado, o *desejo* (boa vontade); do outro, a *fraqueza*.

7. De um lado, a *alegria*; do outro, o *sofrimento*.

Finalmente, uma palavra sobre o Manuscrito na sua realidade material. Teresa tomou, primeiro, um caderno de 32 fólios (64 páginas), que ela destacou para formar dois cadernos menores de 16 fólios (32 páginas) cada um. À medida que trabalhava, utilizou, da mesma maneira, um segundo caderno (também de 32 fólios, do qual fará dois cadernos menores), depois um terceiro (que parece ter tido somente 24 fólios, do qual fará dois cadernos menores). Enquanto trabalhava, aconteceu de ela tirar ou substituir uma folha (às vezes, assinalaremos isso em nota). Tendo, assim, obtido seis pequenos cadernos de 16, 14, 16, 14, 12 e 12 fólios respectivamente, ela os encaderna com uma fita vermelha, acrescentando no começo e no fim uma folha dupla[28] (o que dá, portanto, cada vez, dois "fólios", ou quatro "páginas"), protegendo, finalmente, tudo com uma capa de papel grosso cartonado. Note-se que padre François estabeleceu uma paginação contínua para o Manuscrito tal como se apresenta no seu estado *atual*.

8. A gestação do texto

É apaixonante encontrar, num imenso rio, esse ponto de junção entre a profundeza e a superfície, que constitui a sua fonte. Desde que Teresa, no começo de janeiro de 1895, recebeu de madre Inês a ordem de escrever, ela está, mais ainda que de costume, mergulhada no silêncio de seu "coração". As primeiras linhas do Manuscrito A dão testemunho disso.

A contemplativa teria preferido não escrever: "Pareceu-me que isso dissiparia o meu coração ocupando-o com ele mesmo". Teresa abomina todo amor próprio. Sua única aspiração é oferecer a Jesus um coração não "dissipado", voltado para ele dia e noite... E por que escrever? Tudo o que pode dizer, madre Inês já sabe.[29]

---

28. Dessa primeira folha dupla acrescentada, um fólio serviu mais tarde para a *Advertência* redigida por madre Inês, o outro fólio foi cortado. Da última folha dupla, a primeira página foi utilizada por Teresa para pintar suas "Armas" (A 86r). Sua "explicação" se encontra em frente, na última página (A 85v) do sexto "caderno".

29. Cf. A 84, ao terminar: "Eis, querida Madre, tudo o que posso dizer da vida de vossa pequena Teresa, conheceis bem melhor por vós mesma o que ela é e o que Jesus fez por ela".

Ela, portanto, perguntou-se espontaneamente. Depois da ordem recebida, houve um tempo de gestação, de maturação do projeto. Teresa poderia ter convencido sua irmã da inutilidade de seu pedido. Mas, como sempre, ela consulta o desejo de Deus em tudo isso; que é que mais agrada a *ele*? A resposta surge na oração: "Jesus fez-me sentir que, obedecendo, simplesmente, eu lhe seria agradável".

Foi "Jesus" que a "fez sentir" isso. Tomando a iniciativa, ele inclinou a vontade de Teresa, infundiu nela esse pressentimento, que prepara a certeza e a decisão. Esse "sentir" não é uma conclusão puramente intelectual, do cérebro apenas, mas — sem negligenciar o trabalho e o controle da inteligência — o fruto de uma moção interior e que se traduzirá numa linguagem intuitiva da consciência. Nessa doce moção Teresa reconheceu uma Presença, um Rosto, um Nome: "Jesus". "Jesus fez-me sentir."

Obedecer e escrever será, portanto, amar. Dizer sim a *alguém*. Escrever não será, pois, uma dissipação, mas uma oração em ato: "Vou fazer apenas uma coisa: Começar a cantar o que devo repetir eternamente — "As Misericórdias do Senhor!!!" Escrever será perceber por toda parte a ação do Bem-Amado e aplaudir o Deus de bondade que caminhou com ela na estrada de Emaús. O relato se tornará uma anamnese orante. Para o leitor, será, ao mesmo tempo, uma iniciação a uma leitura crente de sua existência pessoal. Com esse mesmo Deus, não somos todos um pouco "Teresa"?

Teresa descreveu a pequena liturgia que precedeu sua escrita. "Antes de tomar a pena, ajoelhei-me perante a estátua de Maria." Gesto corporal. De uma pequena carmelita que deixou absolutamente tudo para inclinar-se diante do Absoluto, como fez Maria, que nos deu o Divino. "Supliquei-lhe para guiar a minha mão a fim de que eu não escreva nenhuma linha que não lhe seja agradável." A *História de uma alma* foi escrita por uma mão que segurava a de Teresa. Agradar a Jesus, a Maria, a Inês, a todo mundo, é tudo a mesma coisa para Teresa. Seu coração é universal; há muito tempo ela pensa em Pranzini, nos pecadores, nos sacerdotes, em todos. O Manuscrito terminará em Jesus gritando a *todos* "o fogo do seu Divino Amor" e "as ondas de infinitas ternuras" comprimidas no seu Coração (A 84r).

Teresa fez, então, um segundo gesto, tão significativo, transcendente e universal. "Em seguida, abrindo o Santo Evangelho, meus olhos caíram sobre estas palavras: Tendo Jesus subido a uma montanha, chamou a si os que quis; e eles vieram a Ele" (Mc 3,13). Ela interroga a sua vida à luz da Boa-Nova de Cristo. Ela também foi chamada porque o "Deus que faz misericórdia" (Rm 9,16) quis.

Teresa compreendeu. Ela cantará essa Misericórdia. Ela se levanta e toma a pena.

Eis o que ela escreveu.

Teresa no começo de 1895, com 22 anos de idade.

[Capítulo 1]

[Prólogo]
[Alençon — Morte de sua mãe]

J.M.J.T.[1]

Janeiro de 1895

A 2r ↓

Jesus †

História primaveril de uma Florzinha branca[2],
escrita por ela mesma
e dedicada à Reverenda Madre Inês de Jesus

A vós, Madre querida, vós que sois duas vezes minha Mãe[3], venho confiar a história de minha alma.....[4] No dia em que me mandastes fazê-lo, pareceu-me que isso dissiparia o meu coração ao ocupá-lo com ele mesmo, mas depois Jesus me fez sentir que ao obedecer simplesmente eu lhe seria agradável; aliás não vou fazer senão uma só coisa: Começar a cantar o que devo repetir eternamente — "As Misericórdias do Senhor°!!!."........[5]

Sl 88,2

---

1. Iniciais de Jesus, Maria, José, Teresa (de Ávila).
2. O símbolo da "florzinha branca", que perpassa todo o Manuscrito A, até as últimas linhas e as "armas" (A 84v e 85), está ligado a um gesto muito concreto do pai de Teresa, contado em A 50v. Sobre o simbolismo da "flor" em geral, cf., na introdução, nota 10.
3. "Duas vezes minha Mãe": após a morte de sua mãe, Teresa escolheu sua irmã Paulina como segunda "mamãe" (cf. A 13r); depois, no Carmelo, no dia 20 de fevereiro de 1893, Paulina tornou-se priora da comunidade, "Madre" Inês de Jesus. [N.T.: A palavra francesa "mère" significa "mãe" e/ou "madre"; para "madre" o francês usa "ma mère"].
4. Esta expressão de Teresa, repetida em A 4r e A 27r, em 1898, deu nascimento ao subtítulo (parcial) *História de uma alma*, sob o qual sua biografia foi difundida, tornando-se logo o título correntemente utilizado.
5. Teresa pôde inspirar-se com uma palavra, muito estimada no Carmelo, de Santa Teresa d'Ávila, que, numa carta de 19 de novembro de 1581 a don Pedro de Castro y Nero, escreveu acerca de sua autobiografia: "Intitulei esse livro *Sobre as misericórdias do Senhor*".

Manuscrito A(gnes)

Antes de tomar a pena, ajoelhei-me perante a estátua de Maria, (aquela que nos deu tantas provas das preferências maternais da Rainha do Céu para nossa família), supliquei-lhe para guiar a minha mão a fim de que eu não escreva nenhuma linha que não lhe seja agradável[6]. Em seguida, abrindo o Santo Evangelho, meus olhos caíram sobre estas palavras: — "Tendo Jesus subido a uma montanha, chamou a si de quem *se agradou*; e eles vieram a Ele"° (S. Marcos, cap. III, v. 13). Eis aqui o mistério de minha vocação, de minha vida inteira e, sobretudo, o mistério dos privilégios de Jesus sobre minha alma..... Ele não chama aqueles que são dignos, mas aqueles de quem se *agrada* ou como diz São Paulo —: "Deus tem piedade de quem Ele quer e faz misericórdia a quem quer fazer misericórdia. Isso não é a obra daquele que quer nem daquele que corre, mas de Deus que faz misericórdia"° (Ep. aos Rom. cap. IX, v. 15 e 16). Durante muito tempo me perguntei por que Deus tinha preferências, por que todas as almas não recebiam um grau igual de graças, admirava-me ao vê-Lo prodigalizar favores extraordinários aos santos que o tinham / ofendido, como São Paulo, Santo Agostinho e que Ele forçava por assim dizer a receber suas graças ou a ler a vida dos Santos dos quais Nosso Senhor se agradou de acariciar do berço ao túmulo, sem deixar em sua passagem nenhum obstáculo que os impedisse de elevar-se até Ele e prevenindo essas almas de tais favores que elas não podiam manchar o brilho imaculado de sua veste batismal; eu me perguntava por que os pobres selvagens por exemplo morriam em grande número antes de ter mesmo ouvido pronunciar o nome de Deus........ Jesus dignou-se de instruir-me nesse mistério, pôs diante de meus olhos o livro da natureza e compreendi que todas as flores que Ele criou são belas, que o brilho da rosa e a brancura do Lírio não tiram o perfume da pequena violeta ou a simplicidade arrebatadora da margarida do campo... Compreendi que se todas as florzinhas quisessem ser rosas, a natureza perderia seu adorno primaveril, os campos não seriam mais esmaltados de florzinhas.......

Mc 3,13

Rm 9,15-16

A 2v ↓

---

6. Chamada agora "Virgem do Sorriso", essa estátua se encontrava, desde a entrada de Celina (irmã Genoveva), na antecâmara da cela de Teresa, onde ela guardava seus instrumentos de pintura e recebia suas noviças. Logo depois, no dia 11 de junho de 1895 ajoelhada no mesmo lugar diante dessa estátua, Teresa pronunciará com irmã Genoveva sua *Oferenda ao Amor Misericordioso*.

Meus pensamentos sobre as graças recebidas

Assim é no mundo das almas que é o jardim de Jesus. Ele quis criar os grandes santos, que podem ser comparados ao Lírio e às rosas, mas criou também os menores e os que devem contentar-se em ser margaridas ou violetas destinadas a alegrar os olhares de Deus quando os abaixa aos seus pés. A perfeição consiste em fazer a sua vontade, em ser o que Ele quer que sejamos............

Compreendi também que o amor de Nosso Senhor se revela tanto na alma mais simples que em nada resiste à sua graça como na alma mais sublime; de fato, sendo o próprio do amor de Deus abaixar-se, se todas as almas se assemelhassem às dos Santos doutores que iluminaram a Igreja / pela clareza de sua doutrina, parece que Deus não desceria bastante baixo ao vir até eles, mas criou[7] a criança que não sabe nada e só faz ouvir fracos gritos, criou o pobre selvagem que para se conduzir só tem a lei natural e é até o coração deles que Ele se digna abaixar-se, são suas flores do campo cuja simplicidade O arrebata..... Ao descer assim, Deus mostra a sua grandeza infinita. Assim como o sol ilumina ao mesmo tempo os cedros e cada florzinha como se ela fosse a única na terra, assim Nosso Senhor se ocupa também particularmente de cada alma como se ela não tivesse semelhantes e assim como na natureza todas as estações estão arranjadas de maneira a fazer desabrochar no dia marcado a mais humilde margarida, assim tudo corresponde ao bem de cada alma.

Sem dúvida, Madre querida, vós vos perguntais com admiração onde quero chegar, pois até aqui ainda não disse nada que se pareça com a história da minha vida, mas me pedistes que escrevesse sem constrangimento o que me viesse ao *pensamento*, por isso não é minha vida propriamente dita que vou escrever, são os meus *pensamentos* sobre as graças que Deus se dignou de me conceder. Encontro-me numa época de minha existência em que posso lançar um olhar sobre o passado; minha alma amadureceu no crisol das provações° exteriores e interiores, agora como a flor fortalecida pela tempestade levanto a cabeça e vejo que em mim se realizam as palavras do salmo XXII. "O Senhor é meu Pastor, nada me falta. Ele me faz repousar em pastagens agradáveis e férteis: conduz-me suavemente ao longo das águas. Conduz minha alma sem fatigá-la........... Mas ainda que eu descesse ao vale da / sombra da morte, não temeria mal algum, porque

A 3r ↓

Sb 3,5-6

A 3v ↓

---
7. Primeira redação, depois apagada: "a alma de".

Manuscrito A(gnes)

Sl 22,1-4a estareis comigo, Senhor°!........." O Senhor sempre foi compassivo comigo e
Sl 102,8 cheio de mansidão... Lento para punir e abundante em misericórdias°!.. (Sl CII, v. 8.) Por isso, Madre, é com felicidade que venho cantar perto de vós
Sl 88,2 as misericórdias do Senhor°... É para *vós só* que vou escrever a história da *florzinha* colhida por Jesus, por isso vou falar com abandono, sem inquietar-me nem com o estilo nem com as numerosas digressões que farei. Um coração de mãe compreende sempre seu filho mesmo se ele sabe apenas balbuciar, assim estou certa de ser compreendida e adivinhada por vós que formastes o meu coração e o oferecestes a Jesus!.....

Parece-me que se uma florzinha pudesse falar, diria simplesmente o que Deus fez por ela sem tentar esconder os seus benefícios; sob o pretexto de falsa humildade não diria que ela é sem graça e sem perfume, que o sol lhe tirou o brilho e que as tempestades quebraram o seu talo ao passo que ela reconheceria nela mesma exatamente o contrário.

A flor que vai contar a sua história alegra-se por ter de publicar as amabilidades totalmente gratuitas de Jesus, reconhece que nada era capaz nela de atrair seus olhares divinos e [que] sua misericórdia sozinha fez tudo o que há de bem nela.... Foi Ele quem a fez nascer numa terra sagrada e extremamente impregnada de um *perfume virginal*[8]. Foi Ele que a fez preceder de oito Lírios resplandecentes de brancura[9]. Em Seu amor, Ele quis preservar sua florzinha do sopro envenenado[10] do mundo, quando sua corola apenas começava a abrir-se e esse divino Salvador a transplantou para a montanha do Carmelo onde já os dois Lírios que a tinham cercado e

---

8. Ao sublinhar estas duas palavras, Teresa faz alusão ao matrimônio de seus pais, que, num primeiro tempo, viveram como irmão e irmã. A virgindade era muito prezada nessa família, cujas cinco filhas se tornaram todas religiosas.

9. Alusão aos oito filhos que precederam Teresa. Dois irmãos e duas irmãs faleceram com pequena idade (cf. a genealogia no final do livro).

10. Teresa está agradecendo à Misericórdia divina por sua vocação precoce e por ter sido "preservada" de toda mancha do mundo. A fórmula "sopro envenenado" parece ter sido tomada da sétima conferência, "Da bem-aventurança eterna e da visão sobrenatural de Deus", do livro do abade Arminjon, *Fin du monde présent et mystères de la vie future*, Paris-Bruxelas, Palmé et Albanel, 1881; aqui o citaremos segundo a reedição mais acessível de 1964, Lyon, Imprimerie Lescuyer, sob a sigla ARM, seguida do capítulo e da página (por exemplo, aqui ARM VII, p. 209). Teresa faz o maior elogio (cf. A 47r-v, com a anotação) dessa obra, cujo vocabulário encontrará muitas vezes um eco em seus escritos. Aqui o autor fala do homem cujo "olho interior, cuidadosamente depurado pela graça divina, nunca se deixou murchar pelo sopro envenenado de nenhuma paixão".

mansamente embalado na primavera de sua vida espalhavam / o seu suave perfume.... Sete anos se passaram desde que a pequena flor criou raízes no jardim do Esposo das virgens e agora *três* Lírios[11] balançam perto dela suas corolas embalsamadas; um pouco mais longe outro lírio desabrochava sob os olhares de Jesus e os dois talos benditos que produziram essas flores estão agora reunidos para a eternidade na Celeste Pátria..... Lá encontraram os quatro Lírios que a terra não vira desabrocharem-se.... Oh! que Jesus se digne de não deixar por muito tempo na margem estrangeira as flores exiladas; que logo o ramo de Lírios esteja completo no Céu!

    Madre, acabo de resumir em poucas palavras o que Deus fez por mim, agora entrarei no detalhe de minha vida de criança; sei que lá onde qualquer outro veria somente um relato enfadonho, vosso *coração materno* encontrará encantos...

    Além disso, as lembranças que evocarei são também as vossas pois foi perto de vós que transcorreu minha infância e que tive a felicidade de pertencer aos Pais sem igual que nos cercaram com os mesmos cuidados e as mesmas ternuras. Oh! que eles se dignem de abençoar a menor dos seus filhos e ajudá-la a cantar as misericórdias divinas°!....[12]

    Na história de minha alma até minha entrada no Carmelo[13] distingo três períodos bem distintos; o primeiro, apesar de sua curta duração, não é o menos fecundo em lembranças, estende-se desde o despertar de minha razão até a partida de nossa Mãe querida para a pátria dos Céus. /

---

    11. Os "três Lírios" junto de Teresa são suas irmãs no Carmelo: Maria (irmã Maria do Sagrado Coração, nascida em 22 de fevereiro de 1860), Paulina (madre Inês de Jesus, nascida em 7 de setembro de 1861) e Celina (irmã Genoveva da Sagrada Face, nascida em 28 de abril de 1869). O "outro lírio" é Leônia (nesse momento irmã Teresa Dositéia; mais tarde irmã Francisca Teresa, nascida em 3 de junho de 1863) na Visitação de Caen, que ela deixará no dia 20 de julho de 1895 para voltar definitivamente no dia 28 de janeiro de 1899. Os "dois talos benditos" no céu são os pais, Luís Martin, nascido em 22 de agosto de 1823, falecido em 29 de julho de 1894, e Zélia Guérin, nascida em 23 de dezembro de 1831, falecida em 28 de agosto de 1877. Todos os filhos nasceram em Alençon: os oito primeiros na relojoaria-bijuteria da rua da Ponte Nova, n. 15 (paróquia Saint-Pierre-de-Montsort), só Teresa na casa da rua Saint-Blaise, n. 36 (paróquia Notre-Dame).
    12. Aqui Teresa deixa uma linha em branco; o prólogo de seu manuscrito terminou.
    13. Mais adiante Teresa deslocará os limites e falará de três períodos de sua "existência" (A 13r) ou de sua "vida" (A 45v).

Deus me deu a graça de abrir minha inteligência muito cedo e de gravar tão profundamente em minha memória as lembranças de minha infância que me parece que as coisas que vou contar aconteceram ontem. Sem dúvida, Jesus queria, em seu amor, fazer com que eu conhecesse a Mãe incomparável que Ele me tinha dado, mas que sua mão Divina tinha pressa em coroar no Céu!....

Toda a minha vida Deus agradou-se em cercar-me de *amor*, minhas primeiras lembranças estão impressas de sorrisos e das carícias mais ternas!.... porém se ele tinha colocado perto de mim muito *amor*, o tinha posto também no meu pequeno coração, criando-o amante e sensível, também amava muito Papai e Mamãe e lhes testemunhava minha ternura de mil maneiras, pois eu era muito expansiva. Somente os meios que eu empregava eram às vezes estranhos, como prova esta passagem de uma carta de Mamãe[14]: — "O bebê é um duende sem igual, ela vem me acariciar desejando-me a morte: 'Oh! como eu queria que morresses, minha pobre Mãezinha!..' ralham com ela, ela diz: — 'É, porém, para que vás para o Céu, pois dizes que é preciso morrer para ir lá'. Ela deseja também a morte de seu pai quando está em seus excessos de amor[15]!" /

Aos 25 de junho de 1874 quando eu tinha apenas 18 meses, eis o que mamãe dizia de mim[16]: "Vosso pai acaba de instalar um balanço, Celina é de uma alegria sem igual, mas é preciso ver a pequena balançar-se; é de rir, ela se segura como uma moça, não há perigo que solte a corda, depois quando não está bastante forte, ela grita. Amarram-na pela frente com outra corda e apesar disso não fico tranqüila quando a vejo empoleirada lá em cima.

---

14. Carta de 5 de dezembro de 1875 da Sra. Martin a sua filha Paulina, então interna na Visitação do Mans, onde a única irmã da Sra. Martin, Maria Luísa, é religiosa, irmã Maria Dositéia (morreu no dia 24 de fevereiro de 1877). Teresa tem três anos menos um mês. Ao redigir, Teresa dispõe desses documentos que ela cita.

15. Teresa põe, aqui, uma chamada de nota (1), remetendo à nova folha (cortada) que, num segundo tempo, ela inseriu no seu manuscrito e que se tornou, assim, fólio 5r-v. Depois, ela juntará o texto primitivo, embaixo do fólio 4v, às palavras "Eu amava muito".

16. Carta da Sra. Martin às suas filhas Maria e Paulina, internas na Visitação do Mans.

"Aconteceu-me uma aventura esquisita ultimamente com a pequena. Tenho o costume de ir à missa das 5 h ½; nos primeiros dias não ousava deixá-la, mas vendo que ela nunca despertava, acabei por me decidir a deixá-la. Eu a deito na minha cama e aproximo o berço tão perto que é impossível que ela caia, um dia esqueci-me de colocar o berço. Chego e a pequena não estava mais na minha cama; no mesmo momento ouço um grito, olho e a vejo sentada numa cadeira que estava na frente da cabeceira de minha cama, sua cabecinha estava deitada sobre o travesseiro e aí ela dormia um sono ruim porque se sentia incômoda. Não pude entender como ela caiu sentada nessa cadeira, pois estava deitada. Agradeci a Deus por não lhe ter acontecido nada, é verdadeiramente providencial, ela devia ter rolado no chão, seu Anjo velou por ela e as almas do purgatório às quais faço todos os dias uma oração pela pequena a protegeram, eis o que acho disso.... vede como quiserdes!......"

No fim da carta mamãe acrescentava: "Eis que o bebezinho vem passar a sua mãozinha no meu rosto e abraçar-me. Esta pobre pequena não quer deixar-me, ela está continuamente comigo; gosta muito de ir ao jardim / mas se eu não estou lá ela não quer ficar e chora até ser levada a mim.... (Eis uma passagem de outra carta[17].) Teresinha me perguntava outro dia se iria para o Céu? Disse-lhe que sim, se ela se comportasse bem; ela me responde: "Sim, mas se não fosse boazinha, iria para o inferno... mas sei o que faria, fugiria contigo que estarias no Céu, como Deus faria para me pegar?... tu me segurarias bem forte nos teus braços?" Vi nos seus olhos que ela acreditava positivamente que Deus não podia com ela se ela estivesse nos braços de sua mãe......

"Maria[18] ama muito sua irmãzinha, acha que é muito mimosa, ela seria muito difícil, porque essa pobrezinha tem grande medo de lhe causar desgosto. Ontem eu quis dar-lhe uma rosa sabendo que isso a deixa feliz, mas ela pôs-se a suplicar que não a cortas-

Teresa aos 3 anos

---

17. Carta de 29 de novembro de 1876 da Sra. Martin a Paulina. Teresa tem três anos e quase onze meses.
18. Extrato de uma carta de 21 de maio de 1876 da Sra. Martin a Paulina. Teresa tem três anos e quase cinco meses.

A 4v
(continuação)
↓

se, Maria tinha proibido, ela estava vermelha de emoção, apesar disso eu lhe dei duas, ela não ousava mais aparecer na casa. Embora lhe dissesse que as rosas eram minhas, 'não, dizia ela, são de Maria...' É uma criança que se emociona muito facilmente. Quando ela comete uma pequena infelicidade, é preciso que todo o mundo o saiba. Ontem tendo feito cair sem querer um cantinho da pintura, ela estava num estado de dar dó, pois era preciso dizer logo ao seu Pai; ele chegou quatro horas depois, [não] se pensava mais nisso, mas ela veio depressa dizer a Maria: 'Diz logo a Papai que rasguei o papel'. Ficou lá como um criminoso que espera sua condenação, mas ela tem na sua pequena idéia que será perdoada mais facilmente se ela se acusa." /

A 6r
↓

Amava[19] muito a minha querida *madrinha*.[20] Sem dar a impressão, eu prestava grande atenção a tudo o que se fazia e se dizia em redor [de mim], parece-me que julgava as coisas como agora. Escutava muito atentamente o que Maria ensinava a Celina a fim de fazer como ela; / depois de sua saída da Visitação,[21] para obter o favor de ser admitida em seu quarto durante as lições que dava a Celina, eu me comportava bem e fazia tudo o que ela queria, por isso me enchia de presentes que apesar de seu pouco valor me davam muito prazer.

Admirava muito minhas duas irmãs maiores, mas a que era meu *ideal* de criança era Paulina.... Quando comecei a falar e quando minha Mamãe me perguntava — "Em que pensas?" a resposta era invariável — "Em Paulina!..." Noutra vez, passava meu dedinho nas vidraças e dizia — "Escrevo: Paulina!..." Freqüentemente ouvia dizer que Paulina certamente seria *religiosa*, então, sem saber direito o que era isso, pensava: *Eu* também *serei religiosa*. Esta é uma das [minhas] primeiras lembranças e desde então, nunca mudei de resolução!....... Fostes vós, Madre querida, que Jesus

---

19. Aqui Teresa retoma o seu texto anterior, no lugar em que inseriu o fólio 5r-v. Por isso as poucas linhas que seguem pertencerão, ainda, ao fólio 4v.
20. Sua irmã mais velha, Maria. Nascida em 2 de janeiro de 1873, Teresa foi batizada no dia 4 de janeiro na igreja paroquial Notre-Dame. Seu padrinho, Paul-Albert Boul, filho de um amigo do Sr. Martin, tinha 9 anos e morrerá em Alençon no dia 18 de fevereiro de 1883.
21. Quer dizer, como interna da Visitação do Mans, que ela deixou no dia 2 de agosto de 1875. Teresa tem dois anos e sete meses.

escolheu para me fazer noiva dele, não estáveis então perto de mim[22], mas já se formara um laço entre nossas almas.... éreis meu *ideal*, queria ser semelhante a vós e foi o vosso exemplo que desde a idade de dois anos me arrastou para o Esposo das virgens.... Oh! quantas doces reflexões gostaria de confiar-vos! — Mas devo prosseguir a história da florzinha, sua história completa e geral, porque se quisesse falar do detalhe de suas relações com "Paulina", precisaria deixar todo o resto!....

Minha querida pequena Leônia tinha também um grande lugar no meu coração. Ela me amava muito, de tarde era ela quem cuidava de mim quando toda a família ia passear.... Pareço ouvir ainda os gentis estribilhos que ela cantava a fim de que eu adormecesse.... em tudo ela procurava o meio de me agradar, e eu teria tido muito desgosto em lhe causar sofrimento. / Lembro-me muito bem[23] de sua primeira comunhão,[24] sobretudo quando me tomou no seu braço para que eu entrasse com ela no presbitério, isso me pareceu tão belo ser levada por uma irmã grande toda de branco como eu!.... De tarde me deitaram cedo, porque eu era pequena demais para ficar para o grande jantar, mas ainda vejo Papai que veio na sobremesa, trazendo para sua pequena rainha pedaços do bolo...... No dia seguinte ou uns dias depois, fomos com mamãe à casa da pequena companheira[25] de Leônia, creio que foi nesse dia que essa boa Mãezinha nos levou atrás de um muro para nos dar de beber vinho após o jantar (que a pobre senhora Dagorau nos tinha servido), porque ela não queria desagradar a boa mulher, mas também queria que não nos faltasse nada..... Ah! como o

A 6v ↓

---

22. Paulina estava na Visitação do Mans exceto durante as férias de verão, do Ano Novo e de Páscoa.

23. Teresa utiliza freqüentemente, de modo errado segundo os gramáticos, com o verbo "se rappeler" a preposição "de", quando ela deveria utilizar o complemento de objeto. Aqui, por exemplo, ela tinha escrito: "Je me rappelle très bien de sa première communion". Corrigimos este erro em A 6v, A 7r, A 8r, A 10v, A 24r (duas vezes), A 28r, A 34 r, A 50v.

24. Em 23 de maio de 1875. Teresa tinha, então, dois anos e quase cinco meses.

25. Armandine Dagorau. A Sra. Martin se empenhara muito por essa pobre pequena que era maltratada por duas pretensas "religiosas", chegando a procurar para ela um "Refúgio" e ir à delegacia de polícia. Cf. Martin, Z. & L. *Correspondance familiale*. Paris, Cerf, 2004. CF 128-129. – HA, p. 12, nos informa que, no dia da primeira comunhão de Leônia e de Armandine, esta fora, pela Sra. Martin, "vestida segundo o costume comovente das famílias abastadas de Alençon. Esta criança não deixou Leônia um só instante desse belo dia; e, de tarde, no grande jantar, foi colocada no lugar de honra".

coração de uma Mãe é delicado, como ele traduz sua ternura em mil cuidados previdentes nos quais ninguém pensaria[26]!...

Agora me resta falar de minha querida Celina, a companheirinha de minha infância, mas as lembranças são de tal abundância que não sei[27] quais escolher. Vou extrair algumas passagens das cartas que mamãe vos escrevia para a Visitação, mas não vou copiar tudo, seria longo demais.... No dia 10 de julho[28] de 1873 (no ano do meu nascimento) eis o que vos dizia — "A ama-de-leite[29] levou a pequena Teresa na quinta-feira, ela só fazia rir, era sobretudo a pequena Celina que a agradava, ria às gargalhadas com ela; dir-se-ia que ela tem vontade de jogar, isso chegará logo, fica em pé sobre suas pequenas pernas duras como uma pequena estaca. Creio que andará cedo e que terá bom caráter, parece muito inteligente e tem um bom aspecto de predestinada...." /

A 7r
↓

Mas foi sobretudo depois de minha saída da ama-de-leite que mostrei minha afeição por minha querida pequena Celina. Nós nos entendíamos muito bem, só que eu era muito mais viva e muito menos ingênua que ela; embora três anos e meio mais nova, parecia-me que éramos da mesma idade.

---

26. Segue uma primeira redação, depois apagada: "eu já começava a compreender todos os tesouros que ele encerra. Ai! não devia gozar deles por muito tempo".
27. Depois destas palavras, Teresa redigiu um primeiro texto sobre suas relações com Celina e que ia até o fim do fólio 6; tendo coberto a seguir essa passagem com uma faixa de papel, ela escreverá sobre essa tira um novo texto, aquele que se lerá, para desenvolver mais tarde, em A 9v, o primeiro texto eliminado. – Em PF II, p. 86, se pode ler esse texto eliminado. Todavia, esse texto, que ia até o fim do fólio 6v, não se encadeia com o começo do atual fólio 7r. Isto quer dizer, como estabeleceu o perito em grafologia Félix Michaud (cf. PF II, p. 112), que Teresa arrancou um primeiro fólio 7 já escrito, pelo menos parcialmente, e que, após ter reescrito a passagem sobre a faixa de papel, ela substituiu esse fólio 7 arrancado por um novo fólio 7, o que se lê atualmente e que se junta perfeitamente ao fólio 8. — Um pouco complicado! Mas semelhantes operações revelam o trabalho redacional de Teresa, o qual às vezes foi mais laborioso do que se supõe à primeira vista.
28. De fato, a carta é de 1º de julho.
29. Rosália Cosnard, chamada na família Martin de "Rosinha" (1836-1908), esposa de Moisés Taillé, mãe de quatro filhos, que morava em Semallé, pequena aldeia a oito quilômetros ao norte de Alençon. Teresa ficou aí de 15 ou 16 de março de 1873 a 2 de abril de 1874.

Eis uma passagem de uma carta de Mamãe[30] que vos mostrará quanto Celina era mansa e eu má — "Minha pequena Celina é totalmente inclinada para a virtude, é o sentimento íntimo de seu ser, tem uma alma cândida e tem horror ao mal. Quanto ao pequeno furão, não se sabe como será, é tão pequeno, tão estouvado, ela é de uma inteligência superior à Celina, mas bem menos mansa e sobretudo de uma teimosia quase invencível, quando ela diz "não" nada pode fazê-la ceder, poder-se-ia colocá-la um dia no porão que ela preferia dormir aí a dizer "sim"................

"Entretanto, tem um coração de ouro, é muito carinhosa e muito franca, é curioso vê-la correr atrás de mim, para fazer sua confissão — Mamãe, empurrei Celina só uma vez, bati nela uma vez, mas não recomeçarei mais. (É assim para tudo o que ela faz). Quinta-feira à tarde fomos passear na estação, ela quis absolutamente entrar na sala de espera para ir buscar Paulina, ela corria na frente com uma alegria que dava prazer, mas quando viu que era preciso voltar sem andar na estrada de ferro para ir buscar Paulina, chorou durante todo o caminho."

Esta última parte da carta me lembra a felicidade que sentia ao ver-vos voltar da Visitação; vós, Madre, me pegáveis no vosso braço e Maria pegava Celina, então eu vos fazia mil carícias e me inclinava / para trás para admirar vossa grande trança.... depois me dáveis uma barra de chocolate que tínheis guardado para mim. Pensai que relíquia era para mim!... Lembro-me também da viagem que fiz ao Mans[31], era a primeira vez que eu andava no caminho de ferro. Que alegria por ver-me viajando sozinha com Mamãe!.. No entanto, não sei mais porquê, pus-me a chorar e essa pobre Mãezinha só pôde apresentar à minha tia do Mans uma pequena *feiúra* toda vermelha das lágrimas que tinha derramado a caminho..... Não guardei nenhuma lembrança do parlatório, mas somente do momento em que minha tia me entregou um ratinho branco e um cestinho em papel bristol cheio de bombons sobre os quais *dominavam* dois belos anéis de açúcar, exatamente da grossura de meu dedo, imediatamente gritei — "Que felicidade, haverá um anel para Celina". Mas, ó dor! Pego meu cesto pela alça, dou a outra mão a Mamãe e partimos; depois de alguns passos, olho meu

A 7v
↓

---

30. Carta de 14 de maio de 1876. Teresa tem três anos e quatro meses.
31. Na segunda-feira, 29 de março de 1875.

cesto e vejo que meus bombons estavam quase todos espalhados na rua, como as pedras do pequeno polegar..... Olho mais de perto ainda e vejo que um dos preciosos anéis seguira o destino fatal dos bombons.... Eu não tinha mais nada para dar a Celina!... então minha dor estoura, peço para voltar sobre meus passos, mamãe não parece prestar atenção em mim. Era demais, às minhas *lágrimas* sucederam-se meus *gritos*... Eu não podia compreender que ela não partilhasse de minha tristeza e isso aumentava muito a minha dor....

Agora volto às cartas em que mamãe vos fala de Celina e de mim, é o melhor meio que posso empregar para vos fazer conhecer bem o meu caráter, eis uma passagem onde meus defeitos brilham intensamente — "Eis que / Celina se diverte com a pequena no jogo de cubos, elas discutem de vez em quando, Celina cede para ter uma pérola em sua coroa. Sou obrigada a corrigir esse pobre bebê que entra em fúrias espantosas quando as coisas não vão como ela quer, ela rola pelo chão como uma desesperada acreditando que tudo está perdido, há momentos em que é mais forte do que ela, fica sufocada. É uma criança muito nervosa, no entanto bem amável e muito inteligente, lembra-se de tudo".[32] Vedes, Madre, como eu estava longe de ser uma menina sem defeitos! Não se podia sequer dizer de mim "+*que eu era quieta quando dormia*" porque de noite eu me mexia *ainda* mais do que de dia, mandava passear todas as cobertas e depois (sempre dormindo) me golpeava contra a madeira da minha caminha; a dor me despertava, então eu dizia: – "Mamãe, *estou ferida*!..." Essa pobre Mãezinha era obrigada a levantar-se e constatava que de fato eu tinha mossas na testa, que eu estava *ferida*, ela me cobria bem, depois voltava a deitar-se, mas depois de um momento eu recomeçava a *estar ferida*, tanto que foi necessário *amarrar-me* na minha cama. Todas as noites, a pequena Celinha vinha atar numerosas cordas destinadas a impedir o duendinho de se *ferir* e de despertar sua mamãe; tendo esse meio tido êxito, fui doravante *quieta* ao *dormir*......... Há um outro defeito que eu tinha (estando desperta) e do qual Mamãe não fala nas suas cartas, era um grande amor próprio. Vou dar-vos só dois exemplos a fim de não tornar meu relato longo demais. — Um dia Mamãe me disse — "Minha Teresinha, se quiseres beijar a ter-

---

32. Carta de 5 de dezembro de 1875 da Sra. Martin a Paulina. Teresa tem três anos menos um mês.

ra, vou dar-te uma moeda". Uma moeda era para mim uma riqueza, para ganhá-la eu não tinha necessidade de abaixar a minha *grandeza* pois meu *pequeno* tamanho não punha uma grande distância entre mim e a terra, no entanto minha altivez revoltou-se com / o pensamento de "*beijar a terra*"; ficando bem ereta, disse a Mamãe — Oh! não, minha Mãezinha, prefiro não ter moeda!...

A 8v
↓

Outra vez devíamos ir a Grogny na casa da Sra. Monnier[33]. Mamãe disse para Maria pôr em mim o meu belo vestido azul celeste rendado mas não deixar meus braços nus para que o Sol não os amorenasse. Deixei-me vestir com a indiferença que deviam ter as crianças de minha idade, mas interiormente pensava que ficaria muito mais gentil com meus bracinhos nus.

Com uma natureza como a minha, se eu tivesse [sido] educada por Pais sem virtude ou mesmo se como Celina eu tivesse sido mimada por Luísa,[34] ter-me-ia tornado má e talvez me tivesse perdido.... Mas Jesus velava sobre sua pequena noiva, Ele quis que tudo fosse para seu bem, até seus defeitos que, reprimidos bem cedo, serviram-lhe para crescer na perfeição... Como eu tinha *amor próprio* e também *amor pelo bem*, assim que comecei a pensar seriamente (o que fiz ainda muito pequena) bastava que me dissessem que uma coisa não era *boa*, para que eu não tivesse vontade de que me repetissem duas vezes.... Vejo com prazer nas cartas de Mamãe que ao crescer lhe dava mais consolo. Tendo somente bons exemplos em torno de mim, queria naturalmente segui-los. Eis o que ela escrevia em 1876[35] — "Até Teresa às vezes se intromete em fazer práticas...[36] É uma criança encantadora, é fina como a sombra,[37] muito viva, mas seu coração é sensível. Celina e ela se amam muito, elas se bastam a elas duas para se divertirem, todos os dias logo que almoçaram Celina vai pegar o galinho, apanha de um golpe a galinha para Teresa, eu não consigo isso, mas ela é tão viva que no primeiro bote ela a pega; depois vêm as duas com seus

---

33. Nascida Gilbert e irmã da Sra. Tifenne, que era a madrinha de Leônia. A família Gilbert morava em Alençon em frente da relojoaria-bijuteria do Sr. Martin e tinha um castelo ("casa de campo", diz madre Inês na sua Cópia de HA de 1936) em Grogny, a quatro quilômetros de Alençon.
34. Luísa Marais (1849-1923), a serviço da família em Alençon.
35. Carta a Paulina, de 8 de novembro de 1876. Teresa tem três anos e dez meses.
36. "Práticas": atos de renúncia à sua própria vontade, pequenos sacrifícios.
37. Assim Zélia, seguida por Teresa, pela expressão conhecida "fina como o *âmbar*".

Manuscrito A(gnes)

A 9r bichos assentar-se perto do / fogo e divertir-se assim durante muito tempo.
↓ (⁺*Fora Rosinha*[38] *que me tinha dado a galinha de presente e o galo, eu dei o galo a Celina*). Noutro dia Celina dormira comigo, Teresa dormiu no segundo [andar] na cama de Celina [e] ela pediu que Luísa descesse embaixo para se vestir, Luísa sobe para buscá-la, ela encontra a cama vazia. Teresa ouvira Celina e descera com ela. Luíza lhe disse: "— Não queres vir embaixo te vestir?" — "Oh não! minha pobre Luísa, somos como duas pequenas galinhas, não podemos nos separar!" E ao dizer isso elas se beijavam e se abraçavam as duas... Depois de tarde Luísa, Celina e Leônia foram ao círculo católico[39] e deixaram essa pobre Teresa que compreendia bem que era pequena demais para ir lá, ela dizia: — "Se pelo menos quisessem deitar-me na cama de Celina!.." Mas não, não queriam... ela não disse nada e ficou sozinha com sua lamparina, dormia um quarto de hora depois um sono profundo..."

Outro dia Mamãe escrevia ainda:[40] "Celina e Teresa são inseparáveis, não se pode ver duas crianças se amarem mais, quando Maria vem buscar Celina para fazer suas lições, essa pobre Teresa fica toda em lágrimas. Ai! o que vai ser, sua amiguinha vai embora!.. Maria tem pena dela, toma-a também e essa pobre pequena se senta numa cadeira durante duas ou três horas; dão-lhe coisinhas para se distrair ou um pano de coser, ela não ousa se mexer e dá muitas vezes grandes suspiros. Quando a linha sai da agulha, ela tenta enfiá-la de novo, é curioso vê-la, sem poder consegui-lo e sem ousar atrapalhar Maria; depois se vêem duas grossas lágrimas que escorrem

A 9v pelo seu rosto... Maria / a consola rapidamente, enfia de novo a linha na
↓ agulha e o pobre pequeno anjo sorri através de suas lágrimas..."

Eu me lembro que de fato não podia ficar sem Celina, preferia sair da mesa sem ter terminado minha sobremesa a não segui-la; assim que ela se levantava, eu me virava na minha grande cadeira, pedindo que me descessem e depois íamos jogar juntas; às vezes íamos com a pequena pre-

---

38. Rose Cosnard (dona Taillé), ama-de-leite de Teresa. Cf. nota 29.
39. Fundado em Alençon em 1875, o Círculo Católico funcionava na rua da Estação, n. 34, na paróquia de Notre-Dame. Ali havia seções recreativas e concertos.
40. Carta a Paulina, de 4 de março de 1877. Teresa tem quatro anos e dois meses.

feita,[41] o que me agradava muito por causa do parque e de todos os belos brinquedos que ela nos mostrava, mas era mais a fim de agradar a Celina que eu ia lá, preferindo ficar em nosso pequeno jardim *a raspar os muros*, pois tirávamos todas as pequenas lantejoulas brilhantes que aí havia e depois íamos *vendê*-las para Papai que as comprava *muito seriamente*.

No domingo, como eu era pequena demais para ir aos ofícios,[42] Mamãe ficava cuidando de mim, eu era muito quieta e só andava na ponta dos pés durante a missa, mas assim que via a porta se abrir, era uma explosão de alegria sem igual, eu me precipitava para diante de minha *bela* Irmãzinha que estava então *enfeitada como uma capela*[43]... e eu lhe dizia: "Oh! minha Celininha, dá-me depressa do pão bento!"[44] às vezes ela não tinha o pão, por ter chegado tarde demais... Como fazer então? era impossível ficar sem ele, era a *"minha missa"*.... A solução era encontrada muito rápido: — "Não tens pão bento, então, faze-o!" Dito e feito. Celina toma uma cadeira, abre o armário, pega o pão, corta um bocado e *muito seriamente* recita uma *Ave Maria* sobre ele, depois o apresenta a mim após [ter] feito o sinal da Cruz com ele, eu o como com uma *grande devoção*, achando que ele tem completamente o *gosto* / do *pão bento*...... Muitas vezes[45] fazíamos juntas *conferências espirituais*[46], eis um exemplo que tomo emprestado das cartas de Mamãe[47] — "Nossas duas queridas pequenas Celina e Teresa são anjos de bênção, pequenas naturezas angélicas. Teresa faz a alegria, a felicidade de Maria e sua glória, é incrível como tem orgulho dela. É verdade que ela tem respostas bem raras para sua idade, adverte a Celina que tem o dobro de sua idade. Outro dia Celina dizia: — "Como é possível que

A 10r ↓

---

41. Jenny Béchard, filha do prefeito de Orne, grande amiga de Celina. A prefeitura de Alençon fica na rua Saint-Blaise, em frente da casa da família Martin.
42. "Ofícios" do domingo na igreja paroquial: de manhã, a missa; de tarde, as vésperas, imediatamente seguidas das completas e da bênção do Santíssimo Sacramento.
43. Madre Inês anota na sua Cópia de HA de 1936: "Expressão de que se servia meu pai rindo". Teresa sublinha: gesto típico para assinalar um empréstimo de fórmula.
44. A distribuição do "pão bento" na missa cantada é um costume antigo. Nas festas, era brioche! Costume durante muito tempo observado na zona rural.
45. "Souvent" em francês; na primeira redação, depois apagada, estava "Parfois" ("às vezes").
46. Quer dizer, conversações espirituais comunitárias, como havia em certas comunidades religiosas. Note-se a ponta de humor no emprego desta expressão.
47. Carta a Paulina, de 10 de maio de 1877. Teresa tem quatro anos e quatro meses.

Deus possa estar numa hóstia tão pequena?" A pequena disse: "Não é tão espantoso porque Deus é onipotente". — "O que quer dizer Onipotente?" — "É fazer tudo o que Ele quer!..."

Um dia, Leônia pensando que era grande demais para brincar de boneca veio ao nosso encontro com um cesto cheio de roupa e pedaços destinados a fazer mais roupa, em cima estava deitada a sua boneca. — "Minhas irmãzinhas, nos disse ela, *escolhei*, dou-vos tudo isto". Celina avançou a mão e tomou um pequeno pacote de cordões que lhe agradava. Depois de um momento de reflexão avancei a mão por minha vez dizendo: — "*Escolho tudo*!" E tomei o cesto sem mais cerimônia; as testemunhas da cena acharam a coisa muito justa, a própria Celina não pensou em se queixar (aliás não lhe faltavam brinquedos, seu padrinho[48] a enchia de presentes e Luísa encontrava meio de conseguir tudo o que desejava).

Este pequeno relato de minha infância é o resumo de toda a minha vida; mais tarde quando a perfeição me apareceu, compreendi que para tornar-se *uma santa* era preciso sofrer muito, buscar sempre o mais perfeito e esquecer-se de si mesma, compreendi que havia muitos graus na perfeição e que cada alma / estava livre para responder às iniciativas de Nosso Senhor, para fazer pouco ou muito por Ele, numa palavra para *escolher* entre os sacrifícios que Ele pede. Então como nos dias de minha pequena infância eu gritei: "Meu Deus, *escolhi tudo*. Não quero ser uma *santa pela metade*, não tenho medo de sofrer por vós, só tenho medo de uma coisa é guardar a minha *vontade*, tomai-a, pois 'Eu *escolho tudo*' o que quiserdes!......"

É preciso que eu pare, não devo mais falar-vos da minha juventude, mas do pequeno Duende de quatro anos. Lembro-me de um sonho que devo ter tido por essa idade e que está profundamente gravado na minha imaginação. Uma noite, sonhei que saía para ir passear sozinha no jardim; tendo chegado embaixo dos degraus que era preciso subir para chegar aí, parei tomada de espanto. Diante de mim, perto do caramanchão,[49] en-

---

48. Vital Romet (1830-1916), grande amigo do Sr. Martin.
49. Não confundir com o jardim dos Buissonnets em Lisieux; estamos sempre em Alençon! O "jardim" da casa ficava na parte de trás e o acesso se dava por uma pequena ruazinha privada de treze metros de comprimento, entre duas propriedades privadas; era preciso "subir os degraus", quatro no total, para entrar na ruazinha, onde desde o começo

"Escolhi tudo"

contrava-se um barril de cal e sobre esse barril dois *horrendos* pequenos *diabinhos* dançavam com uma agilidade surpreendente apesar dos ferros de passar que tinham nos pés; de repente eles lançaram sobre mim seus olhos chamejantes, depois no mesmo momento, parecendo bem mais assustados que eu, precipitaram-se para baixo do barril e foram esconder-se na roupa que estava em frente. Vendo-os tão pouco bravos quis saber o que iam fazer e me aproximei da janela. Os pobres diabinhos estavam lá correndo sobre as mesas e não sabendo como fazer para fugir do meu olhar, às vezes se aproximavam da janela, olhando com um ar inquieto se eu ainda estava lá e me vendo sempre recomeçavam a correr como desesperados. — Sem dúvida esse sonho não tem nada de extraordinário, no entanto creio que Deus permitiu que me lembrasse dele, a fim de provar que uma alma em estado de graça não tem nada a temer dos demônios que são covardes[50], capazes de fugir diante do olhar de uma criança............ / **A** 11r ↓

Eis ainda uma passagem que encontro nas cartas de mamãe. Essa pobre Mãezinha já pressentia o fim de seu exílio: "As duas pequenas não me inquietam, todas as duas estão tão bem, são naturezas escolhidas, certamente serão boas, Maria e tu podereis perfeitamente criá-las. Celina nunca faz a mínima falta voluntária. A pequena será boa também, ela não mentiria por todo o ouro do mundo, ela tem o espírito como nunca vi em nenhuma de vós.[51]

"Outro dia ela estava no quitandeiro com Celina e Luísa, falava de suas práticas e discutia forte com Celina; a dona disse a Luísa: — O que ela quer dizer, quando brinca no jardim só se ouve falar em práticas. A Sra.

---

se percebia o "caramanchão" no fundo do jardim. Os diabinhos vistos no sonho, assim que sabem que são percebidos por Teresa, deixam o "barril" perto do caramanchão e percorrem o jardim para irem se esconder na "roupa" que estava no rés-do-chão de uma casa anexa (propriedade dos Martin, que dava para o "jardim"). No seu sonho, Teresa pôs-se em perseguição dos diabinhos, primeiro na ruazinha, em seguida no jardim, até aproximar-se da "janela" para olhar.

50. Teresa pôde ler as palavras, bem conhecidas no Carmelo, de Teresa d'Ávila, a respeito dos "demônios": "[...] não faço mais caso deles que das moscas. Acho que são cheios de covardia: desde que são desprezados, toda coragem os abandona". Cf. Mère Thérèse de Saint-Joseph. *La fille de Sainte Thérèse à l'école de sa Mère* (citado aqui como *La fille...*). Reims, Impr. Dubois-Poplimont, 1888. p. 164.

51. Carta de 22 de março de 1877 da Sra. Martin a Paulina. Teresa tem quatro anos e quase três meses.

Manuscrito A(gnes)

Gaucherin avança a cabeça pela janela para procurar compreender o que quer dizer esse debate de práticas?.... Essa pobre pequena faz nossa felicidade, ela será boa, já se vê o germe, só fala de Deus, não deixaria por nada de fazer suas orações. Gostaria que a visses recitar pequenas fábulas, nunca vi nada tão gentil, ela encontra sozinha a expressão que é preciso dar e o tom, mas é sobretudo quando diz: — Pequena criança de cabeça loura, onde pensas que Deus está? Quando ela chega a — "Ele está lá no alto no Céu azul", ela volta o seu olhar para o alto com uma expressão angélica, a gente não se cansa de fazê-la dizer tão belo é, há alguma coisa de tão celeste nos seu olhar que se fica arrebatado[52]!....."

Ó Madre! Como eu era feliz nessa idade, já começava a gozar da vida, a virtude era para mim encantos e eu estava, parece-me, nas mesmas disposições em que me encontro agora, tendo já um grande / império de minhas ações. — Ah! como passaram rapidamente os anos ensolarados de minha pequena infância, mas que doce marca deixaram em minha alma! Lembro-me com prazer dos dias em que papai nos levava ao *pavilhão*,[53] os mínimos detalhes estão gravados no meu coração.... Lembro-me sobretudo dos passeios do Domingo quando mamãe sempre nos acompanhava... Sinto ainda as impressões profundas e *poéticas* que nasciam em minha alma à vista dos campos de trigo esmaltados de *centáureas* e de flores campestres. Já amava os *longes*... O espaço e os pinheiros gigantescos cujos galhos tocavam a terra deixavam em meu coração uma impressão semelhante à que sinto ainda hoje à vista da natureza... Muitas vezes durante esses longos passeios encontrávamos pobres e era sempre a pequena Teresa que era encarregada de levar-lhes a esmola, com o que ficava muito feliz, mas muitas vezes também, Papai achando que a estrada era longa demais para sua pequena rainha, a levava mais cedo que as outras para casa, para seu grande desprazer, então para consolá-la Celina enchia de margaridas o seu lindo cestinho e o dava a ela na volta; mas ai! a pobre vovó[54] achava que sua netinha tinha

A 11v
↓

---

52. Carta de 4 de março de 1877 da Sra. Martin a Paulina. Teresa tem quatro anos e dois meses.
53. Pequena propriedade do Sr. Martin constituída de um jardim e de uma pequena torre hexagonal. O Sr. Martin gostava de retirar-se aí no silêncio.
54. Marie-Anne-*Fanie* Boureau (1800-1883), mãe do Sr. Martin. Ela morava na rua da Ponte Nova, n. 15, mas vinha muito à casa dos Martin. Ela não quis seguir a família a Lisieux e será confiada a "Rosinha", que tinha sido a ama-de-leite de Teresa e morava,

demais, também tomava uma boa parte para sua santa Virgem...... Isso não agradava à pequena Teresa e ela se abstinha cuidadosamente de não dizer nada, tendo adquirido o bom hábito de nunca se queixar; mesmo quando se tirava o que era dela, ou então quando era acusada injustamente, ela preferia calar-se e não se desculpar, isso não era mérito de sua parte, mas virtude natural.... Que pena que essa boa disposição se tenha esvaecido[55]!.. / Oh! verdadeiramente tudo me sorria na terra, encontrava flores em cada um dos meus passos e meu feliz caráter contribuía também para tornar minha vida agradável; mas um novo período ia começar para minha alma, devia passar pelo crisol da provação e sofrer desde minha infância a fim de poder ser mais cedo oferecida a Jesus. Assim como as flores da primavera começam a germinar sob a neve e desabrocham aos primeiros raios do Sol, assim a florzinha cujas lembranças escrevo teve de passar pelo inverno da provação....

A 12r ↓

A mamãe de Teresa

Todos os detalhes da doença de nossa mãe querida estão ainda presentes em meu coração, lembro-me sobretudo das últimas semanas que ela passou na terra; nós éramos, Celina e eu, como pobres pequenas exiladas, todas as manhãs a Sra. Leriche[56] vinha nos buscar e passávamos o dia na casa dela. Um dia não tivemos tempo de fazer nossa oração antes de partir e durante o trajeto Celina me disse baixinho: "É preciso dizer que não fizemos a nossa oração?.." — "Oh! sim" respondi-lhe; então muito timidamente ela disse a Sra. Leriche, esta nos respondeu — "Então, minhas filhinhas, ide fazê-la" e depois nos colocando todas as duas num grande quarto ela saiu.... Então Celina olhou para mim e dissemos: "Ah! não é como Mamãe... sempre ela nos mandava fazer nossa oração!.." Ao brincar com as crianças, sempre o pensamento de nossa Mãe querida nos perseguia, uma vez Celina tendo

---

ntão, em Valframbert, perto de Semallé. Morreu aí no dia 8 de abril de 1883, com 83 nos de idade.

55. Entre os fólios 11 e 12 uma folha foi cortada. Vê-se ainda na tira de papel lguns traços da escrita de Teresa, que, por uma razão ou por outra, tirou a folha e reescreveu o seu texto na folha seguinte, o atual fólio 12.

56. Esposa de Adolfo Leriche, único sobrinho do Sr. Martin; foi para os Leriche ue ele cedeu a relojoaria-bijuteria na rua da Ponte Nova, n. 15.

recebido um belo damasco inclinou-se e me disse baixinho: "Não vamos comê-lo, vou dá-lo à Mamãe." Ai! essa pobre Mãezinha já estava doente demais para comer os frutos da terra, ela não devia mais *saciar*-se senão no Céu da *glória* de Deus e *beber* com Jesus o *vinho misterioso* do qual ele falou na sua última Ceia, dizendo que o partilharia conosco no reino de seu Pai°.

Mt 26,29

A cerimônia comovente da extrema-unção também está impressa em minha alma, ainda vejo o lugar onde eu estava ao lado de Celina, todas as cinco estávamos por / ordem de idade e o pobre Paizinho estava lá também soluçando.....

A 12v
↓

No dia ou no dia seguinte à partida de Mamãe, ele tomou-me em seus braços dizendo: — "Vem beijar uma última vez tua pobre Mãezinha". E eu, sem dizer nada, aproximei meus lábios da testa de minha Mãe querida..... Não me lembro de ter chorado muito, não falava a ninguém dos sentimentos profundos que sentia...... Olhava e escutava em silêncio..... ninguém tinha tempo para se ocupar de mim, por isso via muitas coisas que se teria querido esconder de mim; uma vez me encontrei diante da tampa do caixão... Fiquei parada longo tempo a olhá-lo, nunca tinha visto um, no entanto, compreendia..... eu era tão pequena que apesar da estatura pouco elevada de Mamãe, eu era obrigada a *levantar* a cabeça para ver o alto e me parecia muito *grande*.... muito *triste*...... Quinze anos mais tarde, encontrei-me diante de outro caixão, o de Madre Genoveva[57], ele tinha o mesmo tamanho que o de mamãe e acreditei estar ainda nos dias de minha infância!.... Todas as minhas lembranças voltaram em tropel, era a mesma Teresinha que olhava, mas tinha *crescido* e o caixão lhe parecia *pequeno*, ela não tinha mais necessidade de *levantar* a cabeça para vê-lo, só a *levantava* para contemplar o *Céu* que lhe parecia muito *alegre*, porque todas as suas provações tinham acabado e o inverno de sua alma passara para sempre.....

Ct 2,11

---

57. Madre Genoveva de Santa Teresa (Clara Bertrand, 1805-1891), que entrar no Carmelo de Poitiers e, em 1838, foi co-fundadora do Carmelo de Lisieux, como sub priora. Foi cinco vezes priora desse Carmelo e morreu no mesmo quarto e na mesma cam em que Teresa morreu seis anos depois.

Doença e morte de Mamãe

No dia em que a Igreja benzeu os restos mortais de nossa Mãezinha do Céu[58], Deus quis dar-me outra mãe na terra e quis que eu a escolhesse livremente. Estávamos juntas todas as cinco, olhando-nos com tristeza, Luísa estava lá também e ao ver Celina e eu, ela disse: "Pobrezinhas, vós não tendes mais Mãe!..." Então Celina lançou-se nos braços de Maria dizendo: – "Então és tu que serás Mamãe." Eu, estava habituada a fazer / como ela, no entanto, me virei para vós, Madre, e como se o futuro já tivesse rasgado o seu véu, lancei-me nos vossos braços gritando: — "Então, é Paulina que será Mamãe"!...................

A 13r
↓

---

58. Falecida em 28 de agosto de 1877, a Sra. Martin foi inumada no cemitério Notre-Dame, em Alençon, após os funerais na igreja paroquial, no dia 29 de agosto.

[Capítulo 2]

[Primeiros anos em Lisieux]

*C*omo[59] disse acima, é a partir dessa época de minha vida que foi preciso que eu entrasse no segundo período de minha existência, o mais doloroso dos três, sobretudo desde a entrada no Carmelo daquela que eu escolhera para minha segunda "Mamãe". Esse período se estende desde a idade de quatro anos e meio até o meu décimo quarto ano, época em que reencontrei meu caráter *de criança* ao entrar no sério da vida.

É preciso dizer, Madre, que a partir da morte de Mamãe, meu feliz caráter mudou completamente, eu tão viva, tão expansiva, me torno tímida e mansa, excessivamente sensível. Bastava um olhar para me fazer derreter em lágrimas, era preciso que ninguém se ocupasse comigo para que eu estivesse contente, não podia suportar a companhia de pessoas estranhas e não reencontrava a minha alegria senão na intimidade da família..... Entretanto continuava a estar cercada da *ternura* mais delicada. O coração tão *terno* de Papai juntara-se ao amor que possuía já um amor verdadeiramente maternal!... Vós, Madre, e Maria não éreis para mim as mães mais *ternas*, as mais desinteressadas?... Ah! se Deus não tivesse prodigalizado seus *raios* benfazejos à sua florzinha, nunca ela poderia aclimatar-se na terra, era ainda demasiado fraca para suportar as chuvas e as tempestades, faltava-lhe o calor, um suave orvalho e brisas primaveris, nunca lhe faltaram / todos esses benefícios, Jesus fez que ela os encontrasse até debaixo da neve da provação!

....

Eu[60] não senti nenhuma tristeza ao deixar Alençon, as crianças amam a mudança e foi com prazer que vim para Lisieux. Lembro-me da viagem,

---

59. Antes da palavra "como" Teresa deixou uma linha inteira em branco, sinal de alguma evolução nova em seu relato.

60. A própria Teresa introduziu esta separação ao traçar uma linha pontilhada com sessenta e oito pontos.

da chegada de tarde à casa de minha tia, ainda vejo Joana e Maria[61] nos esperavam à porta.... Eu estava muito feliz por ter priminhas tão gentis, gostava muito delas assim como de minha tia e sobretudo de meu tio, só que ele me dava medo e eu não estava à vontade na casa dele como nos Buissonnets,[62] lá é que minha vida era verdadeiramente feliz............ De manhã vós vínheis até mim, perguntando-me se já tinha dado o meu coração a Deus, em seguida me vestíeis falando-me dele e depois ao vosso lado fazia minha oração. Depois vinha a lição de leitura, a primeira palavra que pude ler sozinha foi esta: "Céus". Minha querida madrinha encarregou-se das lições de escrita e vós, Madre, de todas as outras; eu não tinha uma facilidade muito grande para aprender mas tinha muita memória. O catecismo e sobretudo a história sagrada tinham minhas preferências, estudava-os com alegria, mas a gramática fez muitas vezes correr minhas lágrimas.... Lembrai-vos do masculino e do feminino!

Assim que minha lição terminava, subia ao belvedere[63] levando minha roseta[64] e minha nota a papai. Como ficava feliz quando podia dizer-lhe: "Tenho 5 sem *exceção*, foi *Paulina* que disse a *primeira*!..." Porque quando eu vos perguntava se eu tinha 5 sem exceção e vós me dizíeis sim, era aos meus olhos um grau a menos; também me dáveis bons pontos, quando eu tinha juntado um certo número, tinha a recompensa e um dia de folga. Lembro-me que esses dias / me pareciam bem mais longos que

A 14r

---

61. As duas filhas Guérin. O tio Isidoro Guérin (1841-1909), farmacêutico, tinha comprado, em 1861, a farmácia de Pierre Fournet, praça Saint-Pierre, e casado com Celina Fournet (1847-1900). Padrinho de Paulina, após a morte da Sra. Martin tornou-se tutor oficial de suas sobrinhas Martin.

62. Dia 15 de novembro de 1877. Lisieux (Calvados) tinha, então, cerca de 16.500 habitantes. No dia seguinte, a família Martin entrava na sua nova casa (alugada), no "bairro dos Bissonnets", ao qual se chegava por um caminho pedregoso, que saía da rua de Pont-l'Évêque. A casa, na paróquia Saint-Jacques [São Tiago], não tinha, então, nem denominação nem número. As crianças Martin deram-lhe o nome, trocando "Bissonnets" por "Les Buissonnets" [de "buisson" = sarça, brenha, capoeira]. O prédio já tinha um século de existência; os numerosos cômodos, de teto rebaixado, estavam bastante mal divididos.

63. Assim se chamava o segundo andar dos Buissonnets, uma mansarda bem atapetada onde o Sr. Martin gostava de retirar-se para ler e rezar. Daí se tinha uma bela vista de Lisieux e seus arredores.

64. Distinção atribuída aos resultados muito bons. Paulina a conhecia desde seus estudos no internato.

os outros, o que vos dava prazer pois mostrava que eu não gostava de ficar sem fazer nada. Toda vez após o meio-dia eu ia[65] dar um pequeno passeio com papai; fazíamos junto nossa visita ao Santíssimo Sacramento, visitando cada dia uma nova igreja, foi assim que entrei pela primeira vez na capela do Carmelo, papai me mostrou a grade do coro, dizendo-me que por trás estavam religiosas. Estava muito longe de imaginar que nove anos mais tarde estaria entre elas!.......

Depois do passeio (durante o qual papai sempre me comprava um presentinho barato de uma ou duas moedinhas) eu voltava para casa, então fazia meus deveres, depois todo o resto do tempo, ficava a brincar no jardim em torno de papai, porque *não sabia* brincar de boneca. Era uma grande alegria para mim preparar tisanas com pequenos grãos e cascas de árvores que achava no chão, em seguida as levava a papai numa bela xicrinha, o pobre paizinho deixava seu trabalho e sorrindo fingia beber; antes de me devolver a xícara ele me perguntava (como que às escondidas) se era preciso jogar fora o conteúdo; às vezes eu dizia sim, mas mais geralmente levava minha preciosa tisana, querendo servi-la várias vezes.... Gostava de cultivar pequenas flores no jardim que Papai me dera; divertia-me em erigir pequenos altares nos vazios que havia no muro; quando tinha terminado, corria para Papai e puxando-o dizia para fechar bem os olhos e não abri-los senão no momento em que eu dissesse para abrir, ele fazia tudo o que eu queria e se deixava conduzir ao meu pequeno jardim, então eu gritava: "Papai, abre os olhos!" Ele os abria / e se extasiava para me dar prazer, admirando o que eu acreditava que era uma obra-prima!.. Não acabaria se quisesse de contar os mil pequenos traços deste tipo que vêm em multidão na minha memória... Ah! como poderia eu repetir todas as ternuras que "*Papai*" prodigalizava à sua pequena rainha? Há coisas que o coração sente, mas que a palavra e até o pensamento não podem chegar a produzir............

Eram para mim dias lindos, aqueles em que meu rei querido me levava à pesca com ele, eu amava tanto o campo, as flores e os pássaros!.. Algumas vezes tentava pescar com minha linhazinha, mas preferia ir sentar-me *sozinha* na relva florida, então meus pensamentos eram muito profundos e sem saber o que era meditar, minha alma mergulhava numa real

---

65. Primeira redação, depois corrigida: "passear durante perto de uma hora".

oração.... Eu escutava os barulhos distantes... O murmúrio do vento e até a música indecisa dos soldados, cujo som chegava até mim tornavam suavemente melancólico o meu coração.... A terra me parecia um lugar de exílio e eu sonhava com o Céu.......... A tarde passava rápido, logo era preciso voltar para os Buissonnets, mas antes de partir tomava a merenda que levara no meu cestinho, a *bela* fatia com confeitos que vós tínheis preparado mudara de aspecto: em vez de sua linda cor eu via apenas uma tinta rosa, toda envelhecida e concentrada... então a terra me parecia ainda mais triste e compreendia que no Céu somente a alegria seria sem nuvens...... Por falar em nuvens, lembro-me que um dia o belo Céu azul do campo cobriu-se e que longo o temporal pôs-se a estrondear, os relâmpagos sulcavam as nuvens escuras e vi a certa distância cair o raio, longe de ficar apavorada, estava arrebatada, parecia-me que Deus / estava tão perto de mim!... Papai **A** 15r não estava exatamente tão contente como sua pequena rainha, não que a tempestade lhe fizesse medo, mas a erva e as grandes margaridas (que eram mais altas do que eu) brilhavam como pedras preciosas, nós precisávamos atravessar vários prados antes de encontrar uma estrada e meu paizinho querido, temendo que os diamantes molhassem sua filhinha, pegou-a apesar de sua bagagem de linhas e a levou em suas costas.

Durante os passeios que fazia com papai, ele gostava de me fazer levar a esmola aos pobres que encontrávamos; um dia vimos um que se arrastava penosamente em suas muletas, aproximei-me para dar-lhe uma moeda, mas não se achando bastante pobre para receber a esmola, ele me olhou sorrindo tristemente e recusou-se a tomar o que eu lhe oferecia. Não posso dizer o que se passou no meu coração, teria querido consolá-lo, aliviá-lo, em vez disso eu pensava ter-lhe causado pesar, sem dúvida o pobre doente adivinhou meu pensamento, porque o vi voltar-se e sorrir para mim; papai acabava de comprar um bolo para mim, tinha muita vontade de dá-lo a ele mas não ousava, entretanto queria dar-lhe alguma coisa que ele não pudesse recusar, porque sentia por ele uma simpatia muito grande, então me lembrei de ter ouvido dizer que no dia da primeira comunhão se obtinha tudo o que se pedia, esse pensamento consolou-me e embora eu apenas tivesse seis anos, disse para mim: "Rezarei por *meu pobre* no dia de minha primeira comunhão". Cumpri a promessa cinco anos mais tarde e

espero que Deus tenha atendido a oração que Ele me inspirara a dirigir a
A 15v Ele por um de seus membros sofredores.... /
↓

    Eu amava muito a Deus e lhe dava muitas vezes o meu coração servindo-me da pequena fórmula[66] que mamãe me ensinara, no entanto um dia ou melhor uma tarde do belo mês de Maio fiz uma falta que vale a pena ser relatada, ela me deu um grande motivo para me humilhar e creio ter tido a contrição perfeita. — Sendo pequena demais para ir no mês de Maria eu ficava com Vitória[67] e fazia com ela minhas devoções diante do *meu pequeno mês de Maria*[68] que arranjava à minha maneira, tudo era tão pequeno, castiçais e vasos de flores, que dois *fósforos*-velas o iluminavam perfeitamente; às vezes Vitória me fazia a surpresa de me dar dois tocos de vela de cera mas era raro. Uma tarde estava tudo pronto para nos pormos em oração, eu lhe disse: "Vitória, você quer começar o lembrai-vos, vou acender". Ela fingiu começar, mas não disse nada e olhou-me rindo; eu que via meus *preciosos fósforos* se consumirem rapidamente, supliquei-lhe que fizesse a oração; ela continuou calada, então me levantando, pus-me a dizer-lhe bem alto que ela era má, e saindo de minha mansidão habitual, bati o pé com todas as minhas forças.... Essa pobre Vitória não tinha mais vontade de rir, olhou-me com espanto e mostrou-me a vela de cera que trouxera para mim... depois de ter derramado lágrimas de cólera, verti lágrimas de um sincero arrependimento tendo o firme propósito de nunca mais recomeçar!.....

    Uma outra vez me aconteceu outra aventura com Vitória mas desta não tive nenhum arrependimento, pois conservei perfeitamente minha calma. — Eu queria um tinteiro que estava sobre a lareira da cozinha; sendo pequena demais para apanhá-lo, pedi muito *gentilmente* a Vitória para
A 16r / o dar a mim, mas ela se recusou, dizendo-me para subir numa cadeira.
↓ Peguei uma cadeira sem nada dizer, mas pensando que ela não era amável, querendo fazê-la sentir, procurei na minha cabecinha o que mais me

---

    66. "Meu Deus, dou-vos o meu coração: tomai-o, por favor, a fim de que nenhuma outra criatura possa possuí-lo, mas só vós, meu bom Jesus!" (Cf. Piat, S.-J. *Histoire d'une famille. Le foyer où s'epanouit sainte Thérèse de l'Enfant-Jésus*. Office central de Lisieux, 1946. p. 179.)
    67. Vitória Pasquer (1857-1935), a serviço da família Martin em Lisieux.
    68. Decoração de uma estátua da Virgem durante o mês de maio.

ofendia, ela me chamava muitas vezes quando estava aborrecida comigo de "pirralhinha", o que me humilhava muito. Então *antes de pular para baixo* de minha *cadeira*, voltei-me com *dignidade* e lhe disse: "Vitória, você é uma *pirralha*!" Depois pus-me a salvo, deixando-a meditar a profunda palavra que acabava de dirigir-lhe.... O resultado não se fez esperar, logo ouvi-a gritar: "*Senhorita Maria**... *Teresa*[69] acabou de dizer que sou uma *pirralha*!" Maria veio e me fez pedir perdão, mais eu o fiz sem contrição, achando que visto que Vitória não quis esticar o seu *grande braço* para me prestar um *pequeno serviço*, ela merecia o título de *pirralha*..... No entanto ela me amava muito e eu a amava muito também, um dia ela me tirou de um *grande perigo* em que eu caíra por minha falta. Vitória passava roupa tendo ao lado dela um balde com água, eu a olhava balançando-me (como de costume) numa cadeira, de repente a cadeira me falta e caio, não no chão, mas no *fundo* do balde !!!... meus pés tocavam minha cabeça e eu enchia o *balde* como um pintinho enche seu ovo!.. Essa pobre Vitória me olhava com uma surpresa extrema, nunca tendo visto coisa igual. Eu tinha vontade de sair o mais cedo de meu *balde*, mas impossível, minha prisão era tão apertada que não podia fazer um movimento. Com um pouco de dificuldade ela me salvou de meu *grande perigo*, mas não meu vestido e todo o resto que ela foi obrigada a trocar, pois eu estava toda ensopada...

Outra vez caí na lareira, felizmente o fogo não estava / aceso. Vitória só teve o trabalho de levantar-me e sacudir a cinza de que estava cheia. Era às quartas-feiras quando vós estáveis no canto com Maria que todas essas aventuras me aconteciam. Foi também numa quarta-feira que padre Ducellier veio fazer uma visita. Vitória lhe tinha dito que não havia ninguém em casa senão a pequena Teresa, ele entrou na *cozinha* para ver-me e olhou meus deveres, eu estava muito satisfeita por receber *meu confessor* porque pouco tempo antes tinha me confessado pela primeira vez.[70] Que doce lembrança para mim!...

Ó Madre querida! com que cuidado não me preparaste, dizendo-me que não era a um homem, mas a Deus que ia dizer os meus pecados; eu

A 16v
↓

---

* N.T.: No original está *M'amz'elle Mari*. Teresa escreveu primeiro "Marie", com "e"; depois apagou o "e" e pôs três acentos circunflexos sobre o "a".
69. No original está *Thérasse*.
70. "Fim de 1879 ou começo de 1880" (NECMA, p. 67).

estava verdadeiramente muito convicta, por isso fiz a minha confissão com um grande espírito de fé e até vos perguntei se não era preciso dizer a padre Ducellier que o amava de todo o meu coração pois era a Deus que eu ia falar na pessoa dele.....

Bem instruída de tudo o que devia dizer e fazer, entrei no confessionário e ajoelhei-me, mas ao abrir o postigo padre Ducellier não viu ninguém, eu era tão pequena que minha cabeça estava debaixo da banqueta onde a gente apóia as mãos, então ele me disse para ficar de pé; obedecendo imediatamente levantei-me e virando-me bem na frente dele para vê-lo bem, fiz a minha confissão como uma *moça grande* e recebi a sua bênção com uma *grande devoção*, porque me havíeis dito que nesse momento as *lágrimas* do *menino Jesus* purificariam a minha alma. Lembro-me que a primeira exortação que me foi dirigida convidava-me sobretudo à devoção à Santíssima Virgem e prometi redobrar a ternura para com ela. Ao sair do confessionário, eu estava tão contente e tão leve que nunca tinha sentido tanta alegria na minha / alma. Depois voltei a confessar-me em todas as grandes festas e era uma verdadeira *festa*[71] toda vez que ia.

As *festas!*... ah! como esta palavra traz lembranças.... Gostava tanto das *festas!*... Vós sabíeis tão bem me explicar, Madre querida, todos os mistérios escondidos sob cada uma delas que eram verdadeiramente para mim dias do Céu. Eu gostava sobretudo das procissões do Santíssimo Sacramento, que alegria ao semear flores sob os passos de Deus!... mas antes de deixá-las cair as lançava o mais alto que podia e nunca estava tão feliz que ao ver minhas rosas desfolhadas *tocar* o Ostensório sagrado.....

As festas! Ah! se as grandes eram raras, toda semana trazia uma bem cara ao meu coração: "O Domingo". Que dia o do Domingo!.. Era a festa de Deus, a festa do *repouso*. Primeiro eu ficava na *cama** mais tempo que nos outros dias e depois mamãe Paulina mimava sua filhinha, levando o seu chocolate na sua *cama*, em seguida a vestia como uma pequena rainha....

A 17r
↓
Lc 15,24

---

71. Alusão a Lc 15,23-32, onde o pai do filho pródigo reencontrado prepara uma "festa" para este? Teresa gostava muito desta parábola (cf. A 66v e 84r, G 34v e 36v). É sabido que sublinhar (como aqui) é, para ela, uma das maneiras de referir-se a uma expressão ou um texto que ela leu.

* N.T.: No original usa-se a palavra *dodo* [*je restais dans le dodo*], que é uma palavra infantil francesa para "dormir" e, por extensão, para "cama".

As festas e o domingo

A madrinha vinha frisar* a *afilhada* que nem sempre era gentil quando lhe puxavam os cabelos, mas em seguida estava bem contente em ir tomar a mão de seu *Rei* que nesse dia a abraçava ainda mais ternamente que de costume, depois toda a família partia para a Missa. Durante todo o caminho e mesmo na igreja[72] a pequena Rainha dava a mão a Papai, seu lugar era ao lado dele e quando éramos obrigados a descer para o sermão era preciso encontrar ainda duas cadeiras uma ao lado da outra. Isso não era muito difícil, todo o mundo parecia achar tão gentil ver um Velho tão *bonito* com sua *filhinha* que as pessoas se mudavam para dar seus lugares. Meu tio que se encontrava nos bancos dos fabriqueiros[73] se alegrava ao nos ver chegar, e dizia que eu era seu pequeno / raio de Sol... Mas eu não me inquietava muito por ser olhada, escutando muito atentamente os sermões dos quais no entanto não compreendia grande coisa, o primeiro que *compreendi* que me *tocou profundamente* foi um sermão sobre a Paixão pregado por padre Ducellier e depois compreendi todos os outros sermões. Quando o pregador falava de Sta. Teresa, papai se inclinava e me dizia bem baixo: " — Escuta bem, minha pequena rainha, fala-se de tua Santa Padroeira." Eu escutava bem de fato, mas olhava papai mais freqüentemente que o pregador, sua bela figura me dizia tantas coisas!... Às vezes seus olhos se enchiam de *lágrimas* que ele se esforçava em vão por reter, parecia não mais estar na terra, tanto sua alma amava mergulhar nas verdades eternas... No entanto sua carreira estava muito longe de estar acabada, longos anos deviam passar-se antes que o belo Céu se abrisse aos seus olhos extasiados e que o Senhor enxugasse as *lágrimas*° de seu bom e fiel servidor°!......

A 17v ↓

Ap 21,4
Mt 25,21

Porém volto a meu dia do Domingo. Esse dia *alegre* que passava tão rapidamente tinha também o seu tom de *melancolia*. Eu me lembro que minha felicidade era sem mistura até às completas[74], durante esse ofício eu pensava que o dia do *repouso* ia terminar.... que no dia seguinte seria

---

* *Friser*, em francês, é palavra usada comumente, hoje, no Brasil, e significa pentear em cachos.

72. Os Martin iam à missa na catedral de São Pedro (Saint-Pierre).

73. Os membros do "conselho de fábrica", que administravam os bens da paróquia.

74. Uma parte das horas litúrgicas, na época de Teresa celebrada no domingo, na igreja paroquial, após as vésperas.

preciso recomeçar a vida, trabalhar, aprender lições, e meu coração sentia o *exílio* da terra... suspirava pelo repouso eterno do Céu, o *Domingo* sem ocaso da *Pátria*!..... Até os passeios que fazíamos antes de voltar aos Buissonnets deixavam um sentimento de tristeza em minha alma, pois a família não estava completa porque para dar prazer ao meu Tio, Papai deixava com ele na tarde de cada Domingo Maria ou *Paulina*, / eu só estava bastante contente quando ficava também. Preferia isso a ser convidada sozinha porque se dava menos atenção a mim. Meu maior prazer era escutar tudo o que meu Tio dizia, mas não gostava quando me fazia perguntas e tinha muito medo quando me punha *num só* de seus joelhos cantando Barba Azul com uma voz formidável.... Era com prazer que via Papai vir buscar-nos; ao voltar olhava as *estrelas* que cintilavam suavemente e essa visão me arrebatava..... Havia sobretudo um grupo de *pérolas de ouro* que eu observava com alegria achando que tinham a forma de um *T* (eis mais ou menos a sua forma ⁙), fazia Papai vê-lo dizendo-lhe que o meu nome estava escrito no Céu° e depois não querendo nada ver da vil terra, pedia-lhe que me conduzisse, então sem olhar onde punha os pés, punha a minha cabecinha bem no ar sem me cansar de contemplar o azul estrelado!.........

O que poderia dizer dos serões de inverno, sobretudo daqueles de Domingo? Ah! como era agradável depois da *partida* de *damas* sentar-me com Celina nos joelhos de Papai.... Com sua bela voz, ele cantava árias que enchiam a minha alma de pensamentos profundos... ou então embalando-nos mansamente recitava poesias cheias de verdades eternas..... Em seguida subíamos para fazer a oração em comum e a pequena rainha estava sozinha junto do seu Rei, tendo apenas que olhá-lo para saber como os Santos rezam.... No fim vínhamos todas por ordem de idade dizer o boa-noite a papai e receber um beijo, a *rainha* vinha naturalmente por último, o rei para beijá-la a / pegava pelos *cotovelos* e ela gritava bem alto: "Boa noite Papai, boa noite, dorme bem", era todas as noites a mesma repetição... Em seguida minha mãezinha me tomava em seus braços e me levava para a cama de Celina, então eu dizia: "Paulina, fui muito bem comportada hoje?.. Os *anjinhos vão voar em minha volta*?" A resposta era sempre *sim* senão teria passado a noite inteira a chorar.... Depois de ter-me beijado

---

75. Madre Inês anota na sua Cópia de HA de 1936: "Ela dizia também: Deus está contente comigo? A Santíssima Virgem está contente comigo?"

Os serões de inverno

assim como minha querida madrinha, *Paulina* descia e a pobre Teresinha ficava sozinha na escuridão, ela gostava de imaginar os *anjinhos voando em torno dela*, logo ficava apavorada, as trevas lhe davam medo, porque de sua cama ela não via as estrelas que cintilavam mansamente....

Olho como uma verdadeira graça ter sido acostumada por vós, Madre querida, a superar meus pavores, às vezes me mandáveis sozinha de noite buscar um objeto num quarto afastado; se não tivesse sido bem dirigida eu teria me tornado muito medrosa, ao passo que agora sou verdadeiramente difícil de apavorar.... Às vezes me pergunto como pudestes criar-me com tanto *amor* e delicadeza sem estragar-me, pois é verdade que não me passáveis uma única imperfeição; nunca me censuráveis sem motivo, mas *nunca* desistíeis de uma coisa que tínheis decidido, eu sabia disso tão bem que não teria podido nem querido dar um passo se vós mo tivésseis proibido; o próprio papai era obrigado a conformar-se com vossa vontade, sem o consentimento de *Paulina* eu não ia passear e quando Papai me dizia para ir eu respondia: "*Paulina* não quer"; / então ele vinha pedir meu perdão, às vezes para lhe dar prazer *Paulina* dizia sim, mas a Teresinha percebia pelo seu aspecto que não era de bom coração, ela se punha a chorar sem aceitar consolações até que *Paulina* dissesse *sim* e a *abraçasse* de *bom coração*!...   **A** 19r ↓

Quando Teresinha ficava doente, o que lhe acontecia todos os invernos[76], não é possível dizer com que ternura maternal ela era cuidada. Paulina a punha a dormir em sua cama (favor incomparável) e depois lhe dava tudo aquilo [de que] ela tinha vontade. Um dia Paulina tirou debaixo do travesseiro uma *bela faquinha dela* e a deu à sua filhinha deixando que ela mergulhasse num arrebatamento que não pode ser descrito: — "Ah! Paulina, exclamou ela, tu me amas muito pois te privas para dar-me tua bela faquinha que tem uma *estrela* de *nácar*?... Mas já que me amas tanto, darias o sacrifício de teu relógio para impedir-me de *morrer*?....." — "Não somente para te impedir de morrer, eu daria o meu relógio, mas somente

---

76. Na sua pequena infância, Teresa tinha, freqüentemente, constipações. No dia de julho de 1875, (Teresa tem então dois anos e meio), sua mãe escreve à Sra. Guérin, sua cunhada: "Ela está sempre constipada, minha Teresinha, isso volta cada quinze dias. Desde que ela está no mundo, não sai de um resfriado sem pegar outro, a ama-de-leite tinha-me dito, mas o pior é que ela está muito doente". Na sua Cópia de HA de 1936, madre Inês anota: "Os resfriados se transformavam em bronquite, mas mais tarde isso passou completamente. No Carmelo, ela dificilmente se constipava".

para ver-te logo curada eu faria imediatamente o sacrifício." Ao escutar essas palavras de *Paulina*, meu espanto e meu reconhecimento eram tão grandes que não posso exprimi-los.... No verão eu tinha às vezes náuseas, Paulina cuidava de mim com mais ternura ainda; para divertir-me, o que era o melhor dos remédios, ela me *levava a passear* em *carrinho de mão* por todo o jardim e depois me fazia descer e colocava no meu lugar um belo pé de margaridas que ela *levava a passear* com muita *precaução* até o meu jardim onde era plantado com grande pompa.....

A 19v
↓

Era Paulina quem recebia todas as minhas confidências íntimas, que esclarecia as minhas dúvidas... Uma vez me admirava porque Deus não dá uma glória igual no Céu a todos os eleitos, e tinha medo que nem todos estivessem felizes; então Paulina me disse para ir buscar o grande copo de Papai e colocar do lado do meu pequeno dedal, depois enchê-los com água, em seguida ela perguntou-me qual era o mais cheio. Eu lhe disse que estavam tão cheios um quanto o outro e que era impossível pôr mais água do que podiam conter. Madre querida fez-me então compreender que no Céu Deus daria aos seus eleitos tanta glória quanta eles poderiam conter, e que assim o último não teria nada a invejar do primeiro. Era assim que pondo ao meu alcance os mais sublimes segredos, sabíeis, Madre, dar à minha alma o alimento que lhe era necessário.....

Com que alegria eu via cada ano chegar a distribuição dos prêmios!.... Aí como sempre, a *justiça* era feita e eu tinha apenas as recompensas merecidas; *sozinha*, de pé no meio da *nobre assembléia*, escutava minha sentença, lida pelo Rei da França e [de] Navarra[77], meu coração batia bem forte ao receber os prêmios e a coroa... era para mim como uma imagem do julgamento[78]!... Imediatamente após a distribuição, a pequena Rainha tirava seu vestido branco, depois se apressavam em disfarçá-la a fim de que ela tome parte na *grande representação*!...

---

77. Título afetuoso que as crianças Martin, e em particular Teresa (que era chamada "a Rainha da França e de Navarra", cf. LT 77), davam ao seu Pai, o "rei querido de Teresa.

78. "A imagem" teresiana do "juízo" foi enriquecida por sua leitura do livro de Arminjon. Pode ser que nas linhas precedentes haja um reflexo de ARM III, p. 97, onde numa dezena de linhas, o *"julgamento"* é descrito, com *"coroa"*, *"recompensa"* conferid em *"assembléia"* pública", segundo a *"justiça distributiva"* divina. Sublinhamos as palavras comuns.

Ah! como eram alegres essas festas de família.... Como eu estava longe então, ao ver meu Rei querido tão radiante, de prever as provações que deviam visitá-lo!...

Um dia, porém, Deus mostrou-me numa *visão* verdadeiramente extraordinária[79], a imagem *viva* da provação que Ele se agradou de nos preparar antecipadamente, enchendo-se já o seu cálice[80].

Papai estava em viagem havia vários dias, e deviam ainda passar dois / antes de sua volta. Podia ser duas ou três horas da tarde, o sol brilhava vivamente e toda a natureza parecia em festa. Eu estava sozinha à janela de uma mansarda que dava para o grande jardim, olhava para a frente, o espírito ocupado com pensamentos alegres, quando vi diante da lavanderia, que estava justamente em frente, um homem vestido absolutamente como Papai, que tinha a mesma estatura e o mesmo modo de andar, somente era *muito mais curvado*.... Sua *cabeça* estava coberta com uma espécie de avental de cor indecisa de sorte que não pude ver seu rosto. Usava um chapéu semelhante aos de Papai. Vi-o avançar com passo regular, ladeando meu pequeno jardim...... Imediatamente um sentimento de pavor sobrenatural invadiu a minha alma, mas num instante refleti que sem dúvida Papai estava de volta e que ele se escondia a fim de surpreender-me, então chamei bem alto com uma voz trêmula de emoção: — "Papai, Papai!....." Mas o misterioso personagem não parecia ouvir-me, continuou sua marcha regular sem mesmo voltar-se; seguindo-o com os olhos, vi-o dirigir-se para o pequeno bosque que cortava a grande avenida em duas, esperava vê-lo reaparecer do outro lado das grandes árvores, mas a visão profética desvanecera-se!... Tudo isso durou apenas um instante, mas gravou-se tão profundamente no meu coração que *hoje*, depois de 15 anos... a lembrança me é tão presente como se a visão estivesse ainda diante dos meus olhos......

A 20r ↓

---

79. Teresa parece situar essa "visão" durante o ano de 1880, "hoje, depois de 15 anos", como ela dirá logo, e provavelmente na primavera ou no verão, porque "o sol brilhava vivamente e toda a natureza parecia em festa". Mas, neste caso, ela teria tido, então, sete anos e meio, e não está mais "na idade de 6 para 7 anos", como ela dirá. A visão situar-se-ia, então, *9 anos* antes de "nossa grande provação" (de 1889) e não "10 anos", como ela dirá. Finalmente, as indicações de Teresa permanecem imprecisas.

80. O "cálice", imagem bíblica do sofrimento. Cf. Mt 20,22 e 26,39-44.

Manuscrito A(gnes)

Maria estava convosco, Madre, num quarto que se comunicava com aquele em que eu me encontrava; ouvindo-me chamar Papai, ela sentiu uma impressão de pavor, sentindo, me disse ela depois, que devia ter se passado alguma coisa de extraordinário; sem me deixar ver a sua emoção, ela correu para junto de mim, perguntando-me o que me levara a chamar Papai que estava em Alençon, eu / contei então o que acabara de ver. Para tranqüilizar-me, Maria me disse que era sem dúvida Vitória que para me fazer medo escondera a sua cabeça com um avental, mas interrogada Vitória garantiu não ter deixado a sua cozinha, ademais eu estava bem certa de ter visto um homem e que esse homem tinha o aspecto de Papai; então fomos todas as três atrás do maciço de árvores, mas não tendo encontrado nenhuma marca que indicasse a passagem de alguém, vós me disseste para não mais pensar nisso......

Não mais pensar nisso não estava em meu poder, muitas vezes minha imaginação representou-me a cena misteriosa que eu vira..... muitas vezes procurei levantar o véu que me encobria o sentido, porque eu conservava no fundo do coração a convicção íntima, essa visão tinha um *sentido* que devia ser-me revelado um dia..... Esse dia fez-se esperar muito tempo, mas depois de 14 anos[81] o próprio Deus rasgou o véu misterioso. Estando de licença[82] com Irmã Maria do Sagrado Coração, falávamos como sempre das coisas da outra vida e de nossas lembranças de infância, quando lhe recordei a visão que tivera com a idade de 6 a 7 anos; de repente, ao relatar os detalhes dessa cena estranha, compreendemos ao mesmo tempo o que ela significava... Era sim *Papai* que eu vira, caminhando curvado pela idade.... Era ele sim, levando sobre o seu rosto venerável, sobre sua cabeça embranquecida, o sinal de sua *gloriosa* provação[83].... Como a Face Adorável de Jesus que foi velada durante sua Paixão°, assim a face do seu

---

81. Logicamente, com as notas precedentes, a conversação esclarecedora com irmã Maria do Sagrado Coração situa-se em 1894, o ano da morte do Sr. Martin. De resto, Teresa dirá que o Sr. Martin está no Céu.

82. Segundo um costume no Carmelo, em alguns dias de festa as irmãs tinham "licença" para visitarem-se nas celas e entreterem-se privadamente.

83. Com esta palavra, Teresa indica, muitas vezes, a paralisia cerebral que obscureceu as faculdades mentais do Sr. Martin durante os cinco últimos anos de sua vida e o obrigou a uma internação, de 12 de fevereiro de 1889 até 10 de maio de 1892, no Bon-Sauver, hospital psiquiátrico em Caen.

fiel servidor° devia ser velada nos dias de suas dores, a fim de poder irradiar na Celeste Pátria junto de seu Senhor, o Verbo° Eterno!... Foi do seio dessa glória inefável, quando reinava no Céu⁸⁴, que nosso Pai querido nos obteve a graça de compreender a visão / que sua pequena rainha tivera numa idade em que a ilusão não deve ser temida! Foi do seio da glória que ele nos obteve essa doce consolação de compreender que 10 anos antes de nossa grande provação Deus já nos mostrava, como um Pai faz entrever a seus filhos o futuro glorioso que lhes prepara e se compraz em considerar antecipadamente as riquezas sem preço que devem ser a sua parte.................

Mt 25,21
Jo 1,1

A 21r
↓

Ah! por que foi a mim que Deus deu essa luz? Por que mostrou a uma criança tão pequena uma coisa que ela não podia compreender, uma coisa que, se ela tivesse compreendido, tê-la-ia feito morrer de dor, por quê?.. Eis um desses mistérios que sem dúvida compreenderemos no Céu e que fará nossa eterna admiração!....

Como Deus é bom!.. como ele proporciona as provações para as forças que Ele nos dá. Nunca, como acabo de dizer, teria podido suportar sequer o pensamento das penas amargas que o futuro me reservava... Eu não podia nem pensar sem tremer que Papai *pudesse morrer*.... Uma vez que tinha subido ao alto de uma escada e como eu ficasse justamente debaixo ele gritou para mim: "Afasta-te *pobre pequena*⁸⁵, se eu cair vou esmagar-te".

O pai de Teresa

Ao ouvir isso senti uma revolta interior, em vez de me afastar colei-me contra a escada pensando: "Pelo menos, se Papai cai, não vou ter a dor de vê-lo morrer, já que vou morrer com ele!"

Não posso dizer quanto amava Papai, tudo nele me causava admiração; quando me explicava os seus pensamentos (como se eu fosse uma moça) eu lhe dizia simplesmente que sim, se ele dissesse / tudo isso aos grandes do governo, eles o tomariam para fazê-lo Rei⁸⁶ e que então a França seria feliz como

A 21v
↓

---

84. O Sr. Martin morreu no dia 29 de julho de 1894.
85. No original: *paup'tit*, ou seja, *pauvre petite*.
86. A palavra Rei é muito aumentada por Teresa. Nós a colocamos em versal e versalete.

nunca fora..... Mas no fundo eu estava contente (e mo censurava como pensamento de egoísmo) que só havia eu para *bem conhecer* Papai, porque se ele tivesse se tornado *Rei de França* e de *Navarra* eu sabia que ele teria sido infeliz, visto que este é o destino de todos os monarcas e sobretudo não teria mais sido meu Rei só para mim!.....

Eu tinha seis ou 7 anos quando Papai nos levou a Trouville[87]. Jamais esquecerei a impressão que o mar me causou, não podia impedir-me de olhá-lo sem cessar; sua majestade, o rugido de suas ondas, tudo falava à minha alma da Grandeza e da Potência de Deus. Lembro-me que durante o passeio que fazíamos na praia, um Senhor e uma Dama me olharam correndo alegremente em torno de Papai e aproximando-se, perguntaram-lhe se eu *era dele* e disseram que eu era uma gentil menina. Papai respondeu-lhes que sim, mas percebi que lhes fez sinal para não me elogiar.... Foi a primeira vez que ouvi dizer que eu era gentil, isso me deu muito prazer, pois não acreditava nisso; prestastes grande atenção, Madre querida, em não deixar perto de mim nada que pudesse ofuscar a minha inocência, em não me deixar sobretudo ouvir nenhuma palavra capaz de fazer a vaidade entrar em meu coração. Como eu só prestava atenção às vossas palavras e às de Maria, e nunca vós me dirigistes um só elogio, eu não dava muita importância às palavras e aos olhares de admiração da dama. /

A 22r ↓

Teresa aos 8 anos

À tarde, na hora em que o sol parece banhar-se na imensidão das ondas deixando diante dele um *sulco luminoso*, ia sentar-me sozinha num rochedo com *Paulina*.... Então me lembrei da comovente história "Do sulco de ouro[88]!" Contemplei por longo tempo

---

87. Pequena cidade com cerca de 6.000 habitantes (Calvados), à beira do mar, na foz do Touques, rio que passa por Lisieux. Teresa tinha apenas cinco anos e oito meses quando, em 8 de agosto de 1878, foi pela primeira vez levada a Trouville, para a casa dos Guérin, em veraneio.

88. Essa história figura em Louise Belloc, *La tirelire aux histoires. Lectures choisies*. Paris, Garnier Frères, 1870. A "comovente história", que se chama *Le sentier d'or* [A senda de ouro], encontra-se na p. 248. Todavia a meditação de Teresa não parece ter ocorrido em agosto de 1878, mas num outro passeio em 1879-1881. Aqui Teresa parece agrupar várias lembranças espaçadas no tempo. Cf. DCL, "Le sillon d'or", *Vie thérésienne* 61, jan./1976, pp. 74-80.

esse sulco luminoso, imagem da graça que ilumina o caminho que deve percorrer o pequeno navio com a graciosa vela branca..... Perto de Paulina, tomei a resolução de nunca afastar a minha alma do olhar de Jesus, a fim de que ela navegue em paz para a Pátria dos Céus!...

Minha vida transcorria tranqüila e feliz, a afeição de que estava cercada nos *Buissonnets* me fazia por assim dizer crescer, mas eu estava sem dúvida bastante grande para começar a lutar, para começar a conhecer o mundo e as misérias de que está cheio............

[Capítulo 3]

[Aluna na Abadia]
[Cura extraordinária]

Eu tinha oito anos e meio quando Leônia saiu do internato e eu a substituí na Abadia[89]. Ouvira muitas vezes dizer que o tempo passado no internato é o melhor e o mais agradável da vida, não foi assim para mim, os cinco anos que passei aí foram os mais tristes de minha vida; se não tivesse comigo minha querida Celina, não teria podido ficar aí um só mês sem cair doente..... A pobre florzinha fora habituada a mergulhar suas raízes numa *terra escolhida*, feita expressamente para ela, também lhe pareceu muito duro ver-se no meio de flores de toda espécie de raízes muitas vezes muito pouco delicadas e ser obrigada a encontrar numa *terra comum* a seiva necessária à sua subsistência!......

A 22v ↓ Vós me instruístes tão bem, Madre querida, que ao chegar no internato eu era a mais adiantada das crianças de minha idade; fui colocada numa / classe de alunas todas maiores que eu, uma delas com idade de 13 a 14 anos era pouco inteligente, mas sabia entretanto impor-se às alunas e até às mestras. Ao ver-me, tão jovem, quase[90] sempre a primeira de minha classe e querida de todas as religiosas, ela sentiu sem dúvida um ciúme bem perdoável a uma interna e me fez pagar de mil maneiras meus pequenos sucessos...

Com a minha natureza tímida e delicada, não sabia defender-me e me contentava em chorar sem dizer nada, não me lamentando nem *mesmo* a *vós* do que eu sofria, mas eu não tinha bastante virtude para elevar-me acima dessas misérias da vida e meu pobre coraçãozinho sofria muito...... Felizmente cada tarde voltava para o lar paterno, então meu coração se

---

89. Internato mantido pelas beneditinas em Lisieux, junto à "abadia" Notre-Dame-du-Pré. Teresa ficará aí quase "cinco anos", de outubro de 1881 a fevereiro-março de 1886.

90. "Quase": Teresa acrescentou esta palavra posteriormente; ela ama a verdade! É preciso dizer que havia apenas sete alunas na sua classe...

abria, pulava sobre os joelhos de meu Rei, dizendo-lhe as notas que me tinham sido dadas e seu beijo me fazia esquecer todos os sofrimentos.... Com que alegria anunciava o resultado de minha *1ª composição* (uma redação de *H[istória] Sagrada*), faltando-me um *só ponto* para ter o máximo, não tendo sabido o nome do pai de Moisés. Era portanto a primeira e trazia uma bela condecoração de prata. Para recompensar-me Papai me dava uma *bonita moedinha* de quatro vinténs que eu colocava numa caixa e que foi destinada a receber quase toda Quinta-feira uma nova moeda sempre da mesma *grandeza*.... (era nessa caixa que eu ia buscar quando em certas grandes festas eu queria dar uma esmola de minha bolsa quando a pediam, seja para a propagação da Fé ou outras obras semelhantes). *Paulina*, deslumbrada com o sucesso de sua aluninha, lhe deu de presente um / belo arco para encorajá-la a continuar a ser bem estudiosa. A pobre pequena tinha uma real necessidade dessas alegrias da família; sem elas, a vida de internato lhe teria sido dura demais.

A tarde de toda Quinta-feira era de folga, mas não era como as *férias de Paulina*, não ficava no belvedere com Papai.... Era preciso jogar não com minha *Celina*, o que me agradava quando estava *sozinha com ela*, mas com minhas priminhas e as pequenas Maudelonde[91]; era para mim um verdadeiro castigo, não sabendo jogar como as outras crianças, eu não era uma companheira agradável, no entanto dava o melhor de mim para imitar as outras sem êxito e me aborrecia muito, sobretudo quando era preciso passar toda uma tarde a *dançar quadrilhas*. A única coisa que me agradava era ir ao *jardim da estrela*[92], então eu era a primeira em tudo, colhendo as flores em profusão e sabendo encontrar as mais bonitas excitava a inveja de minhas pequenas companheiras......

O que me agradava ainda era quando por acaso estava sozinha com a pequena Maria[93]; não tendo mais Celina Maudelonde para arrastá-la a *jogos ordinários*, ela me deixava livre para escolher e eu escolhia um jogo

---

91. Margarida (nascida em 24 de fevereiro de 1867) e Celina (nascida em 25 de fevereiro de 1873), primas-irmãs de Joana e Maria Guérin.
92. Parque em forma de estrela não longe dos Buissonnets, na estrada de Pont-l'Evêque.
93. Sua prima-irmã Maria Guérin, nascida em 22 de agosto de 1870, e que, no momento em que Teresa escreve estas linhas, se tornará no Carmelo irmã Maria da Eucaristia, no dia 15 de agosto de 1895.

totalmente novo. Maria e Teresa tornavam-se dois *solitários* que tinham apenas uma pobre cabana, um pequeno campo de trigo e alguns legumes para cultivar. Sua vida passava numa contemplação contínua, quer dizer que um dos *solitários* substituía o outro na oração quando era preciso ocupar-se com a vida ativa. Tudo era feito com uma harmonia, um silêncio e maneiras tão religiosas que era perfeito. Quando minha Tia vinha buscar-nos para o passeio, nosso jogo continuava ainda na rua. Os dois solitários recitavam[94] / junto o rosário, servindo-se dos dedos a fim de não mostrar a sua devoção ao público indiscreto; no entanto um dia o solitário mais jovem se esqueceu, tendo recebido um bolo para a sua merenda, fez, antes de comê-lo, um grande sinal da cruz, o que fez rir todos os profanos do século......

Maria e eu éramos sempre da mesma opinião, tínhamos tanto os mesmos gostos que uma vez nossa *união* de *vontades*[95] passou dos limites. Voltando uma tarde da Abadia, eu disse a Maria: "Conduze-me, vou fechar os olhos." — "Quero fechá-los também, me respondeu ela." Dito e feito, sem *discutir* cada uma fez a *sua vontade*... Estávamos numa calçada, não havia porque temer os carros; depois de um agradável passeio de alguns minutos, tendo saboreado as delícias de andar sem ver, as duas tontinhas caíram *juntas* sobre caixas colocadas à porta de uma loja, ou melhor elas fizeram *cair* estas *últimas*. O comerciante saiu irritado para levantar a sua mercadoria, as duas cegas voluntárias já tinham se levantado sozinhas e andavam a *largos passos*, os olhos *grandes* abertos, escutando as justas censuras de Joana[96] que estava tão zangada quanto o comerciante!... Então para castigar-nos, ela resolveu nos separar e desde esse dia Maria e Celina iam junto enquanto eu andava com Joana. Isso pôs fim à nossa demasiada grande *união* de *vontade* e não foi um mal para as mais velhas que ao con-

---

94. Outro acidente no manuscrito! Ao terminar o fólio 22r, inadvertidamente Teresa virou duas folhas ao mesmo tempo; depois de ter escrito três linhas, ela descobre o seu erro e retoma o texto no fólio 22v que estava em branco, até o fim de 23r. Tendo chegado a 23v, ela cola sobre as três linhas já escritas uma tira de papel, sobre a qual ela redige as linhas que serão lidas.

95. Ao sublinhar, com um pouco de humor, as palavras *união* de *vontades*, Teresa faz, sem dúvida, alusão à união espiritual da vontade da alma com a vontade de Deus, muitas vezes cantada por João da Cruz e Teresa d'Ávila.

96. Joana Guérin.

Maria Guérin e Celina

trário nunca eram da mesma opinião e discutiam durante todo o caminho. A paz assim foi completa.

Não disse nada ainda de minhas relações íntimas com Celina, ah! / se fosse preciso contar tudo, não poderia acabar...

    A 24r

Em Lisieux os papéis tinham mudado, era Celina que se tornara um pequeno duende mau[97] e Teresa era apenas uma mocinha mansa mas *chorosa* ao excesso.... Isso não impedia que Celina e Teresa se amassem cada vez mais; às vezes havia algumas pequenas discussões mas não era grave e no fundo elas eram sempre da mesma opinião. Posso dizer que *nunca* minha irmãzinha querida me causou *desgosto*, mas foi para mim como um raio de sol, alegrando-me e consolando-me sempre..... Quem poderá dizer com que intrepidez ela me defendia na Abadia quando eu era acusada?.. Ela cuidava tanto de minha saúde que isso às vezes me aborrecia. O que me aborrecia era *vê-la divertir-se*, ela alinhava toda a tropa de nossas bonequinhas e fazia a classe com elas como uma hábil mestra, só que ela tinha o cuidado que suas filhas estivessem sempre bem comportadas ao passo que as minhas eram freqüentemente postas porta afora por causa de seu mau comportamento.... Ela me dizia todas as coisas novas que acabara de aprender na sua classe, o que me divertia muito, e eu a olhava como um poço de ciência. Eu tinha recebido o título de "filhinha de Celina", por isso quando ela estava zangada comigo, sua maior marca de descontentamento era dizer-me: "Tu não és mais minha filhinha, acabou, eu me *lembrarei sempre*!..." Então só me restava chorar como uma Madalena, suplicando-lhe que me considerasse ainda como sua filhinha, logo ela me abraçava e me prometia [não] mais se *lembrar de nada*!... Para consolar-me ela tomava uma de suas bonecas e lhe / dizia: "Minha querida, abraça a tua tia". Uma vez a boneca foi tão apressada em me abraçar ternamente que colocou seus dois bracinhos no *nariz*.... Celina que não o fizera de propósito, olhava-me estupefata, a boneca pendurada no nariz; a *tia* não demorou muito em repelir os apertos demasiado ternos de sua *sobrinha* e pôs-se a rir de todo o seu coração de uma aventura tão singular.

    A 24v

---

97. Alusão à passagem referente a Teresa e citada em A 4v, da carta de 5 de dezembro de 1875 da Sra. Martin a Paulina: "O bebê é um duende sem igual".

Manuscrito A(gnes)

O mais divertido era ver-nos comprar nossos brindes; juntas no bazar, nos escondíamos cuidadosamente uma da outra. Tendo *10* vinténs para gastar, precisávamos de pelo menos *5* ou *6* objetos diferentes, era de quem comprasse as mais *belas coisas*. Deslumbradas com nossas compras esperávamos com impaciência o primeiro dia do ano a fim de poder oferecer-nos nossos *magníficos presentes*. Aquela que se despertava antes da outra se apressava em desejar-lhe o feliz ano novo, em seguida a gente se dava os *brindes* e cada uma se extasiava com os *tesouros* dados por 10 vinténs!....

Esses pequenos presentes nos davam quase tanto prazer como as *belas prendas* de meu *tio*, aliás era apenas o começo das alegrias. Nesse dia nós nos vestíamos rapidamente e cada uma fica à espreita para pular no colo de Papai, assim que ele saísse de seu quarto; eram gritos de alegria em toda a casa e esse pobre Paizinho parecia feliz de nos ver tão contentes.... Os presentes que Maria e Paulina davam às suas filhinhas não tinham um grande valor mas causavam-lhes também uma *grande alegria*.... Ah! nessa época nós não éramos *insensíveis*, nossa alma em todo o seu frescor desabrochava como uma flor feliz por receber o orvalho da manhã... O mesmo sopro fazia balançar nossas corolas e o que causava a alegria ou o sofrimento a / uma o causava ao mesmo tempo à outra. Sim nossas alegrias eram comuns, senti isso muito bem no belo dia da primeira Comunhão de minha Celina querida. Eu não ia ainda à Abadia pois tinha apenas sete anos, mas conservava em meu coração as muito agradáveis lembranças da preparação que vós, Madre querida, fizestes para Celina; cada tarde vós a colocáveis sobre vossos joelhos e lhe faláveis da grande ação que ela ia fazer; eu escutava ávida por me preparar também, mas muitas vezes vós me dizíeis para sair porque eu era pequena demais, então eu ficava muito magoada e pensava que não era demais quatro anos para preparar-se para receber Deus.....

Numa noite, ouvi que dizíeis que a partir da primeira Comunhão, era preciso começar uma nova vida; imediatamente resolvi não esperar por aquele dia mas começar uma ao mesmo tempo que Celina..... Nunca sentira tanto que a amava como aconteceu durante o seu retiro de três dias; pela primeira vez na minha vida, eu estava longe dela, não dormia na sua cama... No primeiro dia, tendo esquecido que ela não voltaria, guardara um pequeno ramo de cerejas que Papai me comprara, para comê-lo com ela; não a vendo chegar, fiquei muito triste. Papai me consolou dizendo-me que me levaria à Abadia no dia seguinte para ver minha Celina e que eu lhe daria outro ramo de cerejas!... O dia da 1ª Comunhão de Celina me deixou uma impressão semelhante à da minha; ao me despertar de manhã sozinha na grande cama, senti-me *inundada* de *alegria*. "É hoje!... O grande dia chegou....", não me cansava de / repetir essas palavras. Parecia-me que era eu que ia fazer minha 1ª Comunhão. Creio que recebi grandes graças nesse dia e o considero como um dos mais *belos* da minha vida...

Voltei um pouco atrás para recordar essa deliciosa e doce lembrança, agora devo falar da dolorosa provação que veio partir o coração da pequena Teresa, quando Jesus lhe arrebatou sua querida *mamãe*, sua *Paulina* tão ternamente amada!....

Paulina

Um dia, eu tinha dito a Paulina que queria ser solitária, ir embora com ela para um deserto distante, ela me respondera que meu desejo era o seu e que ela *esperaria* que eu fosse bastante grande para partir. Sem dúvida isso não fora dito seriamente, mas a pequena Teresa levara a sério, por isso qual não foi sua dor ouvir um dia sua querida Paulina falar com Maria de sua entrada próxima no Carmelo[98]......... Eu não sabia o que era o Carmelo, mas compreendia que Paulina ia deixar-me para entrar num convento, compreendia que ela não me *esperaria* e que eu ia perder minha segunda *Mãe*!... Ah! como poderia dizer a angústia do meu coração?.. Num instante compreendi o que era a vida; até então eu não a tinha visto tão triste, mas ela me apareceu em toda a sua realidade, vi que ela não era senão sofrimento e separação contínua. Derramei lágrimas bem amargas porque não compreendia ainda a *alegria* do sacrifício, eu era *fraca*, tão *fraca* que olho como uma grande graça ter podido suportar uma provação que parecia estar muito acima de minhas forças!... Se tivesse sido suavemente informada da partida de minha Paulina querida, talvez não tivesse sofrido tanto mas /

---

98. Paulina sempre desejara ser freira na Visitação do Mans. No dia 16 de fevereiro de 1882 (que festejava o terceiro centenário da morte de santa Teresa d'Ávila), assistindo à missa em São Tiago na capela de Nossa Senhora do Monte Carmelo, ela se sentiu atraída ao Carmelo, onde entrará na segunda-feira, 2 de outubro do mesmo ano. Ela tinha, então, vinte e um anos e Teresa nove anos e nove meses.

tendo sabido de surpresa, foi como se uma espada fosse enterrada em meu coraçãoº......

Sempre me lembrarei, Madre querida, com que ternura vós me consolastes..... Depois me explicastes a vida do Carmelo que me pareceu muito bela; ao recordar em meu espírito tudo o que vós me tínheis dito, percebi que o Carmelo era o *deserto* onde Deus queria que eu fosse também me esconder... Eu o senti com tanta força que não houve a menor dúvida no meu coração, não é um sonho de criança que se deixa levar, mas a *certeza* de um chamado Divino; eu queria ir ao Carmelo não por *Paulina* mas por *Jesus só*..... Pensava *muitas* coisas que as palavras não podem exprimir, mas que deixaram uma grande paz na minha alma.

No dia seguinte confiei o meu segredo a Paulina que, olhando meus desejos como a vontade do Céu, disse-me que logo eu iria com ela ver a Madre Priora do Carmelo e que seria preciso dizer-lhe o que Deus me fazia sentir.... Um Domingo foi escolhido para essa solene visita, meu embaraço foi grande quando soube que Maria G[uérin] devia ficar comigo, sendo ainda pequena demais para ver as carmelitas; entretanto era preciso que eu encontrasse o meio de ficar sozinha; eis o que me veio ao pensamento, disse a Maria que tendo o privilégio de ver a Madre Priora, era preciso ser bem gentis e muito polidas, para isso devíamos lhe confiar nossos *segredos*, portanto cada uma na nossa vez precisaria sair um momento e deixar uma de nós sozinha. Maria acreditou no que eu disse e apesar de sua repugnância em confiar *segredos que ela não tinha*, ficamos sozinhas, uma depois da outra, junto a M[adre] M[aria] de G[onzaga][99]. / Tendo ouvido minhas *grandes confidências* essa boa Madre acreditou na minha vocação, mas disse-me que não se recebiam postulantes de *9 anos* e que seria preciso esperar meus 16 anos.... Resignei-me apesar de meu vivo desejo de entrar o mais cedo possível e de fazer minha 1ª Comunhão no dia da tomada de Hábito de Paulina..... Foi nesse dia que recebi elogios pela segunda vez. Irmã T[eresa] de Sto. Agostinho[100] tendo vindo me ver, não se cansava de

---

99. Maria Adélia Rosália Davy de Virville (1834-1904), priora nesse momento. Com interrupções, ela foi priora sete vezes, vinte e um anos no total; inclusive no momento da entrada de Teresa.

100. É a irmã de quem Teresa dirá que é "uma santa religiosa", mas que tinha "o talento de me desagradar em todas as coisas" (cf. Manuscrito G por Maria de Gonzaga, 13v).

A ENTRADA DE PAULINA

dizer que eu era muito gentil; eu não contava vir ao Carmelo para receber louvores, por isso depois do parlatório, eu não cessava de repetir a Deus que era para *Ele somente* que eu queria ser carmelita.

Procurei aproveitar muito de minha Paulina querida durante as poucas semanas em que ela ainda estava no mundo, todo dia Celina e eu lhe comprávamos um bolo e bombons, pensando que logo ela não os comeria mais; estávamos sempre ao lado dela não lhe deixando um minuto de repouso. Finalmente o *2 de Outubro* chegou, dia de lágrimas e de bênçãos em que Jesus colheu a primeira de suas flores, que deveria ser a *mãe* daquelas que se reuniriam a ela poucos anos depois.

Vejo ainda o lugar em que recebi o último beijo de *Paulina*, em seguida minha Tia nos levou todas à missa enquanto Papai ia à montanha do Carmelo oferecer o seu *primeiro sacrifício*...... Toda a família estava em lágrimas de sorte que ao ver-nos entrar na igreja as pessoas nos olhavam com espanto, mas isso me era muito igual e não me impedia de chorar, creio que se tudo tivesse desabado em torno de mim eu não teria prestado nenhuma atenção; olhava o belo Céu azul e me admirava que o Sol pudesse luzir com / tanto brilho, quando minha alma estava inundada de tristeza!... **A** 27r ↓

Talvez, Madre querida, pensais que exagero a dor que senti?.. Eu me apercebo bem que ela não deveria ser tão grande, visto que eu tinha a esperança de vos encontrar no Carmelo, mas minha alma estava LONGE de estar *madura*, eu devia passar por muitos crisóis antes de atingir o termo tão desejado............

O 2 de Outubro era o dia fixado para o ingresso na Abadia, eu precisava ir apesar da minha tristeza.... Depois do meio-dia minha Tia veio nos buscar para ir ao Carmelo e vi minha *Paulina querida* atrás das *grades*..... Ah! como sofri nesse *parlatório* do Carmelo! Visto que escrevo a história de minha alma, devo dizer tudo à Madre querida, e reconheço que os sofrimentos que tinham precedido sua entrada não foram nada em comparação com os que se seguiram.... Todas as Quintas-feiras íamos em *família* ao Carmelo e eu, habituada a conversar francamente com *Paulina*, obtinha com grande dificuldade dois ou três minutos no fim do parlatório, evidentemente eu os passava a chorar e ia embora com o coração dilacerado...... Não compreendia que era por delicadeza à minha Tia que dirigíeis de preferência a palavra a Joana e a Maria em vez de falar com vossas filhinhas... eu não compreendia e dizia no fundo do meu coração: "Paulina está perdida para mim!!!" É surpreendente ver como meu espírito desenvolveu-se no meio do sofrimento, desenvolveu-se a tal ponto que não tardei a cair doente.

A 27v
↓

A doença que me acometeu vinha certamente do demônio; furioso com vossa entrada no Carmelo, ele quis vingar-se em mim do mal que nossa família devia fazer a ele no futuro, mas ele não sabia que a / doce Rainha do Céu velava sobre sua frágil florzinha, que ela lhe *sorria* do alto do seu trono e se apressava de fazer cessar a tempestade no momento em que sua flor devia quebrar-se sem volta....

O tio Guérin

Pelo fim do ano fui tomada de uma dor de cabeça contínua mas que quase não me fazia sofrer, podia prosseguir com meus estudos e ninguém se inquietava comigo, isso durou até a festa de Páscoa de 1883. Tendo Papai ido a Paris com Maria e Leônia, minha Tia me levou para casa dela com Celina. Numa tarde meu Tio tendo me levado com ele, falou-me de Mamãe, das lembranças passadas, com uma bondade que me tocou profundamente e me fez chorar; então ele me disse que eu era sensível demais, que me faltava muito distração e resolveu com minha tia nos dar prazer durante os feriados de Páscoa; naquela noite devíamos ir ao círculo católico, mas achando que eu estava cansada demais, minha Tia me pôs para dormir; ao tirar a roupa, fui tomada de uma tremedeira estranha, crendo que eu estava com frio minha tia me envolveu com cobertas e garrafas quentes, mas nada pôde diminuir a minha agitação que durou quase toda a noite. Meu tio, ao voltar do círculo católico com minhas primas e Celina, ficou muito surpreso por me encontrar naquele estado que ele julgou muito grave, mas não quis dizê-lo a fim de não apavorar minha Tia. No dia seguinte ele foi visitar o doutor Notta que julgou como meu Tio que eu tinha uma doença muito grave e pela qual nunca uma criança tão nova fora atingida. Todo o mundo estava consternado, minha Tia foi obrigada a manter-me na casa dela e cuidou de mim com uma solicitude verdadeiramente *maternal.* Quando

Uma estranha doença

Papai voltou de Paris com minhas irmãs maiores, Aimée[101] os recebeu com aspecto tão triste que Maria[102] / pensou que eu estivesse morta.... Mas essa doença não era para que eu morresse, era antes como a de Lázaro a fim de que Deus seja glorificado°... De fato o foi, pela resignação admirável de meu pobre *Paizinho* que acreditou que "⁺*sua filhinha se tornaria louca ou então que ela morreria*". Foi também pela de *Maria*!.. Ah! como ela sofreu por causa de mim.... Como lhe sou grata pelos cuidados que ela me prodigalizou com tanto desinteresse... seu coração lhe ditava o que me era necessário e verdadeiramente um *coração* de *Mãe* é bem mais *sábio* que o de um médico, ele sabe *adivinhar* o que convém à doença de seu filho........

A 28r
↓
Jo 11,4

Essa pobre Maria foi obrigada a vir instalar-se na casa de meu Tio pois era impossível transportar-me para os Buissonnets. Entretanto a tomada de hábito de Paulina se aproximava, evitavam falar disso diante de mim sabendo o sofrimento que eu sentia de não poder ir, mas eu falava disso freqüentemente dizendo que estaria bastante bem para ir ver minha Paulina querida... De fato Deus não quis recusar-me esse consolo ou melhor Ele quis consolar a sua *Noiva*[103] querida que tinha tanto sofrido com a doença de sua filhinha.... Observei que Jesus não quer provar seus filhos no dia do seu noivado, essa festa deve ser sem nuvens, um antegozo das alegrias do Paraíso, Ele já não mostrou isso 5 vezes[104]?... Pude, pois, *abraçar*[105] minha Mãe querida, *sentar-me* sobre seus *joelhos* e enchê-la de

---

101. Aimée Roger, cozinheira dos Guérin.
102. Nesse lugar, a parte de baixo do fólio está cortada. Continha uma linha de texto (do qual ainda se vêem alguns acentos). A própria Teresa deve ter cortado essa linha antes de retomar, de maneira normal, o texto no alto do fólio 28r. Outro indício de um certo trabalho redacional.
103. A partir da tomada de hábito, a noviça era às vezes designada pelo termo "noiva"; a partir da profissão, pelo de "esposa".
104. Nesse momento Leônia estava na Visitação de Caen, o quinto "noivado" de que Teresa fala se refere à tomada de hábito de Celina, irmã Genoveva, no dia 5 de fevereiro de 1895.
105. Nessa época, a noviça deixava a clausura para saudar a sua família na parte exterior do mosteiro (a *volta*) e assistir, na capela, à primeira parte da cerimônia, antes de voltar à clausura para a segunda parte, a toma de hábito propriamente dita. Então, ela usava um vestido branco de casada, "a roupa branca" de que Teresa fala. Assim, Teresa podia, na *volta*, durante alguns instantes, "sentar-se sobre os joelhos" de Paulina. No entanto ela não assistiu à cerimônia na capela nesse 6 de abril de 1883. Por isso, é somente mais tarde, após a sua cura, que ela vê "Paulina com o hábito da Santíssima Virgem" (A 30v).

carícias.... Pude contemplá-la tão deslumbrante, na sua roupa branca de noiva.... Ah! foi um *belo dia*, no meio da minha triste provação, mas esse dia passou depressa..... Logo foi preciso subir no carro que me levou para bem longe de Paulina... bem longe de meu Carmelo querido. Ao chegar aos Buissonnets, fizeram com que eu deitasse, apesar de eu garantir / que estava perfeitamente curada e não ter necessidade de cuidados. Ai de mim, só estava ainda no começo de minha provação!... No dia seguinte tive uma recaída e a doença tornou-se tão grave que eu não devia curar-me segundo os cálculos humanos.... Não sei como descrever uma tão estranha doença, estou persuadida agora que era obra do demônio, mas muito tempo depois de minha cura pensei que tivesse adoecido de propósito e isso foi um verdadeiro *martírio* para minha alma....

Disse-o a Maria que me tranqüilizou o melhor que pôde com sua *bondade* costumeira, disse-o na confissão e aí também meu confessor tentou tranqüilizar-me, dizendo que não era possível ter fingido estar doente ao ponto em que eu fiquei. Deus que queria sem dúvida purificar-me e sobretudo *humilhar*-me deixou-me esse *martírio íntimo* até minha entrada no Carmelo onde o *Pai* de nossas almas[106] tirou-me todas as minhas dúvidas como que com a mão e desde então estou perfeitamente tranqüila.

Não é surpreendente que eu temesse ter parecido doente sem estar realmente, pois eu dizia e fazia coisas que não pensava; quase sempre parecia em delírio dizendo palavras que não tinham sentido e no entanto estou *segura* de não ter sido *privada* um *só instante* do *uso* de *minha razão*..... Parecia freqüentemente desmaiada, não fazendo o mais leve movimento, então teria deixado fazer comigo tudo o que quisessem, até matar, no entanto, ouvia tudo o que se dizia em minha volta e me lembro ainda de tudo.... Aconteceu-me uma vez ficar muito tempo sem poder abrir os olhos e abri-los um instante enquanto estava sozinha......

Creio que o demônio recebera um poder *exterior* sobre mim mas / que não podia aproximar-se de minha alma nem de meu espírito, senão

---

106. O jesuíta Almire Pichon (1843-1919), diretor espiritual de Maria, depois de Celina e mais tarde ainda de Teresa. É, pois, após a sua "entrada no Carmelo" que Teresa se abre a ele sobre o sofrimento de sua alma, no dia 23 de maio de 1888. Volta a falar disso em A 70r.

Ele me enviava anjos visíveis

para inspirar-me *pavores*[107] muito grandes de certas coisas, por exemplo de remédios muito simples que em vão se tentava fazer com que eu aceitasse. Mas se Deus permitia que o demônio se aproximasse de mim, enviava-me também anjos visíveis.... Maria estava sempre ao lado de minha cama cuidando de mim e consolando-me com a ternura de uma Mãe, nunca ela mostrou o mínimo aborrecimento e no entanto eu lhe dava muito trabalho, não tolerando que ela se distanciasse de mim. Era preciso no entanto que ela estivesse na refeição com Papai, mas eu não cessava de chamá-la o tempo todo que ela tinha partido, Vitória que cuidava de mim era às vezes obrigada a ir buscar minha querida "Mamãe" como eu a chamava.... Quando Maria queria sair era preciso que fosse para ir à missa ou então [para] ver *Paulina*, então eu não dizia nada........

Tia Guérin

Meu Tio e minha Tia eram também muito bons para mim; minha querida Tiazinha[108] vinha *todos os dias* me ver[109] e me trazia mil mimos. Outras pessoas amigas da família vieram também me visitar, mas eu suplicava a Maria para dizer-lhes que eu não queria receber visitas, desagradava-me "+*ver pessoas sentadas em volta de minha cama em* FILA *e me olhando como um bicho curioso*[110]". A única visita que eu gostava era a de meu Tio e minha Tia. Desde essa doença não saberia dizer quanto minha afeição por

---

107. Teresa sublinha as palavras "exterior" e "temores". Às vezes, para ela, sublinhar é uma maneira de referir-se a um texto ou a uma expressão conhecida. Sem dúvida, aqui há uma alusão ao que ela leu em são João da Cruz, *Cântico espiritual* (CE), estr. 20, v. 4, precisamente em relação com o "demônio": "Outras vezes esses temores vêm do demônio (...) ele busca atacar [a alma] ao menos por fora".

108. Teresa escreveu primeiro: "essa pobre tia"; então ela falava também de mil "pequenos" mimos. Por volta de junho-julho de 1897, quando ela sabe que seu caderno será lido pela família Guérin, ela mudará para "minha querida tiazinha" e riscará a palavra "pequenos".

109. Após a tomada de hábito de Paulina, no dia 6 de abril de 1883, Teresa, primeiro acamada na casa do Sr. Guérin, voltou para os Buissonnets.

110. Numa escrita já enfraquecida, Teresa acrescentará por volta de junho-julho de 1897 a frase seguinte, de modo que, ao pé da página e após uma chamada de nota (1), a alínea segue até à palavra "Leônia". Agora ela sabe que o círculo dos leitores ampliou-se. A passagem contém alusões à bondade da família Guérin no tempo da doença do Sr. Martin e também da última doença da própria Teresa.

eles aumentou, compreendo melhor do que nunca que eles não eram para nós parentes comuns. Ah! esse pobre Paizinho tinha muita razão quando nos repetia muitas vezes as palavras que acabo de escrever. Mais tarde experimentou que não se enganara e agora deve proteger e bendizer aqueles que lhe prodigalizaram cuidados tão dedicados..... Eu ainda estou exilada e sem saber mostrar minha gratidão, tenho apenas um meio para aliviar o meu coração: Rezar pelos parentes que amo, que foram e ainda são tão bons para mim!...

Leônia era também muito boa para mim, procurando divertir-me da melhor maneira que podia, eu às vezes lhe causava aflição porque ela via bem que Maria não podia ser substituída junto de mim.....

E minha Celina querida, o que ela não fez por sua Teresa?.. No Domingo em vez de ir passear ela vinha fechar-se horas inteiras com uma pobre menina que parecia uma idiota; verdadeiramente / era preciso amor para não fugir de mim.... Ah! minhas queridas Irmãzinhas[111], como vos fiz sofrer!.. ninguém vos causou tanto *sofrimento* quanto eu e ninguém tinha recebido tanto *amor* como vós me prodigalizastes..... Felizmente, terei o Céu para me vingar, meu Esposo é muito rico e tirarei de seus tesouros de *amor* a fim de vos devolver o cêntuplo tudo o que sofrestes por minha causa............

Meu maior consolo enquanto estava doente era receber uma carta de *Paulina*... Eu a lia, a relia até quase sabê-la de cor..... Uma vez, Madre querida, vós me enviastes uma ampulheta e uma de minhas bonecas vestida de carmelita, dizer a minha alegria é impossível... Meu Tio não estava contente, dizia que em vez de me fazer pensar no Carmelo era preciso afastá-lo de meu espírito, mas eu sentia pelo contrário que era a esperança de ser um dia carmelita que me fazia viver....

Meu prazer era trabalhar para Paulina, fazia para ela pequenos trabalhos em papel bristol e minha máxima ocupação era fazer coroas de margarida e miosótis para a Santíssima Virgem, estávamos no belo mês de maio, toda a natureza se enfeitava de flores e respirava a alegria, só a

---

111. Desde o começo, Teresa está consciente de que será lida por suas três "irmãs" carmelitas.

A Santíssima Virgem sorriu para mim

"⁺*florzinha*" definhava e parecia murcha para sempre.... Entretanto tinha um Sol perto dela, esse sol era a *Estátua milagrosa* da Santíssima Virgem que falara duas vezes[112] a Mamãe, e freqüentemente, muito freqüentemente, a florzinha virava a sua corola para esse Astro bendito.... Um dia vi Papai entrar no quarto de Maria onde eu estava deitada, e lhe dando várias moedas de ouro, com uma expressão de grande tristeza disse para ela escrever a Paris e mandar dizer missas a Nossa Senhora das Vitórias para que ela curasse sua pobre filhinha. Ah! como me comovi ao ver a Fé e o Amor de meu Rei querido, / gostaria de poder dizer-lhe que estava curada, mas já lhe dera bastantes falsas alegrias, não eram meus desejos que podiam fazer um *milagre*, porque era preciso um para curar-me.... Era preciso um *milagre* e foi Nossa Senhora das Vitórias quem o fez. Num Domingo (durante a novena de missas) Maria saiu para o jardim deixando-me com Leônia que lia perto da janela; depois de alguns minutos pus-me a chamar bem baixinho: "Mamãe... Mamãe". Leônia estando habituada a ouvir-me sempre chamar assim, não deu atenção a mim. Isso durou longo tempo, então chamei mais forte e enfim Maria voltou, eu a vi perfeitamente entrar, mas não podia dizer que a reconhecia e continuava a chamar sempre mais forte: "Mamãe...." Eu *sofria muito* com essa luta forçada e inexplicável e Maria sofria talvez ainda mais do que eu; depois de vãos esforços para mostrar-me que ela estava junto de mim, pôs-se de joelhos ao lado da minha cama com Leônia e Celina, depois voltando-se para a Santíssima Virgem e rezando para ela com o fervor de uma *Mãe* que pede a vida de seu filho, *Maria* obteve o que desejava.....

A 30r
↓

A Virgem do Sorriso

Ao não encontrar nenhum socorro na terra, a pobre Teresinha voltara-se para sua Mãe do Céu, pedia-lhe de todo o seu coração que tivesse piedade dela....... De repente a Santíssima Virgem me apareceu *bela*, tão *bela* como eu nunca vira nada tão belo, seu rosto respirava uma bondade e uma ternura inefável, mas o que me penetrou até o fundo da alma

---

112. Segundo uma nota de madre Inês sobre sua Cópia de HA de 1936, a estátua da Virgem não falou *senão uma só vez* à Sra. Martin: após a morte da pequena Helena, quando a mãe "ouviu estas palavras: *Ela está lá, ao meu lado...*"

foi o "⁺*arrebatador sorriso da Sta. Virgem*". Então todas as minhas penas desvaneceram-se, duas grossas lágrimas jorraram de minhas pálpebras e correram silenciosamente pelas minhas faces, mas eram lágrimas de uma alegria sem mistura... Ah! pensei[113], a Sta. Virgem sorriu para mim, como estou feliz... / mas nunca o direi a ninguém, pois então minha *felicidade desapareceria*. Sem nenhum esforço baixei os olhos, e vi Maria que me olhava com amor, ela parecia emocionada e parecia adivinhar o favor que a Sta. Virgem me concedera... Ah! fora a ela, às suas orações comoventes que eu devia a graça do *sorriso* da Rainha dos Céus. Ao ver o meu olhar fixado na Santíssima Virgem, ela tinha dito: "Teresa está curada!" Sim, a pequena flor ia renascer para a vida, o *Raio* luminoso que a aquecera não devia parar seus favores; ele não age repentinamente, mas mansamente, suavemente ele levantou a sua flor e a fortificou de tal sorte que cinco anos depois[114] ela desabrochava na montanha fértil do Carmelo.

Como disse, Maria tinha adivinhado que a Santíssima Virgem me concedera alguma graça escondida, por isso quando estive sozinha com ela, perguntando-me o que eu tinha visto, não pude resistir às suas perguntas tão ternas e tão prementes; espantada por ver meu segredo descoberto sem que eu o tivesse revelado, confiei-o inteiramente à minha querida Maria... Ai! como eu sentira, minha felicidade desapareceria e se transformaria em amargura, durante quatro anos a lembrança da graça inefável que eu recebera foi para um verdadeiro *sofrimento de alma*, eu devia reencontrar minha felicidade somente aos pés de Nossa Senhora das Vitórias, mas então ela me foi devolvida em *toda* a sua *plenitude*... voltarei a falar mais tarde dessa segunda graça da Sta. Virgem.

Agora preciso dizer-vos, Madre querida, como minha alegria transformou-se em tristeza. Maria após ter ouvido o relato ingênuo e sincero de "minha graça" pediu-me a permissão para dizê-la ao Carmelo, eu não podia dizer não.... Na minha primeira visita a esse Carmelo querido, fiquei repleta de alegria ao ver minha *Paulina* com o hábito da Santíssima

---

113. Primeira redação, depois apagada: "com alegria".
114. 9 de abril de 1888.

Virgem[115], / foi um momento muito agradável para nós duas.... Havia **A** 31r
tantas coisas a se dizer que eu não podia dizer absolutamente nada, meu
coração estava cheio demais...... A boa Madre M[aria] de Gonzaga estava
lá também me dando mil sinais de afeição, vi ainda outras irmãs e, diante
delas, questionaram-me sobre a graça que eu tinha recebido, me[116] perguntando se a Sta. Virgem levava o menino Jesus, ou se havia muita luz etc...
Todas essas perguntas me perturbaram e me deixaram aflita, só podia dizer
uma coisa: "A Santíssima Virgem me parecera *muito bela...* e eu a tinha
visto *sorrir para mim*". Fora seu *rosto só* que me impressionara, também
vendo que as carmelitas imaginavam totalmente outra coisa (meus sofrimentos de alma começando já acerca de minha doença), eu imaginava *ter mentido.......* Sem dúvida, se eu tivesse guardado meu segredo, teria guardado também minha felicidade, mas a Santíssima Virgem permitiu esse
tormento para o bem de minha alma, talvez eu tivesse tido sem ele algum
pensamento de vaidade, em vez da *humilhação* que se tornou meu quinhão
não podia olhar-me sem um sentimento de *profundo horror...* Ah! o que
sofri, não poderei dizê-lo senão ao Céu!.................

    Ao falar em visita às carmelitas lembro-me da primeira, que ocorreu
pouco tempo depois da entrada de *Paulina*, esqueci-me de falar dela mais
acima mas há um detalhe que não devo omitir. Na manhã do dia em que
devia ir ao parlatório, refletindo sozinha na minha *cama*, (pois era lá que
fazia minhas mais profundas orações e ao contrário da esposa de cânticos
encontrava aí sempre meu Bem-Amado°), perguntava-me que nome eu te- Ct 3,1
ria no Carmelo; sabia que havia uma Irmã Teresa de Jesus, no entanto meu
belo nome de Teresa não podia ser tirado de mim. De repente pensei / no **A** 31v

---

115. Hábito "da Santíssima Virgem" por causa do hábito da Ordem de "Nossa Senhora" do Monte Carmelo e também por causa da ligação com o Escapulário de Nossa Senhora do Carmo, sinal de proteção da Virgem e parte da vestimenta religiosa dos carmelitas.

116. O texto primitivo foi raspado neste local. A primeira redação de Teresa parece ter sido: "Maria me perguntava". Maria, testemunha principal da cena, que obtivera de Teresa "a permissão" de contar o segredo "ao Carmelo" (talvez só a Paulina), teria, pois, feito perguntas a Teresa na presença das outras carmelitas. Em todo caso, é provável que Teresa, por delicadeza para com sua irmã mais velha e madrinha, que indiretamente foi a causa de seu sofrimento de alma durante quatro anos, tenha definitivamente apagado ela mesma sua primeira redação. Mas assim o texto muda um pouco e são as carmelitas que fazem todas as perguntas... Percebe-se a confusão de Teresa através de sua escrita.

Pequeno Jesus que amava tanto e disse para mim mesma: "Oh! como seria feliz em me chamar Teresa do Menino Jesus". *Nada disse* no parlatório do *sonho* que eu tivera completamente desperta, mas essa boa Madre *M[aria] de Gonzaga* ao perguntar às Irmãs qual nome deveria dar-me, veio-lhe ao pensamento chamar-me pelo nome que eu tinha *sonhado*.... Minha alegria foi grande e esse feliz encontro de pensamentos pareceu-me uma delicadeza de meu Bem-Amado Menino Jesus.

[Capítulo 4]

[Chamado à santidade]
[Primeira comunhão – Graças e fraqueza]

Esqueci-me ainda de alguns pequenos detalhes de minha infância antes de vossa entrada no Carmelo, não vos falei de meu amor pelas imagens e pela leitura.... Entretanto, Madre querida, devo às belas imagens que vós me mostráveis como recompensa, uma das mais doces alegrias e das mais fortes impressões que me excitaram à prática da virtude... Eu esquecia as horas ao olhá-las, por exemplo: A *florzinha* do Divino Prisioneiro me dizia tantas coisas que eu ficava aí mergulhada[117]. Vendo que o nome de *Paulina* estava escrito embaixo da florzinha[118], teria desejado que o de Teresa também estivesse e oferecia-me a Jesus para ser sua *florzinha*..... Se eu não sabia jogar, gostava muito da leitura e teria passado nisso a minha vida, felizmente, tinha para guiar-me *anjos* da terra que me escolhiam livros que ao mesmo tempo em que me divertiam alimentavam o meu coração e meu espírito, e depois eu não devia passar senão um tempo a ler, o que me era o assunto de grandes sacrifícios que interrompiam muitas vezes minha leitura no meio da passagem mais atraente.... Essa atração pela leitura durou até minha entrada no Carmelo. Dizer o nome de livros que passaram pelas minhas mãos não me seria possível, mas nunca Deus permitiu que eu lesse um só capaz de me fazer mal. É verdade que ao ler certos relatos de cavalaria[119], não sentia sempre no primeiro momento o *verdadeiro* da *vida*, mas logo Deus me fazia / sentir que a verdadeira glória é aquela que durará eternamente e que para alcançá-la não era necessário fazer obras grandiosas

A 32r
↓

---

117. "Ficar aí mergulhada": expressão da terra. Teresa quer dizer que estava profundamente absorvida na sua contemplação das imagens.

118. Nota da madre Inês em sua Cópia de HA de 1936: "Esta imagem de 'Bonnard', editada em Paris, fora-me dada na Visitação por uma aluna que escrevera meu nome na Flor".

119. A expressão provém de uma reminiscência da leitura da *Vida* de Teresa d'Ávila? Ela também fala de seu amor, no tempo de sua juventude, pelos "livros de cavalaria" (*Vida*, cap. 2).

Manuscrito A(gnes)

Mt 6,3 — mas esconder-se e praticar a virtude de sorte que a mão esquerda ignore o que a direita faz°.... Foi assim que ao ler os relatos das ações patrióticas de heroínas francesas, particularmente as da *Venerável*[120] JOANA D'ARC, tinha um grande desejo de imitá-las, parecia sentir em mim o mesmo ardor do qual estavam animadas, a mesma inspiração Celeste; então recebi uma graça que sempre considerei como uma das maiores de minha vida, pois nessa idade não recebia *luzes* como agora quando estou inundada delas[121]. Pensei que tinha nascido para a *glória*, e buscando o meio de alcançá-la, Deus inspirou-me os sentimentos[122] que acabo de escrever. Fez-me compreender também que minha *glória* não apareceria aos olhos mortais, que ela consistiria em tornar uma grande *Santa*!!!.... Esse desejo poderia parecer temerário se for considerado quanto eu era fraca e imperfeita e quanto sou ainda agora após sete anos passados em religião, no entanto sinto sempre a mesma confiança audaciosa de tornar-me uma grande Santa, pois não conto com meus méritos não tendo *nenhum*, mas espero n'Aquele que é a Virtude, a Própria Santidade, é Ele só que se contentando com meus fracos esforços me elevará até Ele e, cobrindo-me com seus méritos infinitos, me fará *Santa*.

Não pensava então que era preciso sofrer muito para alcançar a santidade, Deus não tardou em mostrá-lo[123] a mim ao me enviar as provações

---

120. Um ano e meio antes, em 27 de janeiro de 1894, Joana tinha sido declarada "venerável". Para a festa de Santa Inês, festa da priora madre Inês (21 de janeiro de 1894), Teresa compôs a sua primeira Recreação Piedosa *A missão de Joana d'Arc*; um ano mais tarde, sua terceira Recreação *Joana d'Arc realizando sua missão*.

121. Interessante do ponto de vista redacional: ao escrever, Teresa sabe que atualmente está "inundada" de "luzes"! Ela escreve verdadeiramente da abundância do coração. Note-se também que João da Cruz fala da alma que, após as longas escuridões, vê-se "inundada de luzes": cf. *Chama Viva de Amor* (CV), estrofe 2, verso 5: a alma está agora "inundada de luzes correspondentes às escuridões que a afligiram". No seu texto, Teresa sublinha a palavra *"luzes"*, no plural, como em João da Cruz. Teresa gostava particularmente desse comentário do verso 5, longa passagem sobre o benefício dos sofrimentos purificadores (cf. PF II, p. 58); sua noviça Maria da Trindade relatará a esse respeito as palavras de Teresa: "Achei [esta passagem] de tal modo elevada e profunda que ao lê-la fiquei como que sufocada, faltou-me o fôlego". E ainda: "Ela me citava de memória, com uma unção indefinível, de passagens muito longas do santo doutor, sobretudo as palavras que a tinham reconfortado no tempo das provações muito grandes, entre outras esta (...)". É a passagem da CA já citada. Cf. DCL [irmã Cecília]. Marie de la Trinité, l'amie d'une Sainte. *Vie thérésienne* 77, jan./1980, respectivamente pp. 51 e 49.

122. Primeira redação: "pensamentos", depois mudado para "sentimentos".

123. Primeira redação: "provar", depois mudado para "mostrar".

que contei acima...... Agora devo retomar o meu relato no ponto em que o deixei. — Três meses após minha cura Papai nos fez viajar a Alençon, era a primeira vez que voltava aí e minha alegria foi muito grande ao rever os lugares onde se tinha passado minha infância, / sobretudo poder rezar junto ao túmulo de Mamãe e pedir-lhe que me protegesse sempre.....   A 32v ↓

    Deus me fez a graça de conhecer o *mundo* apenas o bastante para desprezá-lo e me afastar dele. Poderia dizer que foi durante a minha estada em Alençon que fiz minha *primeira entrada* no *mundo*. Tudo era alegria, felicidade em minha volta, eu era festejada, mimada, admirada, numa palavra minha vida durante quinze dias só foi cheia de flores.... Confesso que essa vida tinha encantos para mim. A Sabedoria tem muita razão ao dizer: "⁺*Que o feitiço das bagatelas do mundo seduz o espírito mais afastado do mal°*."   Sb 4,12
Aos dez anos o coração se deixa facilmente deslumbrar, por isso vejo como uma grande graça não ter ficado em Alençon; os amigos que tínhamos aí eram mundanos demais, sabiam demais aliar as alegrias da terra com o serviço de Deus. Não pensavam bastante na *morte* e no entanto a *morte* veio visitar um grande número de pessoas que conheci, jovens, ricas e felizes!!.. Gosto de voltar em pensamento aos lugares *encantadores* onde elas viveram, perguntar-me onde estão, o que lhes resta dos castelos e dos parques onde as vi gozar das comodidades da vida?... E vejo que tudo é vaidade e aflição de espírito debaixo do Sol°... Que o *único bem* é amar a Deus de   Ecl 2,11
todo o seu coração e ser aqui embaixo *pobre* de espírito°........   Mt 5,3

    Talvez Jesus tenha querido mostrar-me o mundo antes da *primeira visita* que Ele devia fazer-me a fim de que eu escolhesse mais livremente o caminho que devia prometer-lhe seguir. A época da minha primeira Comunhão ficou gravada no meu coração, como uma lembrança sem nuvens; parece-me que não podia estar mais bem disposta do que estive e depois meus sofrimentos de alma me deixaram durante quase um ano. Jesus queria fazer-me saborear uma alegria tão perfeita quanto é possível neste vale de lágrimas°...../   Sl 83,7

    Vós vos lembrais, Madre querida, do arrebatador livrinho que me destes três meses antes de minha primeira Comunhão?.. Foi ele que me ajudou a preparar o meu coração de uma maneira contínua e rápida, pois se fazia muito tempo que eu já me preparava, era preciso dar-lhe um novo impulso, enchê-lo de *flores novas* a fim de que Jesus pudesse aí repousar   A 33r ↓

com prazer..... Todo dia eu fazia um grande número de práticas que formavam tantas *flores*, fazia ainda um maior número de aspirações que havíeis escrito em meu livrinho para cada dia e esses atos de amor formavam *botões* de flores....

Toda semana me escrevíeis uma bonita cartinha, que enchia a minha alma de pensamentos profundos e me ajudava a praticar a virtude, era um consolo para vossa pobre filhinha que fazia um tão *grande sacrifício* em aceitar não ser toda tarde *preparada* sobre vossos joelhos como tinha sido sua querida Celina.... Era Maria que substituía Paulina para mim, sentava-me em seus joelhos e aí escutava *avidamente* o que ela me dizia, parecia-me que todo o seu coração, tão *grande*, tão *generoso*, passava em mim; como os ilustres guerreiros ensinam a seus filhos o ofício das armas, assim me falava ela dos *combates* da vida, da palma dada aos vitoriosos.... Maria me falava ainda das riquezas imortais que é fácil amontoar cada dia, da infelicidade de passar sem querer dar-se ao trabalho de estender a mão para pegá-las, pois ela me indicava o meio de ser *santa* pela fidelidade às menores coisas; deu-me o folheto: "Da renúncia" que eu meditava com delícias...

A 33v
↓

Maria

Ah! como era *eloqüente* a minha querida madrinha! Gostaria de não ser a única a ouvir seus ensinamentos profundos, sentia-me tão *tocada* que na minha ingenuidade acreditava que os maiores pecadores teriam sido tocados como eu e [que] deixando suas riquezas perecíveis, não teriam querido ganhar / senão as do Céu.... Nessa época ninguém me ensinara ainda o meio de fazer oração, no entanto tinha muita vontade, mas Maria me achando bastante piedosa, não me deixava fazer senão minhas orações. Um dia uma de minhas mestras da Abadia perguntou-me o que eu fazia nos feriados quando estava sozinha. Respondi-lhe que ia para trás de minha cama num espaço vazio que havia e que me era fácil fechar com a cortina, e que lá "eu *pensava*". — Mas em que pensais, me disse ela? — Penso em Deus, na vida... na ETERNIDADE, enfim eu *penso!*... A boa religiosa riu muito de mim, mais tarde ela gostava de lembrar-me o tempo em que *pensava*, perguntando-me se eu *pensava* ainda.... Compreendo agora que fazia oração sem o saber e que Deus já me instruía em segredo.

Retiro de primeira comunhão

Os três meses de preparação passaram rápido, logo tive de entrar em retiro e para isso tornar-me interna em tempo integral, dormindo na Abadia. Não posso dizer a doce lembrança que esse retiro me deixou, verdadeiramente se sofri muito como interna, fui largamente paga pela felicidade inefável desses poucos dias passados na espera de Jesus.... Não creio que se possa saborear esta alegria em outro lugar que não sejam as comunidades religiosas; sendo pequeno o número das crianças, é fácil ocupar-se de cada uma em particular e de fato nossas mestras nos prodigalizavam nessa época cuidados maternais. Ocupavam-se ainda mais de mim do que das outras, toda noite a primeira mestra vinha com sua pequena lanterna dar-me um beijo na minha cama mostrando-me grande afeição; uma noite comovida com sua bondade disse-lhe que ia confiar-lhe um *segredo* e tirando misteriosamente meu *precioso livrinho* que estava debaixo do meu travesseiro, mostrei-o com os olhos brilhantes de alegria.... De manhã, achei muito gentil ver todas as alunas levantarem-se ao toque de despertar / e fazer como elas, mas não estava habituada a me arrumar sozinha, *Maria* não estava lá para me *frisar*[124], por isso era obrigada a ir timidamente apresentar meu pente à mestra camareira; ela ria ao ver uma[125] moça de 11 anos que não sabia se arrumar, no entanto me penteava, mas não tão *suavemente* como Maria e apesar disso eu não ousava *gritar*, o que me acontecia todos os dias sob a *suave* mão da *madrinha*... Fiz a experiência durante meu retiro que era uma criança mimada e envolvida como há poucas na terra, sobretudo entre as crianças que estão privadas de sua mãe...... Todos os dias Maria e Leônia vinham me ver com Papai que me enchia de mimos, por isso não sofri da privação de estar longe da família e nada veio obscurecer o belo Céu do meu retiro.

A 34r ↓

Eu escutava com muita atenção as instruções que o abade Dom Domin[126] nos dava e escrevia o seu resumo[127]; para os meus *pensamentos* não

---

124. Nota da madre Inês em sua Cópia de HA de 1936: "Não eram frisagens rebuscadas na fronte. Enrolavam-se, de manhã, no frisador, os cabelos, que se desfaziam para formar anéis atrás".
125. Primeira redação, depois apagada: (uma) "tão" (*grande fille* [= moça]).
126. Luís Vítor Domin (1843-1918), capelão das beneditinas e confessor de Teresa durante seus anos de estudo na abadia.
127. Pode-se lê-lo no volume (*totum*) de suas *Oeuvres complètes (Textes et Dernières Paroles)*, Cerf-DDB, 1992, pp. 1199-1200, entre os "Escritos diversos".

quis escrever nenhum, dizendo que me lembraria bem deles, o que foi verdade..... Era para mim uma grande alegria ir com as religiosas a todos os ofícios; eu me fazia notar no meio de minhas companheiras por um *grande Crucifixo* que Leônia me dera e que colocava na minha cintura à maneira dos missionários; esse Crucifixo fazia inveja às religiosas que pensavam que eu quisesse, ao carregá-lo, imitar minha *irmã carmelita*...... Ah! era exatamente para ela que iam os meus pensamentos, sabia que *minha Paulina* estava em retiro como eu, não para que Jesus se dê a ela, mas para dar-se ela mesma a Jesus, essa solidão passada na expectativa me era, pois, duplamente querida......

A 34v ↓

Lembro-me que certa manhã me encaminharam para a enfermaria porque tossia muito, (desde minha doença minhas mestras prestavam uma grande atenção em mim, por uma leve dor de cabeça, ou então se me viam mais pálida que de / costume, elas mandavam tomar ar ou descansar na enfermaria). Vi minha *Celina querida* entrar, ela obtivera a permissão para ver-me apesar do retiro para oferecer-me uma imagem que me deu muito prazer, era "A florzinha do Divino Prisioneiro". Oh! como foi agradável receber essa lembrança da mão de *Celina!..* Quantos pensamentos de amor não tive por causa dela!....

Na vigília do grande dia recebi a absolvição pela segunda vez[128], minha confissão geral deixou-me uma grande paz na alma e Deus não permitiu que a mais leve nuvem viesse perturbá-la. Após o meio-dia pedi perdão a *toda* a *família* que veio ver-me, mas só pude falar por minhas lágrimas, estava emocionada demais..... Paulina não estava lá, no entanto sentia que ela estava perto de mim pelo coração, ela tinha enviado uma *bela imagem* por Maria, eu não me cansava de admirá-la e fazer todo o mundo admirá-la!... Eu tinha escrito ao bom Padre Pichon para recomendar-me às suas orações, dizendo-lhe também que logo eu seria carmelita e que então ele seria meu diretor. (É o que de fato aconteceu quatro anos mais tarde, pois foi no Carmelo que lhe abri a minha alma....) Maria deu-me uma *carta dele*, verdadeiramente eu estava demasiado feliz!... Todas as felicidades me chegavam juntas. O que me deu mais prazer na carta foi esta frase:

---

128. Teresa confessava-se freqüentemente, mas era costume, para as crianças, não receber senão uma simples bênção em lugar da absolvição.

O primeiro beijo de Jesus

"Amanhã, subirei ao Santo Altar por vós e vossa Paulina!" Paulina e Teresa tornaram-se em 8 de Maio mais unidas ainda[129], visto que Jesus parecia confundi-las ao inundá-las com suas graças...

O belo dia entre os dias chegou afinal, que inefáveis lembranças deixaram em minha alma os *menores detalhes* desse dia do Céu!... O alegre despertar da aurora, os beijos *respeitosos* e ternos das mestras e das grandes companheiras... O grande quarto repleto de *flocos de neve*[130] com qual cada criança se via revestida por sua vez... Sobretudo a entrada na capela e o canto *matinal* do belo cântico: "Ó santo Altar que os Anjos rodeiam!"

A 35r

Mas não quero entrar nos detalhes, há coisas que perdem o seu perfume quando são expostas ao ar, há *pensamentos* da *alma* que não se pode traduzir em linguagem da terra sem perder o seu sentido íntimo e Celeste, são como essa "⁺*Pedra branca que será dada ao vencedor e sobre a qual está escrito um nome que ninguém* CONHECE *senão* AQUELE *que a recebe*°".

Ap 2,17

Ah! como foi doce o primeiro beijo de Jesus à minha alma!........

Foi um beijo de *amor*, eu me *sentia amada*, e dizia também: "Eu vos amo, dou-me a vós para sempre". Não houve pedidos, lutas, sacrifícios; fazia tempo, Jesus e a pobre Teresinha se tinham *olhado*[131] e compreendido... Nesse dia não era mais um *olhar*, mas uma *fusão*, não eram mais *dois*, Teresa desaparecera, como a gota de água se perde no meio do oceano. Só ficava Jesus, Ele era o senhor, o Rei. Teresa não lhe pedira que lhe tirasse a sua *liberdade*, porque sua *liberdade* lhe dava medo, ela se sentia tão fraca, tão frágil que para sempre queria unir-se à Força Divina!... Sua alegria era grande demais, profunda demais para que pudesse contê-la, lágrimas deliciosas a inundaram logo para grande espanto de suas companheiras, que mais tarde diziam uma à outra: "Por que ela chorou? Tinha alguma coisa que a incomodava?.. — Não era mais por não ver sua Mãe junto a ela ou sua Irmã que ela ama tanto que é carmelita". Elas não compreendiam que toda a alegria do Céu que vem a um coração, esse coração *exilado* não pode

---

129. Neste mesmo 8 de maio de 1884 Paulina, que se tornara irmã Inês de Jesus no Carmelo, faz a sua profissão.
130. Os vestidos brancos das primeiras comungantes.
131. Teresa já contou como, na praia, ela tomou "a resolução de nunca afastar (sua) alma do olhar de Jesus" (A 22r).

suportá-la sem derramar lágrimas..... Oh! não, a ausência de Mamãe não me causava sofrimento no dia de minha primeira comunhão, o Céu não estava / na minha alma, e Mamãe não havia tomado o lugar fazia tempo? assim ao receber a visita de Jesus recebia também a de minha Mãe querida que me abençoava alegrando-se com minha felicidade... Eu não chorava a ausência de Paulina, sem dúvida teria sido bom vê-la ao meu lado, mas fazia tempo que meu sacrifício era aceito; nesse dia, a alegria só enchia o meu coração, unia-me a ela que se dava irrevogavelmente Àquele que se dava tão amorosamente a mim!...

À tarde fui eu quem pronunciou o ato de consagração à Sta. Virgem, era muito justo que eu *falasse* em nome de minhas companheiras à minha Mãe do Céu, eu que fora privada tão jovem de minha Mãe da terra..... Pus todo o meu coração a lhe *falar*, a consagrar-me a ela, como uma criança que se joga entre os braços de sua Mãe e lhe pede para velar sobre ela. Parece-me que a Santíssima Virgem teve de olhar sua pequena flor e *sorrir*-lhe, não fora ela que a curara com um *visível sorriso*?.. Não fora ela que depositara no cálice de sua florzinha seu Jesus, a Flor dos Campos, o Lírio do vale°?..

À noite desse belo dia, encontrei minha família da terra; já de manhã depois da missa, tinha abraçado *Papai* e todos os meus queridos parentes, mas então era a verdadeira reunião: Papai tomando a mão de sua pequena rainha dirigiu-se para o *Carmelo*.... Então vi minha *Paulina* tornada a esposa de Jesus, vi-a com seu véu branco como o meu e sua coroa de rosas... Ah! minha alegria foi sem amargura, esperava juntar-me logo a ela e esperar com ela o *Céu!*...

Não fiquei insensível à festa de família que ocorreu na tarde de minha primeira Comunhão, o belo relógio que meu Rei me deu causou-me um grande prazer, mas minha alegria era tranqüila e nada veio perturbar minha paz íntima.

Maria levou-me com ela na noite que se seguiu a esse belo dia, pois os dias mais radiosos são seguidos de trevas, só o dia da primeira, da única, / da eterna comunhão do céu é sem ocaso!.....

O dia seguinte ao da minha primeira Comunhão foi ainda um belo dia, mas foi marcado de melancolia; a bela roupa que Maria comprara para

Comunhões e confirmação

mim[132], todos os presentes que recebera não me enchiam o coração, só havia Jesus para me contentar, aspirava pelo momento em que poderia recebê-lo pela segunda vez. Cerca de um mês após a minha primeira comunhão fui confessar-me para a Ascensão e ousei pedir a permissão para fazer a Santa comunhão. Contra toda esperança, o padre permitiu e tive a felicidade de ir ajoelhar-me à Santa mesa entre Papai e Maria; que doce lembrança guardei dessa segunda visita de Jesus! Minhas lágrimas correram ainda com uma inefável doçura, eu repetia sem cessar para mim mesma estas palavras de S. Paulo: "Não sou mais eu quem vive, é Jesus que vive em mimº!.." Desde essa comunhão, meu desejo de receber Deus tornou-se cada vez maior, obtive a permissão de fazê-la em todas as principais festas[133]. Na véspera desses dias felizes Maria me tomava de noite sobre seus joelhos e me preparava como fizera para minha primeira comunhão; lembro-me que uma vez me falou do sofrimento, dizendo-me que eu provavelmente não andaria por esse caminho mas que Deus me carregaria sempre como uma criança....... Gl 2,20

No dia seguinte ao de minha comunhão, as palavras de Maria me voltaram ao pensamento; senti nascer em meu coração um *grande desejo* do *sofrimento* e ao mesmo tempo a íntima segurança de que Jesus me reservava um grande número de cruzes, senti-me inundada de consolações tão *grandes* que as olho como uma das graças *maiores* de minha vida. O sofrimento tornou-se meu atrativo, tinha encantos que me arrebatavam sem conhecê-los bem. Até então eu sofrera sem *amar* o sofrimento, desde esse dia senti por ele / um verdadeiro amor. Sentia também o desejo de só amar a Deus, de encontrar alegria somente nele; muitas vezes durante minhas comunhões, eu repetia estas palavras da Imitação: "Ó Jesus! *doçura* inefável, transformai para mim em *amargura* todas as consolações da terra[134]!..." Esta oração saía de meus lábios sem esforço, sem coação, parecia-me que a repetia não por minha vontade, mas como uma criança que repete as palavras que uma pessoa amiga lhe inspira..... Mais tarde vos direi, Madre A 36v ↓

---

132. Madre Inês anota em sua Cópia de HA de 1936: "Nesse dia, ela usava um vestido de lã branco creme enfeitado de veludo carmesim e um chapéu de palha da mesma cor enfeitado com uma grande pluma encarnada".

133. Quer dizer, 22 vezes em 16 meses. A própria Teresa fez a lista em suas cadernetas de criança. Cf. *Oeuvres complètes...*, cit., p. 1203. A comunhão da "Ascensão" foi no dia 22 de maio, quatorze dias (e não "cerca de um mês") após a sua primeira comunhão.

134. *Imitação de Cristo*, Livro III, cap. 26.

Manuscrito A(gnes)

querida, como Jesus se agradou em realizar o meu desejo, como só Ele sempre foi minha *doçura* inefável; se vos falasse disso desde já seria obrigada a antecipar no tempo de minha vida de moça, ainda me restam muitos detalhes a vos dar sobre minha vida de criança.

At 8,15-19

Pouco tempo depois de minha primeira Comunhão, entrei de novo em retiro para minha Confirmação. Tinha me preparado com muito cuidado para receber a visita do Espírito Santo°, não compreendia que não se desse uma grande atenção à recepção desse sacramento de *Amor*. Comumente só se faz um dia de retiro para a Confirmação, mas Monsenhor[135] não tendo podido vir no dia marcado, tive a consolação de ter dois dias de solidão. Para distrair-nos nossa mestra nos levou ao Monte Cassino[136] e aí colhi mãos cheias de *grandes margaridas* para a festa de Corpus Christi. Ah!

At 2,1-4

como minha alma estava alegre, como os apóstolos eu esperava° com alegria a visita do Espírito Santo.... Regozijava-me com o pensamento de ser em breve perfeita cristã[137] e sobretudo com o de ter eternamente na fronte a cruz misteriosa que o Bispo marca ao impor o sacramento...... Enfim o feliz momento chegou, não senti um vento impetuoso no momento da descida do Espírito Santo, mas essa *brisa leve* de que fala o profeta Elias

1Rs 19,11-12

ter ouvido o murmúrio° no monte Horeb[138]... Nesse dia recebi a força de

A 37r
↓

sofrer, pois logo depois, o martírio de minha alma devia / começar.... Foi minha querida pequena Leônia que me serviu de Madrinha[139], ela estava tão emocionada que não pôde impedir que suas lágrimas escorressem durante toda a cerimônia. Comigo recebeu a Sagrada Comunhão, pois tive ainda a felicidade de unir-me a Jesus nesse belo dia.

Após essas deliciosas e inesquecíveis festas, minha vida voltou à *rotina**, quer dizer que tive de retomar a vida de interna que me era tão

---

135. Dom Flaviano Hugonin (1823-1898). É ele quem receberá Teresa no bispado de Bayeux (A 54v), presidirá sua tomada de hábito no Carmelo e dará o *Imprimatur* para a *História de uma alma*.

136. Pequena colina nos fundos do jardim da abadia.

137. Isto é, receber, após o Batismo e a Eucaristia, o terceiro sacramento de iniciação cristã.

138. A comparação da "*brisa leve*" (palavras sublinhadas por Teresa) percebida por Elias no monte Horeb, é evidentemente tributária de 1Rs 19,11-13, mas Teresa pôde lê-la também em João da Cruz, CV, estrofe 2, verso 3. Sublinhamos as palavras comuns a Teresa e a João da Cruz: "*no monte Horeb* [...] vós vos revelastes ao *Profeta* pelo *murmúrio* de uma *brisa* suave e *leve*".

139. "Madrinha" de confirmação.

* N.T.: No original: *l'ordinaire* (o ordinário, o de costume).

Comunhões e confirmação

penosa. No momento de minha primeira Comunhão eu amava essa existência com crianças de minha idade, todas cheias de boa vontade, tendo tomado como eu a resolução de praticar seriamente a virtude, mas era preciso voltar a estar em contato com alunas bem diferentes, desatentas, que não queriam observar a regra e isso me tornava muito infeliz. Eu tinha um caráter alegre, mas não sabia entregar-me aos jogos de minha idade; muitas vezes durante os recreios, apoiava-me contra uma árvore e lá contemplava o *panorama*, entregando-me a sérias reflexões!.. Tinha inventado um jogo que me agradava, era enterrar os pobres passarinhos que encontrávamos mortos debaixo das árvores; muitas alunas quiseram ajudar-me de sorte que nosso cemitério ficou muito bonito, plantado de árvores e de flores proporcionais à grandeza de nossos pequenos emplumados. Gostava também de contar histórias que inventava à medida que me vinham à cabeça, minhas companheiras então me rodeavam animadas e às vezes alunas maiores se misturavam à tropa de ouvintes. A mesma história durava vários dias, pois me comprazia torná-la sempre mais interessante à medida que via as impressões que ela produzia e que se manifestavam nos rostos de minhas companheiras, mas logo a mestra me proibiu de continuar com meu ofício *de oradora*, querendo ver-nos jogar e *correr* e não *discorrer*.....

Eu retinha facilmente o sentido das coisas que aprendia, mas tinha dificuldade de aprender literalmente; também para o catecismo, eu pedi / quase todos os dias, no ano que precedeu minha primeira Comunhão, a permissão de aprendê-lo durante os recreios; meus esforços foram coroados de sucesso e fui sempre a primeira. Se por acaso por uma *única palavra esquecida*, perdia meu lugar, minha dor se manifestava por lágrimas amargas que o abade D. Domin não sabia como acalmar.... Ele estava bem[140] contente comigo (não quando eu chorava) e me chamava de seu *doutorzinho* por causa de meu nome Teresa[141]. Uma vez a aluna que se seguia a mim não soube fazer à sua companheira a pergunta do catecismo, o abade tendo em vão feito a volta por todas as alunas voltou-se para mim

A 37v
↓

---

140. Primeira redação: "très" (muito), mudado mais modestamente para "bien" (bem).

141. Santa Teresa d'Ávila, "mãe dos espirituais", como estava escrito no pedestal de sua estátua na basílica de São Pedro de Roma, era na prática considerada como "doutora" da vida mística. Ela se tornará, oficialmente, doutora da Igreja em 27 de setembro de 1970. Depois de santa Catarina de Sena (em 4 de outubro de 1970), santa Teresa de Lisieux tornar-se-á também doutora da Igreja, em 19 de outubro de 1997, terceira mulher, trigésimo terceiro doutor no total.

e disse que ia ver se eu merecia meu lugar de primeira. Na minha *profunda humildade*, só esperava por isso; levantando-me com segurança disse o que me era pedido sem cometer um erro, para grande espanto de todo o mundo...... Depois de minha primeira Comunhão, meu zelo pelo catecismo continuou até minha saída do pensionato. Eu me saía muito bem nos meus estudos, quase sempre era a primeira, meus maiores sucessos eram a história e a redação. Todas as minhas mestras me olhavam como uma aluna muito inteligente, não era assim na casa de meu Tio onde eu passava por uma ignorantezinha, boa e afável, tendo um juízo reto, mas incapaz e desajeitada.... Não estou surpresa por essa opinião que meu Tio e minha Tia tinham e têm sem dúvida ainda de mim, eu não falava quase por ser muito tímida; quando escrevia, meus *rabiscos** e minha ortografia o que não é mais que natural não eram feitas para *seduzir*......

A 38r ↓

Nos pequenos trabalhos de costura, bordados e outros, eu me saía bem, é verdade, na opinião de minhas mestras, mas a maneira *esquerda* e desajeitada como *segurava* meu *trabalho* justificava a opinião pouco favorável que tinham de mim. Olho isso como uma graça; Deus querendo meu coração para / Ele só, atendia a minha prece, "+*Transformando em amargura as consolações da terra*". Tinha tanta necessidade disso porque eu não era insensível aos louvores. Muitas vezes elogiavam diante de mim a inteligência de outros, mas nunca a minha, então concluí que não a tinha e me resignava em me ver privada dela.....

Meu coração sensível e amante se teria facilmente dado se tivesse encontrado um coração capaz de compreendê-lo.......... Tentei juntar-me a meninas de minha idade, sobretudo com duas delas[142], eu as amava e por seu lado elas me amavam tanto quanto eram *capazes*; mas ai! como é *estreito* e *volúvel* o coração das criaturas!!!...... Logo vi que meu amor era incompreendido; uma de minhas amigas que fora obrigada a voltar para sua família retornou alguns meses depois, durante sua ausência eu *pensara nela*, guardando preciosamente um anelzinho que ela me dera. Ao rever minha companheira minha alegria foi grande, mas ai! não obtive senão um olhar indiferente.... Meu amor não era compreendido, senti-o e não *men-*

---

* N.T.: No original: "*écriture* de *chat*" que, literalmente, é *gatafunho*.
142. Joana Raoul e Felícia Malling, segundo uma nota de madre Inês no retrato de primeira comunhão.

Parábola do bom médico

diguei um afeto que me era recusado, mas Deus me deu um coração tão fiel que quando amou puramente, ama sempre, por isso continuei a rezar por minha companheira e a amo ainda.... Ao ver Celina *amar* uma de nossas mestras, quis imitá-la, mas não *sabendo* ganhar as boas graças das criaturas não tive sucesso. Ó feliz ignorância! como ela me evitou grandes males!... como agradeço a Jesus por não me ter feito encontrar "*+senão amargura nas amizades da terra*"; com um coração como o meu, ter-me-ia deixado pegar e cortar as asas, então como eu teria podido "*+voar e repousar°?*" Como um coração entregue ao afeto das criaturas pode unir-se intimamente a Deus... Sinto que isso não é possível. Sem ter bebido da taça envenenada / do amor demasiado ardente das criaturas, *sinto* que não posso enganar-me, tenho visto tantas almas, seduzidas por essa *falsa luz*, voar como pobres borboletas e queimar suas asas, depois voltar para a verdadeira, a doce luz do *amor* que lhes dava novas asas mais brilhantes e mais leves a fim de poderem voar para Jesus, esse Fogo Divino "*que queima sem consumir-se°*". Ah! eu o sinto, Jesus sabia que eu era fraca demais para expor-me à tentação, talvez me tivesse deixado queimar inteira pela *enganadora luz* se a tivesse visto brilhar aos meus olhos... Não foi assim, encontrei só amargura lá onde almas mais fortes encontram a alegria e dela se desprendem por fidelidade. Não tenho portanto nenhum mérito em não me ter entregado ao amor das criaturas, visto que só fui preservada disso pela grande misericórdia de Deus!.. Reconheço que sem Ele, eu poderia ter caído tão baixo quanto Santa Madalena[143] e a profunda palavra de Nosso Senhor a Simão ressoa com grande doçura em minha alma... Eu o sei: "*+aquele a quem se remite menos, AMA*[144] *menos°*", mas sei também que Jesus *remitiu mais* a mim que a *Sta. Madalena*, visto que me remitiu *antecipadamente*[145], impedindo-me de cair. Ah! como gostaria de poder explicar o que sinto!.. Eis um exemplo que traduzirá um pouco meu pensamento. — Suponho que o filho de um hábil doutor encontre em seu caminho uma pedra que o faça cair e que na queda ele quebre um membro; imediatamente o pai vem a ele, levanta-o

Sl 54,7

A 38v
↓

Ex 3,2

Lc 7,47

---

143. É por essa época que Teresa redige, para 29 de julho de 1895, sua Recreação Piedosa (RP 4) *Jesus em Betânia*, sobre Marta e Madalena.

144. Escrita em letra inclinada, como toda esta citação, a palavra "ama" é muito aumentada, portanto duplamente acentuada. Por isso é colocada em letras maiúsculas.

145. É o que Teresa já explicou numa carta de 23 de julho de 1891 a Celina (LT 130).

com amor, cuida de suas feridas, empregando para isso todos os recursos de sua arte e logo seu filho completamente curado testemunha-lhe a sua gratidão. Sem dúvida esse filho tem toda razão de amar seu pai! Mas vou ainda fazer uma outra suposição. — O pai tendo sabido que no caminho de seu filho havia uma pedra, se apressa em ir na frente dele e a retira, (sem ser visto por ninguém). Certamente, esse filho, / objeto de sua previdente ternura, não SABENDO da desgraça da qual foi livre por seu pai, não lhe testemunhará a sua gratidão e o *amará menos* do que se tivesse sido curado por ele.... mas se chegar a saber do perigo do qual acabou de escapar, não o *amará mais?* Pois bem, eu sou essa criança, objeto do †*amor previdente* de um *Pai* que não enviou o seu Verbo para resgatar os *justos* mas os *pecadores*°. Ele quer que eu o *ame* porque me *remiu*, não muito, mas *tudo*. Não esperou que eu o AMASSE MUITO° como Sta. Madalena, mas quis que EU SOUBESSE como ele tinha me amado com um amor de *inefável previdência*, a fim de que agora eu o ame até à *loucura!*..... Ouvi dizer que não se encontrou uma alma pura que ame mais do que uma alma arrependida, ah! como gostaria de desmentir essa palavra!.....

    Percebo estar bem longe de meu assunto, por isso me apresso a voltar a ele. — O ano que se seguiu à minha primeira Comunhão passou quase todo inteiro sem provações interiores para minha alma, foi durante meu retiro de segunda Comunhão que me vi assaltada pela terrível doença de escrúpulos..... É preciso ter passado por esse martírio para compreendê-lo bem, dizer o que sofri durante *um ano* e *meio*, me seria impossível..... Todos os meus pensamentos e minhas ações mais simples tornavam-se para mim motivo de perturbação, só encontrava repouso ao dizê-los a Maria, o que me custava muito, porque acreditava ser obrigada a dizer-lhe os pensamentos extravagantes que tinha dela mesma. Assim que meu fardo era deposto, gozava de um instante de paz, mas essa paz passava como um raio e logo meu martírio recomeçava. Que paciência não foi preciso à minha querida Maria, para escutar-me / sem nunca testemunhar aborrecimento?.. Apenas tinha eu chegado da abadia que ela se punha a frisar o meu cabelo para o dia seguinte (porque todos os dias para dar prazer a Papai a pequena rainha tinha os cabelos frisados, para grande espanto de suas companheiras e sobretudo das mestras que não viam crianças tão mimadas por seus pais), durante a sessão eu não cessava de chorar contando todos os meus escrúpulos. No fim do ano, tendo Celina terminado seus estudos voltou para casa e a pobre Teresa, obrigada a voltar sozinha, não tardou a ficar doente; o único encanto que a retinha no internato, era viver com sua inseparável Celina, sem ela nunca "*sua filhinha*[146]" pôde ficar.... Saí da abadia com a idade de 13 anos[147] e continuei minha educação tomando várias lições por semana com a "+*Sra. Papinau*[148]". Era uma pessoa bem boa *muito instruída*, mas tinha um pouco de comportamentos de solteirona; ela vivia com sua mãe, e era encantador ver o pequeno lar que faziam juntas *a três* (pois a *gata* era da *família* e eu devia suportar que ela fizesse o seu ronrom em cima dos meus cadernos e até admirar seu bonito aspecto). Eu tinha a vantagem de viver na intimidade da família; sendo os Buissonnets longe demais para as pernas um pouco envelhecidas de minha mestra, ela pedira que eu fosse tomar minhas lições na casa dela. Quando chegava, eu geralmente encontrava só a velha senhora Cochain que me olhava "*com seus grandes olhos claros*" e depois ela chamava com uma voz calma e sentenciosa: "Sra. *Papinau*.... Senhorita Teresa está aí!..."* Sua filha lhe respondia prontamente com uma voz *infantil*: "Já vou, *mamãe*". E logo a lição começava. Essas lições tinham ainda a vantagem (além da instrução que eu recebia) de me fazer conhecer o mundo... Quem poderia acreditar!.. nesse quarto mobiliado à moda antiga, cercada de livros e de cadernos eu assistia freqüentemente / a visitas de todo gênero, Padres, senhoras, moças etc.... Na medida do possível a Sra. Cochain fazia sala a fim de deixar sua filha me dar a lição, mas nesses dias eu não aprendia grande coisa; o nariz num livro, ouvia tudo o que se dizia e até o que seria melhor eu não ter ouvido, a vaidade penetra tão facilmente no coração!.... Uma senhora dizia que eu tinha cabelos belos.... uma outra ao sair, acreditando não ser ouvida, perguntava quem era essa garota tão bonita e essas palavras, tanto mais lisonjeiras porque não eram ditas diante de mim, deixavam na minha alma uma impressão de prazer que me mostrava claramente quanto estava cheia de amor próprio.

A 40r
↓

---

146. Cf. A 24r.
147. Fim de fevereiro ou começo de março de 1886.
148. Valentine Cochain (1835-1898), esposa Papinau. Teresa escreveu o seu nome em letra inclinada entre aspas: "*Mme Papinau*" é para ela um poema inteiro e ela não demorará em contar com humor alguns casos sobre a velha mestra e sua gata Monoti.
* T.: No original: "Mme *Pâpinau*.... Ma..d'môizelle Thê..rèse est là!.." [as três vogais com acento circunflexo estão com dois acentos circunflexos].

Manuscrito A(gnes)

Oh! como tenho compaixão das almas que se perdem!.. É tão fácil extraviar-se das sendas floridas do mundo.... sem dúvida, para uma alma um pouco elevada, a doçura que oferece está misturada de amargura e o vazio *imenso* dos *desejos*[149] não poderiam estar cheios por louvores de um instante... mas se meu coração não tivesse sido *elevado para Deus desde seu despertar*, se o mundo me tivesse sorrido desde minha entrada na vida, o que eu me teria tornado?..... Ó Madre querida, com que gratidão canto as misericórdias do Senhor°!.. Não me disse, segundo estas palavras de [a] Sabedoria, "⁺*Retirada do mundo antes que meu espírito fosse corrompido por sua malícia e que suas aparências enganosas tivessem seduzido a minha alma*°"?..... A Santíssima Virgem também velava sobre sua florzinha e não querendo que ela perdesse o brilho em contato com as coisas da terra, retirou-a na *sua montanha* antes que ela desabrochasse...... Ao esperar esse feliz momento Teresinha crescia no amor de sua Mãe do Céu, para provar-lhe esse amor ela fez *uma ação* que lhe *custou muito* e que vou contar em poucas palavras, apesar de sua extensão.... /

Sl 88,2

Sb 4,11

A 40v
↓

Quase imediatamente após minha entrada na abadia, fui recebida[150] na associação dos Stos. Anjos; gostava muito das práticas de devoção que ela me impunha, tendo uma atração toda particular a rezar pelos Bem-aventurados Espíritos do Céu e particularmente aquele que Deus me dera para ser o companheiro[151] de meu exílio. Algum tempo após a minha Primeira Comunhão, a fita de aspirante às filhas de Maria substituiu a dos Stos. Anjos, mas deixei a abadia sem ser recebida na associação da Sta. Virgem. Tendo saído antes de ter terminado meus estudos, não tinha a permissão de entrar como antiga aluna; reconheço que esse privilégio não excitava meu desejo, mas pensando que todas as minhas irmãs tinham sido "filhas de Maria", temia ser menos que elas a filha de minha Mãe dos Céus, também fui bem

---

149. Encontra-se a expressão "o vazio imenso" também numa carta de Teresa a Maria Guérin, de 14 de julho de 1889 (LT 93). Lá, Teresa a sublinha, como faz aqui, parcialmente. Semelhantes sublinhados às vezes são referências a uma palavra ou uma expressão típica ouvida. Nas obras de João da Cruz, que Teresa lia avidamente, encontra-se, freqüentemente, a expressão em CE (estrofe 9, v. 3; estrofe 13, duas vezes na "exposição"; estrofe 40, v. 2) e CV (estrofe 3, duas vezes no começo do v. 3; estrofe 3, no fim do v. 3), em relação estreita com os "desejos", palavra igualmente sublinhada aqui por Teresa.
150. Em 31 de maio de 1882.
151. O anjo da guarda.

Saída da Abadia

humildemente (embora isso me custasse) pedir a permissão de ser recebida na associação da Sta. Virgem na abadia. A primeira mestra[152] não quis recusar-me, mas pôs a condição de que eu fosse dois dias por semana de tarde a fim de mostrar se era digna de ser admitida. Bem longe de me dar alegria, essa permissão custou-me extremamente, não tinha como as outras antigas alunas *mestra amiga* com a qual pudesse passar várias horas, por isso me contentava em ir saudar a mestra, depois trabalhava em silêncio até o fim da lição de costura; ninguém prestava atenção em mim, por isso subia na tribuna da capela e ficava diante do Santíssimo Sacramento até o momento em que Papai vinha buscar-me, era minha única consolação, Jesus não era meu *único amigo?...* Não sabia falar senão a ele, as conversas com as criaturas, mesmo as conversas piedosas, me cansavam a alma.... Sentia que valia mais falar a Deus que / falar de Deus, porque se mistura tanto amor próprio nas conversações espirituais!.... Ah! era unicamente pela Sta. Virgem que eu vinha à abadia.... às vezes me sentia *só*, bem só; como nos dias de minha vida de interna quando passeava triste e doente no grande pátio, repetia essas palavras que sempre faziam renascer a paz e a força em meu coração: "A vida é teu navio e não tua morada[153]!..." Quando pequenina estas palavras me davam coragem, agora ainda, apesar dos anos que fazem desaparecer tanto das impressões de piedade infantil, a imagem do navio encanta ainda minha alma e a ajuda a suportar o exílio... A Sabedoria também não diz que "A vida é como o navio que fende as ondas agitadas e não deixa atrás dele nenhum traço de sua passagem rápida°?..." Quando penso nessas coisas, minha alma mergulha no infinito, parece-me já tocar a margem eterna... Parece-me receber os abraços de Jesus..... Creio ver Minha Mãe do Céu vindo ao meu encontro com Papai... Mamãe.... os quatro anjinhos... Creio gozar enfim para sempre da verdadeira, da eterna vida em família......

Antes de ver a família reunida no *lar Paternal* dos Céus, eu devia passar ainda por muitas separações; no ano em que fui recebida como filha

A 41r

Sb 5,10

---

152. A mestra principal.
153. Da poesia *Reflexão*, de Lamartine. Poesia bem conhecida na família Martin. Mas Lamartine fala do "tempo" no lugar da "vida".

Manuscrito A(gnes)

A 41v ↓

da Sta. Virgem[154], ela arrebatou-me minha querida Maria[155], o único apoio de minha alma.... Era Maria que me guiava, me consolava, me ajudava a praticar a virtude, era meu único oráculo. Sem dúvida, Paulina ficara bem dentro do meu coração, mas Paulina estava longe, bem longe de mim!... eu sofrera o martírio para habituar-me a viver sem ela, para ter entre mim e ela muros intrans- / poníveis, mas enfim acabara por reconhecer a triste realidade, Paulina estava perdida para mim[156], quase da mesma maneira como se estivesse morta; ela me amava sempre, rezava por mim, mas aos meus olhos, *minha Paulina* querida se tornara uma Santa, que não devia mais compreender as coisas da terra e as misérias da sua pobre Teresa deveriam, se ela as tivesse conhecido, espantá-la e impedi-la de amá-la tanto...... Aliás, mesmo se eu pudesse confiar-lhe meus pensamentos, como nos Buissonnets, não teria podido, os parlatórios eram apenas para Maria. Celina e eu só tínhamos a permissão de chegar no *fim*, só para ter o tempo de ter o coração oprimido..... Assim eu não tinha na realidade senão Maria, ela me era por assim dizer indispensável, eu não lhe dizia senão meus escrúpulos e era tão obediente que meu confessor nunca soube da minha vilã doença, eu lhe dizia só o número de pecados que Maria permitira que eu confessasse, nenhum a mais, também poderia ter passado como sendo a alma menos escrupulosa da terra, embora o fosse em último grau..... Maria sabia portanto tudo o que se passava na minha alma, sabia também meus desejos do Carmelo e eu a amava tanto que não podia viver sem ela. Minha tia nos convidava todos os anos para ir umas após as outras na casa dela em Trouville, teria gostado muito de ir, mas com Maria, quando não a tinha, aborrecia-me muito. Uma vez no entanto tive prazer em Trouville, foi no ano da viagem de Papai a Constantinopla[157]; para nos distrair um pouco (porque tínhamos muito desgosto de saber que Papai estava tão longe) Maria nos enviou, Celina e eu, para passar 15 dias à beira do mar. Diverti-me muito aí porque tinha minha Celina. Minha Tia nos proporcionou todos

---

154. Aqui Teresa faz alusão à recepção como *aspirante* às "filhas de (a Virgem) Maria". Ela só se tornará verdadeiramente membro das "filhas" de Maria no ano seguinte, em 31 de maio de 1887, com a idade de quatorze anos e cinco meses.
155. Maria Martin entrou no Carmelo no dia 15 de outubro de 1886.
156. Cf. A 27r.
157. Em setembro de 1885.

Maria me era indispensável

os prazeres possíveis: passeios de burro, pescaria* etc... Eu era ainda bem criança / apesar dos meus 12 anos e meio; lembro-me da minha alegria ao usar as bonitas fitas azul-celeste que minha Tia me dera para meus cabelos, lembro-me também de ter-me confessado em Trouville até esse prazer infantil que me parecia ser um pecado..... Uma noite fiz uma experiência que me admirou muito. — Maria (Guérin) que estava quase sempre doente, *choramingava* freqüentemente, então minha Tia a acariciava, dava-lhe os nomes mais ternos e minha querida priminha não parava de dizer chorando que tinha dor de cabeça. Eu que quase todo dia tinha também dor de cabeça e não me queixava disso, quis uma noite imitar Maria, pus-me a choramingar numa poltrona num canto da sala. Logo Joana e minha Tia se apressaram em minha volta perguntando o que eu tinha. Respondi como Maria: "Estou com dor de cabeça". Parece que queixar-me não ficava bem em mim, nunca pude convencê-las de que a dor de cabeça me fez chorar; em vez de me acariciar falaram como a uma pessoa grande e Joana me censurou de faltar com confiança na minha Tia, pois pensava que eu tinha uma inquietação de consciência.... enfim tive o que merecia, bem resoluta de não mais imitar os outros e compreendi a fábula "O burro e o cachorrinho"[158]. Eu *era* o *burro* que tendo visto as carícias que eram dadas ao *cachorrinho*, fora colocar a sua pesada pata sobre a mesa para receber sua parte de beijos; mas ai! se não recebi pauladas como o pobre animal, fui verdadeiramente paga com a mesma moeda e essa moeda me curou para sempre do desejo de atrair a atenção, o único esforço que fiz para isso custou-me caro demais!....

A 42r ↓

No ano seguinte que foi o da partida de minha querida Madrinha, minha Tia convidou-me mais essa vez, sozinha, e eu estava tão deslocada que ao / fim de dois ou três dias caí doente e foi preciso levar-me de volta a Lisieux; minha doença que se acreditava que fosse grave, não era senão saudade dos Buissonnets, apenas pus aí o pé que a saúde voltou..... E era dessa criança que Deus ia arrebatar o único apoio que a ligava à vida!...

A 42v ↓

---

* N.T.: No original: "pêche à l'équille". "Équille", chamado também "lançon" é um peixe longo e delgado, com dorso verde ou azul-escuro, que se enterra com agilidade nas areias do Mancha e do Atlântico (20-30 cm); traduzido às vezes por "lúcio pequeno".

158. DE LA FONTAINE, J. *Fábulas.* Livro IV, 5.

Manuscrito A(gnes)

Assim que soube da determinação de Maria, resolvi [não] ter mais nenhum prazer na terra.... Desde minha saída do internato, instalei-me no antigo quarto de pintura de *Paulina* e o arranjei ao meu gosto. Era um verdadeiro bazar, um agregado de piedade e curiosidades, um jardim e um aviário.... Assim no fundo se destacava na parede uma *grande cruz* de madeira preta sem Cristo[159], alguns desenhos que me agradavam; numa outra parede, uma cesta guarnecida de musselina e de fitas rosas com ervas finas e flores; enfim na última parede o retrato de *Paulina* aos 10 anos reinava sozinho; embaixo desse retrato eu tinha uma mesa sobre a qual estava colocada uma *grande gaiola*, contendo um *grande* número de pássaros cujo gorjeio melodioso quebrava a cabeça dos visitantes, mas não de sua pequena dona que os apreciava muito.... Havia ainda o "⁺*pequeno móvel branco*" cheio com meus livros de estudos, cadernos etc.... Sobre esse móvel estava colocada uma estátua da Sta. Virgem com vasos sempre cheios de flores naturais, castiçais; em toda a volta havia uma quantidade de pequenas Estátuas de Santos e de Santas, cestinhas com conchas, caixas em papel bristol etc... Enfim meu jardim era *suspenso* diante da janela onde cuidava de potes de flores (as mais raras que podia encontrar), tinha ainda uma jardineira no interior de "meu museu" e aí punha minha planta pri-

A 43r ↓ vilegiada... Diante da / janela estava colocada minha mesa coberta de um tapete verde e sobre esse tapete eu tinha posto no meio, uma *ampulheta*[160], uma pequena estátua de S. José, um porta-relógio, corbelhas de flores, um tinteiro etc.... Algumas cadeiras *mancas* e a deslumbrante cama de ⁺*boneca de Paulina* completavam toda a minha mobília. Verdadeiramente essa pobre mansarda era um mundo para mim e como o Sr. de Maistre eu poderia compor um livro intitulado "Passeio em redor do meu quarto". Era nesse quarto que eu gostava de ficar sozinha horas inteiras para estudar e meditar diante da bela vista que se estendia diante de meus olhos... Ao saber da partida de Maria meu *quarto* perdeu para mim todos os [seus] encantos, não queria deixar um só instante a irmã querida que devia desaparecer logo... Quantos atos de paciência a fiz praticar, *toda vez* que passava diante da porta de seu quarto, eu batia até que ela mo abrisse e a abraçava de todo

---

159. Como nas celas no Carmelo.
160. Sublinhado por Teresa, sem dúvida um presente recebido do Carmelo.

o meu coração, queria fazer provisão de beijos para todo o tempo que devia ficar privada deles.

Um mês antes de sua entrada no Carmelo, Papai levou-nos a Alençon, mas essa viagem ficou longe de se parecer com a primeira, tudo foi para mim tristeza e amargura. Não poderia dizer as lágrimas que derramei sobre o túmulo de mamãe, porque esquecera de levar um buquê de centáureas colhidas para ela. Eu verdadeiramente me castigava por *tudo*, era o contrário de agora, porque Deus me deu a graça de não ficar abatida por nenhuma coisa passageira. Quando me lembro do tempo passado, minha alma transborda de gratidão ao ver os favores que recebi do Céu, fez-se uma tal mudança em mim que não sou mais reconhecível..... É verdade que eu desejava a graça "de ter sobre minhas ações um domínio absoluto, de ser delas a senhora e não a escrava". / Estas palavras da Imitação[161] me tocavam profundamente, mas devia por assim dizer comprar com meus desejos essa graça inestimável; eu não era ainda senão uma criança que não parecia ter outra vontade senão a dos outros, o que fazia as pessoas de Alençon dizer que eu era fraca de caráter...... Foi durante essa viagem que Leônia fez a sua experiência com as clarissas, fiquei triste com sua *extraordinária* entrada, porque a amava muito e não pudera abraçá-la antes de sua partida.

A 43v ↓

Leônia

Nunca me esquecerei da bondade e do embaraço desse pobre Paizinho ao vir nos anunciar que Leônia já usava o hábito de clarissa[162]... Como nós, ele achava isso esquisito, mas não queria dizer nada, vendo quanto Maria estava descontente. Ele nos levou ao convento e lá, senti um *aperto* de *coração* como nunca tinha sentido ao ver um mosteiro[163], isso produzia em mim o efeito contrário do Carmelo onde

---

161. *Imitação de Cristo*, Livro III, cap. 38. Teresa cita de cor, um pouco livremente.
162. Entrada nas clarissas da rua da Demi-Lune em Alençon, em 7 de outubro de 1886. Nota de madre Inês na sua Cópia de HA de 1936: Leônia "tinha ido expor seus desejos à Madre Abadessa que a pressionara a entrar imediatamente e a vestira com o 'pequeno hábito' de postulante que se assemelha nessa Ordem à das noviças". Leônia sairá depois de dois meses, em 1º de dezembro.
163. Sentimento subjetivo de Teresa. Sua mãe gostava muito do mosteiro e ia lá muitas vezes. É da Sra. Martin que Leônia herdou a atração por esse mosteiro.

tudo me dilatava a alma... A vista das religiosas não me encantou muito, e não fui tentada a ficar entre elas; a pobre Leônia estava no entanto muito bonita no seu novo traje, ela nos disse para olhar bem *seus olhos* porque não devíamos mais revê-los (as clarissas só se mostram de olhos baixos), mas Deus contentou-se com dois meses de sacrifício e Leônia voltou a mostrar-nos *seus olhos* azuis bem amiúde molhados de lágrimas...... Ao deixar Alençon eu acreditava que ela ficaria com as clarissas, por isso foi com muita mágoa que me afastei da *triste* rua da *meia-lua*. Éramos apenas três e em breve nossa querida Maria também nos deixaria...... 15 de outubro foi o dia da separação! Da alegre e numerosa família dos Buissonnets restavam somente as duas últimas filhas.... As pombas tinham fugido do ninho paterno, as que ficaram queriam voar atrás delas, mas suas asas / eram ainda demasiado fracas para que pudessem levantar vôo.....

Deus que queria chamar para si a menor e a mais fraca de todas apressou-se a desenvolver suas asas. Ele que se compraz em mostrar a sua bondade e o seu poder ao servir-se dos instrumentos menos dignos. Quis chamar-me antes de Celina que sem dúvida merecia mais esse favor, mas Jesus sabia quanto eu era fraca° e por isso escondeu-me por primeiro na fenda do rochedo°[164].

Teresa aos 13 anos

Quando Maria entrou no Carmelo, eu era ainda bem escrupulosa. Não podendo mais confiar-me a ela voltei-me para o lado dos Céus. Foi aos quatro anjinhos que me tinham precedido lá no alto que me dirigi, porque pensava que essas almas inocentes que nunca conheceram as perturbações nem o medo deviam ter piedade de sua pobre irmãzinha que sofria na terra. Falei-lhes com uma simplicidade de criança, fazendo-os notar, que sendo a última da família, tinha sempre sido a mais amada, a mais cumulada das ternuras de minhas irmãs, que se eles tivessem ficado na terra sem dúvida ter-me-iam dado provas de afeto.... A sua partida para o Céu não me parecia uma razão para se esquecerem de mim, ao contrário

---

164. Tomada de *Cântico dos cânticos* 2,14, onde a companheira amada, como uma pomba, está escondida na fenda do rochedo, a imagem aplica-se, aqui, à vida monástica e à sua clausura.

tendo oportunidade de tirar dos tesouros Divinos, deviam pegar aí para mim a *paz* e mostrar-me assim que no Céu ainda se sabe amar!... A resposta não se fez esperar, logo a paz veio inundar a minha alma com suas ondas deliciosas e compreendi que se eu era amada na terra, o era também no Céu.... Desde esse momento minha devoção para meus irmãozinhos e irmãzinhas aumentou e gosto de entreter-me muitas vezes com eles, falar-lhes das tristezas do exílio.... do meu desejo de ir logo me juntar a eles na Pátria!............

Se o Céu me cumulava de graças não era porque eu as merecesse, eu era ainda bem imperfeita; tinha, é verdade, um grande desejo de praticar / a virtude, mas me empenhava nisso de maneira estranha, eis um exemplo. Sendo a última, não estava habituada a servir-me, Celina arrumava o quarto em que dormíamos juntas e eu não fazia nenhum trabalho da casa; depois da entrada de Maria no Carmelo, acontecia algumas vezes para dar prazer a Deus que eu tentava fazer a cama, ou então ir na ausência de Celina guardar à noite seus vasos de flores; como disse, era para *Deus somente* que eu fazia essas coisas, assim não teria de esperar o *obrigado* das criaturas. Ai! era tudo diferente; se Celina tinha a infelicidade de não ter o aspecto de estar feliz e surpresa com meus servicinhos, eu não ficava contente e lhe provava por minhas lágrimas.....

A 44v ↓

Eu era verdadeiramente insuportável por minha sensibilidade grande demais, assim, se me acontecia causar involuntariamente uma pequena mágoa a uma pessoa que amava, em vez de levantar a cabeça e de não *chorar*, o que aumentava minha falta em vez de diminuí-la, *chorava* como uma Madalena e quando começava a consolar-me da coisa em si, *chorava por ter chorado*......... Todos os raciocínios eram inúteis e eu não conseguia corrigir-me desse feio defeito. Não sei como acalentava o doce pensamento de entrar no Carmelo, estando ainda *nas faixas da infância*[165]!..

---

165. *"Faixas da infância"*: esta expressão, sublinhada por Teresa, encontra-se na *Noite escura* (Livro I, cap. 12), de João da Cruz, onde ele fala da purificação dos sentidos. Teresa não parece ter lido esse livro sistematicamente, mas pôde conhecer a expressão por outros meios.

[Capítulo 5]

[Minha conversão completa]
[Amar Jesus com paixão e segui-lo]

  *F*oi preciso que Deus fizesse um pequeno milagre para me fazer *crescer* num momento e fez esse milagre no dia inesquecível de Natal; nessa *noite* luminosa que alumia as delícias da Trindade Santíssima, Jesus, o doce *pequeno* Menino de uma hora, mudou a noite° de minha alma em torrentes de luz[166].... nessa *noite* em que Ele se fez *fraco* e sofredor por meu amor, fez-me *forte* e corajosa, vestiu-me com suas armas° e desde essa noite bendita, não fui vencida em nenhum combate, mas pelo contrário marchei de vitórias em vitórias e comecei por assim dizer, "*uma corrida de gigante*°!..." / A fonte de minhas lágrimas secou e não se abriu depois senão raramente e dificilmente, o que justificou essa palavra que me fora dita: "Choras tanto na tua infância que mais tarde não terás mais lágrimas para derramar!.."

  Foi em 25 de dezembro de 1886 que recebi a graça de sair da infância, numa palavra a graça de minha completa conversão. — Voltávamos da missa de meia-noite em que tivera a felicidade de receber o Deus *forte* e *poderoso*°. Ao chegar aos Buissonnets eu me regozijava em ir pegar meus sapatos na lareira, esse antigo costume nos causara tanta alegria durante nossa infância que Celina queria continuar a tratar-me como um bebê, visto que eu era a menor da família.... Papai gostava de ver a minha felicidade, de ouvir meus gritos de alegria ao tirar cada surpresa dos *sapatos encantados*, e a alegria do meu Rei querido aumentava muito minha felicidade; porém querendo Jesus mostrar-me que devia desfazer-me dos defeitos da infância retirou-me também as inocentes alegrias; permitiu que Papai fatigado da missa de meia-noite sentisse aborrecimento ao ver meus sapatos na lareira e que dissesse estas palavras que atravessaram meu coração: "Enfim, felizmente que é o último ano!....." Subi então a escada para ir tirar o meu cha-

---

  166. Em ARM VII, p. 201, o Senhor diz, acerca do Céu e dos santos: "Vesti-os com torrentes de minha luz". Teresa copiara essa passagem em 1887.

péu, Celina conhecendo minha sensibilidade e vendo lágrimas brilhar nos meus olhos teve também vontade de derramá-las, porque ela me amava muito e compreendia a minha mágoa: "Ó Teresa! me disse ela, não desças, olhar já agora nos teus sapatos te causará muito pesar". Mas Teresa não era mais a mesma, Jesus mudara o seu coração! Reprimindo minhas lágrimas, desci rapidamente a escada e comprimindo as batidas de meu coração, peguei meus sapatos e colocando-os diante de Papai, tirei *alegremente* todos os objetos, tendo o aspecto feliz como uma rainha. Papai ria, ele também voltara a ficar alegre e Celina acreditava *sonhar*!..... Felizmente era uma doce realidade, a Teresinha encontrara a força de alma que perdera aos 4 anos e meio e era para sempre que devia conservá-la!...... /

Nessa *noite* de *luz*°[167] começou o terceiro período da minha vida, o mais belo de todos, o mais cheio das graças do Céu.... Num instante a obra que eu não pudera fazer em 10 anos, Jesus fez contentando-se com a minha *boa vontade* que nunca me faltara. Como seus apóstolos eu podia dizer-Lhe: "Senhor, pesquei a noite toda sem nada pegar°". Mais misericordioso ainda comigo do que foi para seus discípulos, *o próprio* Jesus pegou a rede, lançou-a e retirou-a cheia de peixes.... Fez de mim pescador de *almas*, senti um grande desejo de trabalhar para a conversão dos pecadores, desejo que não sentira tão vivamente.... Senti numa palavra a *caridade* entrar no meu coração, a necessidade de me esquecer para dar prazer e desde então fui feliz!.... Num Domingo ao olhar uma fotografia de Nosso Senhor na Cruz, fiquei impressionada com o sangue que caía de uma de suas mãos Divinas, senti uma grande aflição ao pensar que esse sangue caía na terra sem que ninguém se apressasse a recolhê-lo, e resolvi ficar em espírito ao pé da Cruz para receber o Divino orvalho que escorria, compreendendo que me seria preciso em seguida espalhá-lo sobre as almas.... O grito de Jesus na Cruz ressoava também continuamente no meu coração: "*Tenho sede*°!" Essas palavras acendiam em mim um ardor desconhecido e muito vivo... Queria dar de beber a meu Bem-Amado e eu mesma me sentia devorada pela *sede* das *almas*.... Não eram ainda as almas de padres que me atraíam, mas as dos *grandes pecadores*, Eu *queimava* do desejo de arrancá-los das chamas eternas.....

A 45v
↓
Sl 138,11

Lc 5,5-8

Jo 19,28

---

167. O sublinhado de Teresa pode indicar uma referência, aqui, sem dúvida, do Sl 138,11.

Manuscrito A(gnes)

A 46r
↓

Pranzini

A fim de excitar o meu zelo Deus mostrou-me que tinha meus desejos por agradáveis. — Ouvi falar de um grande criminoso[168] que acabava de ser condenado à morte por crimes horríveis, tudo levava a crer que morreria na impenitência. Quis a todo custo impedir que caísse no inferno, a fim de consegui-lo empreguei todos os meios imagináveis; sentindo que por mim mesma nada podia, ofereci / a Deus todos os méritos infinitos de Nosso Senhor, os tesouros da Santa Igreja, enfim pedi que Celina mandasse dizer uma missa nas minhas intenções, não ousando pedi-la eu mesma com medo de ser obrigada a confessar que era para Pranzini, o grande criminoso. Não queria também dizê-lo a Celina, mas ela me fez perguntas tão ternas e tão prementes que lhe confiei o meu segredo; bem longe de zombar de mim ela pediu-me para ajudar-me a converter *meu pecador*; aceitei com gratidão, pois teria querido que todas as criaturas se unissem a mim para implorar a graça ao culpado. Senti no fundo do meu coração a *certeza* de que nossos[169] desejos seriam satisfeitos. Mas a fim de me dar coragem para continuar a rezar pelos pecadores, disse a Deus que estava segura que Ele perdoaria o pobre infeliz Pranzini, que eu acreditava mesmo se ele não se *confessasse* e não desse *nenhum sinal* de *arrependimento*, tanto eu tinha confiança na misericórdia infinita de Jesus, mas que lhe pedia somente "um sinal[170]" de arrependimento para minha simples consolação.... Minha oração foi atendida ao pé da letra! Apesar da proibição que Papai nos fizera de ler qualquer jornal, não acreditei desobedecer ao ler as passagens que falavam de Pranzini. No dia depois de sua execução caiu-me às mãos o jornal "La *Croix*[171]". Abro-o às pressas e o que vejo?.. Ah! Minhas lágrimas

---

168. Henri Pranzini (1857-1887). No dia 17 de março de 1887, ele degolara duas mulheres e uma garota de 11 anos. Seu processo ocorreu de 9 a 13 de julho. Será guilhotinado no dia 31 de agosto. Uma de suas vítimas, Maria Regnault, era conhecida da família Guérin.

169. Primeira redação no singular: "que meu desejo seria satisfeito", depois mudado para o plural em "nossos desejos seriam satisfeitos". Assim Tereza envolve Celina em seus esforços para salvar a alma de Pranzini.

170. Estas duas palavras estão em escrita inclinada e, além disso, sublinhadas.

171. Teresa sublinha a palavra *Croix* [= Cruz] para fazer alusão à Cruz redentora de Jesus.

traíram a minha emoção e fui obrigada a me esconder...... Pranzini não se confessara, subiu ao cadafalso e se apressou a colocar a sua cabeça no lúgubre buraco, quando de repente tomado por uma inspiração súbita, virou, pegou um *Crucifixo* que o padre lhe apresentava e *beijou* por *três vezes* as suas *chagas sagradas*!... Depois sua alma foi receber a sentença *misericordiosa* daquele que declara que no Céu haverá mais alegria por um só pecador que faz penitência que por 99 justos° que não precisam de penitência!......... Lc 15,7

Eu obtivera "o sinal" pedido e esse sinal era a reprodução fiel de / graças que Jesus me fizera para atrair-me a rezar pelos pecadores. Não foi diante das *chagas* [de] *Jesus*, ao ver correr seu *sangue* Divino que a sede das almas entrara no meu coração? Eu queria dar-lhes de beber esse *sangue imaculado* que devia purificá-las de suas sujeiras, e os lábios de "meu *primeiro filho*" foram colar-se em suas chagas sagradas!!!.. Que resposta inefavelmente doce!... Ah! desde essa graça única, meu desejo de salvar as almas cresceu a cada dia, parecia ouvir Jesus dizer-me como à samaritana: "Dá-me de beber°!" Era uma verdadeira troca de amor; às almas eu dava o *sangue* de Jesus, a Jesus eu oferecia essas mesmas almas refrescadas por seu *orvalho*[172] *Divino*, assim parecia-me desalterá-lo e quanto mais lhe dava de *beber*, mais a sede de minha pobre pequena alma aumentava e era essa sede ardente que Ele me dava como a mais deliciosa bebida de seu amor............... **A** 46v ↓

Jo 4,7

Em pouco tempo Deus pudera fazer-me sair do círculo estreito em que eu girava sem saber como sair dele. Ao ver o caminho que Ele me fez percorrer, minha gratidão é grande, mas é preciso que eu concorde, se o passo maior fora dado restava-me ainda muitas coisas a deixar. Livre de seus escrúpulos, de sua sensibilidade excessiva, meu espírito desenvolveu-se. Sempre gostara do grande, do belo, mas nessa época fui tomada de um desejo extremo de *saber*. Não me contentando com as lições e os deveres que minha mestra me dava, aplicava-me sozinha a estudos especiais de *história* e de *ciência*. Os outros estudos me deixavam indiferente, mas estas duas partes atraíam toda a minha atenção, por isso, em poucos meses adquiri mais conhecimento que durante meus anos de estudos. Ah! isso era

---

172. A imagem de Teresa pode ser herdada de ARM V, p. 140 (sobre o purgatório): "um orvalho refrescante".

Manuscrito A(gnes)

Ecl 2,11 só vaidade e aflição de espírito°... O capítulo da Imitação onde se fala de *ciências*[173] voltava-me freqüentemente ao pensamento, mas encontrava o meio de continuar assim mesmo, dizendo-me que estando em idade de es‑

A 47r tudar, não havia / mal em fazê-lo. Não creio ter ofendido a Deus (embora
↓ reconheça ter passado nisso um tempo inútil) pois empregava nisso apenas um certo número de horas que não queria ultrapassar a fim de mortificar meu desejo demasiadamente vivo de saber.... Estava na idade mais perigosa para as moças, mas Deus fez por mim o que Ezequiel relata em suas profecias. "Passando perto de mim, Jesus viu que chegara o tempo para eu ser *amada*, Ele fez aliança comigo e tornei-me *sua*... Estendeu sobre mim o seu manto, lavou-me nos perfumes preciosos, vestiu-me de roupas bordadas, dando-me colares e adornos sem preço... Alimentou-me com a mais pura farinha, mel e óleo em *abundância*... então tornei-me bela aos seus olhos e

Ez 16,8-13 fez de mim uma poderosa rainha°!..."

Sim Jesus fez tudo isso para mim, poderia retomar cada palavra que acabo de escrever e provar que se realizou em meu favor, mas as graças que relatei acima são prova suficiente, vou somente falar de [o] alimento que Ele me prodigalizou "em *abundância*". Há muito tempo eu me alimentava d' "+*a pura farinha*" contida na Imitação, era o único livro que me fez bem, pois não tinha ainda encontrado os tesouros escondidos no evangelho. Sabia de cor quase todos os capítulos de minha querida Imitação, esse pequeno livro não me deixava nunca; no verão, o levava no meu bolso, no inverno, no meu regalo, por isso se tornara tradicional; na casa de minha Tia divertiam-se muito e abrindo-o ao acaso me faziam recitar o capítulo que se encontrava diante dos olhos. Aos 14 anos, com meu desejo de ciência, Deus achou que era necessário juntar "+*à pura farinha*: o +*mel e o óleo em abundância*". Esse mel e esse óleo, fez-me encontrá-los nas conferências do abade Dom Arminjon, sobre o fim do mundo presente e os mistérios da vida futura[174]. Esse livro tinha sido emprestado a Papai por minhas que‑

A 47v ridas carmelitas, por isso contrariamente ao meu / hábito (porque eu não
↓ lia os livros de papai) pedi para lê-lo.

---

173. *Imitação de Cristo*, Livro III, cap. 43, intitulado "Contra a vã ciência do século". Note-se que na "Reflexão" à margem, Lamennais cita Ecl 2,11, que Teresa acaba de citar: "vaidade e aflição de espírito".

174. Cf. nota 10 do [Capítulo 1] deste Manuscrito A.

Essa leitura foi ainda uma das maiores graças de minha vida, eu a fiz à janela de meu quarto de estudo e a impressão que sinto[175] disso é demasiado íntima e demasiado doce para que possa transmiti-la.........

Todas as grandes verdades[176] da religião, os mistérios da eternidade, mergulhavam minha alma numa felicidade que não era da terra.... Pressentia já o que Deus reserva àqueles que o amam° (não com o olho do homem mas com o do coração) e vendo que as recompensas eternas não tinham nenhuma proporção[177] com os leves sacrifícios° da vida, queria *amar, amar* Jesus com *paixão*, dar-lhe mil marcas de amor enquanto ainda podia.... Copiei várias passagens[178] sobre o perfeito amor e sobre a recepção que Deus deve fazer aos seus eleitos no momento em que *Ele mesmo* se tornará sua grande e eterna recompensa°[179], repetia sem cessar as palavras de

1Cor 2,9

2Cor 4,17

Gn 15,1

---

175. O Manuscrito traz, atualmente, a correção estrangeira "ressen*tis*" [senti]. Ao contrário de NECMA, que lê "ressen*tais*" [sentia], nós lemos com PFMA "ressens" [sinto] como texto original. De fato, entre as palavras certamente autênticas de Teresa não há bastante lugar para que ela escrevesse a forma mais longa "ressen*tis*". E por que a corretora teria apagado e substituído o t, se tivesse sido "ressentais"? É, portanto, no próprio momento de falar de sua leitura distante que Teresa *sente* ainda todo o benefício: agora.

176. Cf. ARM III, p. 105: "Essas grandes verdades".

177. Este pensamento de 1Cor 2,9 está também repercutido em ARM VII, p. 220: "a imensidade das *recompensas* que nos são prometidas: os bens terrestres, postos em *proporção* com a felicidade do alto..." Sublinhamos as palavras comuns.

178. Na folha que ela guardava em seu *Manual do Cristão*, Teresa copiou, no dia 30 de maio, 4 e 5 de junho de 1887, passagens da sétima conferência sobre *A beatitude eterna e a visão sobrenatural de Deus*. Cf. PF II, pp. 32-33, ou *Oeuvres complètes*, pp. 1210-1211. Ver também *Vie thérésienne* 79, jul./1980, pp. 219-221. Ademais, Celina, ajudada por Maria Guérin, copiou para Teresa as mesmas passagens um pouco mais completas numa caderneta que Teresa tinha à sua disposição ao escrever. O Manuscrito A contém algumas expressões que ela pôde ler nessas mesmas passagens, por exemplo, o "sopro envenenado" (A 3v); a imagem do "juízo" (A 19v); "torrentes de luz" (A 44v); as "grandes verdades" (A 47v); a "grande [...] recompensa" (A 47v); "ímpetos desconhecidos" (A 52r); estar "na ignorância das coisas criadas" (A 81v). O eco de sua leitura de Arminjon é ainda mais claro no Manuscrito G. Mas também no final da *Oferenda ao Amor Misericordioso* (Pri 6), que é da mesma época (9-11 de junho de 1895) que esta passagem do Manuscrito A. É normal que a meditação teresiana dos textos de Arminjon, prolongada na oração, tenha podido ecoar profundamente em sua alma. Ela acaba de dizer no Manuscrito A: "A impressão que sinto é demasiado íntima e demasiado doce para que possa transmiti-la" (A 47v). Não está absolutamente excluído que na época de sua redação Teresa tenha consultado mais uma vez o livro de Arminjon, disponível na biblioteca do Carmelo, assim como ela consultou as cartas da Sra. Martin a Paulina.

179. Cf. Gn 15,1, também citado em ARM VII, p. 203: "Deus disse a Abraão: Eu mesmo serei a tua grande recompensa".

amor que tinham abrasado meu coração.... Celina tornara-se a confidente íntima de meus pensamentos; desde o Natal podíamos compreender-nos, a distância de idade não existia mais visto que eu me tornara grande em tamanho e sobretudo em graça°....[180] Antes dessa época eu me queixava muitas vezes de não saber nada dos segredos de Celina, ela dizia que eu era pequena demais, que precisava crescer da altura de um tamborete a fim de que ela pudesse ter confiança em mim..... Gostava de subir nesse precioso tamborete quando estava do lado dela, e dizia-lhe para falar-me intimamente, mas meu esforço era inútil, uma distância nos separava ainda!..

Celina

Jesus que queria fazer-nos avançar juntas, formou em nossos corações laços mais fortes que os do sangue. Tornou-nos *irmãs de alma*, em nós se realizaram essas palavras do Cântico de S. João da Cruz (ao falar ao Esposo, a esposa exclama): "Após vossas pegadas, as jovens percorrem levemente o caminho, o toque da / centelha, o vinho temperado fazem-nas produzir aspirações divinamente embalsamadas[181]". Sim, era bem *levemente* que seguíamos as pegadas de Jesus; as centelhas de amor que semeava a mãos cheias em nossas almas, o vinho delicioso e forte que nos dava de beber faziam desaparecer aos nossos olhos as coisas passageiras e de nossos lábios saíam aspirações de amor inspiradas por Ele. Como eram doces as conversações que tínhamos toda tarde no belvedere! O olhar mergulhado na lonjura, considerávamos a branca lua elevando-se suavemente atrás das grandes árvores.... Os reflexos argênteos que ela espalhava sobre a natureza adormecida, as brilhantes estrelas cintilantes no azul profundo... o sopro leve da brisa da tarde que fazia flutuar as nuvens nevosas, tudo elevava nossas almas para o Céu, o belo Céu do qual só contemplávamos ainda "⁺*o* AVESSO *límpido*[182]"...............

---

180. Alusão a Jesus adolescente, que crescia em idade e "em graça" (Lc 2,40 e 52). Note-se que Teresa media 1,62m; era a maior das cinco filhas Martin.
181. Poesia *Cântico espiritual*, estrofe 25. No comentário à estrofe citada, João da Cruz chama esse "*vinho* de amor suave, *delicioso e forti*ficante" que causa "*aspirações*" de "*amor*". Sublinhamos as palavras ou partes de palavras comuns.
182. Alusão à poesia *L'envers du Ciel* de Alfred Besse de Larze.

As conversas no Belvedere

Não sei se me engano, mas não me parece que a efusão de nossas almas assemelhava-se à de Sta. Mônica com seu filho[183] quando no porto de Óstia ficaram perdidos no êxtase à vista das maravilhas do Criador!... Parece-me que recebíamos graças de uma ordem tão elevada[184] como as concedidas aos grandes santos. Como diz a Imitação, Deus se comunica às vezes no meio de um vivo esplendor ou então "*+suavemente velado, sob sombras e figuras*[185]", era dessa maneira que Ele se dignava manifestar-se a nossas almas, mas como era *transparente e leve*[186] o véu que escondia Jesus

---

183. Cf. Santo Agostinho. *Confissões*. Livro IX, cap. 10.
184. NECMA, p. 152, cita como fonte de inspiração desta descrição poética o célebre romance do cardeal Wiseman, *Fabíola*, 1854, p. 62. Mas, na realidade, é ainda no livro de Arminjon (ARM VI, pp. 132-133), livro que ela lia "à janela de (seu) quarto de estudo", que nossa jovem Santa se alimentou diretamente aqui para sua descrição; os traços de ARM são numerosos. A passagem de *Wiseman* se refere à *natureza* noturna na qual se desenvolve a conversa amigável entre os jovens romanos Sebastião e Pancrácio, e é só de passagem que Wiseman faz alusão a "uma noite semelhante" em que "Agostinho e Mônica, sentados perto de uma janela em Óstia, entretinham-se com coisas celestes". Ao contrário, para Arminjon, a *conversação* de Agostinho e Mônica, extática e concentrada no céu (à qual Teresa compara sua própria conversa com Celina) está totalmente no centro, desenvolve-se no contexto de uma noite magnífica. Em Wiseman, o elemento êxtase está inteiramente ausente. — Leiamos a passagem de ARM, sublinhando as palavras (ou partes de palavras) que Teresa tem em comum com ele: "[...] *em Óstia* [...] santo Agostinho e sua mãe ["*Sta. Mônica com seu filho*", diz Teresa], apoiados numa janela que *olhava* o jardim da casa [cf. o "*belvedere*"], entretinham-se [cf. "*as conversações*", "*a efusão de nossas almas*"] com uma suavidade extrema, esquecendo *todo* o passado e dirigindo seus *olhares* [cf. "*que contemplávamos*"] para o *cel*este futuro. Naquela *tarde*, a noite era calma, *o céu* puro, o ar silencioso, e à claridade da *lua* e à doce *cintilação* das *estrelas* via-se o mar [cf. "*no porto*"] estender ao *longe*, no horizonte, o *azul argênteo* de suas *ondas*. Agostinho e *Mônica* buscavam o que seria a vida eterna [...]. Quanto tempo durou esse *êxtase*? [...] Na manhã seguinte a esse dia, Mônica [...] foi *contemplar* face a face essa *beleza* soberana da qual, desde cá embaixo, ela entrevira a radiação e a imagem". — Mas é evidente que Arminjon também... leu o livro de Wiseman (com "a janela", a "noite", a "vista arrebatadora", "a lua" que "flutua" no mais alto dos céus, "as estrelas" e "o azul", e "a onda argêntea" da fonte) e em que se inspira para sua própria descrição da atmosfera noturna na qual situa a conversa entre Agostinho e Mônica. Para evocar, em 1895, a beleza da natureza na qual se desenvolviam suas próprias conversas com Celina, Teresa a olha em parte através das lentes de Arminjon, o qual, por sua vez, olhava através das lentes de Wiseman. Mas *o conteúdo do que* Teresa olha e explica é a graça de suas conversações do Belvedere, conversas em que se reconhece sem dificuldade toda a autenticidade e a profundidade pessoal.
185. *Imitação de Cristo*. Livro III, cap. 43.
186. Teresa sublinha as palavras *transparente* e *leve* ao falar do "véu" que "escondia" Jesus. O sublinhado, sendo muitas vezes para ela o indício de uma alusão a uma palavra ouvida ou lida, pode referir-se à "*tela leve e transparente*" pela qual a alma transformada em Deus é ainda "separada" dele, descrição de João da Cruz em CV, estrofe 1, explicação antes do v. 1.

de nossos olhares!...... A dúvida não era possível, a Fé e a Esperança já não eram necessárias, o *amor* nos fazia encontrar na terra Aquele que buscávamos. "*⁺Tendo-o encontrado sozinho, dera-nos o seu beijo, a fim de que no futuro ninguém pudesse desprezar-nos°.*"

Ct 8,1

Graças tão grandes não deviam ficar sem frutos, tão abundantes foram, a prática da virtude se nos tornou doce e natural; no começo meu rosto traía freqüentemente o combate, mas pouco a pouco essa impressão desapareceu e a renúncia se me tornou fácil até no primeiro instante. Jesus disse: "A / aquele que possui, se dará mais e estará na abundância°." Por uma graça fielmente recebida Ele me concedia uma multidão de outras..... Ele mesmo se dava a mim na Sta. Comunhão mais amiúde que eu teria ousado esperar. Tomara por regra de conduta fazer sem faltar uma só as confissões que meu confessor me desse, mas deixá-lo regular o seu número sem nunca pedir a ele. Não tinha nessa época a *audácia* que possuo agora, sem isso teria agido de modo diferente, porque estou bem certa que uma alma deve dizer ao seu confessor o atrativo que sente em receber seu Deus; não é para ficar num cibório de ouro que Ele desce *cada dia* do Céu, é a fim de encontrar um outro Céu que lhe é infinitamente mais caro que o primeiro, o Céu de nossa alma, feita à sua imagem°, o templo° vivo da adorável Trindade!....

A 48v
↓
Mt 13,12; 25,29

Gn 1,26
1Cor 3,16

Jesus que via meu desejo e a retidão de meu coração permitiu que durante o mês de maio, meu confessor me dissesse para fazer a Sta. Comunhão 4 vezes por semana e passado esse belo mês, acrescentou uma quinta cada vez que houvesse uma festa. Bem doces lágrimas escorreram de meus olhos ao sair do confessionário, parecia-me que era o próprio Jesus que queria dar-se a mim, pois não ficava senão muito pouco tempo em confissão, nunca dizia uma palavra dos meus sentimentos interiores[187], o caminho pelo qual eu andava era tão reto, tão luminoso que não precisava

---

187. O confessor dela, o abade Luís Lepelletier (1853-1918), vigário da catedral de São Pedro e também confessor do Sr. Martin, não estava sequer informado de sua vontade de entrar no Carmelo no Natal. Mas no dia 26 de novembro, depois que Teresa, em Roma, falara ao papa e que o jornal *L'Univers*, de 24 de novembro, espalhara a notícia que "entre os peregrinos se encontrava uma moça de 15 [de fato 14] anos, que pedira ao Santo Padre a permissão de poder entrar imediatamente no convento", o confessor de Teresa soube de tudo no parlatório do Carmelo, ao falar com irmã Maria do Sagrado Coração (cf. NEC. *Correspondance générale*. pp. 321-322).

UMA MULTIDÃO DE GRAÇAS

de outro guia senão Jesus.... Comparava os diretores a espelhos fiéis que refletiam Jesus nas almas e dizia que para mim Deus não se servira de intermediário mas agia diretamente!.....

Quando um jardineiro cerca de cuidados um fruto que quer fazer amadurecer antes da estação, nunca é para deixá-lo pendurado na árvore, mas a fim de apresentá-lo numa mesa brilhantemente servida. Era com uma intenção semelhante / que Jesus prodigalizava suas graças à sua pequena florzinha..... Ele que gritava nos dias de sua vida mortal num transporte de alegria: "Meu Pai, eu vos bendigo por teres escondido essas coisas aos sábios e aos prudentes e vos revelastes aos mais pequeninos°[188]" queria fazer brilhar em mim a sua misericórdia; porque eu era pequena e fraca ele se abaixava para mim, instruía-me nas *coisas*° de seu *amor*[189]. Ah! se os sábios que passaram a sua vida no estudo[190] tivessem vindo interrogar-me, sem dúvida os teria admirado[191] em ver° uma menina de quatorze anos compreender os segredos da perfeição, segredos que toda a sua ciência não poderia descobrir-lhe, visto que para possuí-las era preciso ser pobre de espírito°!..

A 49r ↓

Mt 11,25

Mt 11,25

Lc 2,46-47

Mt 5,3

Como diz S. João da Cruz em sua canção: "Não tinha nem guia nem luz, exceto aquela que brilhava no meu coração, essa luz me guiava mais certamente que a do meio-dia no lugar em que me esperava Aquele que me conhece perfeitamente[192]". Esse lugar era o Carmelo; antes de

---

188. Teresa escreve: "aux plus petits petits" [aos menores pequenos]. Intencionalmente? Ou por um erro revelador? A pequenez evangélica é cara a ela. Note-se que, na sua "Reflexão" ao cap. 43 do Livro III da *Imitação*, capítulo sobre a "ciência", que Teresa acaba de citar já duas vezes e que citará logo de novo, Lamennais cita Lc 10,21, como fará Teresa sem tardar.
189. As "coisas" se referem evidentemente a Lc 10,21, que Teresa acaba de citar. Em CE, estrofe 38, v. 5, João da Cruz fala também "dessa coisa" que Deus "ensina" à alma, "a ciência do amor perfeito", "ciência de amor", que é o único bem a que Teresa ambiciona (cf. M 1v).
190. ARM VII, p. 210, fala também "dos sábios deste mundo, que passam seu tempo" na pesquisa sem encontrar "a sabedoria verdadeira".
191. À luz dos textos (e notas) precedentes, segue-se que Teresa deve ter pensado igualmente na cena de Jesus no Templo, cercado por doutores da lei estupefatos com sua sabedoria e suas respostas (Lc 2,46-47). O capítulo citado da *Imitação* (III, 43) faz Jesus dizer "Sou eu quem, num momento, eleva a alma humilde e a faz penetrar mais cedo na verdade eterna, o que não poderia aquele que tivesse estudado dez anos nas escolas".
192. *Noite escura*. Canções da alma (Prólogo), estrofes 3-4.

Ct 2,3   "repousar à sombra daquele que desejava°", eu devia passar por muitas provações, mas o chamado divino era tão premente que se eu tivesse de *atravessar* as *chamas*[193] tê-lo-ia feito para ser fiel a Jesus... Para encorajar-me na minha vocação, não encontrei senão uma *só alma*, foi a da Madre *querida*... meu coração encontrou no seu um eco fiel e sem ela não teria sem dúvida chegado à margem bendita que a tinha recebido há 5 anos no seu solo impregnado do orvalho celeste..... Sim há 5 anos eu estava longe de vós, Madre *querida*, acreditava ter-vos perdido, mas no momento da provação foi vossa mão que me indicou o caminho que precisava seguir.... Eu tinha necessidade desse alívio, pois meus parlatórios no Carmelo tinham se tornado sempre mais penosos para mim, não podia falar de meu desejo de entrar sem sentir-me repelida. Maria, achando que eu era jovem demais, fazia todo o possível para impedir a minha entrada; vós mesma, Madre, a fim de pôr-me à prova, procuráveis algumas vezes arrefecer meu

A 49v ↓ ardor, / enfim se eu não tivesse tido verdadeiramente [a] vocação, teria parado desde o começo porque encontrei obstáculos assim que comecei a responder ao chamado de Jesus. Não quis dizer [a] Celina o meu desejo de entrar tão jovem no Carmelo, e isso me fez sofrer mais porque era bem difícil esconder-lhe alguma coisa... Esse sofrimento não durou muito tempo, logo minha Irmãzinha querida soube de minha determinação e longe de tentar desviar-me, aceitou com coragem admirável o sacrifício que Deus lhe pedia; para compreender quanto foi grande seria preciso saber a que ponto éramos unidas... era por assim dizer a mesma alma que nos fazia viver; fazia alguns meses que gozávamos juntas da vida mais doce que duas moças poderiam sonhar, tudo, em volta de nós, respondia a nossos gostos, a liberdade maior nos era dada, enfim eu dizia que nossa vida era na terra o *ideal* da *felicidade*.... Apenas tínhamos tido tempo de saborear esse *ideal* da *felicidade*, que era preciso desviar-se livremente dele e minha Celina querida não se revoltou um instante. Entretanto não era ela que Jesus chamava por primeiro, por isso ela poderia ter-se queixado.... tendo a mesma vocação que eu, cabia a ela partir!.. mas como no tempo dos mártires, os que estavam na prisão davam alegremente o beijo da paz a seus irmãos que

---

193. A imagem é evidentemente bem conhecida. Notemos, todavia, que Teresa pôde lê-la ainda em ARM V, p. 161: "Foi preciso andar nas chamas, [...] não hesitaríeis em arriscar vossa vida, em andar nas chamas".

partiam por primeiro para combater na arena e se consolavam com o pensamento de que talvez estivessem reservados para combates maiores ainda, assim *Celina* deixou sua Teresa distanciar-se e ficou sozinha para o glorioso e sangrento combate[194] ao qual Jesus a destinava como a *privilegiada* de seu *amor!*....

 Celina tornou-se pois a confidente de minhas lutas e de meus sofrimentos, tomou parte como se se tratasse de sua própria vocação; do lado dela eu não tinha oposição a temer, mas não sabia que meio tomar para anunciá-lo a Papai.... Como falar-lhe para deixar sua rainha, ele que acabava de sacrificar suas três irmãs mais velhas[195]?.. Ah! quantas lutas íntimas não sofri antes / de sentir a coragem de falar?... Entretanto era preciso decidir-me, eu ia fazer quatorze anos e meio, seis meses somente nos separavam ainda da bela *noite* de *Natal* em que resolvera entrar, na mesma hora em que no ano precedente recebera "minha graça". Para fazer a minha grande confidência escolhi o dia de *Pentecostes*[196], o dia inteiro supliquei aos Stos. Apóstolos que rezassem por mim, que me inspirassem as palavras que deveria dizer... Não eram eles com efeito que deviam ajudar a criança tímida que Deus destinava a tornar-se o apóstolo dos apóstolos pela oração e o sacrifício?.. Foi apenas depois do meio-dia ao voltar das vésperas que encontrei a ocasião de falar ao meu Paizinho querido; ele tinha ido sentar-se à beira da cisterna e lá, as mãos juntas, contemplava as maravilhas da natureza, o sol cujo fogo perdera o seu ardor dourava a copa das grandes árvores, onde os passarinhos cantavam alegremente a sua oração da tarde. A bela figura de Papai tinha uma expressão celeste, eu sentia que a paz inundava o seu coração; sem dizer uma só palavra ia sentar-me ao seu lado com os olhos já molhados de lágrimas; ele olhou-me com ternura e tomando minha cabeça apoiou-a sobre o seu coração, dizendo-me: "Que tens minha pequena rainha?.. confia-o a mim...." Depois se levantando, como para dissimular a sua própria emoção, caminhou lentamente, segurando sempre minha cabeça sobre seu coração. Através de minhas lágrimas confiei-lhe o meu desejo de entrar no Carmelo, então suas lágrimas vieram misturar-se

A 50r ↓

---

 194. A doença futura do pai delas, Sr. Martin. Celina o assistirá ao máximo.
 195. Depois de Paulina e Maria, Leônia exprimira seu desejo de entrar na Visitação de Caen. Ela o fará em 16 de julho de 1887.
 196. 29 de maio de 1887.

às minhas, mas não disse uma palavra para desviar-me de minha vocação, contentando-se simplesmente em me fazer notar que era ainda muito jovem para tomar uma determinação tão grave. Porém eu defendi tão bem a minha causa, que com a natureza simples e reta de Papai, foi em breve convencido que meu desejo era o do próprio Deus e na sua fé profunda disse que Deus lhe fazia uma grande honra em pedir-lhe assim suas filhas; continuamos por longo tempo nosso passeio; meu coração aliviado pela bondade com a qual meu incomparável Pai acolhera suas confidências, / derramava-se mansamente no seu. Papai parecia gozar dessa alegria tranqüila que o sacrifício realizado dá, falou-me como um santo e eu gostaria de lembrar-me de suas palavras para escrevê-las aqui, mas não conservei delas senão uma lembrança embalsamada demais para poder ser traduzida. Aquilo de que me lembro perfeitamente foi a ação *simbólica* que meu Rei querido realizou sem o saber. Ao se aproximar de um muro pouco elevado, mostrou-me *florzinhas brancas*[197] semelhantes a lírios em miniatura[198] e pegando uma dessas flores deu-ma, explicando-me com que cuidado Deus a fizera nascer e a conservara até esse dia; ao ouvi-lo falar, acreditava escutar minha história tanta era a semelhança entre o que Jesus fizera pela *pequena flor* e a *pequena Teresa*.... Recebi essa florzinha como uma relíquia e vi que ao colhê-la Papai tirara todas as suas *raízes* sem quebrá-las, parecia destinada a viver ainda numa outra terra mais fértil que o limo tenro onde se tinham passado suas primeiras manhãs.... Era bem essa mesma ação que Papai acabava de fazer para mim alguns instantes antes, ao me permitir subir a montanha do Carmelo e deixar o doce vale testemunha de meus primeiros passos na vida.

Coloquei minha florzinha branca na minha Imitação, no capítulo intitulado: "É preciso amar Jesus acima de todas as coisas[199]", é lá que está

---

197. "Florzinha" (A 3v, 4r), Teresa esboça no prólogo como foi precedida e cercada por oito "Lírios". Mas dado que a saxífraga [arrebenta-pedra] é um "lírio em miniatura", como Teresa explicará logo a seguir, pertence também "ao ramo dos lírios (que logo) estará completo no Céu" (A 4v).

198. A lembrança dessa saxífraga e da explicação dada pelo Sr. Martin inspiraram a Teresa o título de seu primeiro Manuscrito: "História primaveril de uma Florzinha branca" (A 2r e A 84v).

199. Livro II, cap. 7. Percebe-se o alcance simbólico do gesto de Teresa, que ela mesma compreendeu "a ação *simbólica*" de seu pai.

ainda, somente o talo quebrou-se bem perto da raiz e Deus parece dizer-me com isso que romperá logo os laços° de sua florzinha[200] e não a deixará murchar na terra!...   Sl 115,16

Depois de ter obtido o consentimento de Papai, acreditava poder voar sem medo ao Carmelo, mas provações bem dolorosas deviam ainda provar minha vocação. Não foi sem tremer que confiei ao meu tio a resolução que tomara[201]. Ele me prodigalizou todas as marcas de ternura possíveis, entretanto não me deu a permissão de partir, pelo contrário, proibiu-me de lhe / falar da minha vocação antes da idade de 17 anos. Era contrário à prudência humana, dizia ele, deixar entrar no Carmelo uma menina de 15 anos; esta vida de carmelita sendo aos olhos do mundo uma vida de filósofo, seria causar um grande mal à religião deixar uma criança sem experiência abraçá-la... Todo o mundo falaria etc.... etc... Disse até que para decidi-lo a deixar-me partir seria preciso um *milagre*. Vi que todos os raciocínios seriam inúteis, por isso me retirei, o coração mergulhado na amargura mais profunda, meu único consolo era a oração, suplicava que Jesus fizesse o *milagre* pedido visto que só a esse preço eu poderia responder ao seu chamado. Um tempo bastante longo se passou antes que ousasse falar de novo[202] a meu tio; custava-me extremamente ir à casa dele, por sua vez ele parecia não mais pensar em minha vocação, mas soube mais tarde que minha grande tristeza o influenciou muito a meu favor. Antes de fazer luzir em minha alma um raio de esperança, Deus quis enviar-me um martírio bem doloroso que durou *três dias*. Oh! nunca compreendi tão bem como durante essa provação a dor da Sta. Virgem e de S. José procurando o divino Menino Jesus°..... Eu estava num triste deserto ou antes minha alma era semelhante ao frágil bote entregue sem piloto à mercê das ondas tempestuosas... Eu o sei, Jesus estava lá dormindo na minha barquinha° mas a noite era tão negra que me era impossível vê-lo, nada me alumiava,

   A 51r
   ↓

   Lc 2,44-48

   Mc 4,37-39

---

200. Teresa colou-a numa imagem de Nossa Senhora das Vitórias. No dia 8 de setembro de 1897, sétimo aniversário de sua profissão, com mão trêmula escreverá no verso suas últimas linhas: "Ó Maria, se eu fosse a Rainha do Céu e vós fôsseis Teresa, quereria ser Teresa a fim de que vós fôsseis a Rainha do Céu!!!................"

201. O Sr. Guérin era o tutor das crianças Martin; era preciso o seu consentimento. Segundo LT 27 a Paulina, Teresa falou ao seu tio no sábado, 8 de outubro de 1887.

202. Quinze dias. Teresa lhe falará no dia 22 de outubro de 1887 (cf. LT 28); de fato, "num *sábado*, dia consagrado à doce Rainha dos Céus", como ela o dirá.

nem sequer um relâmpago vinha sulcar as escuras nuvens... Sem dúvida um bem triste clarão o dos relâmpagos, mas pelo menos, se a tempestade tivesse estourado abertamente, poderia ter percebido um instante Jesus..... era a *noite*, a noite profunda da alma... como Jesus no jardim da agonia° eu me sentia *sozinha*, não encontrando consolo nem na terra nem do lado dos Céus, Deus parecia ter-me abandonado°!!!... A natureza parecia tomar parte na minha tristeza amarga; durante esses três dias, o sol não fez luzir um só de / seus raios e a chuva caiu torrencialmente. (Notei que em todas as circunstâncias graves de minha vida, a natureza era a imagem de minha alma. Nos dias de lágrimas, o Céu chorava comigo; nos dias de alegria, o Sol enviava em profusão seus alegres raios e o azul não era escurecido por nenhuma nuvem....)

Enfim no quarto dia que casualmente era um *sábado*, dia consagrado à doce Rainha dos Céus, fui ver meu tio. Qual não foi a minha surpresa ao vê-lo olhar-me e fazer-me entrar em seu escritório sem que eu tivesse manifestado o desejo!... Começou por me fazer brandas censuras porque eu parecia ter medo dele e depois me disse que não era necessário pedir um *milagre*, que ele tinha somente pedido a Deus que lhe desse "uma simples inclinação de coração" e que fora atendido.... Ah! não fui tentada a implorar milagre, porque para mim o *milagre fora concedido*, meu tio não era mais o mesmo. Sem fazer nenhuma alusão à "prudência humana" ele me disse ⁺*que eu era uma florzinha que Deus queria colher* e que ele não se opunha mais[203]!.....

Essa resposta definitiva era verdadeiramente digna dele. Pela terceira vez esse Cristão de outra idade permitia que uma das filhas adotivas de seu coração fosse enterrar-se longe do mundo. Minha Tia também foi admirável em ternura e em prudência, não me lembro que durante minha provação ela me tenha dito uma palavra que pudesse aumentá-la, via que ela tinha grande piedade de sua pobre Teresinha, por isso quando obtive o consentimento de meu querido Tio, ela me deu o seu mas não sem me

---

203. Com uma escrita trêmula, por volta de junho-julho de 1897, Teresa acrescentou neste lugar uma chamada de nota (1) e redigiu ao pé de A 51v-52r o texto complementar que se lerá acerca do tio Guérin, até retomar o texto com as palavras "com que alegria".

Consentimento do tio Guérin

provar de mil maneiras que minha partida lhe causaria pesar... Ai! nossos queridos parentes estavam longe de prever então que precisariam renovar duas vezes ainda o mesmo sacrifício[204].... Mas ao estender a *mão* para pedir sempre, Deus não a apresentava *vazia*, seus amigos mais queridos puderam beber aí abundantemente a força e a coragem que lhes eram tão necessárias... Mas meu coração me leva bem longe de meu assunto, volto a ele quase a contragosto.

Depois da resposta de meu Tio, compreendeis, Madre, com que alegria retomei o caminho dos Buissonnets debaixo do "*belo Céu*, do qual as nuvens se tinham completamente dissipado[205]"!.. Na minha alma também a noite tinha cessado, Jesus ao se despertar devolvera-me a alegria, o barulho das vagas se tinha aplacado°; no lugar do vento da provação, uma brisa leve enfunava minha vela e acreditava chegar logo à *margem* bendita que percebia muito perto de mim. Estava de fato bem perto de minha barquinha, porém *mais de uma tempestade* devia ainda levantar-se e dela tirando a vista de seu farol luminoso, fazê-la temer estar distante sem volta da praia tão ardentemente desejada............ Mc 4,39

Poucos dias depois de ter obtido o consentimento de meu tio, fui ver-vos, Madre querida[206], e vos disse minha alegria porque todas as minhas provações tinham passado, mas qual não foi a minha surpresa e a minha aflição ao vos ouvir dizer-me que / o Superior não consentia com minha entrada antes da idade de 21 anos[207]..... **A** 52r ↓

---

204. Quer dizer, a entrada no Carmelo de Celina e da filha deles, Maria Guérin.
205. Ao pôr a frase entre aspas, Teresa faz alusão ao que explicou acima sobre a natureza, "imagem" de sua alma. Logo ela o fará de novo ao sublinhar a palavra *chuva*.
206. De fato, no dia seguinte, domingo, 23 de outubro de 1887. Cf. LT 28 desse dia, ao padre Pichon.
207. "O Superior": João Batista Delatroëtte (1818-1895), pároco de São Tiago em Lisieux e superior eclesiástico do Carmelo, onde tinha o título de "Notre Père" ["Nosso Padre"]. No dia 25 de novembro de 1887 (cf. NEC. *Correspondance générale*. p. 315), irmã Inês explicará ao Sr. Martin o porquê de sua oposição feroz. Padre Delatroëtte foi "tão caluniado pelo Senhor Fl[euriot, de Lisieux, vizinho do Carmelo] no momento do encaminhamento de sua filha. Foi horrível... E o que diria [Fleuriot], hoje, ao vê-lo dar-nos uma criança de 15 anos. É preciso, pois, que Nosso Padre possa dizer a todo mundo que é monsenhor que faz nosso anjo entrar". Joana Fleuriot acabou não entrando no Carmelo; é Teresa quem ocupará a sua cela...

Manuscrito A(gnes)

Padre Delatroëtte

Ninguém tinha pensado nessa oposição, a mais invencível de todas; entretanto sem perder a coragem eu mesma fui com Papai e Celina ao nosso Padre, a fim de tentar convencê-lo mostrando-lhe que eu tinha vocação para o Carmelo. Ele nos recebeu muito friamente; meu *incomparável* Paizinho juntou inutilmente suas instâncias às minhas, nada pôde mudar a sua disposição. Disse-me que não havia perigo na demora, que eu podia levar uma vida de carmelita em casa, que se não tomasse a disciplina nem tudo estaria perdido... etc.. etc... enfim terminou acrescentando que era apenas o *delegado* de *Monsenhor* e que, se ele quisesse permitir-me entrar no Carmelo, ele não teria mais nada a dizer.... Saí toda em *lágrimas* do presbitério, felizmente estava escondida pelo meu guarda-chuva, porque a *chuva* caía torrencialmente. Papai não sabia como consolar-me... prometeu-me levar-me a Bayeux assim que eu mostrasse o desejo, porque estava resolvida a *chegar* aos *meus fins*, disse mesmo que iria até o *Santo Padre*, se Monsenhor não quisesse permitir-me entrar no Carmelo aos 15 anos..... Muitos acontecimentos se passaram antes[208] de minha viagem a Bayeux; no exterior minha vida parecia a mesma, eu estudava, tomava lições de desenho com Celina e minha hábil mestra encontrava em mim muitas disposições para sua arte. Sobretudo crescia no amor de Deus, sentia em meu coração impulsos desconhecidos[209] até então, às vezes tinha verdadeiros transportes de amor. Uma tarde não sabendo como dizer a Jesus que o amava e quanto desejava que Ele fosse por toda parte amado e glorificado, eu pensava com dor que Ele nunca poderia receber no inferno um só ato de amor, então disse a Deus que para lhe dar prazer eu consentiria em ver-me aí mergulhada, a fim de que ele seja *amado* eternamente nesse lugar de blasfêmia... Eu sabia que isso não podia glorificá-lo, visto que Ele não deseja senão

---

208. De fato, bem poucos acontecimentos, visto que já em "31 de outubro", como ela dirá, Teresa irá ver dom Hugonin em Bayeux. No seu relato, Teresa bloqueia, aqui, algumas experiências anteriores, omitindo falar de certas outras que precederam à sua entrada (cf. as primeiras linhas de A 53v).

209. Note-se que Teresa pôde ler a expressão "impulsos desconhecidos" também em ARM VII, p. 200: "O coração [...] tem aspirações, impulsos desconhecidos para o gênio."

Impulsos desconhecidos

nossa felicidade, mas quando se / ama prova-se a necessidade de dizer mil loucuras; se eu falava dessa maneira, não era porque o Céu não excitasse minha vontade, mas então meu Céu para mim não era senão o Amor que sentia como S. Paulo que nada podia separar-me° do objeto divino que me tinha arrebatado!..... A 52v

Rm 8,35-39

Antes de deixar o mundo, Deus me deu o consolo de contemplar de perto *almas* de *crianças*; sendo a menor da família, nunca tinha tido essa felicidade. Eis as tristes circunstâncias que me proporcionaram isso. Uma pobre mulher, parente de nossa criada, morreu na flor da idade deixando 3 crianças pequeninas; durante a sua doença recebemos em casa as duas meninas das quais a mais velha não tinha 6 anos, eu me ocupava com elas o dia todo e era um grande prazer para mim ver com que candura elas acreditavam em tudo o que lhes dizia. É preciso que o santo Batismo deposite nas almas um germe bem profundo das virtudes teologais, visto que desde a infância elas se mostram já e que a esperança de bens futuros basta para fazer aceitar sacrifícios. Quando queria ver minhas duas meninas bem conciliantes uma para a outra, em vez de prometer brinquedos e bombons àquela que cedesse à sua irmã, falava-lhes das recompensas eternas que o menino Jesus daria no Céu às criancinhas quietas; a mais velha, cuja razão começava a se desenvolver, olhava-me com olhos brilhantes de alegria, fazendo-me mil perguntas fascinantes sobre o menino Jesus e seu belo Céu e me prometia com entusiasmo ceder sempre à sua irmã e dizia que nunca em sua vida esqueceria o que lhe tinha dito "a grande menina", pois era assim que me chamava.... Ao ver de perto essas almas inocentes, compreendi que infelicidade era não formá-las bem desde seu despertar, quando são semelhantes a uma cera mole sobre a qual se pode depositar a impressão das virtudes mas também a do mal... compreendi o que Jesus disse no Evangelho: "Que seria preferível ser jogado ao mar do que escandalizar uma só dessas criancinhas°[210]". / Ah! quantas almas chegariam à santidade, se fossem bem dirigidas!...

Mt 18,6
A 53r

---

210. Segundo o texto do Evangelho, quem escandaliza um desses pequenos merece ser jogado ao mar. Teresa põe o acento de modo um pouco diferente: é melhor morrer, jogado ao mar, do que ser causa de escândalo para os pequenos. No texto do Evangelho, já se escandalizou o próximo; no texto de Teresa, a pessoa em questão decide preferir morrer a escandalizar.

Manuscrito A(gnes)

Eu sei, Deus não tem necessidade de ninguém para fazer a sua obra, mas do mesmo modo que permite a um hábil jardineiro cultivar plantas raras e delicadas e que lhe dá para isso a ciência necessária, reservando para si mesmo o cuidado de fecundar, assim Jesus quer ser ajudado na sua Divina cultura das almas.

Que aconteceria se um jardineiro desajeitado não enxertasse bem seus arbustos? Se não soubesse reconhecer a natureza de cada um e quisesse fazer desabrochar rosas num pessegueiro?.. Faria morrer a árvore que no entanto era boa e capaz de produzir frutos.

É assim que é preciso saber reconhecer desde a infância o que Deus pede às almas e secundar a ação de sua graça, sem nunca adiantá-la nem atrasá-la.

Como os passarinhos aprendem a *cantar* ao escutar seus pais, assim as crianças aprendem a ciência das virtudes, o *canto* sublime do Amor Divino, junto às almas encarregadas de formá-las para a vida.

Lembro-me que entre meus pássaros, eu tinha um canário que cantava admiravelmente, eu tinha também um pintarroxo[211] ao qual prodigalizava meus cuidados *maternos*, tendo-o adotado antes que pudesse gozar da felicidade de sua liberdade. Esse pobre pequeno prisioneiro não tinha pais para ensiná-lo a cantar, mas ouvindo de manhã à noite seu companheiro canário dar seus alegres gorjeios, quis imitá-lo... Essa empresa era difícil para um pintarroxo, por isso sua voz suave teve bastante dificuldade de entrar em acorde com a voz vibrante de seu mestre de música. Era encantador ver os esforços do[212] pobrezinho, mas foram enfim coroados de

---

211. Aos 12 anos de idade, Teresa anotou numa caderneta: "Tive meu pintarroxo no mês de Julho de 1884" (cf. *Oeuvres complètes...* p. 1203). Ela gostava dos pássaros, mas também de Tom, seu cão! Ela anota: "No dia 26 de junho Tom chegou em nossa casa. Ano 1884". Os arquivos do Carmelo de Lisieux guardam uma carta de irmã Genoveva a Leônia, de 24 de outubro de 1911, na qual Tom é evocado: "Lembro-me muito bem da história de Tom, ainda o vejo deitado morrendo na lavanderia e Teresa dando-lhe carne com molho aos bocados, escondendo um pouco de pão debaixo da carne como se faria a uma criança doente. Não tinha pensado em olhar esse fato como extraordinário, no entanto é verdade que foi ela que escapou da morte".

212. Primeira redação: "de meu", depois mudada para "do". Teresa se desapega de tudo.

sucesso, pois seu canto ao mesmo tempo em que conservava uma suavidade bem maior foi absolutamente o mesmo que o do canário. /

Ó Madre querida! vós é que me ensinastes a cantar... vossa voz é que me encantou desde a infância e agora tenho o consolo de ouvir dizer que me pareço convosco!!! Sei quanto estou ainda longe, mas espero apesar de minha fraqueza repetir eternamente o mesmo cântico que vós!..

Antes de minha entrada no Carmelo, fiz ainda muitas experiências sobre a vida e as misérias do mundo, mas esses detalhes me levariam longe demais, vou retomar o relato de minha vocação. — 31 de outubro foi o dia fixado para minha viagem a Bayeux. Parti sozinha com Papai, o coração cheio de esperança, mas também muito emocionada com o pensamento de apresentar-me no bispado. Pela primeira vez na minha vida, devia fazer uma visita sem ser acompanhada de minhas irmãs e essa visita era a um *Bispo*! Eu que nunca tinha necessidade de falar senão para responder às perguntas que me faziam, devia explicar eu mesma a finalidade de minha visita, desenvolver as razões que me levavam a solicitar a entrada no Carmelo, numa palavra devia mostrar a solidez de minha vocação. Ah! como me custou fazer essa viagem! Foi preciso que Deus me concedesse uma graça toda especial para que superasse minha grande timidez.... Também é bem verdadeiro que "⁺*Nunca o Amor encontra impossibilidades, porque crê que tudo lhe é possível e tudo é permitido*²¹³". Era verdadeiramente só o amor de Jesus que podia fazer-me vencer essas dificuldades e as que se seguiriam porque agradou a ele fazer-me comprar a minha vocação por bem grandes provações.... Hoje que gozo da solidão do Carmelo (⁺*repousando à sombra daquele que tão ardentemente desejei°*) acho ter comprado minha felicidade bem barato e estou pronta a suportar penas muito maiores para adquiri-la se ainda não a tivesse!

Chovia a cântaros quando chegamos a Bayeux, Papai que não queria ver a sua pequena rainha entrar no bispado com sua *bela roupa* toda encharcada a fez subir num ônibus e conduzir à catedral. Aí começaram minhas misérias. Monse[nhor] e todo o seu clero assistiam a um grande enterro. A Igreja estava repleta de senhoras em luto e eu era olhada por todo mundo com meu / vestido claro e meu chapéu branco, queria sair da

A 53v ↓

Ct 2,3

A 54r ↓

---

213. *Imitação de Cristo*. Livro III, cap. 5.

Igreja mas nem dava para pensar nisso por causa da chuva, e para humilhar-me ainda mais Deus permitiu que Papai com sua simplicidade patriarcal me fizesse subir até o alto da catedral; não querendo aborrecê-lo resolvi fazê-lo de boa vontade e proporcionei essa distração aos bons habitantes de Bayeux que desejaria nunca ter conhecido... Enfim pude respirar à vontade numa capela que se encontrava atrás do altar-mor[214] e fiquei ali longo tempo rezando com fervor e esperando que a chuva cessasse e nos permitisse sair. Ao descer, Papai me fez admirar a beleza do edifício que parecia muito maior estando deserto, mas um só pensamento me ocupava e não podia ter prazer em nada. Fomos diretamente ao P. Révérony[215] que estava informado de nossa chegada tendo ele mesmo fixado o dia da viagem, mas ele estava ausente; foi preciso pois vagar pelas ruas que me pareceram *bem tristes*, enfim voltamos para perto do bispado e Papai me fez entrar num belo hotel onde não fiz honra ao hábil cozinheiro. O pobre Paizinho era de uma ternura para mim quase incrível, dizia para não ficar triste, que certamente Monsenhor atenderia o meu pedido. Depois de ter descansado, voltamos ao P. Révérony; um senhor chegou ao mesmo tempo, mas o Grande vigário pediu-lhe polidamente para esperar e nos fez entrar por primeiro no seu gabinete (o pobre senhor teve tempo de entediar-se porque a visita foi longa). P. Révérony mostrou-se muito amável, mas creio que o motivo de nossa viagem o espantou muito; depois de me ter olhado sorrindo e dirigido algumas perguntas, ele nos disse: "Vou apresentar-vos ao Monsenhor, queiram ter a bondade de seguir-me". Vendo lágrimas escorrer de meus olhos acrescentou: "Ah! vejo diamantes... não é preciso mostrá-los ao Monsenhor!..." Fez-nos atravessar várias salas muito amplas, enfeitadas / com retratos de bispos; ao ver-me nesses grandes salões, tinha a impressão de ser uma pobre formiguinha e me perguntava o que ia ousar dizer ao Monsenhor; ele passeava entre dois padres numa galeria, vi P. Révérony dizer-lhe algumas palavras e voltar com ele, nós o esperávamos no seu gabinete; aí, três enormes poltronas estavam colocadas diante da lareira onde crepitava um fogo ardente.

A 54v ↓

---

214. Em francês, *maître-autel*. Teresa tinha começado a escrever "maître-h[ôtel]". Dez linhas adiante ela conta que tinham ido almoçar num "hotel".

215. Maurice Révérony (1836-1891), vigário-geral ("Grande vigário", dirá Teresa algumas linhas mais adiante) de Bayeux desde 1878.

Visita a Mons. Hugonin

Ao ver entrar sua Grandeza, Papai pôs-se de joelhos ao meu lado para receber a sua bênção, depois Monsenhor fez colocar Papai numa das poltronas, pôs-se em frente dele e P. Révérony quis fazer-me tomar a do meio, recusei polidamente, mas ele insistiu, dizendo-me que mostrasse se era capaz de obedecer, imediatamente sentei-me sem fazer reflexão e tive a confusão de vê-lo tomar uma cadeira enquanto eu estava afundada numa poltrona em que quatro como eu teriam estado à vontade.. (mais à vontade que eu, porque estava longe de estar à vontade!...) Esperava que Papai fosse falar mas ele me disse para eu mesma explicar ao Monsenhor a meta de nossa visita, eu o fiz o mais *eloqüentemente* possível; sua Grandeza habituada* à *eloqüência* não pareceu muito tocada com minhas razões, em vez delas uma palavra do P. Superior ter-me-ia servido mais, infelizmente não a tinha e sua oposição não pleiteava de modo algum a meu favor[216].....

Monsenhor perguntou-me se fazia muito tempo que eu desejava entrar no carmelo: — "Oh, sim! Monsenhor, muito tempo...". — "Vejamos, interveio rindo P. Révérony, não podeis dizer que faz *15 anos* que tendes esse desejo." — "É verdade, prossegui sorrindo também, mas não há muitos anos a tirar pois desejei fazer-me religiosa desde o despertar[217] de minha

Monsenhor Hugonin

razão e desejei o Carmelo assim que o conheci bem, porque nessa ordem eu achava que todas as aspirações de minha alma seriam satisfeitas." Não sei, Madre, se são exatamente as minhas palavras, creio que eram piores ainda, mas enfim é o sentido.

Monsenhor crendo ser agradável a Papai tentou fazer-me ficar ainda alguns anos junto dele, por isso não ficou pouco *surpreso* e *edificado* ao vê-lo tomar meu partido, intercedendo para que eu obtivesse a permissão de partir aos 15 anos. Entretanto tudo foi inútil, disse que antes de se decidir uma entrevista

---

* N.T.: Em francês está *habituée* e *touchée*, que são forma feminina do adjetivo.
216. Depois de uma chamada de nota (1), Teresa acrescentará ao pé das páginas A 54v-55r o parágrafo seguinte até "Monsenhor crendo".
217. [*Réveil*, em francês.] A rasura e a correção estrangeira (para obter "*l'éveil*") revelam que Teresa escrevera "réveil", assim como em A 4r e em A 52v, onde o r foi apagado.

Manuscrito A(gnes)

A 55r ↓

com o *Superior* do *Carmelo* era indispensável. Não podia ouvir nada que me causasse mais aflição, porque eu conhecia a oposição formal de nosso Padre, por isso sem levar em conta a recomendação do P. Révérony fiz mais do que *mostrar* os *diamantes* a Monsenhor, *dei*-los!... Vi que ficou emocionado; pegando-me pelo pescoço, apoiava minha cabeça em seu ombro e me fazia carícias, como nunca, parece, ninguém / recebera dele. Disse-me que nem tudo estava perdido, que ficava bem contente se eu fizesse a viagem a Roma a fim de firmar minha vocação e que em vez de chorar eu devia alegrar-me; acrescentou que na semana seguinte devendo ir a Lisieux, falaria de mim ao pároco de S. Tiago[218] e que certamente eu receberia a resposta na Itália. Compreendi que era inútil fazer novas instâncias, aliás não tinha mais nada a dizer tendo esgotado todos os recursos da minha *eloqüência*.

Monsenhor nos reconduziu até o jardim. Papai o *divertiu muito* ao lhe dizer que a fim de parecer mais idosa eu tinha feito levantar os cabelos. (Isso não foi perdido porque Monsenh[or] não falava de "sua filhinha" sem contar a história dos cabelos...) P. R[évérony] quis acompanhar-nos até o fim do jardim do bispado, disse a Papai que nunca coisa semelhante fora vista: "Um pai tão apressado em dar sua filha a Deus como esta filha oferecer-se a si mesma!"

Papai pediu-lhe várias explicações sobre a peregrinação, entre outras como era preciso vestir-se para comparecer diante do Sto. Padre. Ainda o vejo virar-se diante do P. Révérony dizendo-lhe: "Estou bem assim?..." Havia dito a Monsenhor que se ele não me permitisse entrar no Carmelo eu pediria esta graça ao Soberano Pontífice. Era bem simples nas suas palavras e suas maneiras, meu Rei querido, mas era tão *belo*... ele tinha uma distinção toda natural que deve ter agradado a Monsenhor habituado a ver-se cercado de personagens que conhecem todas as regras da etiqueta dos salões, porém não o *Rei* da *França* e de *Navarra* em *pessoa* com sua *pequena rainha*.....

Quando cheguei na rua minhas lágrimas recomeçaram a correr, não tanto por causa de minha aflição, como ao ver meu Paizinho querido que acabava de fazer uma viagem inútil.... Ele que festejava enviar um recado

---

218. O pároco Delatroëtte, superior eclesiástico do Carmelo.

ao Carmelo, anunciando a feliz resposta de Monsenhor, era obrigado a / **A** 55v
voltar sem ter nenhuma... Ah! como sofri!.. parecia-me que meu futuro ↓
estava quebrado para sempre, quanto mais me aproximava do fim, mais via
meus assuntos se emaranharem. Minha alma estava mergulhada na amargura, mas também na paz, pois eu não buscava senão a vontade de Deus.

Logo ao chegar a Lisieux, fui buscar consolo no Carmelo e o encontrei junto de vós, Madre querida. Oh não! nunca me esquecerei de tudo o que sofrestes por minha causa. Se não temesse profaná-las ao me servir delas, poderia dizer as palavras que Jesus dirigia aos seus apóstolos, na tarde de sua Paixão: "Fostes *vós* que estivestes sempre comigo em todas as minhas provações°"..... Minha *bem-amada* Inês de J[esus] me ofereceu também   Lc 22,28
bem *doces consolações*[219]...

---

219. Lê-se, atualmente, no manuscrito: "Minhas *bem-amadas* irmãs me ofereceram também bem *doces consolações*...". Mas as palavras "minhas" e "irmãs ofereceram" são certamente as correções estrangeiras de um texto apagado. Irmã Cecília (cf. NECMA, p. 426, seguindo plenamente a correção estrangeira) pôde estabelecer os dois estágios do texto de Teresa apagado. Primeiro texto: "Minha *bem-amada* Inês de J. esteve também", quer dizer, no sentido da citação evangélica precedente, minha bem-amada Inês de Jesus esteve também comigo em todas as minhas provações. Sem dúvida um pouco intimidada por essa aproximação tão pessoal com o Evangelho, Teresa mudou a sua frase no próprio momento da redação em "Minha *bem-amada* Inês de J. me ofereceu", acrescentando agora, à palavra "também", "*bem doces* consolações...". Não sendo de Teresa a correção estrangeira "minhas bem-amadas irmãs me ofereceram", evidentemente resta apenas conservar o texto corrigido pela própria Teresa. Por causa de sua correção pessoal, Teresa junta as palavras "Três dias depois", para as quais ela, no entanto, começara já um novo parágrafo, o que vamos respeitar.

[Capítulo 6]

[Viagem a Roma]
[Teresa retardada para o Carmelo]

  *T*rês dias depois da viagem a Bayeux, eu devia fazer uma muito mais longa, a viagem à cidade eterna..... Ah! que viagem aquela!... Ela sozinha me instruiu mais que longos anos de estudos, mostrou-me a vaidade de tudo o que passa e que *+tudo é aflição de espírito debaixo do sol*°...... Entretanto vi coisas bem belas, contemplei todas as maravilhas da arte e da religião, sobretudo pisei a mesma terra que os Stos. Apóstolos, a terra regada com o sangue dos Mártires e minha alma cresceu em contato com as coisas santas...

<small>Ecl 2,11</small>

  Estou bem feliz por ter estado em Roma, mas compreendo as pessoas do mundo que pensaram que Papai me levara a fazer essa grande viagem a fim de mudar minhas idéias de vida religiosa; havia de fato com que abalar uma vocação pouco firme.

  Não tendo nunca vivido na alta sociedade, Celina e eu nos encontramos no meio da nobreza que compunha quase exclusivamente a peregrinação. Ah! bem longe de nos deslumbrar, todos esses títulos e esses "*de*" não nos pareceram senão fumaça... De longe aquilo às vezes me lançou um pouco de pó nos olhos, mas de perto, vi que "nem tudo o que brilha é ouro" e compreendi aquela palavra / da Imitação: "Não persigais essa sombra que chamam de grande nome, não desejeis nem numerosas ligações, nem a amizade particular de nenhum homem[220]".

<small>A 56r ↓</small>

  Compreendi que a verdadeira grandeza se encontra na *alma* e não no *nome* pois como diz Isaías: "*+O Senhor dará* OUTRO NOME *a seus eleitos*°" e S. João diz também: "*+Que o vencedor receberá uma pedra branca sobre a qual está escrito um* NOME NOVO *que ninguém conhece senão aquele que o recebe*°". É pois no Céu que saberemos quais são nossos títulos de nobreza. *+Então*

<small>Is 65,15</small>

<small>Ap 2,17</small>

---

220. *Imitação de Cristo*, Livro III, cap. 24.

cada um receberá de Deus o louvor que merece° e quem na terra tiver querido ser o mais pobre, o mais esquecido pelo amor de Jesus, esse será o primeiro, o mais *nobre* e o mais rico!... 1Cor 4,5

A segunda experiência que fiz diz respeito aos sacerdotes. Não tendo nunca vivido na sua intimidade, não podia compreender a finalidade principal da reforma do Carmelo. Rezar pelos pecadores me agradava muito, mas rezar pelas almas dos sacerdotes, que acreditava serem mais puras que o cristal, me parecia espantoso!...

Ah! compreendi *minha vocação* na *Itália*, não foi ir buscar longe demais um conhecimento tão útil....

Durante um mês vivi com muitos *santos padres* e vi que, se sua sublime dignidade os eleva acima dos anjos, nem por isso deixam de ser homens fracos e frágeis.... Se *santos padres* que Jesus chama no seu Evangelho: "*O sal da terra*" mostram em seu comportamento que têm uma extrema necessidade de orações, o que se há de dizer daqueles que são tíbios? Jesus não disse ainda: "⁺*Se o sal se tornar insosso, com que se há de salgar?°*" Mt 5,13

Ó Madre! como é bela a vocação que tem por finalidade *conservar* o *sal* destinado às almas! Esta vocação é a do Carmelo, visto que o único fim de nossas orações e de nossos sacrifícios é ser o *apóstolo* dos *apóstolos*[221], que rezam por eles enquanto eles evangelizam as almas por suas palavras e sobretudo por seus exemplos... / É preciso que eu pare, se continuasse a falar sobre este assunto, não acabaria!... **A** 56v ↓

Madre querida, vou contar-vos minha viagem com alguns detalhes, perdoai-me se vo-los dou demais, não reflito antes de escrever, e o faço tantas vezes diferentes, por causa de meu pouco tempo livre, que meu relato talvez vos pareça aborrecido.... O que me consola é pensar que no Céu vos falarei de novo das graças que recebi e que poderei fazê-lo então em termos agradáveis e encantadores.... Nada mais virá interromper nossas efusões íntimas e num só olhar, tereis compreendido tudo... Ai, visto que

---

221. Cf. Teresa d'Ávila. *Caminho da perfeição*. Cap. 3, onde ela explica às suas monjas carmelitas que rezar por "aqueles que anunciam a Palavra de Deus e pelos teólogos", para "a extensão da Igreja" e para "salvar as almas" é "o que o Senhor espera de vós e o fim para o qual estais aqui reunidas".

preciso ainda empregar a linguagem da triste terra, tentarei fazê-lo com a simplicidade de uma criancinha que conhece o amor de sua Mãe!...

A romaria partiu de Paris no dia sete de novembro, mas Papai nos levou a essa cidade alguns dias antes para que a visitássemos.

Certa manhã às três horas[222], atravessei a cidade de Lisieux ainda adormecida; muitas impressões passaram na minha alma nesse momento. Sentia que ia para o desconhecido e que grandes coisas me esperavam lá.... Papai estava alegre; quando o trem se pôs em movimento, ele cantou esse velho refrão: "+*Roda, roda, minha diligência, eis que estamos na estrada real*". Tendo chegado a Paris de manhã, começamos imediatamente a visitá-la. Esse pobre Paizinho cansou-se muito a fim de nos dar prazer, também tínhamos logo [visto] todas as maravilhas da capital. Para mim encontrei *só uma* que me arrebatou, essa maravilha foi: "+*Nossa Senhora das Vitórias*". Ah! o que senti aos seus pés não poderia dizer... As graças que me concedeu emocionaram-me tão profundamente que só minhas lágrimas traduziram a minha felicidade, como no dia de minha primeira comunhão..... A Santíssima Virgem me fez sentir que era *verdadeiramente ela que tinha sorrido para mim* e *me tinha curado*. Compreendi que velava sobre mim, que era sua filha, por isso não podia mais lhe dar[223] / senão o nome de "*Mamãe*" porque me parecia ainda mais terno que o de Mãe..... Com que fervor não lhe pedi para me guardar sempre e realizar logo meu sonho ao me ocultar à *sombra de seu manto virginal!*... Ah! esse era um de meus primeiros desejos de criança... Ao crescer, compreendi que era no Carmelo que me seria possível encontrar verdadeiramente o manto da Santíssima Virgem e era para essa montanha[224] fértil que tendiam os meus desejos........

Supliquei ainda a Nossa Senhora das Vitórias que afastasse de mim tudo o que pudesse manchar a minha pureza, não ignorava que numa viagem como essa à Itália, encontravam-se bastantes coisas capazes de me perturbar, sobretudo porque não conhecendo o mal eu temia descobri-

---

222. Sexta-feira, 4 de novembro de 1887.
223. O manuscrito revela aqui que Teresa escreveu primeiro um outro fólio 57, que em seguida cortou. Na tira de papel que ela deixou (e na qual ainda se vêem traços de sua escrita), ela colou uma nova folha que utilizará para o texto atual de A 57r-v. Novo indício de seu trabalho redacional nem sempre fácil.
224. A Ordem de Nossa Senhora do *Monte* Carmelo.

lo, não tendo experimentado que *⁺tudo é puro para os puros°* e que a alma simples e direita não vê mal em nada, visto que de fato o mal só existe nos corações impuros e não nos objetos insensíveis...... Rezei também a S. José para velar por mim; desde minha infância tinha por ele uma devoção que se confundia com meu amor pela Sta. Virgem. Todo dia eu recitava a oração: "Ó S. José, pai e protetor das virgens", por isso foi sem temor que empreendi minha viagem longínqua, eu estava tão bem protegida que me parecia impossível ter medo.

Tt 1,15

Depois de nos termos consagrado ao Sagrado Coração na Basílica de Montmartre,[225] partimos de Paris na segunda-feira 7 de manhã; logo travamos conhecimento com as pessoas da romaria. Eu tão tímida que comumente mal ousava falar, achei-me completamente desembaraçada desse incômodo defeito; para minha grande surpresa falei livremente com todas as grandes damas, os padres e até o Bispo de Coutances. Parecia-me ter sempre vivido nesse mundo. Éramos, creio, / bastante amados por todo mundo e Papai parecia orgulhoso de suas duas filhas[226]; mas se ele tinha orgulho de nós, nós também tínhamos dele, porque não havia em toda a romaria um senhor mais belo nem mais distinto que meu Rei querido; gosta de ver-se cercado por Celina e por mim, muitas vezes quando não estávamos no carro e eu me afastava dele, ele me chamava a fim de lhe dar o braço como em Lisieux..... O padre Révérony examinava cuidadosamente todas as nossas ações, eu o via muitas vezes a nos olhar de longe; à mesa quando eu não estava na frente dele, ele encontrava um meio de inclinar-se para me ver e ouvir o que eu dizia. Sem dúvida ele queria me conhecer para saber se verdadeiramente era capaz de ser carmelita; penso que ele deve ter ficado satisfeito com seu exame porque no *fim* da *viagem* pareceu bem disposto por mim, mas em Roma esteve longe de me ser favorável, como direi mais longe. — Antes de chegar a essa cidade eterna, meta de nossa peregrinação, foi-nos dado contemplar muitas maravilhas. Primeiro foi a Suíça com suas montanhas cujo cume se perde nas nuvens, suas cascatas graciosas jorrando de mil maneiras diferentes, seus vales profundos cheios de samambaias gigantes e de urzes cor-de-rosa. Ah! Madre

A 57v
↓

---

225. Na cripta. A basílica ainda não estava terminada.
226. Nota da madre Inês em sua Cópia de HA 1936: "Ele me disse na volta, acrescentando com um belo sorriso: 'Eram as melhores de todas, com grandes diferenças'".

querida, como essas belezas da natureza espalhadas em *profusão* fizeram bem à minha alma, como a elevaram para Aquele que se agradou em lançar semelhantes obras-primas na terra de exílio que não deve durar senão um dia....... Eu não tinha olhos bastantes para olhar. De pé à portinhola quase perdia a respiração, quisera estar dos dois lados do vagão porque ao virar-me via paisagens de aspecto encantador e totalmente diferente das que se estendiam diante de mim.

A 58r ↓

Às vezes estávamos no cume de uma montanha; a nossos pés / precipícios, cujo olhar não podia sondar a profundeza, pareciam prestes a nos engolir.... ou então uma aldeiazinha muito agradável com seus graciosos chalés e seu campanário, acima do qual balançavam-se molemente algumas nuvens que brilhavam de brancura.... mais longe estava um vasto lago que os últimos raios do sol douravam; as ondas calmas e puras, que tomavam a tinta azulada do Céu que se misturava aos fogos do poente, apresentavam aos nossos olhares maravilhados o espetáculo mais poético e mais encantador que se pode ver.... No fundo do vasto horizonte se percebiam as montanhas cujos contornos indecisos teriam escapado aos nossos olhos se seus cumes nevosos que o sol tornava deslumbrantes não tivessem vindo juntar um encanto a mais ao belo lago que nos arrebatava.........

Ao olhar todas essas belezas, nasciam em minha alma pensamentos bem profundos. Parecia-me compreender já a grandeza de Deus e as maravilhas do Céu... A vida religiosa me aparecia *assim como ela é* com suas *sujeições*, seus pequenos sacrifícios realizados na sombra. Compreendia como é fácil ensimesmar-se, esquecer a finalidade sublime da sua vocação e me dizia: Mais tarde, na hora da provação, quando prisioneira no Carmelo não poderei contemplar senão um recanto do Céu estrelado, lembrar-me-ei do que vejo hoje, este pensamento me dará coragem, esquecerei facilmente meus pobres pequenos interesses ao ver a grandeza e o poder do Deus que quero amar unicamente. Não terei a infelicidade de apegar-me a *palhas*, agora que "+*Meu CORAÇÃO PRESSENTIU o que Jesus reserva àqueles que o amam°!.....*"

1Cor 2,9

Após ter admirado o poder de Deus, pude ainda admirar o poder que Ele deu às suas criaturas. A primeira cidade da Itália que visitamos foi Milão. A sua catedral toda em mármore branco, com suas estátuas suficientemente numerosas para formar um povo quase inumerável, / foi

A 58v ↓

Suíça e Milão

visitada por nós nos seus mínimos detalhes. Celina e eu éramos intrépidas, sempre as primeiras e seguindo diretamente o Bispo a fim de tudo ver no concernente às relíquias dos Santos e ouvir bem as explicações; assim enquanto ele oferecia o Santo Sacrifício sobre o túmulo de S. Carlos, estávamos com papai atrás do Altar, com a cabeça apoiada no relicário[227] encerrando o corpo do Santo vestido de seus hábitos pontifícios; era assim em toda parte..... Exceto quando se tratava de subir onde a dignidade de um Bispo não permitia, porque então sabíamos abandonar sua Grandeza... Deixando as damas tímidas esconder o rosto nas mãos depois de ter subido os primeiros pequenos campanários que coroavam a catedral, seguíamos os peregrinos mais ousados e chegávamos até à cimeira do *último* campanário de mármore, e tínhamos o prazer de ver aos nossos pés a cidade de Milão cujos numerosos habitantes se pareciam com um *pequeno formigueiro*....... Tendo descido de nosso pedestal, começamos nossos passeios de carro que deviam durar um mês, e saciar-me para sempre de meu desejo de *rodar* sem cansaço! O campo santo[228] nos arrebatou ainda mais que a catedral, todas as suas estátuas de mármore branco que um cinzel de gênio parece ter animado estão colocadas num vasto campo dos mortos com uma espécie de negligência, o que para mim aumenta o seu encanto.... A gente seria tentada a consolar os ideais personagens que vos cercam. A sua expressão é tão verdadeira, sua dor tão calma e tão resignada que não se pode impedir de reconhecer os pensamentos de imortalidade que devem ter enchido o coração dos artistas que executaram essas obras-primas. Aqui é uma criança que joga flores sobre o túmulo de seus pais, o mármore parece ter perdido o seu peso e as pétalas delicadas parecem deslizar entre os dedos da criança, o vento parece dispersá-las, parece / também fazer flutuar o véu leve das viúvas e as fitas com que estão ornados os cabelos das moças. Papai estava tão encantado como nós; na Suíça ele se cansara, mas agora sua alegria tendo reaparecido ele gozava do belo espetáculo que contemplávamos, sua alma de artista se revelava nas expressões de fé e de admiração que aparecem em seu belo rosto. Um velho senhor (francês) que sem dúvida não tinha a alma tão poética, nos olhava do canto do olho e dizia com mau humor,

A 59r
↓

---

227. Primeira redação: "do" [Santo], corrigido para "encerrando"; "que encerra" é uma correção estrangeira, que conservamos.
228. Cemitério de Milão.

ao mesmo tempo que tinha o ar de lamentar [por] não poder partilhar de nossa admiração: "Ah! como os franceses são entusiastas!" Creio que esse pobre senhor teria feito melhor em ficar em casa, pois não me pareceu estar contente com sua viagem, encontrava-se freqüentemente perto de nós e sempre saíam queixas de sua boca, estava descontente com os carros, os hotéis, as pessoas, as cidades, enfim com tudo.... Papai com sua grandeza de alma habitual tentava consolá-lo oferecia-lhe seu lugar etc... enfim achava-se bem em qualquer lugar, sendo de um caráter diretamente oposto ao de seu indisposto vizinho... Ah! como vimos personagens diferentes, que interessante estudo é o do mundo quando se está perto de deixá-lo!....

Em Veneza, o cenário mudou completamente, em vez do barulho das grandes cidades só se ouvem no meio do silêncio os gritos dos gondoleiros e o murmúrio da onda agitada pelos remos. Veneza não é sem encanto, mas acho essa cidade triste. O palácio dos doges é esplêndido, entretanto ele também é triste com seus vastos aposentos onde se ostentam o ouro, a madeira, os mármores mais preciosos e as pinturas dos maiores mestres. Há muito tempo suas abóbadas sonoras deixaram de ouvir a voz dos governadores que pronunciavam sentenças de vida e de morte nas salas que atravessamos.... Cessaram de sofrer os infelizes prisioneiros encerrados pelos doges nas masmorras e nos / calabouços subterrâneos.... Ao visitar essas pavorosas prisões eu acreditava estar no tempo dos mártires e queria poder ficar aí a fim de imitá-los!... Mas foi preciso prontamente sair e passar pela ponte dos suspiros, assim chamada por causa dos suspiros de alívio que soltavam os condenados ao se verem libertos do horror dos subterrâneos aos quais prefeririam a morte....

Depois de Veneza, fomos a Pádua, onde veneramos a língua de Sto. Antônio,[229] depois em Bolonha, Santa Catarina, que guarda a impressão do beijo do Menino Jesus. Há muitos detalhes interessantes que poderia dar sobre cada cidade e sobre as mil pequenas circunstâncias particulares de nossa viagem mas não terminaria, por isso vou escrever só os detalhes principais.

---

229. Passagem um pouco obscura. "Veneramos" tem dois objetos: em Pádua: santo Antônio, em Bolonha santa Catarina. (Não há a palavra "vimos", como supõem PFMA e NECMA.)

Veneza, Bolonha, Loreto

Celina

Foi com alegria que deixei Bolonha, essa cidade tornara-se insuportável para mim pelos estudantes dos quais está cheia e que formavam uma cerca quando tínhamos a infelicidade de sair a pé e sobretudo por causa da pequena aventura que me aconteceu com um deles,[230] fiquei feliz ao tomar a estrada de Loreto. Não estou surpresa que a Sta. Virgem tenha escolhido esse lugar para aí transportar sua casa bendita, a paz, a alegria, a pobreza reinam aí soberanas; tudo é simples e primitivo, as mulheres conservaram seu gracioso traje italiano e não adotaram, como as de outras cidades, a *moda* de *Paris*, enfim Loreto me encantou! Que direi da sagrada casa?.. Ah! minha emoção foi profunda ao me encontrar sob o mesmo teto que a Sagrada Família, ao contemplar as paredes nas quais Jesus fixara seus olhos divinos, ao pisar a terra que S. José regara com suor, onde Maria carregara Jesus nos seus braços, depois de tê-lo carregado em seu seio virginal..... Vi o pequeno quarto onde o anjo desceu junto à Sta. Virgem... Depositei meu rosário na pequena tigela do Menino Jesus... Como essas lembranças são maravilhosas!.. /

A 60r
↓

Mas nosso maior consolo foi receber o *próprio Jesus* na sua *casa* e ser seu templo° vivo no próprio lugar que ele tinha honrado com sua presença. Segundo um costume da Itália, o Sto. cibório é conservado em cada igreja somente num altar e só aí se pode receber a Sta. comunhão, esse altar estava na própria basílica em que se encontra a Sta. casa, encerrado como um diamante precioso num cofre de mármore branco. Isso não fez nossa felicidade, era no próprio *diamante* e não no *cofre* que queríamos fazer a comunhão..... Papai com sua mansidão ordinária fez como todo mundo, mas Celina e eu fomos encontrar um padre que nos acompanhava por toda parte e que justamente se preparava para celebrar a sua missa na Santa Casa, por um privilégio especial. Pediu *duas hóstias pequenas* que colocou

1Cor 3,16

---

230. Celina conta: "Estávamos juntos na plataforma da estação esperando papai para tomar o carro. Teresa era muito bonita e mui amiúde ouvíamos murmúrios admirativos das pessoas que passavam ao seu lado. De repente, um estudante precipitou-se para ela e a tomou em seus braços dizendo-lhe não sei que elogio. Ele já a levava. 'Mas, disse ela, lancei para ele um tal olhar que ficou com medo, soltou-me e foi embora envergonhado'". Cf. Soeur Cécile. *Céline raconte*. *Vie thérésienne* 123, jul./1991, p. 157.

na patena com sua hóstia grande e compreendeis, Madre querida, nossa admiração de fazer *todas* as *duas* a Sta. comunhão nessa casa bendita!... Era uma felicidade toda celeste que as palavras são impotentes para traduzir. O que será então quando recebermos a comunhão na eterna morada do Rei dos Céus?... Então não veremos mais terminar nossa alegria, não haverá mais a tristeza da partida, e para levar uma lembrança não será necessário *arranhar furtivamente* as paredes santificadas pela presença Divina, visto que sua *casa* será a nossa pela eternidade... Ele não quer dar-nos a da terra, contenta-se em no-la mostrar para fazer-nos amar a pobreza e a vida oculta; aquela que nos reserva é seu Palácio de glória em que o veremos mais escondido sob a aparência de uma criança ou de uma hóstia branca mas tal como Ele está° no brilho de seu esplendor infinito!!!.....

1Jo 3,2

A 60v ↓

Agora me falta falar de Roma, de Roma meta de / nossa viagem, onde acreditava encontrar o consolo mas onde encontrei a cruz!... À nossa chegada, era noite e estando dormindo fomos despertados pelos empregados da estação que gritavam: "*Roma, Roma*[231]". Não era sonho, eu estava em Roma[232]!...

O primeiro dia se passou fora dos muros e talvez tenha sido o mais delicioso, porque todos os monumentos conservaram sua característica de antiguidade ao passo que no centro de Roma se poderia acreditar estar em Paris ao ver a magnificência dos palácios e das lojas. Esse passeio nas campanhas romanas deixou em mim uma bem doce lembrança[233]. Não falarei dos lugares que visitamos, há bastantes livros que os descrevem em toda a sua extensão, mas somente das *principais* impressões que senti. Uma das melhores foi a que me fez estremecer à vista do *Coliseu*. Eu via enfim essa arena onde tantos mártires derramaram o seu sangue por Jesus, já me aprontava para beijar a terra que tinham santificado, mas que decepção,

---

231. Teresa aumenta a sua escrita.
232. Os romeiros chegam na noite de domingo, 13 de novembro. Ficarão aí até quinta-feira, 24 de novembro. Os Martin se hospedam no Hotel do Sul, Via Capole Case n. 56.
233. Mas também um sadio cansaço! A senhora Besnard, de Lisieux, que fez a viagem de ida no mesmo compartimento que os Martin, "gostava de dizer que na noite do primeiro dia, a pequena 'Teresa', que tinha então 14 anos, estava tão cansada que se estendeu no assoalho e apoiou sua cabeça sobre seus joelhos onde dormiu assim parte da noite". Cf. NEC. *Correspondance générale*. p. 306.

o centro é apenas um monte de escombros que os peregrinos devem contentar-se em olhar pois uma barreira impede a entrada, aliás ninguém é tentado a procurar penetrar no meio dessas ruínas.... Era preciso ter vindo a Roma sem descer ao Coliseu?.. Isso me parecia impossível, não escutava mais as explicações do guia, um só pensamento me ocupava: descer na arena.... Ao ver um operário que passava com uma escada estive a ponto de lha pedir, felizmente não pus minha idéia em execução pois ter-me-ia tomado por louca.... Diz-se no Evangelho que Madalena ficava sempre junto ao sepulcro e se inclinando *várias vezes* para olhar no interior, acabou vendo dois anjos°. Como ela, tendo reconhecido a impossibilidade de ver meus desejos realizados, / continuava a inclinar-me sobre as ruínas aonde desejava descer; no fim, não vi anjos, mas *o que eu buscava*; dei um grito de alegria dizendo a Celina: "Vem depressa, vamos poder passar!.." Imediatamente transpusemos a barreira que os escombros formavam naquele lugar e eis-nos escalando as ruínas que desmoronavam sob nossos passos.

Jo 20,11

A 61r
↓

Papai nos olhava espantado com nossa audácia, logo nos disse para voltar, mas as duas fugitivas não ouviam mais nada; do mesmo modo que os guerreiros sentem sua coragem aumentar no meio do perigo, assim nossa alegria crescia em proporção da dificuldade que tínhamos para alcançar o objeto de nossos desejos. Celina, mais previdente que eu, escutara o guia e lembrando-se que ele acabava de mostrar uma certa pequena pedra cruzada, como sendo aquela onde combatiam os mártires, pôs-se a procurá-la; logo, tendo-a encontrado e tendo nos ajoelhado sobre essa terra sagrada, nossas almas se confundiram numa mesma oração.... Meu coração batia bem forte quando meus lábios se aproximaram da poeira purpurada pelo sangue dos primeiros cristãos, pedi a graça de ser também mártir para Jesus e senti no fundo de meu coração que minha oração era atendida...... Tudo isso se realizou em muito pouco tempo; depois de ter pegado algumas pedras, voltamos para os muros em ruína para recomeçar nossa perigosa empresa. Papai vendo-nos tão felizes não pôde nos repreender e vi bem que ele estava orgulhoso por nossa coragem..... Deus nos protegeu visivelmente, pois os peregrinos não perceberam nossa empresa estando mais longe que nós, ocupados em olhar sem dúvida as magníficas arcadas, onde o guia

Manuscrito A(gnes)

fazia observar "⁺*os pequenos* CORNICHOS *e os* CÚPIDOS *colocados em cima*²³⁴", também nem ele nem "⁺*os senhores padres*" conheceram a alegria que enchia nossos corações......

A 61v ↓
As catacumbas²³⁵ também deixaram em mim uma bem doce impressão: elas são tais como / eu as imaginava ao ler sua descrição na vida dos mártires. Depois de ter passado aí uma parte da tarde, parecia-me estar aí somente há alguns instantes, tanto a atmosfera que se respira aí me parecia embalsamada..... Era preciso levar alguma lembrança das catacumbas, por isso tendo deixado a procissão afastar-se um pouco, *Celina* e *Teresa* introduziram-se juntas até o fundo do antigo túmulo de Sta. Cecília e pegaram a terra santificada por sua presença. Antes de minha viagem a Roma não tinha por essa santa nenhuma devoção particular, mas ao visitar sua casa transformada em igreja, o lugar do seu martírio, ao ficar sabendo que ela fora proclamada rainha da harmonia, não por causa de sua bela voz nem de seu talento para a música, mas em memória do *canto virginal* que ela fez seu Esposo Celeste escondido no fundo de seu coração ouvir, senti por ela mais que devoção: uma verdadeira *ternura* de *amiga*..... Ela se tornou minha santa de predileção, minha confidente íntima..... Tudo nela me entusiasmou, sobretudo seu *abandono*, sua *confiança* ilimitada que a tornaram capaz de virginizar almas²³⁶ que nunca desejaram outras alegrias que as da vida presente....

Ct 7,1
Sta. Cecília é semelhante à esposa de cânticos, nela vejo "Um *coro num acampamento de exército*°!.." Sua vida não foi outra coisa senão um canto melodioso em meio às maiores provações e isso não me espanta, visto que "o Evangelho sagrado *repousava sobre o seu coração!*" e *que no seu coração repousava* o Esposo das Virgens!........

A visita à igreja de Sta. Inês também me foi bem doce, era uma *amiga de infância* que eu ia visitar na casa dela, falei-lhe longamente daquela que leva tão bem o seu nome e fiz todos os meus esforços para obter uma das relíquias da Angélica padroeira da minha Madre querida a fim de trazer-

---

234. "Cornichons" em vez de "corniches" (cornijas) e "cupides" em vez de "cupidons" (cupidos). Teresa evoca com humor os erros de francês do guia.
235. As catacumbas de São Calixto, na Via Ápia.
236. Teresa cantou todos esses temas em sua poesia sobre *Santa Cecília* (PN 3): chamada à virgindade e ao martírio, Cecília arrasta Valeriano num mesmo caminho.

As catacumbas e o Vaticano

lha, / mas nos foi impossível conseguir outra senão uma pedrinha vermelha que se desprendeu de um rico mosaico cuja origem remonta ao tempo de Sta. Inês e que ela deve ter olhado muitas vezes. Não era encantador que a amável Santa nos desse ela mesma o que buscávamos e que nos era proibido pegar?... Sempre olhei isso como uma delicadeza e uma prova do amor com o qual a doce Sta. Inês olha e protege minha Madre querida!....

 Seis dias foram passados em visitar as principais maravilhas de Roma e foi no *sétimo*[237] que vi a maior de todas: "Leão XIII"..... Esse dia, eu desejava e temia ao mesmo tempo, era dele que minha vocação dependia, pois a resposta que eu devia receber de Monsenhor não tinha chegado e eu soubera por uma carta vossa, *Madre*, que ele não estava muito bem disposto por mim, por isso minha única tábua de salvação era a permissão do Sto. Padre...... mas para obtê-la, era preciso pedi-la, era preciso diante de todo mundo *ousar falar*: "⁺ao Papa[238]"; esse pensamento me fazia tremer, o que sofri antes da audiência só Deus sabe, com minha *querida Celina*. Nunca me esquecerei da parte que ela tomou em todas as minhas provações, parecia que minha vocação era a sua. (Nosso[239] amor mútuo era notado pelos padres da romaria; numa noite, estando em sociedade tão numerosa que os assentos faltavam, Celina tomou-me sobre seus joelhos e nos olhávamos tão gentilmente que um padre exclamou: "como elas se amam, ah! nunca essas duas irmãs poderão separar-se!" Sim, nós nos amávamos, mas nossa afeição era tão *pura* e tão forte que o pensamento da separação não nos perturbava, pois sentíamos que nada, nem mesmo o oceano, poderia nos afastar uma da outra..... Celina via com calma meu pequeno / barquinho abordar a margem do Carmelo, ela se resignava a ficar tanto tempo como Deus quisesse no mar tempestuoso do mundo, certa de abordar por sua vez a margem, objeto de nossos desejos.....)

A 62r ↓

A 62v ↓

---

 237. Sublinhado humorístico (com anos de distância) para sugerir que o papa é a "sétima" "maravilha" (do mundo) e até "a maior de todas"? Em todo caso, foi também no "sétimo" dia da semana, domingo, 20 de novembro de 1887, que ocorreu a audiência. Este último sentido de "*sétimo*" domina, mas não exclui os outros sentidos.
 238. Ao papa! Aspas, escrita ligeiramente inclinada e aumentada, e além disso sublinhada.
 239. Excepcionalmente, começamos aqui uma nova frase. Depois da palavra "sua" e uma vírgula, Teresa abriu os parênteses que ela só fechará onze linhas mais tarde, começando entrementes várias frases novas.

Manuscrito A(gnes)

No Domingo 20 de Novembro, após nos termos vestido segundo o cerimonial do Vaticano (quer dizer de preto, com uma mantilha de renda para cobrir a cabeça) e nos termos enfeitado com uma grande medalha de Leão XIII suspensa em uma fita azul e branca, fizemos a nossa entrada no Vaticano na capela do Soberano Pontífice. Às 8 horas nossa emoção foi tão profunda ao vê-lo entrar para celebrar a Sta. Missa.... Após ter abençoado os numerosos peregrinos reunidos em redor dele, subiu os degraus do Sto. Altar e nos mostrou por sua piedade digna do Vigário de Jesus que era verdadeiramente "O *Santo* Padre". Meu coração batia bem forte e minhas orações eram bem ardentes enquanto Jesus descia entre as mãos de seu Pontífice, no entanto eu estava cheia de confiança, o Evangelho desse dia encerrava estas palavras arrebatadoras: "Não temais, pequeno rebanho,

Lc 12,32

pois agradou a meu Pai dar-vos seu reino°". Não eu não temia, esperava que o reino do Carmelo me pertencesse logo, não pensava então nessas outras palavras de Jesus: "Eu vos preparo meu reino como meu Pai mo

Lc 22,29

preparou°". Quer dizer, eu vos reservo cruzes e provações, é assim que sereis dignos de possuir esse reino pelo qual suspirais; visto que foi necessário que

Lc 24,26
Mt 20,21-23

Cristo sofresse e que entrasse desse modo em sua glória°, se desejais ter lugar ao seu lado, bebei o cálice que Ele mesmo bebeu°!..... Esse cálice me foi apresentado pelo Santo Padre e minhas lágrimas misturaram-se à amarga bebida que me era oferecida. Após a missa de ação de graças que se seguiu à de Sua Santidade, a audiência começou. Leão XIII estava sentado numa

A 63r
↓

grande poltrona, estava vestido simplesmente / com uma batina branca, uma murça da mesma cor e na cabeça apenas o solidéu. Em redor dele havia cardeais, arcebispos e bispos mas só os vi em geral, estando ocupada com o Santo Padre; nós passávamos diante dele em procissão, cada peregrino se ajoelhava por sua vez, beijava o pé e a mão de Leão XIII, recebia a sua bênção e dois guardas de honra o tocavam por cerimônia, indicando-lhe para se levantar (o peregrino, pois me explico tão mal que se poderia crer que era o Papa). Antes de penetrar no apartamento pontifício, eu estava bem resoluta em *falar*, mas senti minha coragem enfraquecer ao ver à direita do Sto. Padre "P. *Révérony*!..." Quase ao mesmo instante nos foi dito de *sua parte* que ele *proibia falar* a Leão XIII, pois a audiência se prolongava tempo demais..... Virei-me para minha Celina querida, a fim de saber a sua opinião. "Fala!" me disse ela. Um instante depois eu estava aos pés do Santo Padre; tendo beijado o seu calçado, ele me apresentava a mão, mas em vez de beijá-la, juntei as minhas e levantando para seu rosto meus olhos banhados de lágrimas, exclamei. "Santíssimo Padre, tenho uma grande graça a pedir-vos[240]!..." Então o Soberano Pontífice baixou a cabeça em minha direção, de maneira que meu rosto quase tocava o dele, e vi seus *olhos pretos* e *profundos* fixar-se em mim e parecer penetrar-me até o fundo da alma. — Santíssimo Padre, lhe disse, em honra de vosso jubileu, permiti que eu entre no Carmelo aos 15 anos!....

A emoção tinha sem dúvida feito tremer minha voz, por isso voltando-se para o P. Révérony que me olhava com espanto e descontentamento, o Sto. Padre disse: "Não compreendo muito bem." — Se Deus tivesse permitido, teria sido fácil para o P. Révérony me obter o que eu desejava, mas era a cruz e não a consolação que Ele queria me dar. — "Santíssimo Padre (respondeu o Grande vigário), é *uma criança* que deseja entrar no Carmelo aos 15 anos, mas os superiores examinam a questão neste momento." — "Pois então, minha filha, respondeu o Sto. Padre me olhando com bondade, fazei o que os superiores vos disserem." Apoiando então as minhas mãos / sobre seus joelhos tentei um último esforço e disse com voz suplicante: "Oh! Santíssimo Padre, se vós dissésseis sim, todo mundo concordaria!..." Ele me olhou fixamente e pronunciou estas palavras acentuando cada sílaba: "Vamos.... Vamos... *vós entrareis se Deus quiser*[241]! (seu acento tinha algo de tão penetrante e tão convicto que pareço ainda ouvi-lo). A bondade do Sto. Padre encorajando-me, quis ainda falar mas os dois guardas me *tocaram polidamente* para fazer-me levantar; vendo que isso não era suficiente, pegaram-

O papa Leão XIII

A 63v ↓

---

240. Após uma chamada de nota (1), Teresa redige o texto que se seguirá nas duas últimas linhas da folha, continuando ao pé da página, para retomar, enfim, em "A emoção".

241. O que o papa lhe respondeu, muito exatamente, textualmente? Oito anos antes, na própria tarde da audiência, Teresa escrevia a Paulina: "O santo Padre me disse simplesmente: Se Deus quiser entrareis" (LT 36 de 20 de novembro de 1887). Celina, testemunha direta, relata por sua vez a Maria, no mesmo dia: "Então o S.P. respondeu após as *instâncias reiteradas* de Teresa: "Minha querida filha, se Deus quiser vós entrareis, deixai para vossos superiores". Se a formulação é cada vez ligeiramente diferente (mesmo em Teresa), o sentido da palavra é evidente e manifestamente fiel ao que o papa lhe respondeu. Eis o destino — possibilidades e limites! — de toda palavra relatada.

me pelos braços e P. Révérony ajudou-os a levantar-me, pois estava ainda com as mãos juntas apoiadas sobre os joelhos de Leão XIII e foi *à força* que me arrancaram de seus pés.... No momento em que era assim *erguida*, O Sto. Padre pôs sua mão nos meus lábios, depois a levantou para me benzer, então meus olhos se encheram de lágrimas e P. Révérony pôde contemplar pelo menos tantos *diamantes* quantos tinha visto em Bayeux......... Os dois guardas me carregaram por assim dizer até à porta e aí, um terceiro me deu uma medalha de Leão XIII. Celina que me seguia foi testemunha da cena que acabara de acontecer, quase tão emocionada quanto eu ela no entanto teve a coragem de pedir ao Sto. Padre uma bênção para o Carmelo. P. Révérony com voz descontente respondeu: "O Carmelo já foi abençoado". O bom Sto. Padre repetiu com mansidão: "Oh sim! Já está abençoado". Antes de nós Papai viera aos pés de Leão XIII (com os senhores). P. Révérony fora amável com ele, apresentando-o como o *Pai* de *duas Carmelitas*. O Soberano Pontífice, em sinal de particular benevolência pôs a mão sobre a cabeça venerável de meu Rei querido, parecendo assim marcá-lo com um *selo misterioso*, em nome daquele de Quem é o verdadeiro representante.....
Ah! agora que ele está no Céu, esse *Pai* de *quatro Carmelitas*, não é mais a mão do Pontífice que repousa sobre sua fronte, lhe / profetizando o martírio... É a *mão* do Esposo das Virgens, do Rei da Glória, que faz resplandecer a cabeça de seu Fiel Servidor°, e nunca mais essa mão adorada cessará de repousar sobre a fronte° que ela glorificou!...

  Meu Papai querido ficou muito aflito ao me encontrar toda em lágrimas ao sair da audiência, fez tudo o que pôde para consolar-me, mas em vão..... No fundo do coração eu sentia uma grande paz, visto que tinha feito absolutamente tudo o que estava em meu poder de fazer para responder ao que Deus pedia de mim, mas essa *paz* estava no fundo e a amargura *enchia* minha alma, pois Jesus se calava. Ele parecia ausente, nada me revelava a sua presença.... Naquele dia ainda o sol não ousou brilhar e o belo céu azul da Itália, carregado de nuvens escuras, não cessou de chorar comigo... Ah! terminara, minha viagem não tinha mais nenhum encanto aos meus olhos, pois a meta não fora alcançada... No entanto as últimas palavras do Santo Padre deviam ter me consolado: não eram de fato uma verdadeira profecia? Apesar de todos os obstáculos, o que *Deus quis* cumpriu-se. Não *permitiu* que as criaturas fizessem o que queriam, mas a *vontade dele*.... Fa-

O BRINQUEDINHO

zia algum tempo que eu me oferecera a Jesus para ser o seu *brinquedinho*, eu tinha dito a Ele para não se servir de mim como de um brinquedo caro que as crianças se contentam em olhar sem ousar tocar nele, mas como uma bolinha[242] sem valor que ele podia jogar no chão, empurrar com o pé, *furar*, deixar num canto ou então apertar contra o seu coração se isso desse prazer a Ele; numa palavra, eu queria *divertir* o *pequeno* Jesus, dar-lhe prazer, queria entregar-me aos seus *caprichos infantis*...... Ele tinha atendido à minha oração.....

Em Roma Jesus *furou* seu brinquedinho, queria ver o que havia dentro e depois de ver, contente com sua descoberta, deixou cair sua pequena / bola e adormeceu..... O que fez Ele durante seu sono tranqüilo e o que aconteceu com a bolinha abandonada?... Jesus sonhou que *se divertia* ainda com seu brinquedo, deixando-o e tomando-o alternadamente e depois, após tê-lo feito rolar bem longe, apertava-o contra o seu coração, não permitindo mais que se afastasse nunca de sua mãozinha................ **A** 64v ↓

Compreendeis, Madre querida, quanto a bolinha ficava triste por se ver *no chão*.... Entretanto eu não cessava de esperar contra toda esperança°. Rm 4,18 Alguns dias após a audiência do Sto. Padre, tendo Papai ido ver o bom irmão Simeão[243] encontrou na casa dele o P. Révérony que foi muito amável. Papai censurou-o divertidamente por não me ter ajudado na minha *difícil empresa*, depois contou a história de sua *Rainha* ao irmão Simeão. O venerável ancião escutou o seu relato com muito interesse, tomou até notas e disse com emoção: "Não se vê isso na Itália!". Creio que essa entrevista causou uma muito boa impressão ao P. Révérony; depois dela ele não cessou de me provar que estava *enfim* convencido de minha vocação.

No dia seguinte ao memorável dia, tivemos de partir de manhã cedo para Nápoles e Pompéia. Em nossa honra o Vesúvio fez barulho o dia todo, deixando com seus *tiros* de *canhão* escapar uma espessa coluna de fumaça. Os traços que deixou sobre as ruínas de Pompéia são apavorantes, mostram

---

242. O símbolo do brinquedo, determinado como uma bolinha, foi apresentado de viva voz a Teresa pela irmã Inês, final de outubro ou começo de novembro de 1887 (cf. LT 34, com a anotação). Fora expresso numa poesia (impressa em duas folhas) de padre João Léonard (1815-1895), pároco de Fontfroide (cf. NEC. *Correspondance générale*. p. 1169-1170).
243. Da Congregação dos Irmãos das Escolas Cristãs [lassalistas] (1814-1899).

o poder de Deus: "Que olha a terra e a faz tremer, que toca as montanhas e as reduz a fumaça°......"

Sl 103,32

    Teria gostado de passear sozinha no meio das ruínas, de sonhar com a fragilidade das coisas humanas, mas o número dos viajantes tirava uma grande parte do encanto melancólico da cidade destruída.... Em Nápoles foi exatamente o contrário, o *grande número* de carros de dois cavalos tornou magnífico nosso passeio ao mosteiro de San Martino situado sobre / uma alta colina que domina toda a cidade, infelizmente os cavalos que nos conduziam tomavam a cada instante o freio nos dentes e mais de uma vez acreditei estar na minha última hora. O cocheiro embora repetisse constantemente a palavra mágica dos condutores italianos: "Appipô, appipô..." os pobres cavalos queriam virar o carro, enfim graças à ajuda de nossos anjos da guarda chegamos ao nosso magnífico hotel. Durante toda a nossa viagem, ficamos alojados em hotéis principescos, nunca eu tinha estado cercada de tanto luxo; é bem o caso de dizer que a riqueza não traz a felicidade, pois teria sido mais feliz debaixo de um teto de palha com a esperança do Carmelo do que junto a forros dourados, escadarias de mármore branco, tapetes de seda, com a amargura no coração..... Ah! senti-o muito bem, a alegria não se encontra nos objetos que nos cercam, encontra-se no mais íntimo da alma, pode-se tão bem possuí-la numa prisão como num palácio; a prova, é que sou mais feliz no Carmelo, mesmo no meio das provações interiores e exteriores, que no mundo cercado das comodidades da vida e *sobretudo* das doçuras do lar paterno!....

A 65r
↓

    Eu tinha a alma mergulhada na tristeza, entretanto no exterior, era a mesma porque acreditava escondido o pedido que tinha feito ao Sto. Padre; logo pude convencer-me do contrário, tendo ficado sozinha no vagão com Celina (os outros peregrinos tinham descido à lanchonete durante os poucos minutos de parada) vi o P. Legoux, vigário geral de Coutances, abrir a portinhola e olhando-me sorridente, me disse: "Então, como vai nossa pequena carmelita..." Compreendi então que toda a romaria sabia meu segredo, felizmente ninguém me falou disso, mas vi pela maneira simpática como me olhavam, que meu pedido não tinha produzido um mau / efeito, pelo contrário....... Na cidadezinha de Assis, tive a ocasião de subir no carro do P. Révérony, favor que não foi concedido *a nenhuma senhora* durante toda a viagem. Eis como obtive esse privilégio. Depois de ter vi-

A 65v
↓

Padre Révérony

sitado os lugares embalsamados pelas virtudes de S. Francisco e de Sta. Clara, terminamos pelo mosteiro de Sta. Inês, irmã de Sta. Clara; tinha contemplado à vontade a cabeça da Santa, quando uma das últimas a me retirar percebi ter perdido o meu cinto; *procurei*-o no meio da multidão, um padre teve piedade de mim e me ajudou; depois de me tê-lo achado vi-o afastar-se e fiquei sozinha a *procurar*, porque tinha o cinto, mas era impossível colocá-lo, a fivela faltava.... Finalmente vi-a brilhar num canto; pegá-la e ajustá-la à cinta não demorou, mas o trabalho anterior tinha demorado mais, por isso meu espanto foi grande ao me encontrar sozinha perto da igreja, todos os numerosos carros tinham desaparecido, com exceção do carro do P. Révérony. Que partido tomar? Correr atrás dos carros que não via mais, expor-me a perder o trem e colocar meu Papai querido na inquietação, ou então pedir um lugar no caleche do P. Révérony?.. Decidi-me pela última opção. Com meu ar mais gracioso e menos *embaraçado* possível apesar de meu extremo *embaraço*, expus a ele a minha situação crítica e coloquei a ele mesmo no *embaraço*, pois seu carro estava lotado dos *senhores* mais distintos da romaria; não havia meio de encontrar um lugar a mais, mas um senhor muito galante apressou-se a descer, fez-me subir ao seu lugar e colocou-se modestamente ao lado do cocheiro. Eu parecia um esquilo preso numa ratoeira[244] e estava longe de estar à vontade cercada por todos esses

---

244. No lugar da expressão "une ratière [ratoeira]" (bem simpática na boca da jovem santa), atualmente se lê no manuscrito, em cima de rasuras, a correção claramente estrangeira: "un piège [armadilha]". Distingue-se, todavia, no texto original em grande parte apagado: "une ratière"; dá para reconhecer a letra *r*, a barra vertical do *t*, o ponto do *i* e o acento grave do *è*, finalmente o *e* final. Conservando a correção estrangeira "un piège", NECMA, p. 428 propunha em anexo, com "ratière", uma outra leitura possível, do mesmo comprimento: "volière [viveiro de pássaros, pombal]". Mas a primeira letra é claramente um *r* (diferente do *v* inicial). Depois, um "esquilo" não pode ser "preso" num... viveiro de pássaros; para pegar pássaros se usa um *filet* [rede]. A hagiógrafa corretora de HA não devia ficar com medo de "volière", palavra que deixou em outro lugar no texto (A 42v), mas sim pela imagem de "ratière"... O *Nouveau Larousse illustré, Dictionnaire universel encyclopédique*, da época de Teresa [Paris, ed. 1900], menciona para a palavra "ratière": "*Être pris comme dans une ratière*: Tomber dans un piège, dans une embûche, dont on ne peut se tirer" [Ficar preso como numa ratoeira: cair numa armadilha, num laço do qual não se pode sair]". Nada disso para a palavra "volière". Por isso restituímos no texto a palavra "ratière", usada por Teresa.

A 66r
↓

grandes personagens e sobretudo pelo mais *temível* na frente do qual estava colocada..... No entanto ele foi muito / amável comigo, interrompendo de vez em quando a sua conversa com os senhores para falar-me do *Carmelo*. Antes de chegar à estação todos os *grandes personagens* tiraram suas *grandes* carteiras a fim de dar dinheiro ao cocheiro (já pago), fiz como eles e peguei minha *pequeníssima* carteira, mas o P. Révérony não consentiu que eu tirasse bonitas *pequenas* moedas, preferiu dar uma *grande* por nós dois.

Noutra vez encontrei-me ao lado dele no ônibus, foi ainda mais amável e me prometeu †*fazer tudo o que pudesse a fim de eu entrar no Carmelo*..... Ao mesmo tempo em que punha um pouco de bálsamo nas minhas chagas, esses pequenos encontros não impediram que a volta fosse muito menos agradável que a ida, pois não tinha mais a esperança "do Sto. Padre", não encontrava nenhum socorro na terra que me parecia um deserto árido

Sl 62,2 e sem água°; toda a minha esperança estava em Deus *somente*... acabava de fazer a experiência que vale mais recorrer a Ele que aos santos.........

A tristeza de minha alma não me impedia de ter grande interesse pelos santos lugares que visitávamos. Em Florença[245] fiquei feliz por contemplar Sta. Madalena de Pazzi no meio do coro das carmelitas, que nos abriram a grande grade; como não sabíamos gozar desse privilégio e muitas pessoas desejavam tocar seus rosários no túmulo da santa, só havia eu que podia passar a mão pela grade que nos separava, por isso todo mundo me trazia terços e eu estava bem orgulhosa de meu ofício..... Era preciso sempre que eu achasse o meio de *tocar* em *tudo*, assim na Igreja da Sta. Cruz em Jerusalém (de Roma) pudemos venerar vários pedaços da verdadeira Cruz, dois espinhos e um dos cravos sagrados encerrados num magnífico relicário de ouro lavrado mas *sem vidro*, por isso encontrei um meio ao

A 66v
↓

venerar a preciosa relíquia de correr meu *dedinho* em / um dos orifícios do relicário e pude *tocar* no cravo que foi banhado pelo sangue de Jesus...... Eu era verdadeiramente demasiado audaciosa!.. Felizmente Deus que vê o fundo dos corações sabe que minha intenção era pura e que por nada do mundo teria querido desagradar-lhe, agia com Ele como uma *criança* que

Lc 15,31 acredita que tudo é permitido e olha os tesouros de seu Pai como seus°.
— Não posso ainda compreender porque as mulheres são tão facilmente

---

245. De 24 de novembro, à tarde, até 26, após o meio-dia.

excomungadas na Itália, a cada instante nos diziam: "Não entreis aqui.. Não entreis lá, sereis excomungadas!..." Ah! as pobres mulheres, como são desprezadas!... Entretanto elas amam a Deus em bem maior número que os homens e durante a Paixão de Nosso Senhor as mulheres° tiveram mais coragem que os apóstolos visto que afrontaram os insultos dos soldados e ousaram enxugar a Face adorável de Jesus... É sem dúvida por isso que Ele permite que o desprezo seja o seu quinhão na terra visto que ele o escolheu para Si mesmo......... No Céu Ele saberá bem mostrar que seus pensamentos não são os dos homens°, porque então os *últimos* serão os *primeiros*°.... Mais de uma vez durante a viagem, não tive a paciência de esperar o Céu para ser a primeira..... Num dia que visitávamos um mosteiro dos Carmelitas, não me contentando em seguir os peregrinos nas galerias *exteriores*, avancei para os claustros *interiores*.... de repente vi um bom velho carmelita que de longe me fazia sinal para me afastar, mas em vez de ir embora, aproximei-me dele e mostrando os quadros do claustro lhe fiz sinal que eram bonitos. Ele reconheceu sem dúvida pelos meus cabelos nas costas e meu ar jovem que eu era uma criança, sorriu para mim com bondade e afastou-se ao ver que não tinha uma inimiga diante dele; se tivesse podido falar-lhe em italiano, ter-lhe-ia dito ser uma futura carmelita, mas por causa dos construtores da torre de Babel°, isso me foi impossível.

Mt 27,55

Is 55,8
Mt 20,16

Gn 11,1-9

— Após ter visitado ainda Pisa e Gênova[246], voltamos à França. No percurso / a vista era magnífica, ora íamos ao longo do mar[247] e a estrada de ferro ficava tão perto que me parecia que as ondas chegariam até nós (esse espetáculo foi causado por uma tempestade, era de tarde, o que tornava a cena ainda mais imponente), ora planícies cobertas de laranjais com frutos maduros, verdes oliveiras com folhagem leve, palmeiras graciosas...; ao escurecer, víamos numerosos pequenos portos marítimos iluminarem-se com uma multidão de luzes, enquanto no Céu cintilavam as primeiras *estrelas*.... Ah! que poesia enchia minha alma à vista de todas essas coisas que eu olhava pela primeira e última vez na minha vida!... Era sem pesar que as via esmaecer, meu coração aspirava a outras maravilhas, ele tinha contemplado bastante as *belezas* da *terra*, *as* do *Céu* eram o objeto de seus desejos

A 67r
↓

---

246. De 26 a 28 de novembro.
247. Ao longo da Riviera italiana e da Côte d'Azur até Toulon, para atravessar em seguida a Provence em direção a Marseille e passar por Lyon, Dijon e Paris.

para dá-las às *almas* eu queria tornar-me *prisioneira*²⁴⁸!........... Antes de ver abrir-se diante de mim as portas da prisão bendita pela qual suspirava, eu precisava ainda lutar e sofrer, sentia isso ao voltar à França, no entanto minha confiança era tão grande que não cessei de esperar que me fosse permitido entrar em 25 de Dezembro..... Apenas chegados a Lisieux, nossa primeira visita foi ao Carmelo. Que entrevista aquela!... Tínhamos tantas coisas a nos dizer, depois de um mês de separação, mês que me pareceu mais longo e durante o qual aprendi mais que durante vários anos........

Ó Madre querida! como foi doce para mim rever-vos, abrir-vos minha pobre pequena alma ferida. A vós que sabíeis tão bem compreender-me, a quem uma palavra, um olhar bastavam para tudo adivinhar! Abandonei-me completamente, tinha feito tudo o que dependia de mim, tudo, até falar com o Sto. Padre, mesmo assim não sabia o que devia fazer. Vós me dissestes que escrevesse a Monsenhor e lhe lembrasse a sua promessa; fiz isso imediatamente, o melhor que me foi possível, mas em termos que meu Tio achou um

A 67v ↓

pouco demasiado / simples, ele refez a minha carta²⁴⁹; no momento em que ia enviá-la, recebi uma de vós, dizendo-me para não escrever, esperar alguns dias, obedeci imediatamente, pois estava certa de que era o melhor meio de não me enganar. Enfim 10 dias antes do Natal, minha carta partiu; bem convencida de que a resposta não se faria esperar, ia todas as manhãs após a missa aos correios com Papai, acreditando encontrar a permissão de voar embora, mas cada manhã trazia uma nova decepção que no entanto não abalava

Sl 115,16

[minha] fé.... Pedia a Jesus para romper meus laços°, Ele os quebrou, mas de uma maneira totalmente diferente daquela que esperava...... A bela festa de Natal chegou e Jesus não se despertou... Deixou no chão a sua bolinha, sem mesmo lançar sobre ela um olhar....................

Meu coração estava quebrado ao ir à missa da meia-noite, contava tanto assistir atrás das grades do Carmelo!... Essa provação foi bem grande

Ct 5,2
Mt 17,19

para minha fé, mas ⁺*Aquele cujo coração vigia durante o sono*°, me fez compreender que para aqueles cuja fé é igual a um *grão de mostarda*°, ele concede *milagres* e faz mudar de lugar as montanhas, a fim de firmar essa fé tão

---

248. "Prisioneira": como em A 58r e 81v, vocábulo utilizado por Teresa para dizer "monja enclausurada" na clausura de seu Carmelo, que Teresa chamará em seguida, esposando uma expressão popular, sua "prisão", porém "bendita".

249. LT 38 C, em NEC, *Correspondance générale*, pp. 331-332.

A PEQUENA BOLA

pequena; mas para seus *íntimos*, para sua *Mãe*, ele não faz milagres *antes de ter provado a fé deles*. Ele não deixou Lázaro morrer, embora Marta e Maria tenham mandado dizer-Lhe que ele estava doente°?.. Nas bodas de Caná, a Sta. Virgem tendo pedido a Jesus que socorresse seus anfitriões, não Lhe respondeu que sua hora não tinha chegado ainda?.... Mas após a provação que recompensa, a água se transforma em vinho°.... Lázaro ressuscita°!..... Assim Jesus age para com sua Teresinha: após tê-la por *longo tempo* provado, Ele cumulou todos os desejos de seu coração... Jo 11,1-4

Jo 2,1-11
Jo 11,43

Depois do meio-dia da radiosa festa passada para mim nas lágrimas, fui ver as carmelitas; minha surpresa foi bem grande ao perceber quando foi aberta a / grade um encantador menino Jesus, que tinha na sua mão uma bola na qual estava escrito o meu nome. As carmelitas, no lugar de Jesus, pequeno demais para falar, cantaram para mim um cântico composto pela Madre querida, cada palavra derramava em minha alma uma consolação bem doce, nunca me esquecerei dessa delicadeza do coração materno que sempre me cumulou com as mais requintadas ternuras........ Depois de ter agradecido derramando doces lágrimas, contei a surpresa que minha Celina querida me fizera ao voltar da missa de meia-noite. Tinha encontrado no meu quarto, dentro de uma bacia encantadora, um *pequeno* navio que trazia o *pequeno* Jesus dormindo com uma *pequena* bola ao lado dele; na vela branca Celina escrevera estas palavras: "Durmo mas meu coração vela°" e no barco só esta palavra: "Abandono!" Ah! se Jesus não falava ainda à sua pequena noiva, se sempre seus olhos divinos permaneciam fechados, pelo menos, Ele se revelava a ela por meio de almas que compreendiam todas as delicadezas do amor de seu coração............ A 68r ↓

Ct 5,2

No primeiro dia do ano de 1888 Jesus me apresentou ainda a sua cruz mas desta vez carreguei-a sozinha, pois ela foi tanto mais dolorosa porque era incompreendida.... Uma *carta de Paulina* veio anunciar-me[250] que a resposta

---

250. Assim está no texto da própria Teresa. Confirmamos a leitura de NECMA, p. 209 (com a nota de crítica textual, pp. 428-429). No começo do novo ano e com a proximidade da Quaresma e de suas austeridades, Paulina temeu pelo estado de saúde da jovem Teresa e manobrou junto à Madre Maria de Gonzaga para que sua irmã entrasse somente depois da Páscoa. Isso para grande tristeza de Teresa (cf. sua "cruz" e ela é "desta vez a única a carregá-la") para viva contrariedade do Sr. Martin, testemunhado pela tradição oral, transmitido aqui por irmã Maria da Incarnação, confidente da irmã Maria do Sagrado Coração: "Irmã Inês de Jesus de repente não quis mais que ela entrasse antes da Páscoa por causa da quaresma. [...] O senhor Martin estava muito descontente com essa

de Monsenhor tinha chegado no dia 28, festa dos Stos. *Inocentes*, mas que ela não me tinha comunicado, tendo decidido que minha entrada só ocorreria *após* a *quaresma*. Não pude reter minhas lágrimas com o pensamento de um prazo tão longo. Essa provação teve para mim um caráter muito particular, via meus *laços rompidos*° do lado do mundo e dessa vez era a arca sagrada[251] que recusava a entrada da pobre pombinha°..... Prefiro acreditar que devo ter parecido desarrazoada ao não aceitar alegremente meus três meses de exílio, mas creio também que, sem o parecer, essa provação foi *muito grande* e me fez *crescer* muito no abandono e nas outras virtudes. /

Sl 115,16
Gn 7,13-16

A 68v
↓

Como passaram esses *três* meses tão ricos em graças para minha alma?.. Primeiro me veio ao pensamento não mais me preocupar em levar uma vida tão bem regrada cujo hábito eu não tinha, mas logo compreendi o preço do tempo que me era oferecido e resolvi entregar-me mais do que nunca a uma vida *séria* e *mortificada*. Quando digo mortificada, não é para levar a crer que fazia penitências, ai de mim! Eu *nunca fiz nenhuma*; bem longe de parecer com as belas almas que desde sua infância praticam toda espécie de mortificações, não sentia por elas nenhum atrativo; sem dúvida isso vinha de minha covardia, pois poderia como Celina ter encontrado mil pequenas invenções para me fazer sofrer, em vez disso sempre me cercaram de cuidados e me trataram como um passarinho que não tem necessidade de fazer penitência....... Minhas mortificações consistiam em quebrar minha vontade, sempre pronta a impor-se, a reter uma palavra de réplica, a prestar pequenos serviços sem lhes dar valor, a não apoiar as costas quando estava sentada[252] etc. etc... Foi pela prática desses *nadas* que me preparei para tornar-me a noiva de Jesus, e não posso dizer quanto essa atitude me deixou doces lembranças... Três meses se passaram bem rápido, enfim chegou o momento tão ardentemente desejado.

---

decisão de sua Paulina; no parlatório, ele virava sua mão e dizia: 'Ela é sempre a mesma, diz e desdiz.' Oh! ele estava aborrecido [...] tinha se esforçado tanto para que ela pudesse entrar no Natal" (cf. NECMA, pp. 428-429).

251. Comparação do Carmelo com a arca de Noé (também em A 69r, G 1v e G 9r) e de Teresa com a pomba que aí entra (cf. Gn 8,11).

252. As palavras "a não apoiar as costas quando estava sentada" foram intercaladas por Teresa a lápis; em 1897, por ocasião e por causa de sua fraqueza física, porque, em 1895, no momento em que ela oferecia este manuscrito como presente de festa à priora madre Inês, ela nunca teria feito uma adição a lápis. Sinal manifesto que ela releu e revisou o seu texto tendo em vista a sua publicação.

[Capítulo 7]

[Postulante e noviça no Carmelo]

A segunda-feira 9 de abril, dia em que o Carmelo celebrava a festa da Anunciação, deslocada por causa da quaresma, foi escolhida para minha entrada. Na véspera toda a família estava reunida em torno da mesa onde devia sentar-me uma última vez. Ah! como essas reuniões íntimas são dilacerantes!.. quando se desejaria ver-se esquecida, as carícias, as palavras mais ternas são prodigalizadas e fazem sentir o sacrifício da separação...... Meu Rei querido não dizia quase nada mas seu olhar se fixava em mim com amor.... Minha Tia chorava de vez em quando e meu Tio me fazia mil cumprimentos afetuosos. Joana e Maria estavam também cheias de delicadezas comigo, sobretudo Maria que me / tomando à parte pediu-me perdão pelos sofrimentos que acreditava ter-me causado. Enfim minha querida pequena Leônia, de volta da Visitação fazia alguns meses, me cumulava mais ainda de beijos e de carícias. Só de Celina eu não falei, mas vós adivinhais, Madre querida, como se passou a última noite em que temos dormido juntas[253]...... Na manhã do grande dia, após ter lançado um último olhar sobre os Buissonnets, esse ninho gracioso de minha infância que não devia mais rever, parti de braços dados com meu Rei querido para subir a montanha do Carmelo.... Como na véspera, toda a família estava reunida para ouvir a Sta. Missa e nela comungar. Assim que Jesus desceu no coração de meus parentes queridos, não ouvi em torno de mim senão soluços, só eu não derramei lágrimas, mas senti meu coração bater com *tal violência* que me pareceu impossível avançar quando vieram fazer-nos o sinal de ir à porta conventual, avancei entretanto perguntando-me se não ia morrer pela força dos batimentos de meu coração...... Ah! que momento aquele, é preciso ter passado por ele para saber o que ele é.........

A 69r
↓

---

253. As palavras "couché ensemble" (dormido juntas) são escritas por Teresa *a lápis*, sobre um texto rasurado por ela. Novo indício de sua releitura nos últimos meses de sua vida.

Manuscrito A(gnes)

Minha emoção não se traduziu exteriormente; depois de ter abraçado todos os membros da minha família querida, pus-me de joelhos diante de meu incomparável Pai, pedindo-lhe a sua bênção; para me dá-la *ele mesmo* se pôs de *joelhos* e me abençoou chorando... Era um espetáculo que devia fazer sorrir os anjos aquele desse ancião[254] apresentando ao Senhor sua filha ainda na primavera da vida!... Alguns instantes depois, as portas da arca sagrada° se fechavam sobre mim e lá eu recebia os abraços das *irmãs queridas* que me tinham servido de *mães*[255] e que ia doravante tomar como modelos de minhas ações.... Enfim meus desejos estavam realizados, minha alma sentia uma PAZ tão suave e tão profunda que me seria impossível / exprimi-la e desde os 7 anos e meio[256] essa paz íntima permaneceu sendo meu quinhão, não me abandonou no meio das maiores provações.

Gn 7,16

A 69v
↓

Como todas as postulantes[257] fui conduzida ao coro logo após minha entrada, estava escuro por causa do Smo. Sacramento exposto[258] e o que impressionou primeiro meus olhares foram os olhos de nossa santa Madre Genoveva que se fixaram sobre mim, fiquei um momento de joelhos aos seus pés agradecendo a Deus a graça que me concedia de conhecer uma santa e depois segui nossa Madre[259] Maria de Gonzaga nos diferentes lugares da comunidade; tudo me parecia arrebatador, acreditava transportada a um deserto, nossa[260] pequena cela[261] sobretudo me encantava, mas a alegria

---

254. O senhor Martin tem, então, 64 anos e 7 meses.
255. Paulina e Maria.
256. Tomando o indício cronológico estritamente ao pé da letra, nesse momento da redação seria depois de 9 de outubro. Mas a indicação pode ser aproximativa.
257. É assim que se chama a jovem recém-entrada até receber o hábito, quando se torna "noviça", depois "professa", no momento em que emite os votos religiosos. Teresa permanecerá "postulante" durante nove meses, até 10 de janeiro de 1889. Ela usa uma pelerine preta debaixo de seu longo vestido azul de moça, com um pequeno boné sobre sua cabeleira loura.
258. O "coro" encontrava-se no interior da clausura; as irmãs se reuniam aí todo dia para a Eucaristia, as horas canônicas do "santo ofício", as duas horas de oração silenciosa, os dois exames de consciência por dia e, às vezes, as adorações. Para que as religiosas não ficassem expostas aos olhares das pessoas que rezavam na capela exterior, o coro ficava, nessa ocasião, na penumbra, quando, para certas ocasiões, os postigos da grade que davam para o altar ficavam abertos.
259. À priora se dava o título de "Notre Mère" ("Nossa Madre").
260. Por preocupação com o espírito comunitário e em espírito de pobreza se dizia "nosso" para todos os objetos que se tinha *para seu uso*.
261. A cela era de 3,10m por 2,65m e dava para um corredor comum. Não havia água corrente, nem aquecimento, nem eletricidade, mas uma pequena lamparina a querosene. Havia a cama (um colchão de palha colocado sobre tábuas e dois cavaletes), uma

Vim para as almas

que sentia era *calma*, o mais leve vento não fazia ondular as águas tranqüilas sobre as quais navegava minha barquinha, nenhuma nuvem obscurecia meu céu azul... ah! sentia-me plenamente recompensada por todas as minhas provações.... Com que alegria profunda repetia estas palavras: "É para sempre, sempre[262] que estou aqui!.."

Essa felicidade não era efêmera, não devia desaparecer com as ilusões dos primeiros dias. As *ilusões*, Deus me deu a graça de *não ter* NENHUMA ao entrar no Carmelo: achei a vida religiosa *tal* como a tinha imaginado, nenhum sacrifício me espantou e no entanto, vós o sabeis, Madre querida, meus primeiros passos encontraram mais espinhos que rosas!..... Sim o sofrimento estendeu-me os braços e me lancei neles com amor... O que vinha fazer no Carmelo, eu o declarei aos pés de Jesus-Hóstia, no exame que precedeu à minha profissão: "Vim para salvar as almas e sobretudo a fim de rezar pelos sacerdotes". Quando se quer atingir uma meta, é preciso tomar os meios; Jesus me fez compreender que era pela cruz que Ele queria dar-me almas e minha atração pelo sofrimento cresceu à medida que o sofrimento aumentava.. Durante 5 anos esse caminho foi o meu, mas / exteriormente, nada traduzia o meu sofrimento tanto mais doloroso porque eu era a única a conhecê-lo. Ah! que surpresa no fim do mundo teremos ao ler a história das almas..... quantas pessoas espantadas ao ver o caminho pelo qual a minha foi conduzida!..........

A 70r ↓

É verdade que, dois meses após minha entrada, o Padre Pichon tendo vindo para a profissão[263] da Ir. Maria do Sagrado Coração, ficou espantado

---

pequena prateleira na parede que servia para colocar a pequena lâmpada e a ampulheta, um banquinho para sentar-se (não há cadeira nem mesa) e um pequeno escritório (escrivaninha portátil) que se colocava sobre os joelhos. É desta maneira que Teresa redige seu manuscrito. Cada cela tinha uma estante rústica — duas prateleiras — que permitia colocar aí o escritório quando não se servia dele, e alguns livros. A *primeira* cela de Teresa, onde ela ficará no primeiro tempo (que não é aquela habitualmente dada nas fotos e que ela ocupou somente desde agosto de 1894), dava, a três metros de distância, para... o telhado de ardósia de um prédio anexo e, do lado, para uma parte do jardim; a janela bastante larga dava para o sol da tarde, quando ele conseguia atravessar as nuvens de uma Lisieux bastante brumosa.

262. Ao falar da felicidade do céu, ARM VII, p. 218 afirma: "Possui-lo-ei enquanto Deus é Deus, isto é, sempre, sempre!..." Notemos que Teresa guardava no seu Manual do Cristão este texto que ela copiara em 1887, quando se alimentava intensamente de semelhantes belas passagens de ARM: "Copiei várias passagens [...], repetia sem cessar as palavras de amor que tinham abrasado o meu coração..." (A 47v).

263. 23 de maio de 1888.

Manuscrito A(gnes)

ao ver o que Deus fazia em minha alma e me disse que na véspera, tendo me observado rezando no coro, acreditava que meu fervor fosse totalmente infantil e meu caminho bem suave. Minha entrevista com o bom Padre foi para mim uma consolação bem grande, mas velada de lágrimas por causa da dificuldade que eu sentia em abrir a minha alma. Fiz uma confissão geral, como nunca tinha feito antes; no fim o Padre me disse essas palavras, as mais consoladoras que vierem ressoar ao ouvido de minha alma: "*+Na presença de Deus, da Sta. Virgem e de todos os Santos, declaro que* NUNCA COMETESTES UM SÓ PECADO MORTAL[264]". Depois acrescentou: agradecei a Deus pelo que fez por vós, pois se ele vos abandonasse, em vez de ser um anjinho, vos tornaríeis um diabinho. Ah! eu não tinha dificuldade em acreditar nisso, sentia quanto era fraca e imperfeita, mas a gratidão enchia a minha alma; tinha um medo tão grande de ter manchado a veste de meu Batismo, que uma tal certeza saída da boca de um diretor como os desejava Nossa Sta. Mãe Teresa, isto é que unisse a *ciência* à *virtude*[265], me parecia saída da própria boca de Jesus..... O bom Padre me disse ainda essas palavras que se gravaram docemente em meu coração: "Minha filha, que Nosso Senhor seja sempre vosso Superior e vosso Mestre de noviças". Ele o foi de fato e também "Meu diretor". Não que eu queira dizer com isso que minha alma estivesse fechada para minhas Superioras, ah! longe disso, sempre procurei

A 70v ↓ que ela lhes fosse um *livro / aberto*; mas nossa Madre muitas vezes doente tinha pouco tempo para ocupar-se comigo. Sabia que ela me amava muito e dizia de mim todo o bem possível, no entanto Deus permita *que sem ela saber*, fosse MUITO SEVERA[266]; não podia encontrá-la sem beijar a terra[267], era assim nas raras direções[268] que tinha com ela........ Que graça inestimável!.. Como Deus agia *visivelmente* naquela que ocupava seu lugar!... O que eu me teria tornado se, como acreditam as pessoas do mundo, eu tivesse sido "o brinquedinho" da comunidade?.. Talvez em vez de ver Nos-

---

264. Frase em escrita inclinada, mas as palavras aqui escritas em versalete são aumentadas por Teresa.
265. Cf. *Caminho da perfeição*, cap. 5, e *Vida*, cap. 13.
266. "Muito" é sublinhado duas vezes, "severa" três vezes... É a única vez no Manuscrito A que Teresa sublinha uma palavra três vezes!
267. Uso, na época, após ter recebido uma advertência da priora ou da mestra de noviças.
268. "Direção": encontro com a priora ou a mestra de noviças para prestar contas de sua vida espiritual e ser ajudada.

O PADRE PICHON

so Senhor em minhas Superioras não teria considerado senão as pessoas e meu coração tão *bem guardado* no mundo estaria humanamente ligado no claustro....... Felizmente fui preservada dessa desgraça. Sem dúvida eu *amava muito* nossa Madre, mas com uma afeição *pura* que me elevava para o Esposo de minha alma.....

Madre Maria dos Anjos, mestra das noviças

Nossa mestra[269] era uma *verdadeira santa*, o tipo acabado das primeiras carmelitas; o dia inteiro eu estava com ela, pois ela me ensinava a trabalhar. Sua bondade comigo era sem limites e no entanto, minha alma não se dilatava.... Só com esforço me era possível fazer direção, não estando habituada a falar de minha alma não sabia como exprimir o que se passava nela. Uma boa velha madre[270] compreendeu um dia o que eu sentia, ela me disse rindo na recreação: "Minha filhinha, parece-me que vós não deveis ter grande coisa a dizer a vossas superioras". — Por que, Madre, dizeis isso?.. — "Porque vossa alma é extremamente *simples*, mas quando fordes perfeita, sereis *ainda* mais *simples*, quanto mais a gente se aproxima de Deus, mais simples fica." A boa Madre tinha razão, no entanto a dificuldade que eu tinha em abrir minha alma ao mesmo tempo em que vinha de minha simplicidade era uma verdadeira provação, agora o reconheço, pois sem deixar de ser simples / exprimo meus pensamentos com grande facilidade.

A 71r
↓

Disse que Jesus tinha sido "meu Diretor". — Ao entrar para o Carmelo travei conhecimento com aquele que devia servir-me de diretor, mas apenas fora admitida no número de suas filhas que ele partiu para o exílio[271].... Portanto só o conheci para ficar imediatamente privada dele... Reduzida a receber dele uma carta por ano[272] para 12 que eu lhe escrevia, meu

---

269. Madre Maria dos Anjos (Joana de Chaumontel, 1845-1924), "mestra" de noviças. [N.T.: O leitor brasileiro deve ter presente que *maîtresse*, além de "mestra", significa também "ama", "dona", "proprietária", "amada", "amante".]
270. Madre Inês anota na sua Cópia de HA de 1936: "Irmã Febrônia, então subpriora e de quem ela assistiu aos últimos instantes".
271. Em 3 de novembro de 1888 padre Pichon partiu para o Canadá. Teresa não o verá mais.
272. Um pouco exagerado. A média é de três cartas em dois anos, mas nada, por exemplo, no ano 1892.

coração voltou-se bem rápido para o Diretor dos diretores e foi Ele quem me instruiu nessa ciência escondida aos sábios e aos entendidos e dignou-se revelar aos *menores*°.........

Mt 11,25

A florzinha transplantada sobre a montanha do Carmelo devia desabrochar à sombra da Cruz, as lágrimas, o sangue de Jesus se tornaram seu orvalho e o seu Sol foi a Face Adorável velada de choros.... Até então eu não tinha sondado a profundeza dos tesouros escondidos na Sagrada Face[273], foi por vós, Madre querida, que aprendi a conhecê-los; assim como outrora vós nos precedestes todas no Carmelo, assim penetrastes o primeiro dos mistérios de amor escondidos no Rosto de nosso Esposo; então me chamastes e compreendi....... Compreendi o que era a *verdadeira glória*. Aquele cujo reino não é deste mundo° mostrou-me que a verdadeira sabedoria consiste em "querer ser ignorado e considerado um nada[274]". — Em "pôr sua alegria no desprezo de si mesmo"..... Ah! como o de Jesus, eu queria que: "Meu rosto seja verdadeiramente escondido, que na terra ninguém me reconheça°". Tinha sede de sofrer e de ser esquecida......

Jo 18,36

Is 53,3

Como é *misericordioso*[275] o caminho pelo qual Deus sempre me conduziu, *nunca* Ele me fez desejar qualquer coisa sem me dá-la, por isso seu cálice amargo me pareceu delicioso.........

A 71v
↓

Depois das radiosas festas do mês de Maio, festas da profissão e tomada de véu / de nossa querida Maria, a *mais velha* da família que a *última* teve a felicidade de coroar no dia de suas núpcias[276] era realmente preciso que a provação viesse visitar-nos..... No ano anterior no mês de Maio, Papai fora acometido de um ataque de paralisia nas pernas[277], nossa inquietação foi bem grande então, mas o forte temperamento de meu Rei querido logo

---

273. O foco dessa devoção foi, no século XIX, o Carmelo de Tours, onde vivera a irmã Maria de São Pedro, inspiradora de M. Dupont [N.E.: Léon Papin Dupont], o "santo de Tours". No dia de sua tomada de hábito, 10 de janeiro de 1889, Teresa do Menino Jesus acrescenta ao seu nome religioso o título "da Sagrada Face".

274. *Imitação de Cristo*, Livro I, cap. 2, e Livro III, cap. 49.

275. Teresa aumenta esta palavra. Cantar a misericórdia divina é a meta implícita de seu Manuscrito (cf. A 2r) e Teresa escreve na luz deslumbrante recebida desde a Oferenda ao Amor Misericordioso de 9 de junho.

276. Isto é, de sua profissão, quando a religiosa mais jovem punha na cabeça da jovem professa uma coroa de flores brancas, que a professa usava o dia inteiro.

277. No dia 1º de maio 1887.

se restabeleceu e nossos medos desapareceram; entretanto mais de uma vez durante a viagem a Roma, observamos que ele se cansava facilmente, que não estava mais tão alegre como de costume.... O que sobretudo eu tinha observado eram os progressos que Papai fazia na perfeição; a exemplo de S. Francisco de Sales, conseguira controlar a sua vivacidade natural ao ponto de parecer ter a natureza mais mansa do mundo... As coisas da terra pareciam apenas tocá-lo de leve, ele se recuperava facilmente das contrariedades desta vida, enfim Deus o *inundava* de *consolações*, Durante suas visitas diárias ao Smo. Sacramento seus olhos se enchiam muitas vezes de lágrimas e sua vista respirava uma beatitude celeste...... Quando Leônia saiu da Visitação, ele não se afligiu, não fez nenhuma censura a Deus por não ter atendido suas preces que fizera a Ele para obter a vocação da sua querida filha, foi até com certa alegria que partiu para buscá-la.....

Eis com que fé Papai aceitou a separação de sua pequena rainha, anunciou-a nestes termos aos seus amigos de Alençon: — "Caríssimos Amigos, Teresa, minha pequena rainha, entrou ontem no Carmelo!.. Só Deus pode exigir um tal sacrifício... Não lastimeis, pois meu coração superabunda de alegria".

Era tempo de um tão fiel servidor° receber o prêmio de seus trabalhos, era justo que seu salário fosse semelhante àquele que Deus deu ao Rei do Céu, seu Filho único....... Papai acabava de oferecer a Deus um *Altar*[278], ele foi a vítima escolhida para ser aí imolada com o Cordeiro sem mancha. / Conheceis Madre querida, nossas amarguras do *mês* de *Junho* e sobretudo do *24* do ano de *1888*[279], essas lembranças estão demasiadamente bem gravadas no fundo de nossos corações para que seja necessário escrevê-las........... Ó Madre! Como sofremos...... e não era ainda senão o *começo* de nossa provação..... Entretanto a época de minha tomada de hábito chegara, fui recebida pelo capítulo, mas como pensar em fazer uma cerimônia? Já se falava em dar-me o sagrado hábito sem me fazer sair, quando se deci-

Mt 25,21

A 72r ↓

---

278. O altar-mor da catedral de São Pedro em Lisieux.
279. Aos acidentes circulatórios de 1887, localizados nos membros, sucederam-se em 1888 perturbações cerebrais. No sábado 23 de junho, sem prevenir ninguém, o Sr. Martin desapareceu. Quatro dias mais tarde, o Sr. Guérin e o Sr. Ernest Maudelonde o encontraram no Havre. No dia 12 de agosto, Martin terá um novo ataque de paralisia e, em 3 de novembro, outro, mais grave ainda. É a este "segundo ataque" que Teresa fará alusão no seu texto.

diu esperar. Contra toda esperança nosso Pai querido se restabeleceu pela segunda vez e Monsenhor fixou a cerimônia para o dia 10 de Janeiro. A espera tinha sido longa, mas também, que bela festa!.... não faltava nada, nem sequer a *neve*.... Não sei se já vos falei de meu amor pela neve?.. Bem pequena, sua brancura me arrebatava; um dos maiores prazeres era passear debaixo dos flocos de neve. De onde me vinha esse gosto pela neve?.. Talvez por ser uma *florzinha de inverno*[280] o primeiro adorno com que meus olhos de criança viram a natureza embelezada deve ter sido o seu branco manto..... Enfim eu sempre desejara que no dia de minha tomada de hábito a natureza estivesse como eu vestida de branco[281]. Na véspera desse belo dia olhei tristemente para o céu cinzento de onde escapava de tempo em tempo uma chuva fina e a temperatura era tão suave que não esperava mais a neve. Na manhã seguinte o Céu não tinha mudado, no entanto a festa foi arrebatadora, e a mais bela, a mais maravilhosa flor era meu Rei querido, nunca estivera mais belo, mais *digno*[282]... Ele foi a admiração de todo mundo, esse dia foi o seu *triunfo*, sua última festa aqui embaixo. Ele tinha dado *todas* as suas filhas a Deus, pois Celina lhe tinha falado de sua vocação, ele tinha *chorado* de *alegria* [e] foi com ela agradecer Àquele que "lhe dava a honra de tomar todas as suas filhas". /

A 72v ↓

Teresa noviça

No fim da cerimônia Monsenhor entoou o Te Deum, um padre tentou chamar a atenção que este cântico só se cantava nas profissões, mas já fora dado o início e o hino de *ação* de *graças* continuou até o fim. Não era preciso que a festa *fosse completa* visto que nela se reuniam todas as outras[283]?.. Depois de ter abraçado uma última vez meu Rei querido, vol-

---

280. Lembremos que Teresa nasceu em 2 de janeiro (1873) [inverno no hemisfério norte].

281. Segundo o costume da época, era na capela exterior que a postulante, em roupa de casada ("vestida de branco") e cercada por sua família, assistia à primeira parte da cerimônia. Entrava na clausura para a segunda parte, a tomada de hábito propriamente dita.

282. "*Digno*", sublinhado por Teresa, pois havia o medo de que o Sr. Martin, doente, não se comportasse de maneira normal.

283. Teresa quer dizer que reunia também a festa de sua tomada de véu após a profissão, a qual o Sr. Martin, doente, não poderá assistir.

tei à clausura, a primeira coisa que percebi no claustro foi "meu pequeno Jesus cor-de-rosa[284]" sorrindo para mim no meio das flores e das luzes e depois logo meu olhar se pôs sobre os *flocos* de *neve*...... o pátio estava branco como eu. Que delicadeza de Jesus! Antecipando-se aos desejos de sua noivinha, dava-lhe a neve.... A neve, que mortal é tão poderoso que possa fazê-la cair do Céu para encantar sua bem-amada?.... Talvez as pessoas do mundo se fizessem essa pergunta, o que há de certo, é que a neve de minha tomada de hábito lhes pareceu um pequeno milagre e que toda a cidade se espantou. Achou-se que eu tinha um gosto esquisito por gostar da neve... Tanto melhor, isso fez ainda sobressair mais a *incompreensível condescendência* do Esposo das virgens.... Aquele que aprecia os *Lírios brancos* como a NEVE!...... Monsenhor entrou depois da cerimônia e foi de uma bondade toda paterna para comigo. Creio que ele estava orgulhoso por eu ter conseguido[285], ele dizia a todo mundo que eu era "*sua* filhinha". Toda vez que ele voltou desde essa bela festa, sua Grandeza sempre foi bastante boa para mim, lembro-me sobretudo de sua visita por ocasião do centenário de N[osso] P[ai] S. João da Cruz[286]. Ele tomou minha cabeça em suas mãos, fez-me mil carícias de toda espécie, nunca eu tinha sido tão honrada! Ao mesmo tempo Deus me fez pensar nas carícias / que Ele concordará em prodigalizar-me diante dos anjos e dos Santos e das quais me dava uma fraca imagem desde este mundo, por isso a consolação que senti foi bem grande.......

 Como acabo de dizer o dia *10* de Janeiro foi o triunfo de meu Rei, eu o comparo com a entrada de Jesus em Jerusalém° no dia de ramos; como a de Nosso Divino Mestre, sua glória de *um* dia foi seguida de uma paixão dolorosa e essa paixão não foi para ele só: do mesmo modo que as dores de Jesus traspassaram com uma espada o coração da Divina Mãe°, assim nossos corações sentiram os sofrimentos daquele que amáva-

A 73r ↓

Mt 21,1-10

Lc 2,35

---

284. A estátua do Menino Jesus, com roupa pintada de rosa, que Teresa foi encarregada de enfeitar até sua morte.
285. Quer dizer, "orgulhoso" porque Teresa pôde perseverar até sua tomada de hábito.
286. Terceiro centenário de sua morte (1591). Na capela do Carmelo de Lisieux, de 22 a 24 de novembro (na época, nesse dia, festa litúrgica do santo), um tríduo foi pregado por padre Deodato de Basly (1862-1937), recoleto franciscano. Dom Hugonin entrou na clausura no dia 23.

Manuscrito A(gnes)

mos mais ternamente na terra...... Eu me lembro que no mês de Junho de 1888 no momento de nossas primeiras provações, dizia: "Sofro muito, mas sinto que posso ainda suportar maiores provações". Não pensava então naquelas que me estavam reservadas..... Não sabia que no dia *12* de Fevereiro, um mês após minha tomada de hábito, nosso Pai querido beberia a *mais amarga*, a *mais humilhante* de todas as taças[287]......

Ah! nesse dia eu não disse poder sofrer ainda mais!.... As palavras não podem exprimir nossas angústias, também não vou tentar descrevê-las. Um dia no Céu gostaremos de falar de nossas *gloriosas* provações, já não estamos felizes por tê-las sofrido?... Sim os três anos do martírio de Papai me parecem os mais amáveis, os mais frutuosos de toda a nossa vida, não os darei por todos os êxtases e as revelações dos Santos, meu coração transborda de gratidão ao pensar nesse *tesouro* inestimável que deve causar um santo ciúme aos Anjos da Celeste corte......

A 73v ↓

Meu desejo de sofrimentos estava cheio, entretanto minha atração por eles não diminuía, por isso minha alma compartilhou logo dos sofrimentos de meu / coração. A secura era meu pão cotidiano, privada de toda consolação eu era no entanto a mais feliz das criaturas, visto que todos os meus desejos estavam satisfeitos......

Jo 17,11-14

Ó Madre querida! como foi doce nossa grande provação, visto que de todos os nossos corações não saíram senão suspiros de amor e de gratidão!... Não andávamos mais nas sendas da perfeição, voávamos todas as 5. As duas pobres pequenas exiladas de Caen[288], estando ainda no mundo, não sendo mais do mundo°.... Ah! que maravilhas a provação fez na alma

---

287. Dia 12 de fevereiro de 1889, após graves alucinações, muito inquietantes para o seu círculo: imaginando batalhas iminentes, o Sr. Martin armou-se com seu revólver para defender a si e suas filhas Leônia e Celina; foi desarmado e levado ao Bon Sauveur de Caen, clínica psiquiátrica. Serão "os três anos do martírio de Papai" de que Teresa fala. Paralisado, ele voltará, no dia 10 de maio de 1892, a Lisieux, para junto da família. É então que suas filhas carmelitas o reverão no parlatório, pela última vez. Morreu dois anos mais tarde, 29 de julho de 1894. Tudo é passado, quanto Teresa evoca essas provações dolorosas que ela qualifica agora de "gloriosas" e como "*tesouro* inestimável"...

288. Por estarem mais perto de seu pai, Leônia e Celina passaram a morar, a partir de 19 de fevereiro de 1889, no Orfanato São Vicente de Paulo, em Caen. No dia 14 de maio elas irão morar durante três anos com o tio Guérin, até a volta de seu pai. Alugarão, então, em Lisieux, uma casa na rua Labbey.

de minha Celina querida!... Todas as cartas que ela escrevia nessa época estão marcadas de resignação e de amor... E quem poderá dizer os parlatórios que tivemos juntas?.... Ah! longe de nos separar as grades do Carmelo uniam mais fortemente nossas almas, tínhamos os mesmos pensamentos, os mesmos desejos, o mesmo *amor* de *Jesus* e das *almas*.... Quando Celina e Teresa se falavam, nunca uma palavra das coisas da terra se misturava às suas conversações que já estavam todas no Céu°. Como outrora no *belvedere*, elas sonhavam as coisas da *eternidade* e para gozar logo dessa felicidade sem fim, elas escolhiam aqui embaixo para único quinhão "+*O sofrimento e o desprezo*[289]".

Fl 3,20

Assim passou o tempo de meu noivado[290]...... foi bem longo para a pobre Teresinha! No final do meu ano, nossa Madre me disse para não pensar em pedir a profissão, que certamente o P. Superior recusaria minha prece, tive de esperar ainda 8 meses.... No primeiro momento, foi-me bastante difícil aceitar esse grande sacrifício mas logo a luz se fez na minha alma; meditava então os fundamentos da vida espiritual pelo Padre Surin[291], um dia durante a oração compreendi que meu desejo tão vivo de fazer profissão estava misturado com um grande amor próprio; visto que eu me tinha *dado* a Jesus para lhe dar prazer, consolá-lo, / não devia obrigá-lo a fazer a *minha vontade* em vez da sua; compreendi ainda que uma noiva devia estar enfeitada para o dia de suas núpcias e eu não tinha feito nada para essa finalidade..... então disse a Jesus: "Ó meu Deus! não vos peço para pronunciar meus santos votos, *esperarei tanto quanto vós quiserdes*, somente não quero que, por minha falta, minha união convosco seja adiada, por isso porei todos os meus cuidados em fazer para mim um belo vestido enriquecido de pedras preciosas, quando o achardes bastante ricamente ornado estou certa que nem todas as criaturas vos impedirão de descer para mim a fim de unir-me para sempre a vós, ó meu Bem-Amado!..."

A 74r ↓

---

289. Alusão às palavras de João da Cruz: "Sofrer e ser desprezado por vós, Senhor".
290. Isto é, de seu noviciado (que durava normalmente um ano), antes da profissão.
291. Surin, J.-J. *Les fondements de la vie spirituelle, tirés dun livre de l'Imitation de Jésus-Christ.* Paris, ed. 1732.

Manuscrito A(gnes)

Desde minha tomada de hábito, recebera abundantes luzes sobre a perfeição religiosa, principalmente acerca do voto de Pobreza. Durante meu postulado, estava contente por ter coisas agradáveis para meu uso e encontrar à mão tudo o que me era necessário. "Meu *Diretor*" sofria isso pacientemente, pois Ele não gosta de mostrar tudo às almas ao mesmo tempo. Comumente dá a sua luz pouco a pouco. (No começo de minha vida espiritual, pela idade de 13 a 14 anos, perguntava-me o que mais tarde teria a ganhar, porque acreditava que me era impossível compreender melhor a perfeição; reconheci bem depressa que quanto mais se avança no caminho, mais se crê longe do fim, por isso agora me resigno a ver-me sempre imperfeita e encontrar aí a minha alegria....) Volto às lições que "*meu Diretor*[292]" me deu. Uma noite depois das completas procurei em vão nossa lamparina sobre as tábuas reservadas para esse uso, era grande silêncio[293], impossível reclamá-la.... compreendi que uma irmã crendo pegar sua lamparina tomara a nossa da qual eu tinha necessidade muito grande; em vez de sentir pesar por estar privada, fiquei bem feliz, sentindo que a pobreza consiste em ver-se privada não só das coisas agradáveis mas

A 74v ↓ ainda / das coisas indispensáveis, assim nas *trevas exteriores* fui iluminada interiormente...... Fui tomada nessa época por um verdadeiro amor pelos objetos mais feios e pelos menos cômodos, por isso foi com alegria que vi ser-me tirada a bonita *jarrinha* de nossa cela e dada em seu lugar uma *grossa* jarra *toda desbeiçada*....... Fazia também bastantes esforços para não me desculpar, o que me parecia bem difícil sobretudo com nossa Mestra à qual não queria esconder nada; eis uma primeira vitória, não é grande mas custou-me bastante. — Um pequeno vaso colocado atrás de uma janela encontrou-se quebrado, nossa Mestra crendo que fora eu que o tinha deixado aí, mostrou-mo dizendo para prestar mais atenção noutra vez. Sem dizer nada beijei o chão, em seguida prometi ter mais ordem no futuro. — Por causa de meu pouco de virtude essas pequenas práticas me custavam muito e tinha necessidade de pensar que no juízo final tudo seria

Mt 25,31-40 revelado°, porque eu fazia esta observação: quando se faz seu dever, não

---

292. Jesus. Cf. A 70r.
293. "Grande silêncio": entre as completas (que terminavam pelas 20 h) e a prima da manhã: as comunicações indispensáveis deviam ser feitas, então, por sinais ou por escrito.

se desculpando nunca, ninguém sabe disso, ao contrário, as imperfeições aparecem logo em seguida.......

Eu me aplicava sobretudo a praticar as pequenas virtudes, não tendo a facilidade de praticar as grandes, por isso gostava de dobrar os mantos esquecidos pelas irmãs e prestar a elas todos os pequenos serviços que podia. O amor da mortificação me foi também dado, ele foi tanto maior porque nada me era permitido para satisfazê-lo... A única pequena mortificação que eu fazia no mundo e que consistia em não apoiar as costas quando estava sentada me foi proibida por causa de minha propensão a ficar curvada. Ai de mim! meu ardor não teria sem dúvida sido de longa duração se me tivessem sido dadas muitas penitências..... Aquelas que me foram concedidas sem que as pedisse consistiam em mortificar meu amor próprio, o que me fazia um bem muito maior que as penitências corporais.... /

A 75r ↓

O refeitório que foi meu emprego imediatamente após minha tomada de hábito forneceu-me mais de uma ocasião de pôr meu amor próprio em seu lugar, ou seja, debaixo dos pés.... É verdade que eu tinha uma grande consolação de estar no mesmo emprego que vós, Madre querida, e de poder contemplar de perto vossas virtudes, mas essa aproximação era motivo de sofrimento, não me sentia *como outrora* livre para tudo dizer-vos, havia a regra a observar, não podia abrir a minha alma para vós, enfim estava no *Carmelo* e não nos *Buissonnets* sob o *teto paterno*!.....

Entretanto, a Sta. Virgem me ajudava a preparar o vestido de minha alma, assim que foi acabado os obstáculos sumiram por si mesmos. Monsenhor enviou-me a permissão que eu solicitara, a comunidade concordou em receber-me e minha profissão foi fixada para *8 de Setembro*.......

Tudo o que acabo de escrever em poucas palavras exigiria muitas páginas de detalhes, mas essas páginas nunca serão lidas na terra; em breve, Madre querida, falar-vos-ei de todas as coisas em *nossa casa paterna*, no belo Céu para o qual sobem os suspiros de nossos corações!......

Meu vestido de núpcias estava pronto, estava enriquecido de *antigas* jóias que meu Noivo me tinha dado; isso não era suficiente para a sua liberalidade; Ele queria dar-me um *novo* diamante com reflexos sem número. A provação de Papai era com todas as suas dolorosas circunstâncias as *antigas* jóias, e a *nova* foi uma provação bem pequena aparentemente, mas que me fez sofrer muito. — Desde algum tempo, nosso pobre Paizinho encontrando-se um pouco melhor, faziam-no sair de carro, falava-se até em fazê-lo viajar na estrada de ferro para vir ver-nos. Naturalmente *Celina* pensou imediatamente que se devia escolher o dia de minha tomada de véu. A fim de não cansá-lo, dizia ela, não o farei / assistir toda a cerimônia, somente no fim irei buscá-lo e o conduzirei muito suavemente até a grade a fim de que Teresa receba a sua bênção. Ah! reconheço bem aí o coração de minha Celina querida... é bem verdade que "nunca o amor pretexta impossibilidade porque se crê tudo possível e tudo permitido[294]".... A *prudência humana* ao contrário treme a cada passo e não ousa por assim dizer pôr o pé, por isso Deus que queria provar-me serviu-se d*ela* como de um instrumento dócil e no dia de minhas núpcias fiquei verdadeiramente órfã não tendo mais Pai na terra, mas podendo olhar o Céu com confiança e dizer com toda a verdade: "*Pai* nosso que estais nos Céus°".

Antes de falar-vos dessa provação deveria, Madre querida, falar-vos do retiro que precedeu minha profissão; esteve longe de me trazer consolações, a aridez mais absoluta e quase[295] o abandono foram meu quinhão. Jesus dormia como sempre no meu barquinho°; ah! vejo bem que raramente as almas O deixam dormir tranqüilamente nelas. Jesus está tão cansado de sempre prover as despesas e tomar a dianteira que se apressa em aproveitar-se do repouso que Lhe ofereço, Ele não despertará sem dúvida antes de meu grande retiro da eternidade, mas em vez de me causar pesar isso me dá um extremo prazer....

Verdadeiramente estou longe de ser santa, somente isto é uma prova; eu deveria em vez de me alegrar com minha secura atribuí-la ao meu pouco de fervor e de fidelidade, deveria ficar triste por dormir (desde 7 anos) durante minhas orações e minhas *ações* de *graças*, mas não fico triste... penso que as *criancinhas* agradam tanto ao seus pais quando dormem como quando estão despertas, penso que para fazer operações, os médicos / adormecem os doentes. Enfim penso que: "O Senhor vê nossa fragilidade, que Ele se lembra que não somos senão pó°".

---

294. *Imitação de Cristo*, Livro III, cap. 5. Já citado em A 53v.
295. Primeira redação: "mesmo", corrigido para "quase".

As pequenas virtudes

Meu retiro de profissão foi portanto como todos aqueles que o seguiram um retiro de grande aridez, entretanto Deus me mostrava claramente sem que eu percebesse, o meio de agradar a Ele e de praticar as mais sublimes virtudes. Observei bastantes vezes que Jesus não quer dar-me *provisões*, alimenta-me a cada instante com um alimento totalmente novo, encontro-o em mim sem saber como chegou... Creio simplesmente que é o próprio Jesus escondido no fundo de meu pobre coraçãozinho que me faz a graça de agir em mim e me faz pensar tudo o que Ele quer que eu faça no momento presente.

Alguns dias antes do dia de minha profissão, tive a felicidade de receber a bênção do Soberano Pontífice, eu a tinha solicitado através do bom Irmão Simeão para *Papai* e para mim e foi uma grande consolação para mim poder dar ao meu Paizinho querido a graça que ele me tinha obtido ao me levar a Roma.

[Capítulo 8]

[Profissão]
[Oferenda ao Amor Misericordioso]

Enfim o *belo dia* de minhas núpcias chegou, foi sem nuvens, mas na véspera levantou-se em minha alma uma tempestade como nunca tinha visto..... Nem uma só dúvida sobre a minha vocação tinha ainda vindo ao meu pensamento, era preciso que eu conhecesse essa provação. À noite ao fazer minha via-sacra após as matinas, minha vocação apareceu-me como um *sonho*, uma quimera... achava a vida do Carmelo bem bonita, mas o demônio me inspirava a *certeza* de que não era feita para mim, que eu enganava os superiores ao avançar num caminho para o qual não era chamada.... Minhas trevas eram tão grandes que eu não via nem com- / preendia senão uma coisa: Eu não tinha *vocação*!... Ah! como descrever a angústia de minha alma?... Parecia-me (coisa absurda que mostra que essa tentação era do demônio) que se dissesse meus temores à minha mestra ela ia impedir-me de pronunciar meus Santos Votos, no entanto preferia fazer a vontade de Deus e voltar para o mundo a ficar no Carmelo fazendo a minha; fiz pois sair minha mestra e *cheia* de *confusão* lhe disse o estado de minha alma.... Felizmente ela viu mais claro que eu e tranqüilizou-me completamente, aliás o ato de humildade que eu tinha feito acabava de pôr em fuga o demônio que pensava talvez que eu não ousasse confessar a minha tentação; assim que acabei de falar, minhas dúvidas desapareceram, entretanto para tornar mais completo o meu ato de humildade, quis ainda confiar minha estranha tentação à nossa Madre que se contentou em rir de mim.

A 76v ↓

Is 66,12
Fl 4,7

Na manhã de 8 de Setembro, senti-me *inundada* de um rio de *paz*°²⁹⁶ e foi nessa paz "⁺*ultrapassando todo sentimento*°" que pronunciei meus Santos Votos.... Minha união com Jesus se fez, não no meio de raios e relâm-

---

296. Teresa pôde ler também no CE, estrofe 14, v. 3, de João da Cruz, como a alma é "inundada" por "um rio de paz" (Is 66,12). Isto pode ser, ao mesmo tempo, uma reminiscência da leitura de *La fille*... (cf. nota 50 do cap. 1), p. 593, no cap. 8, *Da paz da alma*: "[...] como diz Isaías, seremos inundados por um rio de paz".

Tomada do véu

pagos, quer dizer de graças extraordinárias, mas no meio de um *leve zéfiro* semelhante àquele que ouviu na montanha° nosso pai[297] Sto. Elias[298]......   1Rs 19,11-13
Quantas graças não pedi nesse dia!... Eu me sentia verdadeiramente a RAINHA[299], também aproveitei-me do meu título para libertar os cativos, obter os favores do *Rei* para os seus súditos ingratos, enfim queria libertar todas as almas do purgatório e converter os pecadores... Rezei muito por minha *Madre*, minhas Irmãs queridas... por toda a família, mas sobretudo por meu Paizinho tão provado e tão santo.... Ofereci-me a Jesus a fim de que Ele cumprisse perfeitamente em mim a sua *vontade*° sem que nunca as   Mt 6,10
criaturas colocassem obstáculo[300]..... /   **A** 77r
                                                                         ↓

---

297. Santo Elias, que viveu no Monte Carmelo, é considerado o "pai" espiritual da Ordem do Carmo. Na época de Teresa, muitos acreditaram numa presença, desde Elias, ininterrupta de monges no Monte Carmelo... No começo do século XIII, os "irmãos de Nossa Senhora do Monte Carmelo" receberam aí a sua Regra, das mãos de Alberto, patriarca de Jerusalém.

298. Salva a sua inspiração distante de 1Rs 19,11-13 (no Antigo Testamento que Teresa não podia ler diretamente, mas que ela conhecia através dos textos litúrgicos e outros livros, como os de João da Cruz, estas últimas linhas parecem ser um eco fiel do que Teresa leu no *Cântico espiritual* de João da Cruz, acerca do conhecimento de Deus: "[...] vários teólogos acreditaram que *nosso Pai Santo Elias* tinha visto Deus, no *leve* sussurro que *ouviu* à entrada da caverna no *monte* Horeb. A Escritura o chama murmúrio de um *leve zéfiro*" (CE, estr. 14, v. 5; sublinhamos as palavras comuns). Notemos que ao falar do sacramento da confirmação (cf. A 36v) Teresa evocou a mesma cena bíblica, mas segundo uma outra tradução ("brisa" em lugar de "zéfiro", igualmente tomada emprestada de João da Cruz. Nessa mesma estrofe indicada, de João da Cruz (CE, estr. 14, v. 4), também se fala do "*rio de paz*" do qual a alma está "*inundada*", termos utilizados, aqui, por Teresa algumas linhas acima.

299. Palavra muito aumentada, aqui posta em versal-versalete (como REI em A 21v).

300. Eis o texto do bilhete que, no dia 8 de setembro de 1890, Teresa levava sobre seu coração ao pronunciar seus votos; em HA, pp. 127-128, abreviado e um pouco remanejado, foi inserido no próprio texto da biografia: "Ó Jesus, meu divino esposo! Que nunca eu perca a segunda veste de meu Batismo, toma-me antes que [eu] faça a mais leve falta voluntária. Que eu não busque e não encontre nunca senão a ti só, que as criaturas não sejam nada para mim e que eu não seja nada para elas mas tu Jesus sejas *tudo*!... Que as coisas da terra não possam nunca perturbar a minha alma, que nada perturbe a minha paz, Jesus não te peço senão a paz, e também o amor, o amor infinito sem outro limite que tu, o amor que não seja mais eu porém tu, meu Jesus. Jesus, por ti morro mártir, o mártir do coração ou do corpo, ou antes todos os dois..... Dá-me cumprir meus votos em toda a sua perfeição e faze-me compreender o que deve ser uma esposa tua. Faze com que eu nunca seja uma carga para a comunidade mas que ninguém se ocupe comigo, que seja considerada pisada aos pés, esquecida como um grãozinho de areia teu, Jesus. Que tua vontade seja feita em mim perfeitamente, que eu chegue ao lugar que foste diante de mim preparar...... Jesus, faze que eu salve muitas almas, que hoje não haja uma só condenada e que todas as almas do purgatório sejam salvas.... Jesus, perdoa-me se disse coisas que não devia dizer, quero somente te alegrar, consolar-te" (Oração 2).

Manuscrito A(gnes)

Esse belo dia passou como os mais tristes, visto que os mais radiosos são um dia seguinte, mas foi sem tristeza que depus minha coroa aos pés da Sta. Virgem, senti que o tempo não levaria embora minha felicidade.... Que bela festa a natividade de *Maria* para tornar-se a esposa de Jesus! era a *pequena* Sta. Virgem de um dia que apresentava sua *pequena* flor ao *pequeno* Jesus... nesse dia tudo era pequeno exceto as graças e a paz que recebi, exceto a alegria *pacífica* que eu sentia à noite ao olhar as estrelas cintilar no firmamento, pensando que *em breve* o belo Céu se abriria aos meus olhos maravilhados e que poderia unir-me ao meu Esposo no seio de uma alegria eterna..........

No dia 24 ocorreu a cerimônia de minha tomada do *véu*, foi inteiramente *velada* de lágrimas...... Papai não estava lá para abençoar sua Rainha... O Padre[301] estava no Canadá.... Monsenhor que devia vir e almoçar na casa de meu Tio ficou doente e tampouco veio, enfim tudo foi tristeza e amargura.... Entretanto a *paz*, sempre a *paz*, encontrava-se no fundo do cálice... Naquele dia Jesus permitiu que eu não pudesse reter minhas lágrimas e minhas lágrimas não foram compreendidas[302]... de fato eu tinha suportado sem chorar provações bem maiores, mas então era ajudada por uma graça poderosa; ao contrário no dia 24, Jesus me deixou com minhas próprias forças e mostrei quanto elas eram pequenas.

Oito dias após minha tomada de véu ocorreu o casamento de Joana[303]; dizer-vos, Madre querida, quanto seu exemplo instruiu-me acerca das delicadezas que uma esposa deve prodigalizar ao Esposo me seria impossível, escutava avidamente tudo o que podia aprender, porque não queria fazer menos por meu Jesus amado do que Joana por Francis, uma

A 77v ↓ criatura sem dúvida bem perfeita, mas afinal uma *criatura*!..... /

---

301. Padre Pichon.
302. Celina quis levar o Sr. Martin para essa solenidade. O tio Guérin se opôs. No parlatório, Teresa chorou, com Celina. Irmã Inês (a quem Teresa se dirige aqui) a repreendeu severamente. Madre Genoveva mandou dizer-lhe igualmente uma palavra severa. Cf. NEC. *Correspondance générale*. pp. 584-587, com as anotações.
303. No dia 1º de outubro de 1890, Joana Guérin se casa com o Dr. Francis La Néele.

Tomada do véu

Diverti-me em compor um convite[304] a fim de compará-lo com o dela, eis como estava concebido:

Convite para as Núpcias de irmã Teresa do Menino Jesus e da Sagrada Face

O Deus Todo-Poderoso, Criador do Céu e da terra, Soberano Dominador do Mundo e a Muito gloriosa Virgem Maria, Rainha da Corte celeste, querem vos comunicar o Matrimônio de seu Augusto Filho, Jesus, Rei dos Reis e Senhor dos senhores°, com a Senhorita Teresa Martin, agora Dama e Princesa dos reinos trazidos em dote por seu Divino Esposo, a saber: A Infância de Jesus e sua Paixão, sendo seus títulos de nobreza: do Menino Jesus e da Sagrada Face.

Senhor Luís Martin, Proprietário e Dono dos Senhorios do Sofrimento e da Humilhação e Senhora Martin, Princesa e Dama de Honra da Corte Celeste querem vos comunicar o Matrimônio de sua Filha, Teresa, com Jesus o Verbo de Deus, segunda Pessoa da Adorável Trindade, que pela operação do Espírito Santo se fez Homem e Filho de Maria°, a Rainha dos Céus.

1Tm 6,15

Lc 1,35

Não tendo podido convidar-vos para a bênção Nupcial que lhe foi dada na montanha do Carmelo no dia 8 de Setembro de 1890, (tendo só a corte celeste sido admitida) estais no entanto convidados a participar da Renovação das Núpcias que terá lugar Amanhã, Dia da Eternidade, dia em que Jesus, Filho de Deus, virá sobre as Nuvens do Céu no brilho de sua Majestade°, para julgar os Vivos e os Mortos[305].

Mt 24,30

Sendo a hora ainda incerta, estais convidados a estar de prontidão e a vigiar°. /

Mt 24,42-44
A 78r
↓

Agora, Madre querida, o que me resta a vos dizer? Ah! creio ter terminado mas ainda não vos disse nada de minha felicidade de ter conhecido nossa Santa Madre Genoveva..... Essa é uma graça inapreciável; pois bem,

---

304. Para conseguir seu texto em duas colunas, Teresa fez uma dobra vertical no fólio 77 do Manuscrito.
305. Do *credo*: "Para julgar os vivos e os mortos".

Deus que já tinha me concedido tantas quis que eu vivesse com uma *Santa*, de jeito nenhum inimitável, mas uma Santa santificada por virtudes escondidas e comuns... Mais de uma vez recebi dela grandes consolações, sobretudo um domingo. — Ao ir como de costume fazer-lhe uma pequena visita, encontrei duas Irmãs junto de Madre Genoveva, olhei para ela sorrindo e me preparava para sair visto que não podem ficar três junto de uma doente[306], mas ela, olhando para mim com um ar ⁺*inspirado*, me disse: "Esperai, minha filhinha, vou somente dizer-vos uma palavrinha. Toda vez que vindes, pedis para vos dar um ramalhete espiritual, pois bem, hoje vou dar-vos este: Servi a Deus com *paz* e com *Alegria*, lembrai-vos, minha filha, que *nosso Deus* é o *Deus da paz*º". Após ter simplesmente agradecido a ela, saí emocionada até às lágrimas e convencida de que Deus lhe tinha revelado o estado de minha alma, nesse dia eu era extremamente provada, quase triste, numa noite tal que não sabia mais se era amada por Deus, mas a alegria e a consolação que senti, vós o adivinhais, Madre querida!......

1Cor 14,33

Madre Genoveva

A 78v ↓

No Domingo seguinte, quis saber qual revelação Madre Genoveva tinha tido, ela me garantiu não ter recebido *nenhuma*; então minha admiração foi ainda maior, ao ver a que grau eminente Jesus vivia nela e a fazia agir e falar. Ah! essa *santidade* me parecia a mais *verdadeira*, a mais *santa* e é ela que desejo porque aí não se encontra nenhuma ilusão............ /

No dia da minha profissão fiquei também bem consolada por saber da boca de Madre Genoveva que ela passara pela mesma provação que eu antes de pronunciar seus votos..... No momento de nossas *grandes* penas, vós vos lembrais, Madre querida, das consolações que encontramos junto dela?... Enfim a lembrança que Madre Genoveva deixou no meu coração é uma lembrança embalsamada.... No dia de sua partida para o Céu[307] senti-me

---

306. Madre Inês anota em sua Cópia de HA de 1936: "É um costume do mosteiro para a visita aos enfermos". Também era costume que uma noviça não ia à enfermaria sem estar acompanhada de sua mestra de noviças. Visto que Teresa vai aí sozinha, o fato narrado situa-se, portanto, depois de sua profissão de 8 de setembro de 1890.
307. Sábado, 5 de dezembro de 1891.

Madre Genoveva

particularmente comovida, era a primeira vez que assistia a uma morte, verdadeiramente esse espetáculo era arrebatador..... Eu estava justamente ao pé da cama da santa moribunda, via perfeitamente seus mais leves movimentos; parecia-me, durante as duas horas que passei assim, que minha alma deveria ter-se sentido cheia de fervor, ao contrário, uma espécie de insensibilidade se apoderara de mim, mas no *momento mesmo* do nascimento para o Céu de nossa Santa Madre Genoveva, minha disposição interior mudou, num piscar de olhos senti-me cheia de uma alegria e de um fervor indizíveis, era como se Madre Genoveva me tivesse dado uma parte da felicidade de que ela gozava pois estou bem persuadida que ela foi direto para o céu.... Durante sua vida disse-lhe um dia: "Ó Madre! Não ireis ao purgatório!.." – Eu *o espero*, respondeu-me com mansidão.... Ah! certamente que Deus não pôde enganar uma esperança tão cheia de humildade, todos os favores que recebemos são a prova disso....... Cada irmã se apressou em reclamar alguma relíquia; sabeis, Madre querida, aquela que tenho a felicidade de possuir.... Durante a agonia de Madre Genoveva, observei uma *lágrima* cintilante em sua pálpebra, como um diamante; essa *lágrima*, a *última* de *todas aquelas* que ela derramou, não caiu, vi-a ainda *brilhar* no coro[308] sem que ninguém pensasse em recolhê-la. Então tomando um pequeno pano fino, ousei aproximar-me de noite sem ser vista e tomar para *relíquia* a *última lágrima* de uma Santa... Depois a levei sempre no pequeno / sachê onde meus votos estão encerrados.   **A** 79r

Não dou importância aos meus sonhos, aliás raramente os tenho simbólicos e me pergunto mesmo como é que pensando o dia todo em Deus, não me ocupo com ele mais durante o meu sono.... ordinariamente sonho com o bosque, as flores, os riachos e o mar e, quase sempre, vejo bonitas criancinhas, pego borboletas e passarinhos como nunca vi. Vedes, Madre, que se meus sonhos têm uma aparência poética, estão longe de ser místicos....... Uma noite depois da morte de Madre Genoveva tive um mais consolador, sonhei que ela fazia o seu testamento, dando a cada irmã uma coisa que lhe pertencera; quando chegou a minha vez acreditava nada receber, porque não lhe restava mais nada, mas levantando-se ela me disse por três vezes com um tom penetrante: "A vós, deixo meu *coração*".

---

308. Depois de sua morte, a carmelita era, durante um dia ou dois, exposta no coro para que as pessoas de fora pudessem vir vê-la e rezar.

Manuscrito A(gnes)

Um mês depois da partida de nossa Santa Madre, a influenza se declarou na comunidade, eu estava sozinha de pé com duas outras irmãs[309], nunca poderei dizer tudo o que vi, o que a vida me pareceu e tudo o que ocorre......

O dia dos meus 19 anos foi festejado por uma morte, logo seguida de duas outras[310]. Nessa época eu estava sozinha na sacristia, minha primeira de emprego[311] estava gravemente doente; era eu que devia preparar os enterros, abrir as grades do coro para a missa etc.... Deus me deu muitas graças de força nesse momento, agora me pergunto como pude fazer sem temor tudo o que fiz, a morte reinava em toda parte, as mais doentes eram cuidadas por aquelas que se arrastavam apenas, logo que uma irmã tinha dado o último suspiro a gente era obrigada a deixá-la sozinha. Numa manhã ao me levantar, tive o pressentimento que Ir. Madalena estava morta, o dormitório[312] estava na escuridão, ninguém saía das celas; finalmente me decidi / a entrar na cela da Ir. Madalena cuja porta estava aberta; vi-a de fato, vestida e deitada no seu colchão de palha, não tive o mínimo medo. Vendo que ela não tinha vela, fui buscar uma, bem como uma coroa de rosas.

A 79v ↓

Na noite da morte da Madre Subpriora, eu estava sozinha com a enfermeira[313], é impossível imaginar o triste estado da comunidade nesse momento, só aquelas que estavam de pé podem fazer uma idéia, mas no meio desse abandono, sentia que Deus velava sobre nós. Era sem esforço que as moribundas passavam para uma vida melhor, imediatamente após a sua morte uma expressão de alegria e de paz se espalhava sobre seus traços, dir-se-ia um sono tranqüilo; era um verdadeiramente visto que depois que a figura deste mudo tiver passado°, elas se despertarão para gozar eternamente das delícias reservadas aos eleitos....

1Cor 7,31

---

309. Irmã Maria do Sagrado Coração e irmã Marta.
310. Após a morte de Madre Genoveva, 5 de dezembro, morrem irmã São José de Jesus (2 de janeiro de 1892), a "Madre Subpriora" Febrônia da Santa Infância (4 de janeiro) e irmã Madalena do Santíssimo Sacramento (7 de janeiro).
311. "Primeira de emprego": a principal responsável por uma tarefa ("emprego") na comunidade; ela tinha uma "segunda de emprego", aqui Teresa, para a sacristia.
312. Quer dizer, o corredor para o qual davam as celas.
313. Irmã Amada de Jesus.

Zélia, a mãe de Teresa.

Luís, o pai de Teresa.

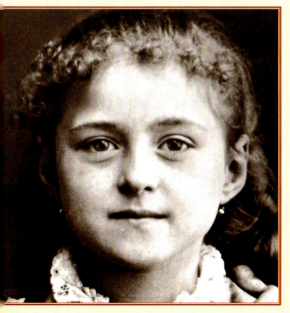
Teresa aos 8 anos.

Paulina, irmã de Teresa, aos 21 anos.

HISTÓRIA DE UMA ALMA

A "Virgem do Sorriso", estátua cara à família Martin e que foi enviada ao Carmelo de Lisieux em 1894. Ajoelhada diante dela, Teresa pronunciou, no dia 11 de junho de 1895, sua Oferenda ao Amor Misericordioso.

▲ Santa Teresa d'Ávila (Carmelo de Bruxelas).

São João da Cruz (Convento dos padres carmelitas de Bruges).

HISTÓRIA DE UMA ALMA

Os Buissonnets.

Teresa noviça, com a idade de 16 anos e um mês.

A porta da clausura do Carmelo, transposta por Teresa em 9 de abril de 1888, com a idade de 15 anos e três meses.

Teresa aos 13 anos.

HISTÓRIA DE UMA ALMA

As "Armas" (cf. A 85v-86r) de Teresa do Menino Jesus e da Sagrada Face, compostas e pintadas por ela.

A Sagrada Face pintada por Teresa numa casula.

Estátua do Menino Jesus no claustro do Carmelo: Teresa estava encarregada de orná-la com flores.

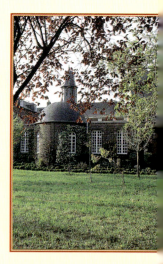

Jardim do Carmel de Lisieux

▲ As mãos de Teresa.

▲ Teresa e sua irmã Maria, a quem ela confia os segredos de sua "pequena doutrina", o Manuscrito M.

Teresa no papel de Joana d'Arc. Esta foto data da primavera de 1895, enquanto ela redigia o Manuscrito A. ▶

▲ Detalhe de um grupo, em 1895. Lavando roupa: irmã Maria da Trindade, Teresa, irmã Genoveva, irmã Marta de Jesus.

História de uma alma

▲
Cela de Teresa.

Na prateleira debaixo da estante, a jarra de Teresa na prateleira de cima, su lamparina a querosene, su ampulheta, seu escritóri (escrivaninha portát que se colocava sobre o joelhos e que continh papéis, pena e tinta) sobr o qual Teresa redigi seus Manuscritos. N primeiro plano à direita, banquinh

HISTÓRIA DE UMA ALMA

Pátio do Carmelo de Lisieux debaixo de neve.
No pavimento superior, a cela de Teresa está
marcada com uma cruz. Embaixo, no canto,
atrás da última arcada, a enfermaria, cuja janela
dá para o jardim.

Julho de 1896. Teresa com a idade de 23 anos e meio. Ela já terminou o Manuscrito A. Em dois meses redigirá o Manuscrito M. Esta foto foi publicada invertida no frontispício de toda a primeira edição da *História de uma alma* (1898).

Teresa doente, um mês antes de sua morte.

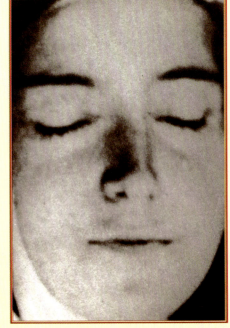

O rosto tranqüilo de Teresa após sua morte.

A morte reinava em toda parte

Durante todo o tempo que a comunidade foi assim provada, pude ter a inefável consolação de fazer *todos* os *dias* a Sta. Comunhão.... Ah! como era bom!.. Jesus mimou-me muito tempo, mais tempo que suas fiéis esposas, porque permitiu que *O dessem* a mim sem que as outras tivessem a felicidade de O receber. Eu estava também muito feliz por tocar nos vasos sagrados, preparar os pequenos *panos*[314] destinados a receber Jesus, sentia que precisava ser bem fervorosa e me lembrava muitas vezes dessa palavra dirigida a um santo diácono: "Sede santo, vós que tocais os vasos do Senhor°". Is 52,11

Não posso dizer que recebi freqüentemente consolações durante minhas ações de graças, talvez seja o momento em que as tenho menos.... Acho isso totalmente natural visto que me ofereci a Jesus não como uma pessoa que deseja receber sua visita para sua própria consolação, mas ao contrário para o prazer Daquele que se deu a mim. — Imagino minha alma como um terreno *livre* e peço à Sta. Virgem que tire os *escombros* que poderiam impedi-la / de ser *livre*, em seguida suplico que ela mesma erga uma vasta tenda[315] digna do *Céu*, a orne com seus *próprios* adornos e depois convido todos os Santos e os Anjos[316] a vir fazer um magnífico concerto. Parece-me quando Jesus desce no meu coração que Ele está contente por se achar tão bem recebido e eu estou contente também..... Tudo isto não impede que as distrações e o sono venham visitar-me, mas ao sair da ação de graças vendo que a fiz tão mal tomo a resolução de estar todo o resto do dia em ação de graças..... Vedes, Madre querida, que estou longe de ser conduzida pelo caminho do temor, sei sempre encontrar o meio de ser feliz e tirar proveito de minhas misérias... sem dúvida isso não desagrada a Jesus, porque ele parece encorajar-me nesse caminho. — Um dia, contrariamen-

A 80r ↓

---

314. Teresa sublinha! Era um achado da irmã Maria de São Pedro, de Tours... Cf. Abbé Janvier. *Vie de la Soeur Saint-Pierre*. Tours, 1881. p. 206: "[...] os panos de Jesus, quero dizer os corporais".

315. Em LT 165 de 7 de julho de 1894, Teresa já comparou sua alma a uma "tenda" para o "concerto". No pano de fundo, pode estar também a imagem da "tenda" no Tabor, proposta a Jesus pelo apóstolo Pedro (cf. Mt 17,4) e evocada na poesia *Vivre d'Amour* (PN 17) de final de fevereiro de 1895, ano em que Teresa escreve o Manuscrito A.

316. Haveria, aqui, alguma inspiração da *Vida da irmã São Pedro*, citada acima? Lê-se na página 409, em relação com a comunhão, que a irmã São Pedro tinha o costume "de convidar a Santíssima Virgem e os santos anjos para preparar a morada do hóspede celeste a quem ela atendia".

te ao meu costume, estava um pouco perturbada ao ir à Comunhão, parecia-me que Deus não estava contente comigo e me dizia: "Ah! se só receber hoje a *metade de uma hóstia*, isso vai me causar muito pesar, acreditarei que Jesus vem como que de má vontade ao meu coração". Aproximei-me.... oh felicidade! pela primeira vez na minha vida, vi o padre tomar *duas hóstias* bem separadas e dá-las a mim!... Compreendeis minha alegria e as doces lágrimas que derramei, ao ver tão grande misericórdia......

Padre Prou

A 80v
↓

No ano que se seguiu à minha profissão, isto é, dois meses antes da morte de madre Genoveva, recebi grandes graças durante o retiro[317]. Ordinariamente os retiros pregados me são ainda mais dolorosos que aqueles que faço sozinha, mas naquele ano foi diferente. Eu tinha feito uma novena preparatória com muito fervor, apesar do sentimento íntimo que tinha, pois me parecia que o pregador não poderia compreender-me, estando sobretudo destinado a fazer o bem aos grandes pecadores mas não / às almas religiosas. Deus querendo mostrar-me que só Ele era o diretor de minha alma serviu-se justamente desse Padre que não foi apreciado por mim.... Eu tinha então grandes provações interiores de toda espécie (até me perguntar às vezes se havia um Céu[318]). Sentia-me disposta a nada dizer das minhas disposições interiores, não sabendo como exprimi-las; apenas entrada no confessionário, senti minha alma dilatar-se. Após ter dito poucas palavras, fui compreendida de uma maneira maravilhosa e até *adivinhada*.............. minha alma era como um livro no qual o Padre lia melhor do que eu mesma...... Lançou-me com vela cheia sobre as ondas da *confiança* e do *amor* que me atraíam tão forte mas sobre as quais não ousava avançar.... Ele me disse que *minhas faltas não causavam pesar* a Deus, que *estando no seu lugar* me dizia de *sua parte* que Ele estava muito contente comigo......

---

317. De 8 a 15 de outubro de 1891, retiro pregado por padre Aléxis Prou (1844-1914), franciscano recoleto de Caen.

318. E o Céu estava tão presente na perspectiva de Teresa. Seus escritos até essa data testemunham-no abundantemente. Como prever nesse ano de 1895 tão luminoso que em poucos meses, a partir da Páscoa de 1896, até sua morte, ela passará por uma nova "provação interior", na qual sua expectativa tão viva do Céu será profundamente angustiada e deverá apoiar-se incondicionalmente sobre a promessa formal de Jesus (cf. G 4v-7v), que a ajuda a viver, finalmente, uma rara harmonia interior.

Oh! como fiquei feliz ao escutar essas consoladoras palavras!.. Nunca ouvira dizer que as faltas pudessem ⁺*não causar pesar* a Deus³¹⁹, essa certeza encheu-me de alegria, fez-me suportar pacientemente o exílio da vida.... Sentia bem no fundo de meu coração que era verdade pois Deus é mais terno que uma Mãe, pois bem, vós, Madre querida, não estais sempre pronta a perdoar-me as pequenas indelicadezas que vos faço involuntariamente?... Quantas vezes não fiz a doce experiência!... Nenhuma censura me teria tocado tanto como uma só de vossas carícias. Sou de uma natureza tal que o temor me faz recuar; com o *amor* não somente avanço, mas *vôo*............

Ó Madre! Foi sobretudo desde o dia bendito de vossa eleição³²⁰ que voei nos caminhos do amor..... Nesse dia, Paulina se tornou meu Jesus vivo.... Ela se tornou pela segunda vez: "Mamãe³²¹!..." /   **A** 81r ↓

---

319. Embora ela não tenha "nunca ouvido dizer" isso, sua leitura aprofundada do Evangelho lhe dera o pressentimento, como testemunha, um ano antes desse retiro, sua carta de 3 de setembro de 1890 à irmã Inês: "[...] parece-me que Jesus pode fazer a graça de não mais ofendê-lo ou então... de não fazer senão faltas que não o OFENDAM mas não fazem senão humilhar e tornar o amor mais forte. Se soubésseis como vos diria longamente se tivesse palavras para exprimir o que penso ou melhor o que *não penso* mas que sinto!" (LT 114). Ser-lhe-á preciso o ímpeto dado por padre Aléxis para que ela "ouse" avançar plenamente na "confiança" amante, que "a atraía tão forte".

320. "Sobretudo desde" 20 de fevereiro de 1893, quando irmã Inês, que tem 31 anos e meio, é eleita priora para três anos, Teresa "voa nos caminhos do amor". Antes ela tinha declarado em relação ao "sofrimento": "Durante cinco anos esse caminho foi o meu" (A 69v). A diminuição notável do sofrimento coincide, pois, quase perfeitamente com a data da eleição de sua "Mamãe" querida, como ela se expressará. Até sua morte Teresa poderá chamar sua irmã de "Mãe/Madre". Mesmo depois de seu priorado uma antiga priora era chamada assim.

321. Madre Inês anota, aqui, em sua Cópia de HA de 1936: "Aqui apaguei algumas linhas no manuscrito e sequer fiz cópia, o que lamento muito, mas era tão elogioso para mim que tinha medo que um dia ou outro madre Maria de Gonzaga lesse essas linhas e ficasse perturbada". O texto exato, que madre Inês não pode (ou não quer?) dizer, foi reconhecido debaixo das rasuras. Chegamos ao mesmo resultado que NEC: é o texto que se acaba de ler. No mesmo dia da eleição da irmã Inês, Teresa, emocionada, tinha escrito a ela neste sentido: "Minha *Mãe* querida [N.T.: em francês há um jogo de palavras entre *mère/mãe* e *mère/madre*], Como é doce poder dar-vos este nome!... Há muito tempo já éreis minha *Mãe*, mas é no segredo do coração que dou este doce nome àquela que era ao mesmo tempo meu *Anjo da guarda* e minha *Irmã*; hoje Deus vos *consagrou*... sois minha Mãe e sereis durante toda a eternidade... Oh! como este dia é belo para vossa filha!..." (LT 140).

Manuscrito A(gnes)

Jo 12,24

Sl 125,5-6

Já faz quase três anos[322] que tenho a felicidade de contemplar as *maravilhas* que Jesus opera por meio de minha Madre querida.... Vejo que *só o sofrimento* pode gerar as almas e mais do que nunca estas sublimes palavras de Jesus me revelaram sua profundidade: "⁺*Em verdade, em verdade, vos digo, se o grão de trigo tendo caído na terra não morrer, fica só, mas se morrer produz muito fruto*°". Que abundante messe não tendes colhido!.. Semeastes nas lágrimas, mas logo vereis o fruto de vossos trabalhos, voltareis cheia de alegria carregando feixes° em vossas mãos.... Ó *Madre*, entre esses feixes floridos, a *florzinha branca está escondida,* mas no Céu ela terá uma voz para cantar vossa *doçura* e as *virtudes* que ela vos vê praticar cada dia na sombra e no silêncio da vida do exílio......

Madre Inês

Ecl 1,14

Sim, há *três anos*[323], compreendi mistérios até então escondidos para mim. Deus mostrou-me a mesma misericórdia que mostrou ao rei Salomão. Ele não quis que eu tivesse um só desejo que não fosse realizado, não somente meus desejos de perfeição, mas também aqueles cuja vaidade eu *compreendia*, sem tê-la experimentado.

Tendo sempre, Madre querida, vos olhado como meu *ideal*, desejava ser semelhante a vós em tudo; vendo-vos fazer belas pinturas e maravilhosas poesias, eu me dizia: "Ah! como eu seria feliz em poder pintar, em saber exprimir meus pensamentos em versos e em fazer também o bem às almas..." Não teria querido *pedir* esses dons naturais e meus desejos permaneciam *escondidos* no fundo do meu coração. *Jesus escondido* também neste pobre pequeno *coração* agradou-se em mostrar que ⁺*tudo é vaidade e aflição de espírito debaixo do sol*°...... Para grande espanto das irmãs, mandaram-me *pintar* e Deus permitiu que eu soubesse aproveitar

---

322. Estamos nos aproximando de 20 de fevereiro de 1896, terceiro aniversário da eleição de madre Inês, mas no penúltimo fólio do Manuscrito A ainda está escrito "neste ano", 1895 (cf. A 84r).

323. O autógrafo revela que o texto original de Teresa é, de fato, "três anos" e que estas duas palavras estavam *sublinhadas*. Nova insistência secreta sobre essa eleição, para madre Inês ponto de partida para "semear nas lágrimas", como Teresa acaba de dizer.
— Os temperamentos de madre Inês e de madre Maria de Gonzaga, a qual tinha muita autoridade moral na comunidade, não concordavam espontaneamente.

as lições que minha Madre querida me deu[324]..... Quis ainda / que eu pudesse a exemplo dela fazer poesias, compor peças que fossem achadas bonitas[325]..... Do mesmo modo que Salomão *voltando-se para as obras de suas mãos em que havia feito um esforço tão inútil, viu que tudo é vaidade e aflição de espírito*°, assim reconheci por EXPERIÊNCIA que a felicidade não consiste senão em se esconder, em permanecer na ignorância das coisas criadas[326]. Compreendi que sem *o amor*, todas as obras não são senão nada°, mesmo as mais brilhantes, como ressuscitar os mortos e converter os povos.....

A 81v ↓

Ecl 2,11

1Cor 13,1-3

Em vez de me fazer mal, de levar-me à vaidade, os dons que Deus me prodigalizou (sem que eu lhos tenha pedido) me levam para *Ele*,

---

324. Teresa pintou seu primeiro quadro para a festa de madre Inês, priora, no dia 21 de janeiro de 1894, "O Sonho do Menino Jesus", quadro que ela comenta numa carta (LT 156). Retocado em 1927 por irmã Genoveva (sobretudo o rosto do Menino Jesus), esse quadro foi reproduzido em DESCOUVEMONT – LOOSE, *Thérèse et Lisieux*, Paris, Cerf, 1991, p. 159. Madre Teresa oferecê-lo-á à sua antiga mestra na Visitação de Caen (também conhecida de Teresa), irmã Maria Aloísia, eis em que termos: "Este humilde cartão foi pintado por Ir. T. do Men. Jesus e foi oferecido a mim *para vós* no dia 21 por esse querido Anjinho. Eu vos garanto que ela se escondeu bem porque eu não suspeitava de nada... Mas ai! ao pegar o pincel ela acreditava fazer uma maravilha ao querer copiar o Divino Menino que ela via em seu coração, tão fácil de reproduzir, pensava ela, *porque ela o via tão claramente*! O pincel a enganou! E o que saiu custou-lhe muitas lágrimas, não era isso que ela queria oferecer à sua querida Tia Maria Aloísia... De fato este quadro é uma pintura ruim, mas quando se pensa que foi feito por inspiração, a gente é mais indulgente, sobretudo para uma criança que nunca aprendeu desenho nem pintura. Enfim, eu vo-lo envio, apesar da opinião contrária de Madre M. de Gonzaga, que não o acha bom... Ela fez pinturas tão belas de flores e paisagens, e o Menino Jesus foi pintado a partir de um modelo! Mas assim como está, é sempre um *menino Jesus* e vós lhe faríeis bem em recebê-lo, estou bem persuadida disto" (cf. NEC. *Correspondance générale*. p. 1150, carta de 29 de janeiro de 1894). Teresa, portanto, serviu-se globalmente de uma imagem como modelo. Ainda se vê o quadriculado feito por ela (cf. DESCOUVEMONT – LOOSE, op. cit., p. 158).

325. Antes de Teresa, era a irmã Inês que estava encarregada de compor poemas, cânticos e "recreações piedosas" (peças de teatro) para as festas da comunidade ou para tal ou tal irmã em particular. Teresa a sucederá e comporá nessa intenção oito "recreações piedosas", a partir de 21 de janeiro de 1894, para a festa de Santa Inês, festa da priora. Igualmente, umas cinqüenta poesias, a partir de 20 de fevereiro de 1894 (depois de uma primeira tentativa um ano antes para irmã Teresa de Santo Agostinho, no dia 2 de fevereiro de 1893).

326. Fórmula tomada em ARM VII, p. 208, que cita santo Agostinho (*Confissões*, Livro V): "Feliz, ao contrário, aquele que Vos conhece, estaria na ignorância de todas as coisas criadas".

vejo que só Ele é *imutável*, que só Ele pode satisfazer meus imensos desejos[327]......

Há ainda outros desejos de outro gênero que Jesus se agradou em satisfazer, desejos infantis semelhantes aos da neve de minha tomada de hábito.

Sabeis, Madre querida, quanto gosto das flores; ao me fazer prisioneira aos 15 anos, renunciei para sempre à felicidade de correr pelos campos esmaltados dos tesouros da primavera: pois bem! Nunca possuí mais flores que desde minha entrada no Carmelo[328]...... É costume que os noivos ofereçam muitas vezes ramalhetes de flores às suas noivas, Jesus não esqueceu disso, enviou-me em abundância feixes de centáureas, grandes margaridas, papoulas, etc... todas as flores que mais me arrebatavam. Havia uma pequena flor chamada a Nigela dos trigos, que eu não tinha encontrado desde que morávamos em Lisieux, desejava muito rever essa flor de *minha infância* colhida por mim nos campos de Alençon; foi no Carmelo que ela veio sorrir-me e mostrar-me que, nas mínimas coisas como nas grandes, Deus dá o cêntuplo desde esta vida às almas que por seu amor tudo deixaram°.

Mt 19,29

A 82r
↓

Celina

Porém o mais íntimo dos meus desejos, o maior de todos, que pensava nunca / ver realizar-se, era a entrada de minha Celina querida no mesmo Carmelo que nós... Este *sonho* parecia-me inverossímil[329], viver sob o mesmo teto, partilhar as alegrias e as penas da companheira de minha infância, também eu fizera completamente meu sacrifício, confiara a Jesus o futuro de minha irmã querida es-

---

327. No dia 9 de junho, na sua *Oferenda ao Amor Misericordioso*, Teresa falara dos "desejos infinitos" de seu coração. Padre Lemonnier, a quem o texto foi submetido, pediu que mudasse "desejos infinitos" para "desejos imensos", o termo usado aqui. Teresa sempre deu grande importância aos bons desejos, que lhe parecem uma espécie de garantia de ser atendida: "Deus não poderia inspirar desejos irrealizáveis" (G 2v).

328. Madre Inês anota em sua Cópia de HA de 1936: "Porque se sabia fora que ela estava encarregada de enfeitar a estátua do Menino Jesus do claustro. Então não tinha vitrina".

329. Quatro irmãs Martin no mesmo mosteiro... Segundo Celina, o superior eclesiástico, abade Delatroëtte, "tinha jurado" que essa situação não se apresentaria nunca!

tando resolvida a vê-la partir para o fim do mundo se preciso fosse[330]. A única coisa que eu não podia aceitar, era que ela não fosse a esposa de Jesus, pois amando-a tanto quanto a mim mesma, era-me impossível vê-la dar o seu coração a um mortal. Eu já tinha sofrido muito sabendo que ela estava exposta no mundo aos perigos que me tinham sido desconhecidos[331]. Posso dizer que minha afeição por Celina era desde minha entrada no Carmelo um amor de mãe tanto quanto de irmã..... Num dia em que ela devia ir a uma festa[332] me fez tanto mal que supliquei a Deus que a *impedisse* de *dançar* e até (contra meu costume) derramei uma torrente de lágrimas. Jesus dignou-se de atender-me, não permitiu que sua noivinha *pudesse dançar* naquela noite (embora não ficasse embaraçada em fazê-lo graciosamente quando fosse necessário). Tendo sido convidada sem que pudesse recusar, seu cavaleiro encontrou-se na impotência total de fazer com que ela *dançasse*; para sua grande confusão, ele foi condenado a an-

---

330. "Se preciso fosse"... Teresa não estava todavia convencida de que "era preciso". Um ano antes, após a morte do Sr. Martin, ela tinha "o coração dilacerado" quando padre Pichon quis levar Celina para o Canadá para fundar uma nova congregação. Ela dizia: ele "se enganou" (cf. LT 168). Em 1896, quando se tratava da partida de Celina, agora irmã Genoveva, e da irmã Maria da Trindade para um Carmelo de missão, Teresa confessará ter passado por "um outro gênero de sofrimento bem íntimo, bem profundo, eu me representava todas as provações, todas as decepções que elas teriam de sofrer, enfim meu céu estava carregado de nuvens... só o fundo de meu coração permanecia na calma e na paz" (G 9v). Aqui, no Manuscrito A, ela acaba de afirmar que "fizera completamente o (seu) sacrifício" no tocante ao seu desejo, "o mais íntimo", "o maior de todos", de ver Celina viver "sob o mesmo teto" que ela (A 81v-82r). Mas que magnífica série de cartas teríamos tido se Celina tivesse partido para o Canadá...

331. Teresa conhecia os "perigos" aos quais Celina estava exposta, mas os detalhes lhe eram, então, "desconhecidos". Tendo entrado no Carmelo ("nos primeiros tempos que estava no Carmelo"), Celina lhe contara suas tentações de outrora contra a castidade que ainda não ousara revelar à sua irmã, julgando-a "jovem demais" e tendo medo de "manchar" a sua alma. "Enquanto eu falava ela me olhava com uma ternura indefinível, depois apertando-me contra seu coração ela disse, derretendo-se em lágrimas: 'Oh! como estou feliz hoje!... Como estou orgulhosa de minha Celina! Sim, hoje vejo ainda um de meus desejos realizados, pois sempre desejei dar a Deus esse sofrimento e ele não visitara minha alma, mas visto que ele visitou a alma de minha Celina, essa outra eu mesma, estou plenamente satisfeita: nós duas teremos oferecido a Jesus todos os gêneros de martírio...'" (Carta a madre Inês, de 23 de junho de 1905).

332. Era a noite de 20 de abril de 1892, no casamento de Henrique Maudelonde, que, antes, queria casar-se... com Celina, que sabia disso. Compreende-se a situação delicada.

MANUSCRITO A(GNES)

Ap 7,3   *dar* simplesmente para reconduzi-la ao seu lugar, depois retirou-se e não reapareceu na festa. Essa aventura única em seu gênero me fez crescer em confiança e em amor n'Aquele que pondo *seu sinal* na minha fronte°, o tinha ao mesmo tempo impresso na de minha Celina querida....

Sl 115,16

      No dia 29 de Julho do ano passado, Deus rompeu os laços° de seu incomparável servidor[333] e chamando-o para a recompensa eterna, rompeu ao mesmo tempo aqueles que retinham no mundo sua noiva querida, ela tinha cumprido a sua primeira missão; encarregada de nos *representar todas* junto a nosso Pai tão ternamente amado, essa missão ela tinha realizado

A 82v ↓ como um anjo.... e os anjos não permanecem / na terra, depois de cumprirem a vontade de Deus voltam imediatamente para ele, é para isso que têm asas..... Nosso anjo também sacudiu suas asas brancas, estava pronto para voar *bem longe* para encontrar Jesus, mas Jesus o fez voar *pertinho*... Contentou-se com a aceitação do grande sacrifício que foi bem *doloroso* para a Teresinha......... Durante *dois anos* sua Celina lhe tinha escondido um segredo..... Ah! o que também ela sofrera!... Enfim do alto do Céu, meu Rei querido, que na terra não gostava de lentidões, apressou-se em arranjar os assuntos tão confusos de sua Celina e no dia 14 de Setembro ela se reunia a nós!......

      Um dia em que as dificuldades pareciam insuperáveis, disse a Jesus durante minha ação de graças: "Vós sabeis, meu Deus, quanto desejo saber se Papai foi *diretamente* para o *Céu*, não vos peço para me falar, mas dai-me um sinal. Se minha Ir. A[mada] de J[esus] consentir com a entrada de Celina sem pôr obstáculo, será a resposta que Papai foi *diretamente para junto de vós*". Essa irmã, como o sabeis, Madre querida, achava que nós três já éramos demais e por conseguinte não queria admitir outra, mas Deus, que

Pr 21,1   tem em sua mão o coração° das criaturas e o inclina como quer, mudou as disposições da irmã; a primeira pessoa que encontrei após a ação de graças, foi ela que me chamou com ar amável, disse-me para subir até vossa cela e me falou de Celina, com as lágrimas nos olhos.....

---

333. O pai de Teresa.

Ah! quantos motivos não tenho para agradecer a Jesus que soube satisfazer todos os meus desejos!....

Agora, não tenho mais nenhum desejo, a não ser o de *amar* Jesus à loucura.... Meus desejos infantis se foram, sem dúvida gosto ainda de enfeitar com flores o altar do Menino Jesus, mas desde que me deu a *Flor* que eu desejava, minha *Celina querida*, não desejo outra, é ela que lhe / ofereço como meu mais maravilhoso ramalhete.....

A 83r ↓

Tampouco desejo o sofrimento ou a morte e no entanto amo os dois, mas é o *amor* só que me atrai.... Por longo tempo os desejei; possuí o sofrimento acreditei tocar na margem do Céu, acreditei que a florzinha seria colhida em sua primavera... agora é o abandono só que me guia, não tenho outra bússola!...... Não posso mais nada pedir com ardor exceto a realização perfeita da vontade° de Deus para minha alma sem que as criaturas possam opor obstáculo. Posso dizer estas palavras do cântico espiritual de N[osso] Pai S. João da Cruz: "No celeiro interior do meu Bem-Amado, bebi e quando saí, em toda essa planície não conhecia mais nada e perdi o rebanho que eu seguia antes*... Minha alma está empregada com todos os recursos ao seu serviço, não guardo mais rebanhos, não tenho outro ofício, porque +*agora todo o meu exercício é* AMAR!..."** ou ainda: "Desde que o experimentei, o AMOR é tão poderoso em obras que sabe *tirar proveito de tudo*, do bem e do *mal* que encontra em mim e transformar minha alma em si³³⁴". Ó Madre querida! como é suave o caminho do *amor*. Sem dúvida, pode-se cair, podem-se cometer infidelidades, mas o amor, sabendo *tirar proveito de tudo*, bem depressa consumiu *tudo* o que pode desagradar a Jesus, não deixando senão uma humilde e profunda paz no fundo do coração.....

Mt 6,10

---

* N.T.: É a canção XXVI do CE. Teresa cita, às vezes, bastante livremente. A tradução das *Obras completas* de são João da Cruz (Petrópolis, Vozes, 1984, p. 734) diz: "Na interior adega do Amado meu, bebi; quando saía, por toda aquela várzea já nada mais sabia, e o rebanho perdi que antes seguia".

** N.T.: "Minha alma se há votado, com meu cabedal todo, a seu serviço; já não guardo mais gado, nem mais tenho outro ofício, que só amar é já meu exercício" (ibid., canção XXVIII, p. 748).

334. Citações, respectivamente, do *Cântico espiritual*, estrofe 36, e da poesia *Glosa sobre o divino*.

Ah! quantas luzes não consegui nas obras de Nosso P[ai] S. J[oão] da C[ruz] [335]!... Com a idade de 17 e 18 anos[336] eu não tinha outro alimento espiritual, porém mais tarde todos os livros me deixaram na aridez e estou ainda neste estado. Se abro um livro composto por um autor espiritual (até o mais bonito, o mais emocionante), sinto imediatamente meu coração fechar-se e leio por assim dizer sem compreender, ou se compreendo meu espírito pára sem poder meditar.... Nessa impotência a Escritura Sagrada e a Imi- / tação vêm em meu socorro, nelas encontro um alimento sólido e todo *puro*. Mas é acima de tudo o *Evangelho* que me mantém durante minhas orações, nele encontro tudo o que é necessário para minha pobre alminha. Aí descubro sempre novas luzes, sentidos ocultos e misteriosos....

Compreendo e sei por experiência "Que o Reino de Deus está dentro de nós°". Jesus não tem nenhuma necessidade de livros nem de doutores para instruir as almas, Ele o Doutor dos doutores, ensina sem ruídos de palavras[337].... Nunca o ouvi falar, mas sinto que está em mim, a cada instante[338], Ele me guia, me inspira o que devo dizer ou fazer. Descubro justamente no momento em que tenho necessidade de luzes que não tinha ainda visto, não é mais amiúde durante minhas orações que são abundantes, é mais no meio das ocupações do meu dia.....

---

335. Cf. Renault, E. Présence de saint Jean de la Croixdans la vie et les écrits de sainte Thérèse de l'Enfant-Jésus. *Carmel* 58 (1990/3) pp. 2-30. Teresa conheceu, sobretudo, o *Cântico espiritual* e a *Viva chama de amor* [a edição francesa é de dois tomos encadernados num só volume, trad. das carmelitas de Paris], Paris, Ch. Douniol e Cia, 1875, XIV + 416 + 379 p. Teresa guardava esse volume em sua cela e podia consultar os outros na biblioteca do antecoro.

336. Em 1890 e 1891 portanto. Em 1891 festejava-se o tricentenário da morte do santo.

337. No cap. 43 do Livro III da *Imitação de Cristo*, capítulo já várias vezes utilizado por Teresa, o Senhor diz: "Ensino sem ruído de palavras". (Cf. também o título do cap. 2 do Livro III: "A Verdade fala dentro de nós sem ruído de palavra".)

338. Teresa coloca uma vírgula *antes* e *depois* do inciso "a cada instante". Não se sabe, portanto, em que ela pensa imediatamente: a) se Jesus "está (nela)" a cada instante; b) se ela "sente" isso a cada instante; c) se ele "a guia" a cada instante. O inciso "a cada instante" se refere, provavelmente, a "Ele me guia, me inspira"; é o sentido geral do parágrafo, onde, de "*dentro*", o Senhor lhe dá "luzes" "justamente no momento" em que ela tem uma "necessidade" de "dizer ou fazer" algo. Notar-se-á a intensidade e a abundância desta experiência teresiana: nas páginas finais do Manuscrito A, a fórmula "a cada instante" volta três vezes em passagens de densidade extraordinária: A 76r, A 83v e A 84r.

Ó Madre querida! após tantas graças posso cantar com o salmista: *"Que o Senhor é Bom, que sua Misericórdia é eterna°"*. Parece-me que se todas [as] criaturas tivessem as mesmas graças que eu, Deus não seria temido por ninguém mas amado até à loucura e que por *amor*, e não tremendo, nunca nenhuma alma consentiria em Lhe causar pesar.... Entretanto compreendo que todas as almas não podem se parecer, é preciso que haja diferentes famílias a fim de honrar especialmente cada uma das perfeições de Deus. A mim Ele deu sua *Misericórdia infinita* e *é através dela* que contemplo e adoro as outras perfeições Divinas.... Então todas me parecem radiantes de *amor*, a própria Justiça (e talvez ainda mais que qualquer outra) me parece revestida de *amor*.... Que doce alegria pensar que Deus é *Justo*, isto é que leva em conta nossas fraquezas, que conhece perfeitamente a fragilidade de nossa natureza. De que pois teria medo? Ah! o Deus infinitamente justo que se dignou de / perdoar com tanta bondade todas as faltas do filho pródigo, não deve ser Justo também para comigo que "estou sempre com Ele°"?..

Sl 117,1

A 84r
↓
Lc 15,21-24.31

Neste ano, em 9 de Junho, festa da Santíssima Trindade, recebi a graça de compreender mais do que nunca quanto Jesus deseja[339] ser amado.

Pensava nas almas que se oferecem como vítimas à Justiça de Deus[340] a fim de desviar e atrair sobre elas os castigos reservados aos culpados, essa

---

339. Cf. Clapier, J. *"Aimer jusqu'à mourir d'amour"*. *Thérèse de Lisieux et le mystère pascal*. Paris, Cerf, 2003. pp. 398-428. Especialmente o capítulo 8, "O mistério da afetividade divina": "Jesus deseja ser amado".

340. A oferenda como vítima à justiça de Deus, em geral, era conhecida na época. É possível que Teresa tenha ficado mais particularmente impressionada pela leitura, no refeitório, de uma circular necrológica, que chegou ao Carmelo de Lisieux exatamente na véspera, dia 8 de junho, sobre a irmã Ana Maria de Jesus, do Carmelo de Luçon. O texto principia assim: "No dia de sexta-feira santa, aprouve a nosso Divino Salvador afligir profundamente nossos corações, ao escolher entre nós uma vítima, para associá-la amplamente à sua dolorosa agonia". Por causa das "austeridades excessivas às quais ela se entregara sem medida", depois de alguns anos a irmã foi "acometida de dores reumáticas que a crucificaram pelo resto de sua vida e a obrigaram a viver completamente retirada na sua cela". A circular necrológica expõe — detalhes concretos em apoio — como a religiosa generosa e penitente "desejando ardentemente dar glória a Deus e salvar as almas. Com essa meta ela buscou o sofrimento e se ofereceu freqüentemente como vítima à Justiça divina". Na sexta-feira santa de 1895, dia de sua morte, "muitas vezes, ouvimos em seus lábios moribundos este grito entrecortado de angústia: 'Carrego os rigores da Justiça divina... a Justiça divina!... a Justiça divina!... Ó Jesus! vinde, vinde depressa, não posso mais... Aceito os tormentos interiores... A incerteza... a incerteza...' Depois levantando

oferenda me parecia grande e generosa, mas eu estava longe de sentir-me levada a fazê-la. "Ó meu Deus! exclamei no fundo do meu coração, será só a vossa Justiça que receberá almas que se imolam como vítimas?... Vosso *Amor* Misericordioso não tem necessidade disso também.... Em todo lugar ele é desconhecido, rejeitado; os corações nos quais desejais prodigalizá-lo se voltam para as criaturas pedindo a elas a felicidade com sua miserável afeição em vez de jogar-se em vossos braços e aceitar vosso *Amor* infinito..... Ó meu Deus! vosso amor desprezado vai ficar em vosso Coração? Parece-me que se encontrásseis almas que se oferecem como Vítimas de holocaustos° ao vosso Amor[341], vós as consumiríeis rapidamente, parece-me que estaríeis feliz em não comprimir as ondas° de infinitas ternuras que estão em vós... Se a vossa Justiça gosta de descarregar-se, ela *+que não se estende senão sobre a terra*, quanto mais vosso Amor Misericordioso deseja *abrasar* as almas, visto que vossa Misericórdia *+eleva-se até os Céus*°..... Ó meu Jesus! que seja *eu* essa feliz vítima, consumi vosso holocausto pelo fogo de vosso Divino Amor!....."

Madre querida, vós que permitistes[342] que eu me oferecesse assim a Deus, sabeis[343] os rios ou melhor os oceanos de graças que vieram inun-

Sb 3,4

Jo 7,38

Sl 35,6-7

---

suas mãos geladas e trêmulas e olhando para elas, disse: 'Não tenho méritos bastantes, é preciso adquiri-los'. De duas a três horas, a luta foi terrível; era bem o 'meu Deus, meu Deus, por que me abandonaste?'" Cf. Circulaire nécrologique pour une soeur carmélite s'étant offerte à la justice de Dieu. *Vie thérésienne* 115, jul./1989, pp. 184-189.

341. Para "(hóstia) de holocausto", cf. *Oferenda ao Amor Misericordioso*, nota 2.

342. Na mesma manhã (durante a hora de oração silenciosa? durante a eucaristia? ignora-se o momento preciso), quando ela compreendeu "quanto" Jesus deseja comunicar-se misericordiosamente, Teresa "ofereceu-se" ao "fogo (do) Divino Amor", mas é após a missa que ela pede a permissão à priora madre Inês (que lha concede) de se entregar definitivamente e de maneira autorizada em sua oferenda, com irmã Genoveva a quem Teresa, desde essa primeira hora missionária do Amor Misericordioso, explicará seu procedimento. Sem dúvida desde esse domingo, que lhe oferece o tempo livre, ela compõe a sua oração *Oferenda de mim mesma ao Amor Misericordioso*, que, dois dias mais tarde, em 11 de junho, pronunciará com irmã Genoveva, ajoelhadas diante da estátua de Nossa Senhora do Sorriso, no mesmo lugar em que ela tinha pedido a bênção de Maria antes de redigir o Manuscrito A, longa meditação sobre as misericórdias de Deus e que contribuiu para que ela chegue a "compreender mais do que nunca quanto Jesus deseja ser amado" (A 84r).

343. Já em 1897, tendo em vista a primeira edição de HA (pp. 231-232), madre Inês relata uma graça particular recebida por Teresa e contada por ela: "Alguns dias após o meu oferecimento ao Amor misericordioso, começava no coro o exercício do caminho da Cruz quando me senti ferida de repente por um fogo tão ardente que pensei que ia morrer. Não sei como explicar esse transporte: não há comparação que possa fazer com-

Oferenda ao Amor Misericordioso

dar[344] minha alma..... Ah! desde esse feliz dia, parece-me que o *Amor* me penetra e me cerca, parece-me que a todo instante esse *Amor Misericordioso* me renova, purifica minha alma e não deixa aí nenhum traço de pecado, por isso / não posso temer o purgatório.... Sei que por mim mesma não mereceria sequer entrar nesse lugar de expiação, pois só as almas santas podem ter acesso aí, mas sei também que o Fogo do Amor é mais santificante que o do purgatório, sei que Jesus não pode desejar para nós sofrimentos inúteis e que Ele não me inspiraria os desejos que sinto, se não quisesse satisfazê-los...... **A** 84v ↓

Oh! como é suave o caminho do Amor!... Como quero me aplicar a fazer sempre, com o máximo abandono, a vontade° de Deus!... Mt 6,10

Aqui está, Madre querida, tudo o que posso dizer-vos da vida de vossa Teresinha, conheceis bem melhor por vós mesma o que ela é e o que Jesus fez por ela, assim me perdoareis por ter abreviado muito a história de sua vida religiosa....

Como ela acabará, essa "história de uma florzinha branca[345]"?... Talvez a florzinha seja colhida no seu frescor ou então transplantada para outras margens[346].... ignoro-o, porém sei aquilo de que estou certa, é que a Misericórdia de Deus a acompanhará sempre°, é que nunca ela cessará de bendizer a Mãe querida que a deu a Jesus; eternamente se regozijará de ser uma das flores de sua coroa.... Eternamente cantará com esta Madre querida o cântico sempre novo° do Amor.... Sl 22,6

Ap 14,3

---

preender a intensidade dessa chama. Parecia-me que uma força invisível mergulhava-me inteira no fogo. Oh! que fogo! que doçura! [...] o dia de que falo, um minuto, um segundo a mais, minha alma se separaria do corpo... Ai! e eu me encontrei na terra, e a secura imediatamente voltou a habitar meu coração!"

344. Para traduzir a sua experiência intensa, Teresa recorreu a imagens de grandeza e de dinamismo: rios, oceanos, ondas, fogo consumidor, holocausto... Sem dúvida, a sua familiaridade com os escritos de são João da Cruz serve-lhe, aqui, em seu trabalho redacional, por espontâneo que deve ter sido falar de semelhantes plenitudes. Toda a *Viva "chama" de Amor* lhe oferece essas imagens de fogo consumidor e de água que vivifica. Mas ARM VII, p. 201, oferece-lhe, igualmente, essas imagens do "fogo" que "embebe" e "penetra" (cuja influência é clara em G 36r-v), as almas que "se precipitam e se perdem no oceano de vossas claridades" e "mergulham no seio de vossa beatitude".

345. Missão cumprida, para encerrar, Teresa retoma, aqui, o título dado desde a primeira linha (A 2r), com uma última alusão ao seu "cântico" de louvor da "Misericórdia" divina, o Amor eterno.

346. Alusão ao seu desejo de partir para um Carmelo de missão, do que falará mais em G 9r-10v.

*Teresa com a idade de 23 anos,
três meses depois de ter terminado o Manuscrito A.*

Explicação das armas

A 85v

O brasão JHS é aquele que Jesus se dignou trazer como dote para sua pobre esposinha. +*A órfã da Beresina*³⁴⁷ tornou-se +*Teresa do Menino Jesus, da Sagrada Face*, esses são seus títulos de nobreza, sua riqueza e sua esperança. — A Videira que separa o brasão em dois é também a figura d'Aquele que se dignou de nos dizer: "+*Eu sou a Videira e vós sois os ramos, quero que me produzais muitos frutos°*". Os dois ramos que circundam, um a S. Face, o outro o menino Jesus são a imagem de Teresa que só tem um desejo aqui embaixo, o de oferecer-se como um cachinho de uvas para refrescar Jesus menino, diverti-lo, deixar-se apertar por Ele à medida de seus caprichos e poder assim estancar³⁴⁸ +*a sede°* ardente que Ele sentia durante sua paixão. — A harpa representa ainda Teresa que quer sem cessar cantar a Jesus melodias de amor³⁴⁹.

Jo 15,5

Jo 19,28

O brasão FMT é o de Maria Francisca Teresa, a florzinha da Santíssima Virgem, por isso essa florzinha é representada recebendo os raios benfazejos da Mansa Estrela da manhã°³⁵⁰. — A terra verdejante representa a família bendita no seio da qual a florzinha cresceu; mais longe se vê uma montanha que representa o Carmelo. É esse lugar bendito que Teresa escolheu para figurar em suas armas +*o dardo inflamado* do amor que deve merecer-lhe a palma do martírio ao esperar que ela possa verdadeiramente dar seu sangue por +*Aquele que ela ama°³⁵¹*. Porque para responder a todo o amor de Jesus ela queria fazer por Ele o que Ele fez por ela... mas Teresa não

Ap 22,16

Jo 15,13

---

347. Sobrenome dado pelo Sr. Martin a Teresa, inspirado num romance lido nos Buissonnets: Woilliez, Mᵐᵉ. *L'orpheline de Moscou ou la jeune institutrice [A órfã de Moscou ou a jovem professora]*. Teresa o utiliza em seus escritos sete vezes no total.
348. Primeira redação: "desalterar", corrigido para "estancar".
349. Frase acrescentada depois. Vê-se, com efeito, como Teresa teve de comprimir sua escrita para ter a frase no resto da linha.
350. Refere-se a Jesus em Ap 22,16, mas aplicado aqui à Virgem Maria, chamada nas ladainhas de "Estrela da manhã". Sem dúvida uma alusão à sua cura aos dez anos de idade.
351. Alusão a Jo 15,13, mas Teresa inverte as perspectivas: se Jesus dá sua vida "por aqueles que ele ama", Teresa dá a sua vida "por Aquele que ela ama".

se esquece que ela é um †*fraco CANIÇO*³⁵², por isso o colocou em seu brasão. O triângulo luminoso representa a Adorável Trindade que não cessa de derramar seus dons inestimáveis na³⁵³ alma da pobre Teresinha, por isso em sua gratidão ela não se esquecerá nunca deste lema: "†*O Amor com Amor se paga*³⁵⁴."

A 86r
↓
Sl 88,2

Cantarei eternamente as Misericórdias° do Senhor³⁵⁵!...
Armas de Jesus e de Teresa

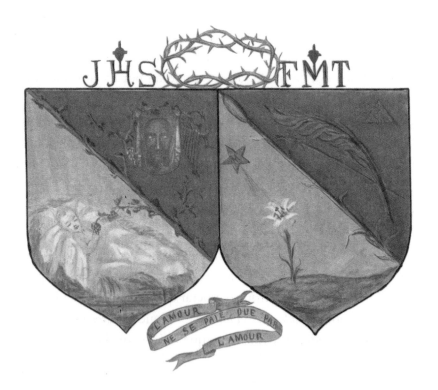

---

352. No momento de sua tomada de hábito, Teresa recebeu o caniço como marca sobre suas vestes.
353. Cf. João da Cruz. CE, estrofe 27, explicação antes do v. 1: (ao ver Deus) "derramar sobre ela com tanta profusão os dons inestimáveis de seu amor".
354. João da Cruz. CE, estrofe 9, v. 6.
355. Tema central do Manuscrito A!

Explicação das armas

Dias de graças, concedidos pelo Senhor à sua pequena esposa

Nascimento 2 de Janeiro de 1873 – Batismo 4 de Janeiro de 1873 – Sorriso da Santíssima Virgem Maio 1883 – Primeira Comunhão 8 de Maio de 1884 – Confirmação 14 de Junho de 1884 – Conversão 25 de Dezembro de 1886 – Audiência de Leão XIII 20 de Novembro de 1887 – Entrada no Carmelo 9 de Abril de 1888 – Tomada de hábito 10 de Janeiro de 1889 – Nossa grande riqueza 12 de Fevereiro de 1889 – Exame canônico, Bênção de Leão XIII Setembro de 1890 – Profissão 8 de Setembro de 1890 – Tomada de véu 24 de Setembro de 1890 – Oferenda de mim mesma ao Amor[356] 9 de Junho de 1895.

---

356. "Doravante, aos olhos de Teresa, o amor de Deus é constitucionalmente misericordioso e a misericórdia, essencialmente impregnada de amor. Todavia se constata que doravante a expressão *amor misericordioso* não aparecerá mais freqüentemente no vocabulário de Teresa. Isso lhe parece um pouco um pleonasmo: dizer em duas palavras o que se pode dizer numa! Doravante uma palavra basta: 'amor'! Amor, simplesmente, porque, aos seus olhos, quando se trata do amor que Deus dirige a nós, ele é essencialmente misericordioso. Quando, no fim da primeira parte de sua autobiografia, Teresa estabelece a lista das datas memoráveis de sua vida, chama o dia 9 de junho de 1895 simplesmente: Oferenda de mim mesma ao *Amor*" (C. De Meester. *Les mains vides*. Reedição. Paris, Cerf, 1998. pp. 126-127).

MANUSCRITO G

Dedicado à

MADRE MARIA DE GONZAGA

Advertência

Nos textos de Teresa que se seguem encontrar-se-á uma utilização às vezes irregular e incomum de maiúsculas, de abreviações, da pontuação muito abundante... Respeitamos o estilo espontâneo e muitas vezes evocador da Teresa escritora. Os três sinais mais usados são os seguintes:

º = remete a uma *referência bíblica* assinalada na margem.

+ = precede um texto, às vezes uma única palavra, escrito por Teresa em *escrita inclinada*.

/ = indica o começo do fólio, *reto* (r) ou *verso* (v), cuja numeração é dada na margem.

Siglas

A = **Manuscrito A**(gnes = Inês)
G = **Manuscrito G**(onzaga)
M = **Manuscrito M**(aria)
    Correspondência com as siglas utilizadas nas edições dependentes de padre François de Sainte-Marie (1956):
        A = A
        G = C
        M = B
ARM = Abbé Arminjon, *Fin du monde présent...*, seguido da indicação da "Conferência" em algarismo romano (cf. terceira nota em A 3v).
CE e **CV** = São João da Cruz, *Cântico Espiritual* e *Chama Viva de Amor*, seguidos da estrofe e do verso, fáceis de encontrar em todas as edições.
DYN = nossa obra *Dynamique de la confiance...* (cf. nota 8 da introdução ao Manuscrito A).
HA = *Histoire d'une âme* [*História de uma alma*], primeira edição de 1898.
PF I, II ou III = os três volumes de **P. François** de Sainte-Marie que acompanham a edição fototípica (1956, fac-símile) dos três manuscritos de Teresa, e
PFMA = edição tipográfica (impressa) por **P. François** dos **M**anuscritos **A**utobiográficos.
NEC = **N**ova **E**dição do **C**entenário, volume dos Manuscritos Autobiográficos.

NECMA = **N**ova **E**dição do **C**entenário, volume dos **M**anuscritos Autobiográficos.*

Siglas dos escritos e palavras de Teresa utilizadas na NEC: **LT** = Lettres de Thérèse [Cartas de Teresa]; **LC** = Lettres de ses correspondants [Cartas de seus correspondentes]; **LD** = Lettres diverses [Cartas diversas que falam de Teresa]; **PN** = Poesias; **RP** = Récréations pieuses [Recreações Piedosas (peças de teatro)]; **Pri** = Prières [Orações]. Finalmente **DE** = Derniers Entretiens (palavras de Teresa relatadas por madre Inês, incluindo o **CJ** = Carnet jaune [Caderno amarelo], seguido da data e da ordem da palavra citada).

---

* N.T.: Thérèse de l'Enfant-Jésus et de la Sainte-Face. *Nouvelle édition du Centenaire* [nossa sigla = NEC]. *Edition critique des Oeuvres complètes (textes et dernières paroles)*. Nova edição em oito volumes. Paris, Cerf-DDB, 1992. Várias vezes o leitor encontrará, no presente volume, a lista dos escritos de Teresa e seu significado. [Nossa sigla NECMA, seguida da página, remete ao volume dos *Manuscritos autobiográficos. Edição crítica*, 1992.]

Introdução

ao

Manuscrito G(onzaga)

20 de janeiro de 1896, véspera da festa da priora. Ao entrar no coro para a oração da tarde, Teresa oferece em silêncio o seu manuscrito a madre Inês.

Dois sorrisos. Inês coloca o caderno de lado, é hora de oração. De fato, ela só terá tempo de lê-lo depois das eleições de 21 de março de 1896, quando, tendo terminado três anos somente de priorado, ela é desincumbida de sua tarefa em favor de madre Maria de Gonzaga, eleita com dificuldade depois de sete escrutínios... Adivinha-se o tato natural e a atitude sobrenatural com os quais Teresa consola e anima sua irmã madre Inês, nomeada agora depositária (ecônoma) do Mosteiro.

1. Continuidade, numa nova conjuntura

Teresa precisará do mesmo tato natural e do mesmo olhar sobrenatural para consolar e animar a querida madre Maria de Gonzaga. A admirável "Lenda de um pequeníssimo Cordeiro" (LT 190, de 29 de junho de 1896) é testemunha disso: em nome do "Bom Pastor", Teresa convida "a pastora" a tirar proveito da recente "*provação de escolha*", "obra de santificação", para dedicar-se, agora, à obra da unidade na comunidade. Para 21 de junho de 1896, festa da prioresa, Teresa compõe a Recreação 7, com o título significativo de *Triunfo da humildade*. A comunidade escuta a mensagem.

Professa há seis anos, mas sem voz no capítulo conventual, sendo a terceira irmã Martin, Teresa pede para poder ficar no noviciado. Madre Maria de Gonzaga concorda e a nomeia sua assistente junto às noviças, reservando para si o título de "mestra das noviças" e todas as decisões a tomar.

Introdução ao Manuscrito G(onzaga)

Na Sexta-Feira Santa, 3 de abril de 1896, depois da meia-noite, e novamente de tarde, Teresa tem suas primeiras hemoptises, nessa época um sinal quase infalível de morte próxima. Dois dias mais tarde, 5 de abril, dia de Páscoa, uma angustiante pergunta a assalta e não a deixará mais até sua morte: haverá um céu para mim? Jesus "permitiu que minha alma fosse invadida pelas mais espessas trevas e que o pensamento do Céu tão suave para mim fosse apenas um assunto de combate e de tormento" (G 5v). Intrépida em sua fé na promessa de Jesus e solidariamente sentada a "esta mesa cheia de amargura onde comem os pobres pecadores", Teresa leva diante dela a "luminosa chama da Fé" (G 6r).

A tuberculose fez progressos fulminantes. Agora a morte está próxima. Fim de maio-começo de junho de 1897, madre Inês manifesta-lhe o seu desejo de vê-la redigir "a continuação de sua pequena V[ida]" (LC 183), iniciada em 1895. Isto nos dará o segundo manuscrito autobiográfico, o Manuscrito **G,** para Maria de **G**onzaga. A própria Teresa estabelecerá, com o máximo de clareza, desde as três primeiras linhas do Manuscrito G, sua ligação indissolúvel, quando diz a Maria de Gonzaga: "Vós me testemunhastes o desejo de que convosco eu acabe de *Cantar as Misericórdias do Senhor* [cf. A 2r]. Esse suave canto que tinha começado com vossa filha querida, Inês de Jesus..." (G 1r). A perspectiva do Manuscrito G é, portanto, como a do Manuscrito A, essencialmente biográfica[1], e o leitor não deixará de observar, como no Manuscrito A, a eterna passagem do passado ao presente e até ao futuro.

> Em toda parte Teresa, tão fina, à circunspeção, recomendada pelo Senhor, juntará a encantadora candura da pomba (cf. Mt 10,16). Durante esses nove anos e dois meses que ela viveu com as duas "mães" na intimidade da clausura, pôde constatar abundantemente quanto elas são diferentes. Ao escrever, Teresa sente espontaneamente que em certos pontos ela deverá situar-se um pouco no seu novo manuscrito. Por exemplo, até então, Maria de Gonzaga ignorava a existência e o conteúdo do primeiro caderno redigido para madre Inês; ora, Teresa explicará que se tratava apenas da "primavera de sua vida" e dos "tímidos raios da aurora", ao passo que Maria de Gonzaga terá o relato das graças desabrochadas sob os "ardores quentes

---

1. No final do Manuscrito G, Teresa acentuará mais uma vez esse objetivo biográfico: "Conheceis há muito tempo o que penso e todos os acontecimentos um pouco memoráveis de minha vida, eu não poderia portanto ensinar-vos nada de novo" (G 32v).

do meio-dia" (G 1r). No primeiro caderno, a priora descobrirá também o que Teresa escreveu acerca da "severidade" — palavra três vezes sublinhada! — de outrora (A 70v)... Com verdade, mas não sem diplomacia, ela agora sublinhará "o benefício" da "educação *forte* e maternal" que a priora lhe reservou (G 1v), o benefício de uma humildade que é verdade e liberdade (G 1v-2r). Mais adiante, em relação com a eventual partida de madre Inês para um Carmelo de missão em perigo, partida que não teria desagradado demais a Maria de Gonzaga, Teresa estima que a alma de sua irmã "tão sensível, tão delicada" — e Maria de Gonzaga poderá facilmente concordar com isso — "não fora feita para viver no meio de almas que não saberiam compreendê-la" (G 9v).

2. Uma obra de obediência

Se, desta vez, Teresa está consciente de que suas páginas servirão, de uma maneira ou de outra, para uma futura publicação sobre sua vida, nada a afasta de sua meta fundamental, a de obedecer ao "desejo" expresso pela priora. Já nas primeiras linhas ela diz isso duas vezes e o *leitmotiv* da obediência ressoará ainda. Ela não escreveu "para fazer uma obra literária mas por obediência" (G 6r), "continuo por obediência o que comecei por obediência" (G 18v). Como no Manuscrito A, onde o medo de "dissipar (seu) coração ao ocupá-lo com ele mesmo" foi vencido pela certeza de obedecer a Jesus (cf. A 2r), o dilema *escrever ou não escrever* será novamente resolvido pela obediência e pelo amor: "Sim tudo está bem, quando não se busca senão a vontade de Jesus, é por isso que eu, pobre florzinha, obedeço a Jesus ao tentar dar prazer à minha Madre bem-amada" (G 2v).

Percebe-se que Teresa ama verdadeiramente Madre Maria de Gonzaga. Sendo priora, ela é seu "Jesus visível" (G 23v), que "representa" aos seus olhos o Senhor (G 1r, 35v), "Jesus que vive na alma" da priora (G 11r). Por minha profissão, diz Teresa, "não foi entre vossas mãos maternas que me entreguei inteiramente a Ele?" (G 1r). (Vós sois) "uma Mãe que me ama e que eu amo" (G 11r), "ajo convosco como uma criança porque vós não agis comigo como Priora mas como Mãe" (G 1v). O olhar de Teresa se fixa na profundeza divina: "Depois que Ele [o Senhor] permitiu que eu sofresse tentações contra a *fé*, Ele aumentou muito em meu coração o *espírito de fé* [...] parece-me pelo que sinto no fundo do meu coração, que eu não mudaria de conduta e que meu amor por vós não sofreria nenhuma diminuição se preferísseis tratar-me severamente, pois ainda veria que é a vontade de Jesus que agísseis assim para o maior bem de minha alma" (G 11r-v).

Introdução ao Manuscrito G(onzaga)

Exatamente como o Manuscrito A, este novo Manuscrito G para Maria de Gonzaga aparenta-se com o gênero epistolar. Eis uma longa confidência direta a uma pessoa amada que é muito freqüentemente interpelada. A atenção de Teresa se concentra não sobre o grande público que lerá talvez mais tarde suas linhas, mas em Maria de Gonzaga e no desejo de obedecer a ela: Maria de Gonzaga é a pessoa que conta neste momento e toda a sua pessoa conta.

Teresa escreve com a despreocupação da criança e não hesita em repetir — vê-lo-emos — as imperfeições de sua comunicação. Toda pretensão editorial é estranha a ela. O abandono com o qual ela realizou o seu trabalho deixa entrever por si só que Teresa não podia imaginar absolutamente uma publicação de seu texto tal qual — mas é o que fazemos no presente volume —; ela contava, pelo menos, como uma coisa evidente, com uma *limpeza* literária antes de qualquer publicação. Obedecendo ao pedido de suas superioras, seu desejo é de fornecer material do qual se poderá servir-se livremente para a futura *circular*, mesmo se esta deva ser mais extensa que de costume. Toda reivindicação lhe é estranha. Uma carmelita nunca escreveria a sua própria circular necrológica... E Teresa podia contar com irmãs que a amavam e estimavam.

A concentração sobre a "continuação" de sua "pequena vida" no último período, portanto, e na pessoa da prioresa Maria de Gonzaga, faz com que Teresa não fale de seu passado antes de sua entrada no Carmelo[2]. É a razão pela qual em *História de uma alma* de 1898 o segundo Manuscrito para Maria de Gonzaga será, *proporcionalmente*, muito mais utilizado por Madre Inês que o primeiro Manuscrito endereçado a ela própria.

A atitude fundamental de "obedecer a Jesus" e de "dar prazer" à superiora (cf. G 2r) nos proporcionará a confissão mais espantosa da história dos *best-sellers* da literatura mundial. Sabendo que ela tem uma "missão" (CJ 17/7) a cumprir e que suas notas escritas terão um papel importante, num desprendimento absoluto que é confiança absoluta em Deus, Teresa escreve: "[...] não creiais, Madre, que busco que utilidade possa ter meu pobre trabalho: visto que o faço por obediência, isso me basta e não sentirei nenhuma pena se vós o queimardes sob os meus olhos antes de lê-lo" (G 33r).

"Queimar", "sem tê-lo lido", "sob os meus olhos": "nenhuma pena", Deus proverá de outro modo. Eis um ser inteiramente livre, porque intei-

---

2. Salvo uma só alusão vaga às "alegrias tão vivas" dos "dias de (sua) infância", quando compara a alegria sentida no momento de ter um primeiro "irmão padre" (G 32r).

ramente dado e inteiramente confiante. Teresa vive da convicção profunda expressa no fim do Manuscrito M: "Por que desejar comunicar teus segredos de amor, ó Jesus, não foste só tu que os ensinaste a mim e não podes revelá-los a outros?" (M 5v).

3. Teresa no trabalho

Teresa prossegue, pois, sua "Vidinha", "acaba" o que "começou" para madre Inês (G 1r). Fatos recentes e novas situações são evocadas: a eleição de madre Maria de Gonzaga, a doença de Teresa, suas primeiras hemoptises, sua entrada na provação da fé, a possível partida para a missão, primeiro dela mesma, depois de suas irmãs, a descoberta aprofundada do mistério da caridade fraterna, sua missão e seu trabalho junto das noviças, seus dois irmãos espirituais... O relato mais elaborado de sua vida religiosa nos dá penetrar na vida de comunidade e nos locais conventuais: a clausura, o coro, o noviciado, o refeitório, as celas, a sala de recreação, o jardim, o lavadouro...

Contanto que ela escreva, uma grande liberdade lhe é deixada na elaboração do projeto. Nada impede que, em tal ou tal conversa entre Teresa e madre Inês, assuntos a tratar em particular tenham sido abordados. No Processo do Ordinário, em 1910, madre Inês dará testemunho:[3]

> "Achei os seus relatos [o Manuscrito A] incompletos. Irmã Teresa do Menino Jesus insistira particularmente sobre sua infância e sua primeira juventude, como eu lhe tinha pedido; sua vida religiosa estava aí apenas esboçada [...]. Pensei que seria uma pena que ela não tivesse redigido com a mesma desenvoltura o que se referia à sua vida no Carmelo, mas entretanto eu cessara de ser priora [... Sobre minhas instâncias madre Maria de Gonzaga ordenou a Teresa] que continuasse seu relato. Eu tinha escolhido para

---

3. Processo ordinário (PO), pp. 146-148. Através das palavras de madre Inês se percebe seu pesar ("bastante dano") por, no primeiro Manuscrito, Teresa ter falado tão pouco de sua vida religiosa, por isso seu medo sempre latente de que as longas digressões de Teresa sobre sua infância (evocações das quais madre Inês endossa a responsabilidade: "como eu tinha pedido") poderiam parecer pueris e obnubilar sua verdadeira grandeza. Fazer valer "todas as luzes" de Teresa (LC 185) será precisamente a razão que desencadeou em madre Inês o desejo de uma continuação do relato. — De fato, 51% do Manuscrito A é dedicado à "infância" de Teresa (pelo menos se contarmos até seus quatorze anos e se incluirmos as numerosas digressões em que Teresa reflete sobre o tempo presente), 30% à sua "primeira juventude" (desde a graça de Natal de 1886 até sua entrada), 19% somente à sua vida no Carmelo, um "resumo" de que Teresa se desculpa à madre Inês (cf. A 84v).

Introdução ao Manuscrito G(onzaga)

ela um caderno[4], mas ela achou que era bonito demais, embora fosse muito ordinário, como o tribunal pode julgar; ela temia fazer uma falta contra a pobreza ao servir-se dele. Ela me perguntou se não era preciso, pelo menos, comprimir as linhas, para empregar menos papel. Respondi que ela estava doente demais para se cansar escrevendo assim e que era preciso, ao contrário, espaçar as linhas e escrever em letras grandes. Então ela se pôs a escrever espontaneamente [...]. Continuou a escrever simplesmente deste modo estas últimas páginas de seu manuscrito; basta aliás, lê-las para reconhecer que são escritas quase sem ordem e ao correr da pena. Ela me pediu também: "Sobre qual assunto quereis que escreva?" Respondi-lhe: "sobre a caridade, sobre as noviças", etc. Ela o fez imediatamente, sem outra pergunta."

Ter-se-á notado o "etc." no fim da resposta de madre Inês. Suposto que Teresa continua sua "vida", madre Inês teve de adotar a mesma atitude que em 1895 e da qual Teresa dá testemunho: "Vós me mandastes escrever sem coação o que me viesse ao *pensamento*" (A 3r). Entre os assuntos a tratar, a "caridade fraterna" não podia faltar; era a grande descoberta aprofundada "desse ano" de 1897[5].

A escrita de Teresa se desenvolverá com grande liberdade. No fio das novas situações e dos acontecimentos recentes, a autora avança segundo as associações livres de seus pensamentos e parece não dispor de um plano preciso preconcebido nem sequer de algumas anotações lançadas rapidamente no papel[6]. Eis uma confissão bem característica: "Antes de falar-vos do passado (vou) dizer-vos meus sentimentos presentes, mais tarde talvez terei perdido a lembrança deles" (G 8r). Duas vezes ela diz que está "toda espantada" pelo que escreveu, "porque não tinha a intenção" (G 35r e G 8r).

Duas vezes somente ela propõe uma certa ordem, cuja estruturação pode ser feita durante a própria escrita: antes de "o passado", primeiro, "os sentimentos presentes" (G 8r); depois de "o exterior" da caridade fraterna, eis a caridade "puramente espiritual" (G 17v).

---

4. Caderno de capa dura encerada negro, com papel quadriculado e ao preço de 0,50 francos. Contém 62 fólios, dos quais 37 são utilizados.

5. Cf. G 11v. No testemunho de madre Inês ao *Processo apostólico* (PA) de 1915, tem-se a impressão de que *a própria* Teresa propôs o assunto, embora não seja fácil saber se esse projeto de Teresa precedia ou seguia o desejo expresso por madre Inês: "Quando madre Maria de Gonzaga pediu que ela completasse o manuscrito de sua vida, ela me disse: "Vou falar da caridade fraterna, oh! entendo disso, pois recebi grandes luzes a esse respeito, não quero guardá-las só para mim" (PA, p. 173).

6. Madre Inês relata uma palavra de Teresa: "Para escrever minha 'pequena' vida, não quebro minha cabeça; é como se eu pescasse; escrevo aquilo que vem na ponta da linha" (CJ 11/6/2).

Resta o problema do inefável. Se ela "podia exprimir o que compreende" acerca das "misteriosas profundezas da caridade", se ouviria "uma melodia do Céu" em lugar dos "balbucios infantis" (G 18v). Se não fosse, por um lado, as palavras de Jesus para suportar a sua reflexão e, por outro lado, a obediência, ela seria "tentada [...] a deixar a pena" (G 18v).

Teresa escreve com "simplicidade infantil" (G 1r) e dando "mostras de boa vontade" (G 6r). Condenada ao repouso e dispondo de mais tempo que na época do Manuscrito A, pois "raramente" a doente está completamente só e seu "espírito está um pouco paralisado" com o devotamento das irmãs, "minha pena perdeu a sua leveza. Para que seja possível traduzir meus pensamentos, é preciso que eu esteja *como o pássaro solitário*, e isso é raramente minha sorte". Fazendo da necessidade uma virtude, ela se põe a descrever esses incômodos com verve e humor, descrição viva e divertida, de uma pena cuja leveza se admira (G 17r-v). Mesmo se ela não é "fácil de desencorajar", certos dias Teresa deve render-se à evidência: "Não sei se pude escrever dez linhas sem ser interrompida" (G 17v).

Daí essas queixas encantadoras. "Madre bem-amada, o que vos escrevi não tem seqüência" (G 6r), julga ela com severidade, "tudo o que vos disse não tem seqüência" (G 8r). Na opinião dela, são "pensamentos confusos e mal expressos" (G 6r), de uma "meada" (G 18r). Em certos dias ela julga estar "extremamente mal explicada" (G 17r) e sua primeira explicação sobre o *Cântico dos Cânticos* lhe "parece pouco compreensível" (G 35v), o que nos valerá um novo comentário.

Ela aprecia seu trabalho sorrindo. "Não posso impedir-me de rir ao pensar que vos escrevo escrupulosamente tantas coisas que sabeis tão bem quanto eu" (G 32v-33r). "Eu vos divertiria, creio, ao vos contar todas as minhas aventuras nos bosques do Carmelo" (G 17v). Ser continuamente interrompida, "isso não deveria fazer-me rir, nem me divertir, no entanto pelo amor de Deus e de minhas irmãs (tão caridosas para comigo) procuro ter o ar contente e sobretudo de o *estar*" (G 17v). "Divirto-me em falar como uma criança" (G 33r).

Uma suave ironia para com ela mesma a acompanha. Tendo fixado para si uma ordem, primeiro o exterior da caridade, em seguida a caridade espiritual, ela avança: "Estou certa que não vou demorar em misturar uma com a outra" (G 18r). "Percebo que nunca me corrigirei, eis-me ainda bem longe de meu assunto, com todas as minhas dissertações, escusai-me eu vos peço e permiti que eu recomece na próxima ocasião visto que não posso fazer de outro modo" (G 32v)! Ela acha que fez "uma *espécie de discurso* sobre a caridade que deve ter-vos cansado ao ler" (G 17r). Mas a escolha das palavras irônicas *dissertações* e *discursos* revela que ela não perde de vista sua tarefa primeira: falar de sua vida religiosa e dos "acontecimentos" (G 32v).

4. O plano seguido e sua expressão literária

Eis o conteúdo do manuscrito G e o plano que Teresa seguirá:

1. *Prólogo* (G 1r-2v).
2. A descoberta da "*pequena via*" (G 2v-3r).
3. A *iluminação* divina (G 3r-4v).
4. A *provação da fé* (G 4v-7v).
5. A *separação* pela morte ou pela partida em missão (G 8r-11v).
6. A *caridade fraterna* (G 11v-31r):
    a) O mistério da caridade (G 11v-12v).
    b) Prática exterior da caridade (G 12v-17v).
    c) A "caridade puramente espiritual" (G 18r-20r).
7. Teresa instrumento do Senhor *entre suas noviças*[7] (G 20v-27r); com uma digressão sobre a *oração* (G 24v-26r).
8. Retomada do tema das *relações fraternas* (G 26v-31r).
9. "*A história de meus irmãos*" espirituais (G 31v-33v).
10. *A união com Deus* e sua influência sobre as almas (G 34r-37r).

A Teresa escritora ilustrará sua exposição com numerosas anedotas e comparações. Sua linguagem é cheia de imagens: a eterna florzinha (G 1r), os tímidos raios da aurora e os ardores quentes do meio-dia (G 1r), as lágrimas e os feixes preciosos (G 1r-v), o sol e as gotas de orvalho (G 1v-2r), a montanha e o grão de areia, a escada e o elevador, os braços de uma mãe (G 2v-3r), os cordeiros e as ovelhas (G 3v), o sol brilhante e o nevoeiro espesso (G 5v), as trevas e a luz, o pão e a mesa, a chama da fé (G 6r), o

---

7. Aqui as exposições sobre a caridade fraterna e sobre o seu trabalho junto às noviças se sobrepõem. Mais adiante Teresa retomará o tema da caridade fraterna (nosso ponto 8).

país triste e o país luminoso, a noite e suas vozes zombeteiras (G 6v), o duelo e a última gota de seu sangue (G 7r), o véu e o muro (G 7v), o combate e o martírio, a rocha e o escudo (G 8v-9r), a arca bendita e a pomba (G 9r), a tempestade e a paz (G 9v), a terra estrangeira e o delicioso oásis (G 10r), o cálice e a borra (G 10v), a bússola e o fardo (G 11r), o alqueire e o candelabro (G 12r), a guerra e a vitória (G 13v), o artista e suas obras, o sorriso do rosto e o fundo da alma (G 14r), as asas e a rede (G 15r), o jugo e a mansidão (G 16r), o pássaro solitário (G 17r), o burro e as relíquias, a mesa e o alimento (G 19v), a tela e o pincel (G 20r), o cão e seu dono (G 21v), o santuário das almas (G 22r-v), o sol na noite (G 22v), o vigia e a fortaleza (G 23r), o tosão e os flocos de lã (G 23r), o médico e a operação, o edifício construído nas lágrimas (G 24r), a rainha e o rei (G 25r), a lua que cai aos pés da noviça (G 26r), o molho e a salada, o pão e as migalhas (G 26v), as enfermidades morais e o bom samaritano (G 28r), os coxos e o festim espiritual (G 28v), os raios da verdade e o brilho tenebroso das festas da terra (G 30r), a culpada e seu concerto (G 30v), o novo gênero de aspersão e seus tesouros (G 31r), as cordas musicais que ficaram até então no esquecimento (G 32r), o perfume e seu odor, a torrente e o oceano (G 34r), o pai e seu filho (G 34v), o abismo e a gota de orvalho (G 35r), o fogo e o ferro (G 35v), a alavanca e o ponto de apoio (G 36v) — a lista é ainda incompleta. Compreende-se por que Teresa apreciava as "sublimes parábolas" do Evangelho, esse "meio tão familiar ao povo" (G 35v).

Algumas palavras sobre uma fonte que a ajudou em sua expressão literária: o livro de *Arminjon* (ARM), que na sua juventude ela apreciara até "repetir sem cessar as palavras de amor que tinham abrasado (seu) coração[8]". Nas notas do Manuscrito G se verá que os traços dessa leitura se apresentam bastante freqüentemente nas páginas de Teresa. Mas isso não diminui absolutamente sua experiência profunda, pessoal. Neste caso se poderia dizer que a expressão literária de Teresa é como uma *taça* cujo fundo é um mosaico de numerosas pedrinhas reunidas. Ao lado de todas as fórmulas pessoais de Teresa, a crítica literária dirá: aqui estão algumas pedras que provêm de Arminjon, lá estão outras de João da Cruz, e ainda de Teresa d'Ávila. Mas o *conteúdo* da taça, a experiência que Teresa expõe, é a sua, muito original e muito rica.

---

8. A 47v. Cf. nota 10 do Manuscrito A.

Algumas balizas cronológicas. Teresa pôde começar a redação a partir de 3 de junho. Embaixo de G 7v, ela acrescentou — a lápis, é verdade, e, portanto, posteriormente, sem dúvida para evocar o segundo aniversário de sua Oferenda ao Amor Misericordioso — a data de "9 de Junho". Portanto, em sete dias ela teria redigido sete fólios[9]. G 17v, certamente, foi escrito antes de 21 de junho, festa de Maria de Gonzaga, visto que Teresa faz alusão à sua preparação. No dia 2 de julho, ela está no final de suas forças; as últimas linhas escritas *a tinta* (G 36r) datam, o mais tardar, desse dia. Depois, seja na cela, seja na enfermaria, para onde desceu no dia 8 de julho, ela redige a *lápis* a última página e meia, até às palavras "pela confiança e pelo amor" (G 36r-37r). O manuscrito G ficou inacabado.

5. Mais uma vez: um olhar em profundidade sobre a vida

Do mesmo modo que no Manuscrito A, onde ela acaba de expor seus "*pensamentos* sobre as graças que Deus dignou-se de [lhe] conceder" (A 3r), Teresa não deixará de lançar muitas vezes um olhar em profundidade sobre a vida. Desde as primeiras linhas do novo Manuscrito ela afirma: "Tentarei redizer os sentimentos de minha alma, minha gratidão para com Deus, para convosco que mo representais visivelmente" (G 1r). A gratidão *reconhece* os motivos para agradecer. Novamente, ela vai "*Cantar as Misericórdias do Senhor*", ela diz e repete[10].

A percepção dos "sentimentos de sua alma" (tão próximos dos "pensamentos" de sua alma) levará Teresa a passar oito vezes[11] da narração ou da reflexão para a oração, dirigindo-se diretamente ao Senhor. A oração, esse "impulso do coração" (G 25r) onipresente na sua alma, brotará tão espontaneamente que Teresa constata com espanto que sua narração "de repente mudou-se em oração" (G 6r).

Nela, tudo se banha no clima benfazejo de uma relação viva, vibrante com Jesus. O Nome dele volta 111 vezes nos Manuscrito G e sente-se a ternura que desperta em seu coração. "Há muito tempo não me pertenço

---

9. O que não quer dizer que ela trabalha à razão de um fólio por dia; às vezes ela escreve bem mais (cf. cap. 9, nota 85).
10. G 1r. Igualmente G 3r, 27r, 27v, 29v, 34r.
11. Cf. G 3r, 6r, 7r, 9v, 12v, 16r, 22r-v, 34r, 35r. Além disso, há exclamações de louvor ao Senhor, mas na terceira pessoa (G 7r, 25r, 27r-v, 31r) e orações da Bíblia (salmos ou evangelhos) onde se dirige ao Senhor (G 3r, 4r, 6r, 7r, 16r, 34r) por duas vezes.

mais, entreguei-me totalmente a Jesus. Ele está livre para fazer de mim o que lhe agradar" (G 10v). "Jesus não me deu um coração insensível e é justamente porque é capaz de sofrer que desejo que ele dê a Jesus tudo o que pode dar" (G 10r). "Não tenho mais grandes desejos a não ser o de amar até morrer de amor" (G 7v).

Em toda parte ela vê a ação do Senhor que guia sua vida. Mesmo quando sua fé na existência do Céu está mergulhada nas trevas, ela sabe sempre que é incomparavelmente amada: "Nunca senti tão bem como o Senhor é manso e misericordioso, só me enviou essa provação no momento em que tive a força para suportá-la, mais cedo creio que ela me teria mergulhado no desânimo..." (G 7v). "Vosso amor preveniu-me desde minha infância, cresceu comigo, e agora é um abismo cuja profundeza não posso sondar. [...] Ó meu Jesus, talvez seja uma ilusão, mas parece-me que não podeis cumular uma alma com mais amor do que cumulastes a minha [...] *sem nenhum mérito de minha parte*" (G 35r).

Esse olhar no olhar de Jesus nos fornecerá novamente uma leitura muito espiritual da vida, uma verdadeira *história de uma alma*. Há sempre muita *alma* em Teresa.

Essa jovem moribunda, ao mesmo tempo provada, não está desorientada, menos ainda desesperada, e não sofre estoicamente. É habitada por uma alegria livre e profunda. O sofrimento é uma situação que a faz entrar mais na presença de Jesus — "A cada nova ocasião de combate [...] corro para meu Jesus" (G 7r) —, uma situação que a faz reler a sua missão apostólica, co-redentora. "Se na minha infância sofri com tristeza, não é mais assim que sofro agora, é na alegria e na paz, sou verdadeiramente feliz em sofrer" (G 4v). "Digo-Lhe que estou feliz por não gozar desse belo Céu na terra a fim de que Ele o abra para a eternidade aos pobres incrédulos. Por isso apesar dessa provação que me tira *todo gozo*, posso no entanto clamar: "*Senhor, vos me cumulais de ALEGRIA por TUDO o que fazeis*". Pois existe *alegria* maior que a de sofrer por vosso amor?" (G 7r). "Não há alegria comparável àquela que prova o verdadeiro pobre de espírito" (G 16v).

Nesse mesmo 9 de junho em que Teresa acaba de descrever suas terríveis tentações contra a fé na existência do Céu (cf. G 6r-7v), ela escreve ao padre Bellière: "[...] como estou feliz por morrer! [...] Queria dizer-vos, meu caro Irmãozinho, mil coisas que compreendo ao estar à porta da eternidade, porém não morro, entro na vida e tudo o que não posso dizer-vos aqui embaixo, vos farei compreender do alto dos Céus" (LT 244).

6. "A experiência dos anos"

Sim, quantas "coisas a fazer compreender do alto dos Céus"! Todo o Manuscrito G é testemunha disso.

O sofrimento continua a amadurecer a sua alma, enquanto seu espírito desperto e equilibrado se enriquece com uma grande experiência pastoral ao viver a dinâmica de grupo no meio de irmãs que ela ama, e sobretudo ao instruir suas noviças.

> "Aprendi muito cumprindo a missão que me confiastes", escreve ela à sua priora (G 19r). "Eu vos tenho dito, Madre querida, que ao instruir tinha aprendido muito. Vi primeiro que todas as almas têm mais ou menos os mesmos combates, mas que são tão diferentes por outro lado que não tenho dificuldade em compreender o que o Padre Pichon dizia: '*Há bem mais diferença entre as almas que há entre os rostos*'. Por isso é impossível agir com todas da mesma maneira" (G 23v). "Tendes resposta para tudo", dizem a ela suas noviças (G 26r). Às vezes, Teresa é "tomada de um pavor sobrenatural", que ela lê tão bem nas almas (G 26r).

Sua provação da fé fez com que ela compreendesse melhor a possibilidade da descrença — e também da infidelidade à fé. Como irmã entre seus irmãos e irmãs pecadores, ela come por eles "o pão da dor" (G 5r-v). Um grande ímpeto eclesial atravessa suas páginas, seu zelo abrasa o mundo (cf. G 33v), "é uma conseqüência natural de sua atração para (Jesus)" (G 34r).

"Procurarei fazer amar e servir a Deus por todas as luzes que ele vos deu e que não se extinguirão nunca", escreve-lhe madre Inês no dia 4 de junho. Coincidência significativa: em sua cela a quinze metros de distância e talvez no mesmo dia, Teresa sublinha que ela aceitou redigir a continuação de sua vida para que o Senhor "seja mais conhecido, mais amado pelas almas" (G 2v).

Teresa pressentiu que a "ciência do amor" (M 1r), que animava seu testemunho, daria a suas páginas esse selo cativante de beleza e de calor? "Madre bem-amada", diz ela a Maria de Gonzaga, "vós não receastes dizer-me um dia que Deus iluminava a minha alma, que me dava até a experiência dos anos" (G 4r). Na página final de seu Manuscrito, ela transmite o seu segredo: "na oração [os santos] hauriram essa ciência Divina" (G 36r).

Mais uma vez, o *segundo leitor* que nós somos pode sentar-se à mesa do coração. Não se levantará sem ter sentido todo o benefício.

*Teresa, em julho de 1896,
seis meses após ter terminado o Manuscrito A.*

[Capítulo 9]

[Na escuridão da fé, a descoberta da Caridade]

J.M.J T[1].

Madre bem-amada, vós me testemunhastes o desejo de que eu acabe convosco de †*Cantar as Misericórdias do Senhor*°. Tinha começado este suave canto com vossa filha querida, Inês de Jesus, que foi a mãe encarregada por Deus de guiar-me nos dias de minha infância; era pois com ela que eu devia cantar as graças concedidas à †*florzinha*[2] da Sta. Virgem, quando estava na primavera de sua vida, mas é convosco que devo cantar a felicidade desta florzinha agora[3] que os tímidos raios da aurora deram lugar aos quentes ardores do meio-dia. Sim é convosco, Madre bem-amada, é para responder a vosso desejo que vou tentar redizer os sentimentos de minha alma[4], minha gratidão para com Deus, para convosco que mo representais visivelmente[5], não foi entre vossas mãos maternas que me entreguei inteiramente a Ele[6]? Ó Madre, lembrai-vos desse dia?.... Sim eu

G 1r
↓

Sl 88,2

---

1. Se bem que o Manuscrito G tenha sido efetivamente começado no início de junho de 1897, a data "junho de 1897", que é aposta, não é da mão de Teresa.

2. Desde estas primeiras linhas, o *leitmotiv* geral "cantar as misericórdias do Senhor" (reafirmado em G 3r, G 27r, G 27v, G 29v, G 34r) e o símbolo da "florzinha" (retomado em G 1v [três vezes], G 2r e G 2v) são idênticos aos do Manuscrito A (2r).

3. O advérbio "*maintenant* = agora" ocorre 31 vezes no Manuscrito G e marca muitas vezes uma passagem concluída, bem como uma nova etapa começada. Teresa é lucidamente consciente dessa diferença com o passado. O "agora" revela a liberdade interior à qual ela chegou: ver aqui e G 2r, G 4r, G 4v, G 7v (2 vezes), G 8r, G 12r, G 15r (2 vezes), G 19r, G 22r, G 25v, G 35r.

4. Eis o verdadeiro tema do Manuscrito G: não os acontecimentos em si mesmos, mas a leitura que deles faz a alma de Teresa, sua abordagem contemplativa e teológica. A fórmula "sentimentos da alma" está ligada a "*pensamentos* sobre as graças" recebidas (A 3r). Os "sentimentos" são as reações afetivas e intuitivas que os "pensamentos" provocam nela.

5. A priora, nosso "Jesus visível", ensinará às suas noviças (cf. G 23v e LT 258 de 18 de julho de 1897).

6. Pela sua profissão, em 8 de setembro de 1890, sendo madre Maria de Gonzaga a priora.

sinto que vosso coração não poderia esquecê-lo... Para mim devo esperar o belo Céu, não encontrando aqui embaixo palavras capazes de traduzir o que se passou no meu coração nesse dia bendito.

Madre bem-amada, há um outro dia em que minha alma se apegou mais ainda à vossa se isso é possível, foi o dia em que Jesus vos impôs de novo o fardo do superiorado[7]. Nesse dia, Madre querida, semeastes nas lágrimas mas no Céu, sereis cheia de alegria / ao vos verdes carregada de feixes° preciosos. Ó Madre, perdoai minha simplicidade infantil[8], sinto que me permitis falar-vos sem procurar o que é permitido a uma jovem religiosa dizer à sua Priora. Talvez nem sempre me mantenha nos limites prescritos aos inferiores, mas Madre, ouso dizê-lo, é falta vossa, ajo convosco como uma criança porque vós não agis comigo como Priora mas como Mãe......

G 1v
↓
Sl 125,5-6

Ah! eu o sinto bem, Madre querida, é Deus que me fala sempre por vós. Muitas irmãs pensam que vós me mimastes, que desde minha entrada na arca sagrada°, de vós só recebi carícias e cumprimentos, no entanto não é assim; vereis, Madre, no caderno que contém minhas lembranças da infância, o que penso da educação *forte* e materna que recebi de vós[9]. Do mais profundo do meu coração vos agradeço por não me terdes poupado. Jesus sabia bem que era preciso à sua florzinha a água vivificante da humilhação, ela era fraca demais para criar raiz sem essa ajuda, e é por vós, Madre, que esse benefício lhe foi dispensado.

Gn 7,13

Faz um ano e meio[10] Jesus quis mudar a maneira de cultivar sua florzinha, achou-a sem dúvida bastante *regada*, pois agora é o *sol* que a faz crescer, Jesus não quer mais para ela senão o seu sorriso que Ele lhe dá ain-

---

7. 21 de março de 1896.
8. Teresa redige da mesma maneira que no Manuscrito A, onde ela se propunha a "escrever sem constrangimento" (A 3r), a "falar com abandono, sem (se) inquietar nem com o estilo nem com as numerosas digressões", porque "um coração de mãe compreende sempre seu filho" (A 3v).
9. Cf. A 70v, onde Teresa diz que madre Maria de Gonzaga foi "*sem ela saber* MUITO SEVERA", palavra que ela sublinhara três vezes.
10. Desde que Maria de Gonzaga é de novo priora, ela provou "o amor e a confiança" (G 2v) que tem por Teresa, ao nomeá-la sua auxiliar para a formação das noviças. A indicação cronológica "um ano e meio" é aproximativa; Maria de Gonzaga é priora há mais ou menos um ano e dois meses.

da por meio de vós, Madre bem-amada. Esse suave sol longe de murchar a florzinha a / faz crescer maravilhosamente, no fundo de seu cálice ela conserva as preciosas gotas de orvalho que recebeu e essas gotas lembram-lhe sempre que ela é pequena e fraca.... Todas as criaturas podem inclinar-se para ela, admirá-la, cumulá-la com seus louvores, não sei por que mas isso não poderia acrescentar uma só gota de falsa alegria à verdadeira alegria que ela saboreia em seu coração, ao se ver o que ela é aos olhos de Deus: um pobre nadinha, nada mais..... Digo não compreender por que, mas não é porque ela foi preservada da água dos louvores todo o tempo que seu pequeno cálice não estava bastante cheio do orvalho da humilhação? Agora não há mais perigo, pelo contrário, a florzinha acha tão delicioso o orvalho de que está cheia que ela se guardaria bem de trocá-lo pela água tão insípida dos cumprimentos.

Não quero falar, Madre querida, do amor e da confiança que me testemunhais, não creiais que o coração de vossa filha seja insensível a eles; somente sinto bem que nada tenho a temer agora, ao contrário posso gozar deles, referindo a Deus o que Ele concordou em pôr de bom em mim. Se lhe agrada fazer-me parecer melhor do que sou, isso não me diz respeito, Ele é livre para agir como quer.... Ó Madre, como os caminhos pelos quais o Senhor conduz as almas são diferentes! Na vida dos Santos, vemos que há muitos que não quiseram deixar nada de si / depois da morte, nem a mínima lembrança, o mínimo escrito; há outros ao contrário, como nossa Madre Sta. Teresa, que enriqueceram a Igreja com suas sublimes revelações sem temer revelar os segredos do Rei°, a fim de que Ele seja mais conhecido, mais amado pelas almas. Qual desses dois gêneros de santos agrada mais a Deus? Parece-me, Madre, que lhe são igualmente agradáveis, visto que todos seguiram o movimento do Espírito Santo e que o Senhor disse: †*Dizei ao Justo que Tudo está bem*°. Sim tudo está bem, quando não se busca senão a vontade de Jesus, é por isso que eu, pobre florzinha, obedeço a Jesus[11] ao tentar dar prazer à Madre bem-amada.

---

11. Da mesma maneira que no prólogo do Manuscrito A (2r), Teresa prova que refletiu, enquanto contemplativa, sobre a pergunta: escrever ou não escrever, que vale mais? Tanto aqui como lá, a decisão final será tomada à luz da obediência da vontade de Deus, expressa pelo pedido da superiora.

Manuscrito G(onzaga)

Vós o sabeis[12], Madre, sempre desejei ser santa, mas ai de mim! sempre constatei quando me comparei aos santos que há entre eles e mim a mesma diferença que existe entre uma montanha cujo cume se perde nos céus e o grão de areia obscuro pisado debaixo dos pés dos passantes; em vez de desanimar, eu me disse: Deus não poderia inspirar desejos irrealizáveis, portanto posso apesar de minha pequenez aspirar à santidade; aumentar meu tamanho, é impossível, devo suportar-me tal como sou com todas as minhas imperfeições, mas quero buscar o meio de ir para o Céu por um pequeno caminho bem reto, bem curto, uma pequena via toda nova. Estamos num século de invenções, agora não é mais difícil subir os degraus de uma / escada, nas casas dos ricos um elevador a substitui com vantagem. Eu também devo encontrar um elevador[13] para elevar-me até Jesus, pois sou demasiado pequena para subir a rude escada da perfeição. Então procurei nos livros sagrados[14] o indicador do elevador, objeto de meu desejo, e li estas palavras saídas da boca da Sabedoria eterna: +*Se alguém for PEQUENINO que venha a mim*°. Então eu vim, adivinhando que tinha achado o que buscava e queria saber, ó meu Deus! o que faríeis ao +*pequenino* que

---

12. Teresa está terminando o prólogo do Manuscrito G e inicia um primeiro assunto, a descoberta de sua "pequena via". A reflexão precedente sobre as "diferentes vias" parece ter orientado seu pensamento sobre os diferentes caminhos para alcançar a santidade: a impossível "escada" do esforço pessoal ou o "elevador" da graça.
13. Pouco antes da redação do Manuscrito G, o *símbolo* do elevador (invenção de que Teresa teve conhecimento durante sua viagem a Roma) é apresentado pela primeira vez em seus escritos na carta de 25 de maio de 1897 (LT 229). Logo Teresa falará de novo dele (LT 258 de 18 de julho de 1897, ao padre Bellière). Mas a *realidade* que Teresa quer descrever com a ajuda desse símbolo data do outono de 1894, a descoberta propriamente dita da "pequena via" (expressão que se apresenta aqui pela primeira e última vez em seus escritos), do caminho dito "de infância espiritual", fórmula que Teresa não utiliza em nenhum lugar em seus escritos mas que se tornou clássica para evocar o clima espiritual e bíblico de sua confiança filial em nosso *Abba*-Pai (cf. Rm 8,15-16 e Gl 4,4-7 e em muitos outros lugares do Novo Testamento). Sobre a gênese e a estrutura da "pequena via" e questões anexas, cf. DYN, em particular pp. 71-116, sobre a descoberta, que Teresa só descreverá aqui, em junho de 1897, mais de dois anos e meio depois.
14. Então não era permitido às jovens carmelitas ler o Antigo Testamento inteiro. Teresa descobriu os textos bíblicos fundadores em questão numa caderneta que Celina trouxe ao entrar no Carmelo, em 14 de setembro de 1894, pequena antologia de textos do Antigo Testamento em traduções às vezes bem distantes das versões atuais. Através desses textos concretos Teresa discernirá, num momento de graça e de síntese, as grandes idéias mestras da Revelação; ela conhecia muito bem a "história sagrada" em geral, que na escola tinha "suas preferências" (cf. A 13v). Numerosos detalhes da Escritura ou de versículos isolados se tornam para Teresa pequenos espelhos em que ela vê refletir-se o Sol inteiro.

A PEQUENA VIA

respondesse ao vosso chamado, continuei minhas pesquisas e eis o que encontrei: — Como uma mãe ⁺*acaricia o seu filho, assim eu vos consolarei, vos levarei sobre meu seio e vos balançarei sobre os meus joelhos*°*!* Ah! nunca palavras mais ternas, mais melodiosas, vieram alegrar a minha alma, o elevador que deve elevar-me até o Céu, são vossos braços, ó Jesus! Para isso eu não preciso crescer, ao contrário devo permanecer ⁺*pequena*, e que me torne cada vez mais. Ó meu Deus, vós superastes minha expectativa e eu quero cantar vossas misericórdias°. "*Vós me instruístes desde minha juventude e até o presente anunciei as vossas maravilhas, continuarei a publicá-las na idade mais avançada*°. Sl. LXX." Qual será para mim essa idade avançada? Parece-me que poderia ser agora, pois 2000 anos não são mais aos olhos do Senhor que 20 anos.... que um só dia°..... Ah! não creiais, Madre bem-amada, que vossa filha deseja deixar-vos.... não creiais que ela estima como uma / maior graça morrer na aurora de preferência¹⁵ a no declínio do dia. O que ela estima, o que ela deseja unicamente, é *dar prazer* a Jesus.... Agora que Ele parece aproximar-se dela para atraí-la à morada de sua glória, vossa filha se alegra. Há muito tempo ela compreendeu que Deus não tem necessidade de ninguém (menos ainda dela que dos outros) para fazer o bem na terra.

Madre, perdoai-me se vos entristeço.... ah! desejaria tanto alegrar-vos...... mas credes que se vossas preces não são atendidas na terra, se Jesus por *alguns dias*°¹⁶ separa a filha de sua Mãe, essas orações não serão atendidas no Céu?.....

Vosso desejo é, eu o sei, que eu cumpra junto de vós uma missão bem suave, bem fácil; não poderei terminar essa missão do alto dos Céus?... Como Jesus disse um dia a São Pedro, vós dissestes à vossa filha: "⁺*Apascenta meus cordeiros*°" e eu fiquei espantada, disse-vos "ser *pequena* demais"... supliquei-vos que *vós mesma apascentásseis vossos cordeirinhos*¹⁷ e me guardásseis, me

Is 66,13.12

Sl 88,2

Sl 70,17-18

Sl 89,4

G 3v
↓

Sl 89,4

Jo 21,15

---

15. Primeira redação: (morrer) "na primavera", substituída mais tarde (com força, a lápis) pelas palavras "na aurora de preferência [*plutôt*]". As palavras "na aurora de preferência" substituíam também uma redação anterior e rejeitada: "na manhã do dia de preferência". Teresa busca a expressão mais apropriada.

16. Sublinhadas por Teresa, estas palavras remetem ao Sl 89,4, citadas pouco antes: "mil anos são aos teus olhos como o dia de ontem que passou".

17. Os "cordeiros" (diferente das "ovelhas", que são as outras irmãs) são aqui as "noviças", quer dizer, as postulantes (porém não as há nesses anos de 1896-1897), as

Manuscrito G(onzaga)

apascentásseis por favor com eles. E vós, Madre bem-amada, respondendo *um pouco* ao meu justo desejo, guardastes os cordeirinhos com as ovelhas, mas mandando-me que fosse muitas vezes apascentá-los[18] à *sombra*[19], indicar-lhes as ervas melhores e as mais fortificantes, mostrar-lhes as flores brilhantes que nunca devem tocar a não ser para esmagá-las debaixo de seus passos.... Vós não temestes, Madre querida, que eu desviasse vossos cordeirinhos; minha inexperiência, minha / juventude não vos assustou, talvez vos tivésseis lembrado que freqüentemente o Senhor se agrada de conceder a sabedoria aos pequenos e que um dia transportado de alegria bendisse o seu *+Pai* por ter escondido seus segredos aos prudentes e tê-los revelado aos *+menores*°. Madre, vós o sabeis, são bem raras as almas que não medem a potência divina segundo seus curtos pensamentos, concordam que em toda a terra há exceções, só Deus não tem o direito de fazê-las! Há muito tempo, eu o sei, essa maneira de [medir[20]] a experiência com os anos é praticada entre os humanos, porque, em sua adolescência, o Santo rei Davi cantava ao Senhor: — "*+Sou JOVEM e*

G 4r ↓

Mt 11,25

---

noviças propriamente ditas antes de sua profissão, depois as jovens professas durante três anos completos após a sua profissão (quatro anos para as não-coristas). No momento em que Teresa vai assumir sua tarefa, tal como madre Maria de Gonzaga lha confiara (final de março de 1896), há cinco "noviças" no noviciado: Marta de Jesus (31 anos) e Maria Madalena do Santíssimo Sacramento (27 anos), que são irmãs "conversas", não obrigadas à recitação das horas litúrgicas mas mais dedicadas aos trabalhos domésticos pesados; Maria da Trindade (23 anos), Genoveva da Sagrada Face (sua irmã Celina, 27 anos) e Maria da Eucaristia (sua prima-irmã Maria Guérin, 26 anos). Além disso há... Teresa, que, invocando sua juventude, pediu poder ficar "por favor" (G 3v) no noviciado. Portanto, ela ficou "noviça" perpétua... No Manuscrito G, Teresa fala diretamente da "missão" recebida em *março de 1896*, de Maria de Gonzaga (o "vós", dirigido a esta, volta muitas vezes nesse contexto). De passagem, ela fará alusão à sua tarefa bem mais discreta em 1894-1895 (G 24v) para com Maria da Trindade, a única companheira mais jovem que ela, ou a seus contatos com irmã Marta no tempo de sua primeira formação (G 20v).

18. Imagens bucólicas inspiradas pelo evangelho segundo são João (10,1-16 e 21,15-17) e pelo Sl 22 [23] (O Senhor é meu Pastor), citado desde o começo do Manuscrito A (A 3r-v) e que, um mês mais tarde, em julho de 1897, lhe servirá de trama para explicar a padre Pichon sua via de confiança na misericórdia divina e suas esperanças de fazer o bem na terra; carta infelizmente perdida (cf. NEC. *Correspondance générale*. p. 1056).

19. Quer dizer, discretamente. Maria de Gonzaga, como mestra oficial das noviças, é a pessoa mais em vista, o sol, Teresa é sua sombra. Linguagem já oralmente explicada por Teresa ao noviciado? Em G 20r-v ela se comparará a "um pequeno pincel" e madre de Gonzaga ao "precioso pincel" de Jesus, que é o "artista", "o Artista de almas" (G 14r).

20. Teresa utilizou outra palavra, indecifrável agora, que uma mão estranha apagou e substituiu. O sentido deve ter sido o mesmo.

desprezado°". No mesmo salmo 118 não teme dizer no entanto: – "*+ Tornei-me* Sl 118,141
mais prudente que os anciãos: porque busquei vossa vontade°.... Vossa palavra é Sl 118,100
a lâmpada que ilumina meus passos°.... Estou pronto para cumprir vossos man- Sl 118,105
damentos e não sou PERTURBADO *por* NADA°......" Sl 118,60

Madre bem-amada, não receastes dizer-me um dia que Deus iluminava a minha alma, que me dava até a experiência dos *anos*... Ó Madre! Sou *pequena demais* para ter vaidade agora, sou *pequena demais* ainda para tornear belas frases a fim de vos fazer crer que tenho muita humildade, prefiro admitir simplesmente que o Todo-Poderoso fez grandes coisas° na Lc 1,49
alma da filha de sua divina Mãe, e a maior é ter-lhe mostrado sua *pequenez*, sua impotência. / Madre querida, vós o sabeis, Deus dignou-se de fazer **G** 4v
minha alma passar por bastantes gêneros de provações, sofri muito desde ↓
que estou na terra, mas se na minha infância sofri com tristeza, não é mais assim que sofro agora, é na alegria e na paz, sou verdadeiramente feliz por sofrer. Ó Madre, é preciso que conheçais todos os segredos de minha alma para não sorrirdes ao ler estas linhas, pois há uma alma menos provada que a minha a se julgar pelas aparências? Ah! se a provação que sofro há um ano aparecesse aos olhares, que espanto!...

Madre bem-amada, conheceis essa provação, no entanto ainda vou falar-vos dela, pois a considero como uma grande graça que recebi sob vosso Priorado bendito.

No ano passado Deus me concedeu a consolação de observar o jejum da quaresma em todo o seu rigor, nunca me sentira tão forte e essa força se manteve até a Páscoa[21]. No entanto no dia da Sexta-Feira Santa, Jesus quis dar-me a esperança de ir em breve vê-lo no Céu... Oh! como é agradável essa lembrança!... Depois de ter ficado junto ao Túmulo[22] até meia-noite, voltei para nossa cela[23], mas apenas tive tempo de pôr minha cabeça no travesseiro

---

21. Páscoa, 5 de abril de 1896.
22. O altar da Quinta-Feira Santa no qual o Santíssimo Sacramento ficava exposto, chamado nessa ocasião de "Túmulo", por causa da morte de Jesus comemorada na Sexta-Feira Santa.
23. A primeira hemoptise, de que Teresa vai falar, não se situa, portanto, na Quinta-Feira Santa, mas já "no dia da Sexta-Feira Santa" (como a própria Teresa indica), "depois [...] da meia-noite". "De tarde" ela terá uma segunda hemoptise, como "na noite anterior" (após meia-noite). Esse "primeiro chamado" que Jesus lhe faz situa-se, pois, como Teresa diz, "no dia aniversário de sua morte" [de Jesus], na Sexta-Feira Santa, 3 de abril de 1896.

Manuscrito G(onzaga)

G 5r ↓ que senti como uma onda que subia, subia fervilhando até meus lábios. Eu não sabia o que era, mas pensava que talvez fosse morrer e minha alma estava inundada / de alegria... Entretanto como nossa lamparina estava apagada, eu me disse que era preciso esperar pela manhã para ter certeza de minha felicidade, pois parecia-me que era sangue que eu tinha vomitado. A manhã não se fez esperar por muito tempo[24]; ao me despertar, pensei imediatamente que tinha algo de alegre a verificar, ao aproximar-me da janela pude constatar que não estava enganada.... Ah! minha alma ficou cheia de uma grande consolação, eu estava intimamente persuadida que Jesus no dia aniversário de sua morte queria fazer-me ouvir um primeiro chamado. +*Era como um suave*

Mt 25,6 *e longínquo murmúrio que me anunciava a chegada do Esposo*°[25]....

Foi com um bem grande fervor que assisti à Prima e ao capítulo dos perdões[26]. Tinha pressa de ver minha vez chegar a fim de poder, ao pedir-vos perdão, confiar-vos, Madre bem-amada, minha esperança e minha felicidade, mas acrescentei que não sofria absolutamente (o que era verdade) e vos supliquei, Madre, que não me désseis nada de particular. De fato tive a consolação de passar o dia da Sexta-Feira Santa como o desejava. Nunca as austeridades do carmelo pareceram-me tão deliciosas, a esperança de ir para o Céu me transportava de alegria. Tendo a tarde desse bem-aventurado dia chegado, era preciso descansar, mas como na noite precedente, Jesus me deu o mesmo sinal de que minha entrada na Eterna vida não estava distante..... Gozava então de uma *fé* tão viva, tão clara, que o pensamento

G 5v ↓ do Céu era toda a minha felicidade, eu não po- / dia acreditar que houvesse ímpios[27] que não tivessem a fé[28]. Eu acreditava que falavam contra seu

---

24. Levantavam-se, no horário de inverno (de 14 de setembro até Páscoa), às 5h45.

25. Escrita em letra inclinada, esta frase (assim como algumas palavras precedentes) reflete a "reflexão" de Lamennais, no capítulo 47 do livro III da *Imitação de Cristo*. Grifamos as palavras comuns: "*Consola-te, minha alma*, presta atenção: não *ouves no longínquo como que o primeiro murmúrio que anuncia a chegada do Esposo?*"

26. Nesse dia, na sala do capítulo, a priora exortava as irmãs à caridade fraterna; em seguida elas se pediam perdão mutuamente.

27. Dado que, nas páginas seguintes, o vocabulário de Teresa inspirar-se-á particularmente nas conferências de Arminjon, pode ser que a utilização da palavra "ímpio" seja devedora da leitura desse livro. A palavra se encontra em ARM III, p. 94; IV, pp. 106 e 107; VIII, p. 247...

28. Ao falar dos "ímpios", Teresa pensa sem dúvida também em Leo Taxil, depois da história que ele inventara a propósito de "Diana Vaughan", suposta convertida ameri-

O TÚNEL SOMBRIO

pensamento ao negar a existência do Céu, o belo Céu onde Deus Mesmo quereria ser sua eterna recompensa°. Nos dias tão alegres do tempo pascal, Jesus fez-me sentir que há verdadeiramente almas que não têm a fé, que pelo abuso das graças[29] perdem esse precioso tesouro, fonte só de alegrias puras e verdadeiras. Permitiu que minha alma fosse invadida pelas mais espessas trevas[30] e que o pensamento do Céu tão doce para mim não seja mais que um assunto de combate e de tormento..... Essa provação não devia durar alguns dias, algumas semanas, devia estender-se até a hora marcada por Deus e.... essa hora ainda não chegou..... Desejaria poder exprimir o que sinto, mas infelizmente creio que é impossível. É preciso ter viajado por esse túnel sombrio[31] para compreender a sua escuridão. Entretanto tentarei explicá-la por uma comparação.

Gn 15,1

Suponho que nasci num país cercado de um espesso nevoeiro, nunca contemplei o risonho aspecto da natureza, inundada, transfigurada pelo

---

cana que pertencera a uma seita luciferina. Teresa se interessara vivamente por essa Diana. No dia 19 de abril de 1897, menos de dois meses antes de ela redigir essas linhas, Leo Taxil revelara sua farsa odiosa: Diana Vaughan nunca existira... Todavia, segundo a letra do texto, Teresa pensa ao mesmo tempo em *todas* as pessoas que negam a existência do Céu; a provação começada um ano mais cedo, na Páscoa de 1896, a fez compreender que era realmente possível "perder esse precioso tesouro" da fé (G 5v).

29. A descrição teresiana dessa noite da fé traz numerosas reminiscências de suas leituras de ARM (cf. nossa nota a A 47v-48r). É provável que recentemente, durante suas leituras espirituais e suas meditações, a fim de "descansar meu coração [...] pela lembrança do país luminoso pelo qual aspiro" (G 6v), Teresa tenha relido certas passagens do livro que outrora lhe tinham feito tanto bem. Em LT 126 de 3 de abril de 1891, ela o passou para Margarida Maudelonde, exatamente porque esses "mistérios da vida futura lhe fariam bem e firmariam a sua fé que infelizmente está em perigo"; é "um livro em que ela encontrará certamente a resposta a muitas dúvidas". Aqui cf. ARM I, p. 28 "por um abuso criminoso das graças".

30. Cf. ARM V, p. 142, relacionado ao purgatório: "[...] no seio das mais espessas trevas do abismo"; e ARM VII, p. 195: "as trevas espessas".

31. Quase seis anos antes, Teresa comparara sua preparação para a profissão a uma "viagem" "debaixo da terra", por "um subterrâneo onde eu não via nada senão uma claridade semivelada, a claridade que os olhos baixos da face de meu Noivo espalha em torno deles" (LT 110, de 30-31 de agosto de 1890). Agora "a escuridão" é completa, são "as mais espessas trevas" (G 5v); na "noite" "profunda" (G 6r) permanece somente a "chama luminosa da fé" (G 6v) e, no meio das tentações, a solidariedade orante com todos os seus "irmãos" "pecadores"; resta-lhe antes de tudo uma Presença que é o último recurso de sua força e de seu amor: "A cada nova ocasião de combate, [...] corro para meu Jesus, digo-lhe que estou pronta para derramar até a última gota de meu sangue para confessar que há um Céu" (G 7r).

Manuscrito G(onzaga)

<small>Hb 11,16</small> brilhante sol; desde minha infância é verdade, ouço falar dessas maravilhas, sei que o país em que estou não é minha pátria, que há outro ao qual devo sem cessar aspirar°. Não é uma história inventada por um habitante do triste país em que estou, é uma realidade certa[32] pois O Rei da pátria

<small>G 6r
↓
Jo 1,5.9-10</small> com brilhante sol veio viver 33 anos / no país das trevas, ai! as trevas não compreenderam que esse Divino Rei era a luz do mundo°..... Mas Senhor, vossa filha compreendeu vossa divina luz, ela vos pede perdão por seus

<small>Sl 126,2</small> irmãos, aceita comer por tanto tempo quanto quiserdes o pão da dor° e não quer levantar-se dessa mesa cheia de amargura onde comem os pobres

<small>Mt 9,11</small> pecadores° antes do dia que marcastes.... Mas também não pode ela dizer em seu nome, em nome de seus irmãos: ⁺*Tende piedade de nós, Senhor, pois*

<small>Lc 18,13</small> *somos pobres pecadores*°!.. Oh! Senhor, enviai-nos justificados.... Que todos aqueles que não são iluminados pela chama[33] luminosa da Fé o vejam luzir enfim........ ó Jesus, se é preciso que a mesa suja por eles seja purificada por uma alma que vos ama, concordo em comer aí sozinha o pão da provação até que vos agrade introduzir-me em vosso reino luminoso. A única graça que vos peço é de nunca vos ofender!...

Madre bem-amada, o que vos escrevi não tem seqüência, minha historinha que se parecia com um conto de fadas de repente mudou-se em oração, não sei qual interesse podereis encontrar em ler todos estes pensamentos confusos e mal expressos. Enfim Madre, não escrevo para fazer uma obra literária mas por obediência, se vos aborreço, pelo menos vereis

<small>G 6v
↓</small> que vossa filha deu mostras de boa vontade. Vou portanto / sem desanimar continuar minha pequena comparação no ponto em que a tinha deixado. Dizia que a certeza de ir um dia para longe do país triste e tenebroso me fora dada desde minha infância; não somente acreditava pelo que ouvia as pessoas mais sábias que eu dizerem, mas também sentia no fundo do meu coração aspirações para uma região mais bela. Do mesmo modo que o gênio[34] de Cristóvão Colombo o fez pressentir que existia um novo mundo[35]

---

32. Cf. ARM VII, p. 201, em relação com a futura visão de Deus: "é ela uma verdade e um fato certo?".

33. Cf. ARM VII, p. 192: "o Céu, tal é a chama que faz empalidecer o atrativo tão vivo de todos os bens, a luz, que...".

34. A palavra "gênio" ocorre várias vezes em ARM I, pp. 13, 14, 35; II, pp. 43, 45, 58; VII, pp. 194 (3x), 200.

35. Cf. ARM VII, p. 207, onde "Cristóvão Colombo" grita: "Terra! Terra!"

quando ninguém sonhara nisso, assim sentia que uma outra terra me serviria um dia de morada estável°³⁶, mas de repente os nevoeiros que me circundam se tornam mais espessos, penetram na minha alma e a envolvem de tal maneira que não me é mais possível encontrar nela a imagem tão doce de minha Pátria, tudo desapareceu! Quando quero repousar meu coração fatigado das trevas que me cercam pela lembrança do país luminoso pelo qual aspiro, meu tormento dobra, parece-me que as trevas emprestando a voz os pecadores me dizem zombando³⁷ de mim: — "Sonhas a luz, uma pátria embalsamada pelos mais suaves perfumes³⁸, sonhas a posse *eterna*³⁹ do Criador de todas essas maravilhas⁴⁰, crês sair um dia do nevoeiro que te cerca, avança, avança, alegra-te com a morte que te dará, não o que esperas, mas uma noite mais profunda ainda, a noite do nada⁴¹". /

Hb 13,14

G 7r ↓

Madre bem-amada, a imagem que quis dar-vos das trevas que obscurecem a minha alma é tão imperfeita como um esboço comparado ao modelo⁴², no entanto não quero escrever mais, receio blasfemar..... Tenho medo até de ter dito demais...

Ah! que Jesus me perdoe se O afligi, mas Ele sabe bem que embora não tenha nenhum ⁺*gozo da Fé*, pelo menos procuro fazer as obras. Creio ter feito mais atos de fé desde um ano que durante toda a minha vida. A cada nova ocasião de combate, quando meus inimigos vêm provocar-me, comporto-me bravamente; sabendo que é covardia bater-se em duelo, viro as costas aos meus adversários sem me dignar de olhá-los na cara, mas corro para meu Jesus, digo-Lhe estar pronta a derramar até a última gota de meu

---

36. Cf. Hb 13,14: "Não temos aqui cidade permanente, mas buscamos a futura". Igualmente *Imitação de Cristo*, Livro II, cap. 1: "Não tendes aqui morada estável; em qualquer lugar em que estiverdes, sois estrangeiro e peregrino"; ARM VII, p. 191: "É nos séculos futuros que o Senhor nos construirá moradas permanentes".
37. Cf. ARM III, p. 78, acerca da ressurreição dos corpos: "A ciência incrédula se esforça por abafar esta doutrina sob o peso das suas zombarias e dos seus sarcasmos".
38. Cf. ARM V, p. 143: as almas do purgatório "respiram antecipadamente os *perfumes* e os sopros *embalsamados*" do Céu (grifamos as palavras comuns).
39. Cf. ARM VII, pp. 192-193: "Nosso destino é a *posse* de Deus e a vida *eterna*"; "suspirar pela *posse* da *eterna* Pátria".
40. Cf. ARM VII, p. 192: "as *maravilhas* da Cidade de Deus".
41. Cf. ARM IV, p. 111, falando de "racionalistas" que não alimentam senão "a fria imagem da eterna *noite*, o sonho sombrio da fatalidade e do *nada*".
42. Cf. ARM VII, p. 195, mas em relação com nossas "imagens" do Céu, que constituem apenas "um *imperfeito esboço*".

Manuscrito G(onzaga)

sangue⁴³ para confessar que há um ⁺*Céu*. Eu Lhe digo que estou feliz por não gozar desse belo Céu na terra a fim de que Ele o abra pela eternidade aos pobres incrédulos. Por isso apesar dessa provação que me tira *todo gozo*, posso no entanto clamar: — "⁺*Senhor, vós me cumulais de* ALEGRIA *por* TUDO *o que fazeis*°. (Sl. XCI)⁴⁴." Pois há *alegria* maior que a de sofrer por vosso amor?.. Quanto mais o sofrimento é íntimo [e] menos aparece aos olhos das criaturas, mais ele vos alegra, ó meu Deus, mas se por impossível [que fosse] vós mesmo devíeis ignorar meu sofrimento⁴⁵, eu seria ainda feliz por possuí-lo se por ele pudesse impedir ou reparar⁴⁶ uma só falta cometida contra +*a Fé*............... /

Sl 91,5

G 7v
↓

Madre bem-amada, eu talvez pareça exagerar minha provação, de fato se julgardes segundo os sentimentos que exprimo nas pequenas poe-

---

43. É de fato com seu sangue que Teresa copiou o *credo* no final do seu Evangelho, que levava sempre consigo: Espero a ressurreição dos mortos e a vida do mundo que há de vir. Amém... — Com a comunidade crente, Teresa entrega-se à fidelidade de Jesus e à promessa formal. A ajuda e a fidelidade de Jesus são o objeto primeiro, formal, de sua confiança.

44. Versículo igualmente copiado no fim de seu Evangelho.

45. Acerca de "aquele que por puro amor trabalha para Deus", Teresa leu em são João da Cruz que, se ele sabia "por impossível que Deus pudesse jamais cessar de ver suas obras, não deixaria de serví-las com a mesma alegria e a mesma pureza de amor" (*Maximes et avis spirituels*. Oudin, Paris-Poitiers, 1895. p. 31).

46. Todo esse "sofrimento", "por impossível" mesmo ignorado por Deus, para "impedir" uma só "falta contra a fé" ou para a "reparar": como é ardente e amante a fé de Teresa! Se mais acima ela insistiu na salvação de seus "irmãos pecadores" (sobre sua "justifi"-cação) (G 6r), aqui, pronta a reparar as desatenções e erros dos outros, ela insiste indiretamente na glória de Deus, Amor que se revelou. Comendo "o pão da dor" à "mesa cheia de amargura onde comem os pobres pecadores" ("mesa da amargura", em princípio de *todos os sofredores*, e não especificamente uma *mesa dos pecadores*, expressão muito difundida a propósito de Teresa mas totalmente desconhecida por ela, que não a utiliza em nenhum lugar em seus escritos), eis que sempre Teresa, adolescente de quatorze anos, resolvida a "ficar em espírito ao pé da Cruz para receber o Divino orvalho que escorria, compreendendo que me seria preciso em seguida espalhá-lo sobre as almas" (A 45v). Se Teresa rezava então pelos pecadores como uma *mãe* por seus "filhos" (A 46v), dez anos mais tarde, em relação aos pecadores e a seus "irmãos" (G 6r) descrentes, ela se tornou cada vez mais *irmã*. Consciente de sua solidariedade com todos, na graça e na fraqueza, ela reza no plural, "em seu nome" e "no nome de seus irmãos": "Tende piedade de nós, Senhor, pois somos pobres pecadores!" (G 6r). Pronta a derramar seu sangue para confessar e reparar, Teresa assume, leva e repara o pecado dos outros, bem como a mínima sombra de pecado nela mesma. "Mãe das almas" e "esposa" de Jesus crucificado e ressuscitado (M 2v), crente até a última gota de sangue, ela faz tudo o que for possível para que Jesus "abra [o Céu] pela eternidade aos pobres incrédulos" (G 7r), seus "irmãos".

Como Ele é manso e misericordioso

sias que compus neste ano, devo parecer-vos uma alma cheia de consolações e para a qual o véu da fé está quase rasgado, e no entanto......... não é mais um véu[47] para mim, é um muro que se eleva até os céus e cobre o firmamento estrelado..... Quando canto a felicidade do Céu, a eterna posse de Deus, não sinto nenhuma alegria, pois canto simplesmente o que EU QUERO CRER[48]. Às vezes, é verdade, um pequeníssimo raio de sol vem iluminar minhas trevas, então a provação cessa *um instante*, mas em seguida a lembrança desse raio em vez de me causar a alegria torna minhas trevas ainda mais espessas.

Ó Madre, nunca senti tão bem quanto o Senhor[49] é manso e misericordioso°, ele só me enviou essa provação no momento em que tive a força de suportá-la, mais cedo creio que ela me teria mergulhado no desânimo...... Agora ela leva tudo o que teria podido encontrar de satisfação natural no desejo que eu tinha do Céu... Madre bem-amada, parece-me agora que nada me impede de voar, pois não tenho mais grandes desejos a não ser o de amar até morrer de amor[50].... 9 de Junho[51] /

Sl 102,8

G 8r
↓

---

47. Esse véu "*transparente* e *leve*" da primavera de 1887, descrito em A 48r.

48. Por exemplo, algumas semanas antes, com muita fé realista, Teresa cantou longamente Maria (PN 54, *Porque eu te amo, ó Maria*), sublinhando que, em Nazaré, Maria andou "por um caminho comum" e foi "mergulhada na noite, na angústia do coração"; por isso Maria é "o exemplo da alma que O [Deus] busca na noite da fé".

49. Oculto na escuridão total, nem por isso Jesus está ausente e distante dela, pois Teresa volta a juntar-se a ele sem cessar: "A cada nova ocasião de combate [...] corro para meu Jesus" (G 7r). Provada e angustiada, Teresa experimenta na fé realmente ("nunca senti tão bem") a ajuda misericordiosa de Jesus na noite: e "quanto"! É o segredo do equilíbrio (sem "desânimo" dirá ela logo em seguida) e da alegria que transparecem através do Manuscrito G.

50. O ideal de amor já está fortemente expresso no fim do Manuscrito A (83r e 84v). Mas aqui Teresa explicita o desejo, já antigo (cf., por exemplo, PN 17, *Viver de amor*, de fevereiro de 1895), de "morrer de amor", sonho que ela concebe primeiro nas perspectivas descritas por João da Cruz, em seguida nas perspectivas da morte de amor de Jesus na Cruz. Para a evolução em sua concepção da morte de amor, durante os últimos meses de sua vida e de suas tentações contra a fé, cf. DYN, pp. 355-364.

51. A data foi acrescentada posteriormente, a lápis. Sem dúvida, Teresa quis lembrar o segundo aniversário de sua Oferenda ao Amor Misericordioso. Tendo começado o Manuscrito G no dia 3 de junho, os sete fólios cheios se distribuem, portanto, pelos sete dias. Nesse *mesmo* 9 de junho, após ter terminado a descrição impressionante de suas tentações contra a fé no Céu, ela escreveu ao padre Bellière: "Ó meu querido irmãozinho, como estou feliz em morrer [...] porque sinto bem que tal é a vontade de Deus. [...] Gos-

Manuscrito G(onzaga)

Madre querida, estou espantada ao ver o que vos escrevi ontem, que garatujas!... minha mão tremia de tal maneira que me era impossível continuar e agora lamento até por ter tentado escrever, espero que hoje[52] o faça mais legivelmente, pois não estou mais na cama mas numa bonita poltrona toda branca..

Ó Madre, sinto bem que tudo o que vos digo não tem seqüência, mas sinto também a necessidade antes de vos falar do passado de vos dizer meus sentimentos presentes[53], mais tarde talvez tenha perdido a lembrança deles. Quero primeiro dizer-vos quanto estou tocada por todas as vossas delicadezas maternas, ah! crede, Madre bem-amada, o coração de vossa filha está cheio de gratidão, nunca esquecerá o que vos deve.........

Madre, o que me toca acima de tudo, é a novena que fazeis a N[ossa] S[enhora] das Vitórias, as missas que mandais dizer para obter a minha cura. Sinto que todos esses tesouros espirituais fazem um grande bem à minha alma; no começo da novena, eu vos dizia, Madre, que era preciso que a Sta. Virgem me curasse ou então que ela me leve para os Céus, pois eu achava bem triste para vós e para a comunidade ter o cargo de uma jovem religiosa doente; agora concordo em ficar doente toda a minha vida se isso der prazer a Deus e consinto até que minha vida seja muito longa, a única

G 8v ↓ graça / que desejo, é que ela seja quebrada pelo amor[54].

---

taria de vos dizer, meu caro Irmãozinho, mil coisas que compreendo ao estar à porta da eternidade, mas não morro, entro na vida e tudo o que posso dizer-vos aqui embaixo, vos posso fazer compreender do alto dos Céus...". Sempre nesse mesmo 9 de junho, no recreio do meio-dia, Teresa falou da "chuva de rosas" após sua morte, formulando assim seu desejo já mais antigo de "fazer o bem" depois de sua morte. Cf. DE MEESTER, C. Thérèse de Lisieux et son désir de "faire du bien" après sa mort. *Teresianum – Ephemerides carmeliticae* 49 (1988) pp. 3-50. 9 de junho foi um dia intenso para Teresa; madre Inês notará que sua irmã lhe confiou em 15 de junho: "No dia 9, via bem claramente de longe o farol que me anunciava a porta do Céu; mas agora, não vejo mais nada" (DE, p. 229).

52. 10 de junho, portanto.

53. Aqui está um dos raros indícios que o Manuscrito G nos oferece de uma certa estruturação prévia na exposição de Teresa: primeiro, falar dos "sentimentos presentes"; em seguida, do "passado" (embora já tenha havido volta ao passado). Os manuscritos autobiográficos de Teresa oferecem constantemente uma mistura de presente e de passado. Ao dizer seu passado, Teresa se diz no momento presente.

54. "Quebrada por amor": talvez reminiscência de CV (estrofe I, v. 6), onde João da Cruz, após ter evocado o desejo de são Paulo de sentir "seus laços quebrados a fim de se unir a Cristo" (Fl 1,23), fala da alma desejosa de morrer de amor (desejo evocado por Teresa em G 7v): "que seus laços se quebrem sob o impulso violento e sobrenatural do amor".

Combate em família

Oh! não, não temo uma vida longa, não recuso o combate pois ⁺*O Senhor é a rocha na qual estou elevada, que adestra minhas mãos para o combate e meus dedos para a guerra. Ele é meu escudo, espero nele*° — Sl. CXLIII — também nunca pedi a Deus para morrer jovem, é verdade que sempre esperei que essa seja a sua vontade. Muitas vezes o Senhor se contenta com o desejo de trabalhar para sua glória e sabeis, Madre, que meus desejos são bem grandes, sabeis também que Jesus me apresentou mais de um cálice amargo que afastou° de meus lábios antes que eu o bebesse, mas não antes de ter saboreado o seu amargor. Madre bem-amada, o Santo rei Davi tinha razão quando cantava: ⁺*Como é bom, como é agradável os irmãos habitarem juntos*° numa perfeita união. É verdade eu senti isso bem amiúde, mas é no seio dos sacrifícios que essa união deve ter lugar na terra. Não é para viver com as minhas irmãs que vim para o Carmelo, é unicamente para responder ao chamado de Jesus; ah! eu pressentia bem que devia ser um assunto de sofrimento contínuo viver com suas irmãs, quando não se quer conceder nada à natureza. Como se pode dizer que é mais perfeito afastar-se dos seus?... Algum dia irmãos foram censurados por combater no mesmo campo de batalha, foram censurados por voar juntos para colher a palma do martírio?... Sem dúvida, julgou-se / com razão que eles se encorajariam mutuamente, mas também que o martírio de cada um se tornava o martírio de todos. Assim é na vida religiosa que os teólogos chamam de martírio. — Ao se dar a Deus o coração não perde sua ternura natural, essa ternura ao contrário cresce ao tornar-se mais pura e mais divina.

Madre bem-amada, é com essa ternura que vos amo, que amo minhas irmãs; sou feliz por combater em família para a glória do Rei dos Céus, mas estou pronta também para voar para outro campo de batalha se O Divino General me exprimisse o desejo. Um mandamento não seria necessário, mas um olhar, um simples sinal.

Manuscrito G(onzaga)

Gn 8,11-12

Cl 3,3

G 9v
↓

Mc 4,39

Desde minha entrada na arca bendita⁵⁵, sempre pensei que se Jesus não me levasse bem depressa para o Céu⁵⁶, a sorte da pombinha de Noé seria a minha; que um dia o Senhor abriria a janela da arca e me diria para voar° bem longe, bem longe, para as margens infiéis⁵⁷ levando comigo o raminho de oliveira. Madre, esse pensamento fez minha alma crescer, fez-me planar mais alto que todo o criado. Compreendi que mesmo no Carmelo podia também haver separações, que somente no Céu a união será completa e eterna, então quis que minha alma habite nos Céus°, que ela não olhe as coisas da terra senão de longe⁵⁸. Aceitei não somente exilar-me no meio de um povo desconhecido, mas o que me era bem mais amargo, aceitei o exílio / para minhas irmãs. Nunca esquecerei o 2 de Agosto de 1896, aquele dia que era justamente o dia da partida dos missionários⁵⁹, tratou-se seriamente da partida de Madre Inês de Jesus⁶⁰. Ah! eu não teria querido fazer um movimento para impedi-la de partir; sentia entretanto uma grande tristeza no meu coração, eu achava que sua alma tão sensível, tão delicada não era feita para viver no meio de almas que não saberiam compreendê-la, mil outros pensamentos acorriam em multidão no meu espírito e Jesus se calava, não mandava à tempestade°.... E eu lhe dizia: Meu Deus, por vosso amor aceito tudo: se o quiserdes, concordo em sofrer até morrer de tristeza.

---

55. 9 de abril de 1888. O desejo de juntar-se a um Carmelo em terra de missão, desejo que vai expor, data, pois, desde o início de sua vida no Carmelo. Pode até ser mais antigo, pois antes de sua entrada Teresa sentira a atração e pressentiu a beleza da vocação missionária (cf. os testemunhos de irmã Genoveva em PO, p. 269, e PA, p. 263). Ela sabia que o Carmelo de Lisieux fundara, em 1861, o de Saigon. Ela encontrou na comunidade uma carmelita anamita, irmã Ana do Sagrado Coração, que entrou em Saigon, para onde ela voltará em 29 de julho de 1895.

56. As palavras "se Jesus não me levasse bem depressa para o Céu" são intercaladas posteriormente, a lápis.

57. Isto é, num Carmelo em terra de missão. Trata-se do Carmelo de Hanói, fundado por Saigon (cf. PA, p. 193, testemunho de madre Inês).

58. Com Cl 3,3 como fundo, a *Imitação de Cristo* (Livro II, cap. 1) escreve (sublinhamos as palavras comuns): "Vossa morada deve ser *no céu*, e vós *não deveis olhar* todas *as coisas da terra senão* como de passagem".

59. Padre Roulland e confrades, que embarcaram em Marselha para a China.

60. Sobre esta questão, cf. Introdução ao Manuscrito G, p. 216, final do ponto 1 e começo do ponto 2.

Chamado das missões

Madre Maria de Gonzaga

Jesus contentou-se com a aceitação, mas alguns meses depois, falou-se da partida de Ir. Genoveva e de Ir. Maria da Trindade, então foi outro gênero de sofrimento bem íntimo, bem profundo, eu me representava todas as provações, as decepções que elas haveriam de sofrer, enfim meu céu era carregado de nuvens... só o fundo do meu coração ficava na calma e na paz.

Madre bem-amada, vossa prudência soube descobrir a vontade de Deus e da parte dele proibistes vossas noviças de pensar agora em deixar o berço de sua infância religiosa; mas suas aspirações, vós as compreendeis visto que vós mesma, Madre, tínheis pedido em vossa juventude para ir a Saigon, é assim que muitas vezes os desejos das mães encontram eco na alma / de seus filhos. Ó Madre querida, vosso desejo apostólico encontra em minha alma, vós o sabeis, um eco bem fiel; deixai-me confiar-vos por que desejei e desejo ainda, se a Sta. Virgem me curar, deixar por uma terra estrangeira o delicioso oásis onde vivo tão feliz sob vosso olhar materno.

G 10r
↓

É preciso, Madre, (vós mo tendes dito) para viver nos carmelos estrangeiros, uma vocação toda especial, muitas almas acreditam serem chamadas sem o ser de fato; vós me tendes dito também que eu tinha essa vocação e que só minha saúde era um obstáculo; sei que esse obstáculo desapareceria se Deus me chamasse para longe, por isso vivo sem nenhuma inquietação. Se for preciso que um dia eu deixe o meu caro Carmelo, ah! não será sem ferida, Jesus não me deu um coração insensível e é justamente porque é capaz de sofrer que desejo que ele dê a Jesus tudo o que pode dar. *Aqui*, Madre bem-amada, vivo sem nenhum embaraço dos cuidados da miserável terra, não tenho senão de cumprir a agradável e fácil missão que me confiastes. *Aqui* sou cumulada de vossas atenções maternas, não sinto a pobreza não tendo nunca faltado nada. Mas sobretudo, *aqui* sou amada, por vós e por todas as irmãs, e essa afeição me é bem agradável. Eis porque sonho com um mosteiro onde seria desconhecida, onde teria de sofrer a pobreza, a falta de afeto, enfim o exílio do coração.

Ah! não é na intenção de prestar serviços ao Carmelo que / concordaria em me receber, que deixaria tudo o que me é caro; sem dúvida, faria

G 10v
↓

Manuscrito G(onzaga)

tudo o que dependesse de mim, mas conheço a minha incapacidade e sei que fazendo o melhor de mim não chegaria a fazer bem, não tendo como dizia há pouco[61] nenhum conhecimento das coisas da terra. Minha única meta seria pois cumprir a vontade de Deus°, sacrificar-me por Ele da maneira que lhe agradasse.

Mt 6,10

Sinto bem que não teria nenhuma decepção, pois quando se espera um sofrimento puro e sem nenhuma mistura, a menor alegria se torna uma surpresa inesperada; e depois vós o sabeis, Madre, o próprio sofrimento se torna a maior das alegrias quando é buscado como o mais precisos dos tesouros.

Oh não! Não é com a intenção de gozar do fruto de meus trabalhos que iria querer partir, se lá estivesse minha meta eu não sentiria essa suave paz que me inunda e sofreria até por não poder realizar minha vocação pelas missões longínquas. Há muito tempo não me pertenço mais, entreguei-me totalmente a Jesus[62]. Portanto ele está livre para fazer de mim o que lhe agradar. Deu-me a atração de um exílio completo, fez-me *compreender todos* os *sofrimentos* que aí encontrasse, perguntando-me se queria beber esse cálice° até o fim; imediatamente quis tomar essa taça que Jesus me apresentava, mas Ele, retirando sua mão, me fez compreender que a aceitação O contentava. /

Mt 20,22

G 11r
↓

Ó Madre, de quantas inquietações a gente se livra ao fazer voto de obediência! Como as simples religiosas são felizes; sendo sua única bússola a vontade das superioras, elas estão sempre seguras de estar no caminho certo, não têm medo de se enganar mesmo se lhes parece certo que as

---

61. A que passagem de "há pouco" Teresa faz alusão? Sem dúvida ao seu desejo expresso em G 9r de "não olhar as coisas da terra senão de longe", como Teresa vai dizer aqui.

62. Em Thérèse de Saint-Joseph, *La fille de sainte Thérèse à l'école de sa Mère*, Reims, Impr. Dubois-Poplimont, 1888, clássico que Teresa carmelita conheceu e que sem dúvida leu e explicou às suas noviças nas reuniões quotidianas no noviciado (livro que volta ainda nas notas), se lê a expressão "entregar-se totalmente a Deus" duas vezes (pp. 598-599) no último capítulo ("Quadro da vida perfeita" segundo santa Teresa d'Ávila). Teresa de Lisieux é de tal modo treinada na esteira de sua padroeira e mãe espiritual, Teresa d'Ávila, que exprime, se não as próprias palavras da Madre pelas reminiscências explícitas, pelo menos uma profunda unidade de ideal e de pesquisa, ao mesmo tempo que guarda perfeitamente sua originalidade tanto de gênio como de doutor.

superioras se enganam. Mas quando se cessa de olhar a bússola infalível, quando se afasta do caminho que ela manda seguir sob pretexto de fazer a vontade de Deus que não esclarece bem aqueles que no entanto ocupam seu lugar, logo a alma se perde nos caminhos áridos em que a água da graça em breve lhe falta.

Madre bem-amada, sois a bússola que Jesus me deu para conduzir-me em segurança à margem eterna. Como é agradável fixar sobre vós meu olhar e realizar em seguida a vontade do Senhor. Desde que ele permitiu que eu sofra tentações contra a ⁺*fé*, Ele aumentou muito em meu coração o ⁺*espírito de fé* que me faz ver em vós, não somente uma Mãe que me ama e que eu amo, mas sobretudo que me faz ver Jesus vivo em vossa alma e me comunica por vós sua vontade. Sei bem, Madre, que me tratais como alma fraca, como criança mimada, por isso não tenho dificuldade em carregar o fardo da obediência, mas me parece segundo o que sinto no fundo do meu coração, que não mudarias de comportamento e que meu amor por vós não sofreria nenhuma diminuição se / vos comprazêsseis em tratar-me severamente, pois eu veria ainda que é a vontade de Jesus que agísseis assim para o maior bem da minha alma.

G 11v
↓

Neste ano[63], Madre querida, Deus me deu a graça de compreender o que é a caridade; eu o compreendia antes, é verdade, mas de uma maneira imperfeita, não tinha aprofundado esta parábola de Jesus: "⁺*O segundo mandamento é* SEMELHANTE *ao primeiro: Amarás teu próximo como a ti mesmo*°." Eu me aplicava sobretudo a ⁺*amar a Deus* e é amando-o que compreendi que não era preciso que meu amor se traduzisse somente por palavras, pois: "⁺*Não são aqueles que dizem Senhor, Senhor! Que entrarão no reino dos Céus, mas aqueles que fazem a vontade de Deus*°". Essa vontade, Jesus deu a conhecer várias vezes, eu deveria dizer quase em cada página de seu Evangelho, mas na última ceia, quando sabe que o coração de seus discípulos queimam com um mais ardente amor por Ele que acaba de dar-se a eles no inefável mistério de sua Eucaristia, esse manso Salvador quer

Mt 22,39

Mt 7,21

---

63. Começa o magnífico pequeno tratado de Teresa sobre a caridade fraterna: princípios de base e realizações concretas. Teresa passa, em seguida, para a descrição de sua tática espiritual e pedagógica *entre as noviças* (G 20v-27r), para entroncar com as *pequenas coisas* que veiculam a caridade nas relações fraternas (G 27v-31r). Entrementes, ter-se-á uma excelente página sobre a oração (G 25r-v).

dar-lhes ⁺*um mandamento novo*. Diz a eles com inexprimível ternura: ⁺*Eu vos faço um mandamento novo, é de vos amardes entre vós, e que* COMO EU VOS AMEI, AMAI-VOS UNS AOS OUTROS. *A marca pela qual todo o mundo conhecerá* Jo 13,34-35 *que sois meus discípulos, é se vos amardes entre vós°.* /

G 12r
↓

    Como Jesus amou seus discípulos e por que os amou? Ah! não eram suas qualidades naturais que podiam atraí-lo, havia entre eles e Ele uma distância infinita, Ele era a ciência, a Sabedoria Eterna, eles eram pobres pecadores ignorantes e cheios de pensamentos terrestres. Entretanto Jesus os chama ⁺*seus amigos°, seus irmãos°*. Quer vê-los reinar com Ele no reino de seu Pai° e para abrir-lhes esse reino quer morrer numa cruz pois Ele disse: ⁺*Não há maior amor que dar sua vida por aqueles que se ama°*.

Jo 15,15
Jo 20,17
Lc 22,30
Jo 15,13

    Madre bem-amada, ao meditar essas palavras de Jesus, compreendi quanto meu amor por minhas irmãs era imperfeito, vi que não as amava como Deus as ama. Ah! compreendo agora que a caridade perfeita consiste em suportar os defeitos dos outros, em não se espantar com sua fraqueza[64], em edificar-se com os menores atos de virtudes que se vê sendo praticados, mas sobretudo compreendo que a caridade não deve ficar encerrada no fundo do coração: ⁺*Ninguém*, disse Jesus, *acende uma lamparina para pô-la debaixo do alqueire, mas se põe no candelabro, a fim de que ilumine* TODOS *os que estão na casa°*. Parece-me que a lamparina representa a caridade que deve iluminar, alegrar, não somente os que me são os mais caros, mas ⁺TODOS *os que estão na casa*, sem excetuar ninguém.

Mt 5,15

G 12v
↓
Lv 19,18

    Quando o Senhor ordenara ao seu povo amar o seu próximo / como a si mesmo°, não tinha ainda vindo à terra, sabendo também a que grau se ama a própria pessoa, Ele não podia pedir às suas criaturas um amor maior para o próximo. Mas quando Jesus fez a seus apóstolos um mandamento novo, ⁺SEU MANDAMENTO, como Ele diz mais longe, não é mais de amar o próximo como a si mesmo que Ele fala, mas de amá-lo como *Ele, Jesus, o amou*, como Ele o amará até à consumação dos séculos.......

---

64. A correção (em todo caso posterior) para o plural (suas fraquezas) é estranha. Talvez uma ressonância longínqua de *La fille*... , p. 602 (sublinhamos as palavras comuns): "[...] defeitos *a [em]* controlar, *fraquezas a* escusar, exigências e contradições *a suportar*".

Vossa vontade é amar em mim

Ah! Senhor, sei que não mandais nada impossível, conheceis melhor do que eu minha fraqueza, minha imperfeição, sabeis bem que[65] eu nunca poderia amar minhas irmãs como vós[66] as amais, se *vós mesmo*, ó meu Jesus, não as *amásseis* ainda *em mim*. É porque queríeis conceder-me esta graça que fizestes um mandamento *novo*. — Oh! como o amo visto que me dá a certeza de que vossa vontade é de *amar em mim* todos aqueles que vós me mandais amar°!..

Jo 13,34

Sim eu sinto quando sou caridosa, é Jesus só que age em mim; quanto mais estou unida a Ele, mais também amo todas as minhas irmãs. Quando quero aumentar em mim esse amor, quando sobretudo o demônio tenta colocar-me diante dos olhos da alma os defeitos de tal ou tal irmã que me é menos simpática, apresso-me em procurar suas virtudes, seus bons desejos[67], eu me digo que se a vi cair uma vez ela talvez tenha conseguido um grande / número de vitórias que ela esconde por humildade, que mesmo aquilo que me parece uma falta pode muito bem ser por causa da intenção um ato de virtude. Não tenho dificuldade de me persuadir disso, pois fiz um dia uma pequena experiência que me provou que não se deve nunca julgar. — Foi durante uma recreação, a porteira soa duas batidas, era preciso abrir a grande porta dos operários para fazer entrar árvores destinadas ao presépio; a recreação não estava alegre, pois vós não estáveis lá, Madre querida, por isso pensava que se eu fosse enviada a servir de terceira[68], eu ficaria bem contente; justamente [quando a] madre Subpriora me disse para servir ou então a irmã que se achava ao meu lado, imediatamente comecei a desfazer nosso avental, mas bastante mansamente para que minha

G 13r ↓

---

65. Primeira redação "seria impossível amar", depois apagada e mudada para "eu nunca poderia amar".

66. É este "como vós" que fascina Teresa, não somente como exemplo concreto deixado por Jesus, mas aqui, antes de tudo, como *princípio divino* de nosso agir na caridade. Teresa expõe sua mística e sua teologia da caridade fraterna, sensivelmente aprofundada "neste ano" (cf. Introdução ao Manuscrito M, final do ponto 6).

67. "Teresa rasgou de um calendário este pensamento de Teresa d'Ávila numa carta: 'Não paremos nunca voluntariamente para pensar nos defeitos dos outros quando eles se apresentam ao nosso espírito. Em vez de parar nisso, consideremos imediatamente o que há de bom nessas pessoas'. Com cinco outras folhas, ela colocara esta no seu *Livro de graças (Bênção da mesa)*, que ela utilizava várias vezes por dia" (NECMA. p. 357).

68. A "terceira" indica aqui a religiosa que acompanhava a "depositária" (a ecônoma) quando esta introduzia operários para dentro da clausura. O episódio se passa pouco antes do Natal de 1896.

companheira tirasse o seu antes de mim, pois eu pensava em lhe dar prazer deixando-a ser terceira. A irmã que substituía a depositária[69] nos olhava rindo e vendo que eu me levantara por última, ela me disse: Ah! tinha bem pensado que não era vós que íeis ganhar uma pérola em vossa coroa, ides demasiado lentamente.....

Com certeza toda a comunidade acreditou que eu tinha agido por natureza e eu não saberia dizer quanto uma tão pequena coisa me fez bem à alma e me tornou indulgente para com as fraquezas das outras. Isso me impede também de ter a vaidade quando sou julgada favoravelmente pois me digo isto: Visto que meus pequenos atos de virtudes são tomados como imperfeições, pode-se igualmente bem se / enganar ao tomar por virtude o que não é senão imperfeição. Então eu disse com S. Paulo: ⁺*Bem pouco me importo ser julgada por algum tribunal humano. Não me julgo a mim mesma, Quem que me julga é O Senhor*°. Também para ter esse julgamento favorável, ou a fim de não ser julgada absolutamente, quero sempre ter pensamentos caridosos pois Jesus disse: ⁺*Não julgueis e não sereis julgados*°.

Madre, ao ler o que acabo de escrever, poderíeis crer que a prática da caridade não me é difícil. É verdade, faz alguns meses que não tenho mais de combater para praticar essa bela virtude; não quero dizer com isso que nunca me acontece de fazer faltas, ah! sou imperfeita demais para isso, mas não tenho muita dificuldade para levantar-me quando caí porque num certo combate alcancei a vitória, por isso a milícia celeste vem agora em meu socorro, não podendo sofrer ver-me vencida depois de ter sido vitoriosa na guerra gloriosa que tentarei descrever.

Encontra-se na comunidade uma irmã[70] que tem o talento de me desagradar em todas as coisas, suas maneiras, suas palavras, seu caráter

---

69. Madre Inês nos relata os nomes das pessoas concernidas, assim como Teresa lhe contou oralmente (cf. *Derniers Entretiens*. pp. 387-388 e 572). Madre Inês, nessa época "depositária", estando ocupada com outra coisa, fora "substituída" como depositária por irmã Teresa de Santo Agostinho; esta era a irmã "que tem o talento de me desagradar em todas as coisas", dirá Teresa a seguir (G 13v). A religiosa a quem Teresa cede o seu lugar é irmã Maria de São José. A "madre Subpriora" é a irmã Maria dos Anjos, antiga mestra de noviças de Teresa.

70. Segundo madre Inês escreveu a monsenhor De Teil, em 1º de março de 1910, trata-se da irmã Teresa de Santo Agostinho.

Irmã Teresa de Santo Agostinho

me pareciam *muito desagradáveis*, no entanto é uma santa religiosa que deve ser *muito agradável* a Deus, por isso não querendo ceder à antipatia natural que sentia, disse a mim que a caridade não devia consistir nos sentimentos, mas nas obras; então / apliquei-me a fazer por essa irmã o que teria feito para a pessoa que mais amo. Cada vez que a encontrava rezava a Deus por ela, oferecendo a Ele todas as suas virtudes e seus méritos. Sentia que isso dava prazer a Jesus, pois não há artista que não goste de receber louvores de suas obras e Jesus o Artista das almas está feliz quando não se fica no exterior mas penetrando até o santuário íntimo que ele escolheu para morada°, admira-se a sua beleza.

G 14r ↓

Jo 14,23

Não me contentava em rezar muito pela irmã que me dava tantos combates, procurava prestar-lhe todos os serviços possíveis e quando tinha a tentação de lhe responder de uma maneira desagradável, contentava-me em lhe dar meu mais amável sorriso e procurava desviar a conversa, pois na Imitação se diz: +*Mais vale deixar cada um no seu sentimento que deter-se a contestar*[71].

Muitas vezes também, quando não estava no recreio (quero dizer durante as horas de trabalho), tendo alguma relação de emprego com essa irmã, quando meus combates eram demasiado violentos, eu fugia como um desertor. Como ela ignorava absolutamente o que eu sentia por ela, nunca suspeitou dos motivos de meu comportamento e permanece persuadida que seu caráter me é agradável. Um dia na recreação, ela me disse mais ou menos estas palavras com um ar muito contente[72]: "Poderíeis dizer-me, Ir. T[eresa] do Men[ino] Jesus, o que vos atrai tanto para mim, a cada vez que me olhais, vos vejo sorrir?" Ah! o que me atraía, era Jesus escondido no fundo de sua alma... Jesus que torna doce o que há de mais amargo[73]... Respondi-lhe que sorria porque estava contente em

---

71. *Imitação de Cristo*, Livro III, cap. 44.
72. Foi posteriormente que Teresa acrescentou, a lápis, as palavras "mais ou menos estas palavras" bem como o advérbio "muito".
73. *Imitação de Cristo*, Livro III, cap. 5. Mas Teresa aplica diretamente a "Jesus" o que é dito na *Imitação* acerca do "amor", que "torna doce o que há de mais amargo".

G 14v
↓
vê-la (bem entendido eu não acrescentei que era do ponto de vista espiritual)[74]. /

Madre bem-amada, eu vos tenho dito, meu *último meio* de não ser vencida nos combates, é a deserção, esse meio eu empregava já durante meu noviciado, sempre me foi perfeitamente bem-sucedido. Quero, Madre, vos citar um exemplo que creio que vos fará sorrir. Durante uma de vossas bronquites, fui certa manhã bem de mansinho devolver-vos as chaves da grade de comunhão, pois eu era sacristã; no fundo eu não estava descontente de ter essa ocasião de ver-vos, estava mesmo muito contente mas me guardava bem de deixar transparecer; uma irmã, animada por um santo zelo e que no entanto me amava muito[75], ao me ver entrar em vossa cela, Madre, acreditou que eu ia despertar-vos, ela quis tomar de mim as chaves, mas eu era demasiado maligna para dá-las a ela e ceder *meus direitos*. Disse-lhe o mais polidamente possível que desejava tanto quanto ela não vos despertar e que cabia a *mim* devolver as chaves.... Compreendo agora que teria sido bem mais perfeito ceder a essa irmã, jovem é verdade, mas enfim mais antiga que eu[76]. Eu não o compreendia então, por isso querendo absolutamente entrar atrás dela apesar de ela empurrar a porta para impedir-me de passar, logo a infelicidade que temíamos aconteceu: o barulho que fazíamos vos fez abrir os olhos..... Então, Madre, tudo recaiu sobre mim, a pobre irmã a quem eu tinha resistido pôs-se a desfiar todo um discurso cujo fundo era este: Foi irmã T[eresa] do Men[ino] Jesus que fez o

G 15r
↓
barulho... meu Deus, como ela é desagradável... etc. / Eu que sentia exatamente o contrário tinha vontade de me defender, felizmente me veio uma idéia luminosa; disse-me que certamente se começasse a justificar-me não poderia guardar a paz de minha alma, sentia também que não tinha bastante virtude para me deixar acusar sem nada dizer, minha última tábua de salvação era pois a fuga. Dito e feito, parti sem chamar atenção, deixando a irmã continuar seu discurso que se assemelhava às imprecações de Camila

---

74. Toda esta última frase foi acrescentada posteriormente por Teresa, a lápis e com letra tremida; como as adições precedentes, indício de sua releitura em julho-agosto de 1897.

75. As palavras "e que no entanto me amava muito" são acrescentadas por Teresa posteriormente, a lápis.

76. Irmã Marta de Jesus, não-corista, entrou quatro meses antes de Teresa e era sete anos e meio mais velha.

contra Roma⁷⁷. Meu coração batia tão forte que me foi impossível ir longe e sentei-me na escada para gozar em paz dos frutos de minha vitória. Não se tratava de bravura, não é, Madre querida, mas creio no entanto que vale mais não se expor ao combate quando a derrota é certa?

Ai! quando me reporto ao tempo do noviciado, como vejo quanto era imperfeita.... Eu me afligia por tão pouca coisa que rio disso agora. Ah! como O Senhor é bom por ter feito crescer minha alma, por lhe ter dado asas.... Todas as redes dos caçadores não poderiam assustar-me pois: "⁺*É em vão que se lança a rede diante dos olhos dos que têm asas*°" (Prov.). Mais tarde sem dúvida, o tempo em que estou me parecerá ainda cheio de imperfeições, mas agora não me espanto mais com nada, não me aflijo ao ver que sou a própria *fraqueza*, ao contrário é nela que me glorifico° e espero cada dia descobrir em mim novas imperfeições. Ao me lembrar que ⁺*a Caridade cobre a multidão dos / pecados*°, tiro dessa mina fecunda que Jesus abriu diante de mim. No Evangelho, O Senhor explica em que consiste: ⁺*seu mandamento novo*°. Ele diz em S. Mateus: "⁺*Ouvistes o que ele disse: Amareis vosso amigo e odiareis vosso inimigo. Por mim, eu vos digo: amai vossos inimigos, rezai pelos que vos perseguem*°". Sem dúvida, no Carmelo não se encontram inimigos, mas enfim há simpatias, a gente se sente atraída por tal irmã ao passo que tal outra vos faria fazer um longo desvio⁷⁸ para evitar encontrá-la, assim sem mesmo o saber ela se torna um objeto de perseguição. Pois bem! Jesus me diz que é preciso amar essa irmã, que é preciso rezar por ela, mesmo quando seu comportamento me levasse a crer que ela não me ama: "⁺*Se amais aqueles que vos amam, que merecimento teríeis? Porque os pecadores amam também os que os amam*°". S. Lucas, VI. E não é bastante amar, é preciso prová-lo. A gente é naturalmente feliz por fazer um presente a um amigo, ama sobretudo fazer surpresas, mas isso não é caridade pois os pecadores o fazem também. Eis o que Jesus me ensina ainda: "⁺*Dai a QUEM QUER QUE vos pede; e se SE TOMAR o que vos pertence, não o pedi de volta*°". Dar a todas aquelas que *pedem*, é menos agradável que oferecer a si mesmo pelo movimento de seu coração; ainda quando se pede

Pr 1,17

2Cor 12,5

G 15v
↓
1Pd 4,8
Jo 13,34

Mt 5,43-44

Lc 6,32

Lc 6,30

---

77. "Teresa copiara essa cena 5 do ato IV de *Horácio* [N.E.: de Pierre Corneille] num caderno escolar, em 16 de fevereiro de 1888" (cf. NECMA. p. 363), menos de dois meses antes de sua entrada no Carmelo.

78. Na clausura, no andar de cima, no jardim...

gentilmente, não custa dar, mas se por infelicidade não se usam palavras bastante delicadas, imediatamente a alma se revolta se não está firmada na caridade. Ela encontra mil razões para recusar / o que se lhe pede e é só depois de ter convencido a pedinte de sua indelicadeza que lhe dá enfim *por graça* o que ela reclama, ou que ela lhe presta um leve serviço que teria exigido vinte vezes menos tempo para realizar do que foi preciso para fazer valer direitos imaginários. Se é difícil dar a quem quer que peça, é ainda bem mais ⁺*deixar tomar o que [vos] pertence sem o pedir de volta*. Ó Madre, digo que é difícil, deveria antes dizer que *parece* difícil, pois ⁺*O jugo do Senhor é suave e leve*°, quando ele é aceito sente-se imediatamente sua doçura e se exclama com o Salmista°: "⁺*CORRI no caminho de vossos mandamentos desde que me dilatastes o coração*⁷⁹". Só a caridade pode dilatar o meu coração; ó Jesus, desde que essa doce chama o consome, corro com alegria no caminho de ⁺*vosso mandamento NOVO*°.... Quero correr até o dia bem-aventurado em que me unindo ao cortejo virginal, poderei seguir-vos nos espaços infinitos, cantando vosso ⁺*cântico NOVO*° que deve ser o do ⁺*Amor*.

Eu dizia: Jesus não quer que eu reclame o que me pertence; isso deveria parecer-me fácil e natural visto que ⁺*nada é meu*. Renunciei aos bens da terra pelo voto de pobreza, portanto não devo ter o direito de queixar-me se me tiram uma coisa que não me pertence, devo ao contrário alegrar-me quando me acontece sentir a pobreza. Outrora me parecia que eu não me atinha a nada, mas desde que compreendi as palavras de Jesus, vejo que nas ocasiões / sou bem imperfeita. Por exemplo no emprego de pintura⁸⁰ nada é meu, sei bem disso, mas ao pôr-me à obra encontro pincéis e tintas tudo em desordem, se uma régua ou um canivete desapareceram, a paciência está bem perto de me abandonar e devo tomar minha coragem com as duas mãos para não reclamar com amargura os objetos que me faltam. É preciso muitas vezes pedir as coisas indispensáveis, mas ao fazê-lo com humildade não se falta ao mandamento de Jesus, ao contrário, se age como

---

79. Sl 118,32, versículo que Teresa pode ter lido em João da Cruz (CE, estr. 25, v. 2), onde é emparelhado a Ct 1,3 ("Atraí-me, corramos após ti ao olor de teus perfumes") que ela comentará mais adiante (G 34r e 35v-36r).

80. Depois dos três anos de priorado de madre Inês, Teresa ficou responsável pelo "emprego" de pintura. Por "emprego" ela designa aqui o aposento onde ela guarda seus instrumentos de trabalho, no caso presente a antecâmara de sua cela, e onde outras artistas como irmã Genoveva e madre Inês não hesitam em sem servir ocasionalmente...

os pobres que estendem a mão a fim de receber o que lhes é necessário; se são repelidos eles não se espantam, ninguém lhes deve nada. Ah! que paz inunda a alma quando ela se eleva acima dos sentimentos da natureza..... Não há alegria comparável àquela que o verdadeiro pobre de espírito° prova. Se pede com desapego uma coisa necessária, e que não somente essa coisa lhe é recusada, mas ainda que se tenta tomar o que ele tem, segue o conselho de Jesus: ⁺*Abandonai até vosso manto àquele que quer processar-vos para ter vossa túnica°*.....   Mt 5,3

Mt 5,40

Abandonar o seu manto é, parece-me, renunciar aos seus últimos direitos, é considerar-se como a serva, a escrava das outras. Quando se larga o manto, é mais fácil andar, correr, por isso Jesus acrescenta: ⁺*E seja quem for que vos forçar a dar mil passos, dai dois mil a mais com ele°*. Assim / não é bastante dar a ⁺*quem quer que me pedir°*, é preciso ir na frente dos desejos, ter o ar de muito obrigada e muito honrada de prestar serviço e se for tomada uma coisa para meu uso, não devo ter o ar de lamentá-la, mas ao contrário parecer feliz por estar *desembaraçada* dela.

Mt 5,41

G 17r
↓
Mt 5,42

Madre querida, estou bem longe de praticar o que compreendo e no entanto só o desejo que tenho de fazê-lo me dá a paz.

Mais ainda que nos outros dias sinto que me expliquei extremamente mal. Fiz uma *espécie* de *discurso* sobre a caridade que deve ter-vos cansado ao ler, perdoai-me, Madre bem-amada, e imaginai que neste momento as enfermeiras praticam para comigo o que acabo de escrever, elas não temem dar dois mil passos lá onde vinte bastariam, portanto pude contemplar a caridade em ação! Sem dúvida minha alma deve estar embalsamada, quanto à minha mente reconheço que está um pouco paralisada diante de um tal devotamento e minha pena perdeu a leveza. Para que me seja possível traduzir meus pensamentos, é preciso que eu seja ⁺*como o pássaro solitário*°[81], e é raramente minha sorte. Quando começo a tomar a pena, eis que uma boa irmã passa perto de mim, com o forçado no ombro. Ela acredita distrair-me conversando um pouco comigo. Feno, patos, galinhas, visita do médico, tudo é assunto de conversa; para falar a verdade isso não dura muito tempo, porém é *mais de uma boa irmã caridosa* e de repente outra

Sl 101,8

---

81. A imagem é tomada do Sl 101,8, citado por João da Cruz (CE, estr. 15, v. 2) e retomada em *Maximes*..., cit., pp. 72-73.

Manuscrito G(onzaga)

G 17v ↓ jardineira coloca flores sobre meus joelhos, acreditando talvez inspirar-me idéias poéticas. Eu que não as procuro / nesse momento, preferiria que as flores ficassem a se balançar em seus talos. Enfim, cansada de abrir e de fechar este famoso caderno, abro um livro (que não quer ficar aberto) e digo resolutamente que copio pensamentos dos salmos e do Evangelho para a festa de Nossa Madre[82]. É verdade porque não economizo as citações..... Madre querida, eu vos divertiria, creio, ao vos contar as minhas aventuras nos bosquetes do Carmelo[83], não sei se pude escrever dez linhas sem ser interrompida, isso não devia fazer-me rir, nem me divertir, no entanto pelo amor de Deus e de minhas irmãs (tão caridosas comigo) procuro ter o ar contente e sobretudo de *o estar*.... Vede, eis aqui uma jardineira que se afasta depois de me ter dito com um tom compassivo: "Minha pobre irmãzinha, deve fatigar-vos escrever assim o dia todo". — "Ficai tranqüila, respondi-lhe, pareço escrever muito mas na verdade não escrevo quase nada". — "Tanto melhor" disse-me ela com ar tranqüilizado, "mas é igual, estou bem contente que se está cortando feno pois isso vos distrai sempre um pouco". De fato, é uma distração tão grande para mim (sem contar as visitas das enfermeiras[84]) que não minto ao dizer não escrever quase nada.

Felizmente não sou fácil de desanimar, para vo-lo mostrar, Madre, vou terminar de explicar-vos o que Jesus me fez compreender acerca da caridade. Não vos falei ainda senão do exterior, agora queria confiar-vos **G 18r** ↓ como compreendo a / caridade puramente espiritual. Estou bem certa que não demorarei a misturar uma com a outra, Madre, visto que é a vós que falo, é certo que não vos será difícil captar meu pensamento e desembaraçar a meada de vossa filha.

Nem sempre é possível, no Carmelo, praticar ao pé da letra as palavras do Evangelho, às vezes se é obrigado por causa dos empregos a recusar um serviço, mas quando a caridade deitou profundas raízes na alma, ela se mostra no exterior. Há uma maneira tão graciosa de recusar o que não

---

82. A festa de "Nossa Madre" Maria de Gonzaga, 21 de junho. Portanto, Teresa escreve estas linhas *antes* dessa data.

83. A Ordem do Carmo tem sua origem na montanha do Carmelo (agora em Israel), bastante selvagem na época. Daí a expressão humorística de Teresa: "os bosquetes" do Carmelo.

84. Irmã Santo Estanislau e irmã Genoveva, sua assistente.

se pode dar, que a recusa causa tanto prazer como o dom. É verdade que a gente se incomoda menos de reclamar um serviço a uma irmã sempre disposta a servir, no entanto Jesus disse: "*+Não eviteis aquele que quer tomar emprestado de vós°*". Assim sob pretexto de que a gente seria forçada a recusar, não se deve afastar-se das irmãs que têm o costume de sempre pedir serviços. Não se deve tampouco ser serviçal a fim de o *parecer* ou na esperança de que numa outra vez a irmã a quem se serve vos prestará serviço por sua vez, pois Nosso Senhor disse ainda: "*+Se emprestardes àqueles a quem esperais receber alguma coisa, que merecimento tereis? pois os próprios pecadores emprestam aos pecadores a fim de receber o mesmo tanto. Mas para vós, fazei o bem,* EMPRESTAI SEM NADA ESPERAR, *e vossa recompensa será grande°*". Oh sim! a recompensa é grande, mesmo na terra.... nessa via só o primeiro passo custa. *Emprestar* sem *nada esperar*, isso parece duro à natureza; seria preferível *dar*, pois uma coisa dada / não pertence mais. Quando se vem dizer-vos com um ar totalmente convencido: "Minha irmã, preciso de vossa ajuda durante algumas horas mas ficai tranqüila, tenho permissão de nossa Madre e vos *devolverei* o tempo que me derdes, pois sei quanto estais apressada". Verdadeiramente, quando se sabe muito bem que nunca o tempo que se *empresta* será devolvido, seria preferível dizer: eu o dou a vós. Isso contentaria o amor próprio porque dar é um ato mais generoso que emprestar e depois se faz a irmã sentir que não se conta com seus serviços..... Ah! como os ensinamentos de Jesus são contrários aos sentimentos da natureza, sem o socorro de sua graça seria impossível não somente pô-los em prática mas também compreendê-los. Madre, Jesus fez essa graça à vossa filha de lhe fazer penetrar as misteriosas profundezas da caridade; se ela pudesse exprimir o que compreende, ouviríeis uma melodia do Céu, mas ai! não tenho senão balbucios infantis a vos fazer ouvir... Se as próprias palavras de Jesus não me servissem de apoio, eu seria tentada a vos pedir a graça e a deixar a pena....... Mas não, é preciso que eu continue por obediência o que comecei por obediência.

Mt 5,42

Lc 6,34-35

G 18v
↓

Madre bem-amada, escrevia ontem[85] que os bens daqui de baixo não são meus, não deveria achar difícil por nunca reclamá-los se alguma vez me

---

85. O que ela escrevia "ontem" encontra-se dois fólios e meio mais acima: prova de que ela não escreve obrigatoriamente um tanto cada dia, por exemplo, um fólio só. Num dia ela escreve mais, noutro dia, nada.

G 19r ↓ fossem tirados. Os bens do Céu tampouco me pertencem, eles me são *emprestados* por Deus que pode mos / retirar sem que eu tenha o direito de me queixar. No entanto os bens que vêm diretamente de Deus, os impulsos da inteligência e do coração, os pensamentos profundos, tudo isso forma uma riqueza à qual a gente se apega como a um bem próprio no qual ninguém tem o direito de tocar....... Por exemplo se em licença[86] se diz a uma irmã alguma luz recebida durante a oração e, pouco depois, essa irmã falando com uma outra lhe diz como tendo o pensamento dela mesma a coisa que a gente lhe tinha confiado, parece que ela toma o que não pertence a ela. Ou então no recreio se diz bem baixo à sua companheira uma palavra cheia de espírito e bem apropriada; se ela a repete bem alto sem dar a conhecer a fonte de onde ela vem, isso parece ainda furto à proprietária que não reclama, mas teria vontade de fazê-lo e tomará a primeira ocasião para fazer saber finamente que lhe foram tirados seus pensamentos.

Madre, não poderia tão bem vos explicar esses tristes sentimentos naturais, se não os tivesse sentido no meu coração e gostasse de embalar-me na doce ilusão de que eles visitaram só o meu se não me tivesses ordenado escutar as tentações de vossas queridas novicinhas. Aprendi muito cumprindo a missão que me confiastes, sobretudo me achei obrigada a praticar o que ensinava às outras; assim agora posso dizê-lo, Jesus me fez a graça de não estar mais apegada aos bens do espírito e do coração

G 19v ↓ que aos da terra. Se me acontece pensar e dizer uma coisa / que agrada às minhas irmãs, acho totalmente natural que elas se apossem disso como de um bem que é delas. Esse pensamento pertence ao Espírito Santo e não a

1Cor 12,3   mim, visto que S. Paulo diz que não podemos sem esse Espírito de amor°
Rm 8,15; Gl 4,7   dar o nome de "+*Pai*°"[87] ao nosso Pai que está nos Céus. Ele está pois bem livre de servir-se de mim para dar um bom pensamento a uma alma; se eu acreditasse que esse pensamento me pertencesse, seria como "O asno carregando relíquias[88]" que acreditava que as homenagens prestadas aos Santos se dirigiam a ele.

---

86. Dia de recreio, em que as irmãs podiam visitar-se na cela para se entreter uma a uma.

87. Teresa confunde um pouco. São Paulo diz que "ninguém pode dizer 'Jesus é o Senhor' senão pelo Espírito Santo" (1Cor 12,3) e, noutro lugar, que pelo Espírito "clamamos: *Abba*, Pai" (Rm 8,15 e Gl 4,7).

88. De La Fontaine, J. *Fables*. Livro IV, 14.

Os belos pensamentos e as obras

Não desprezo os pensamentos profundos que alimentam a alma e a unem a Deus, mas faz muito tempo que compreendi que não é preciso apoiar-se nelas e fazer a perfeição consistir em receber muitas luzes. Os mais belos pensamentos não são nada sem as obras; é verdade que as outras podem tirar deles muito proveito se elas[89] se humilham e testemunham a Deus a sua gratidão por lhes permitir participar do festim de uma alma que lhe agrada enriquecer com suas graças, mas se essa alma se compraz em seus *belos pensamentos* e faz a oração do fariseu°, torna-se semelhante a uma pessoa que morre de fome diante de uma mesa bem sortida enquanto todos os seus convidados tiram daí um abundante alimento e às vezes lançam um olhar de inveja sobre o personagem possuidor de tantos bens. Ah! como só Deus sozinho para conhecer o fundo dos corações... como as criaturas têm pensamentos curtos!.. Quando elas vêem uma alma mais iluminada que as outras, imediatamente / concluem que Jesus as ama menos que essa alma e [que elas] não podem estar chamadas à mesma perfeição. — Desde quando o Senhor não tem *mais* o *direito* de servir-se de uma de suas criaturas para dispensar às almas que Ele ama o alimento que lhes é necessário? No tempo do Faraó o Senhor tinha ainda *esse direito*, pois na Escritura Ele diz a esse monarca: "⁺*Eu vos elevei expressamente para fazer brilhar em vós* MINHA POTÊNCIA, *a fim de que se anuncie meu nome por toda a terra*°". Os séculos sucederam-se aos séculos desde que o Altíssimo pronunciou essas palavras e depois, seu comportamento não mudou, sempre Ele serviu-se de suas criaturas como instrumentos para fazer sua obra nas almas.

 Se uma tela pintada por um artista pudesse pensar e falar, certamente ela não se queixaria de ser sem cessar tocada e retocada por um *pincel* e tampouco invejaria a sorte desse instrumento, pois ela saberia que não é ao pincel mas ao artista que o dirige que ela deve a beleza da qual está revestida. O pincel por sua vez não poderia glorificar-se da obra-prima feita por ele, ele sabe que os artistas não se embaraçam, que eles se divertem com as dificuldades, agradam-se em escolher às vezes os instrumentos fracos e defeituosos.....

Lc 18,10-12

G 20r
↓

Rm 9,17; Ex 9,16

---

89. "Elas", no feminino plural: Teresa pensa concretamente em suas *irmãs* religiosas (ou em outras *pessoas* em geral).

[Capítulo 10]

["Atraí-me, corramos"]

*M*adre bem-amada, sou um pequeno pincel que Jesus escolheu para pintar sua imagem nas almas que vós me confiastes. Um artista não se serve só de um pincel, precisa de ao menos dois; o primeiro é o mais útil, é com ele que dá as tintas gerais, / que cobre completamente a tela[90] em pouquíssimo tempo, o outro, menor, lhe serve para os detalhes.

Madre, sois vós que me representais o precioso pincel que a mão [de] Jesus pega com amor quando quer fazer um *grande trabalho* na alma de vossas filhas e eu sou o *pequenino* do qual Ele se digna servir-se para os mínimos detalhes.

A primeira vez que Jesus se serviu de seu pequeno pincel, foi por volta de 8 de Dezembro de 1892. Sempre me lembrarei dessa época como um tempo de graças. Vou, Madre querida, confiar-vos essas doces lembranças.

Aos 15 anos quando tive a felicidade de entrar no Carmelo, encontrei uma companheira de noviciado que me tinha precedido alguns meses, ela era mais velha que eu 8 anos[91] mas seu caráter infantil fazia esquecer a diferença dos anos, por isso logo tivestes, Madre, a alegria de ver vossas duas pequenas postulantes se entender maravilhosamente e se tornar inseparáveis. Para favorecer essa afeição nascente que vos parecia dever produzir frutos, vós nos permitistes ter juntas de tempo em tempo pequenas conversas espirituais. Minha querida companheirinha me encantava por sua inocência, seu caráter expansivo, mas por outro lado eu

---

90. Teresa é o "pequeno pincel", e madre Maria de Gonzaga é o "primeiro", "precioso" pincel, que serve para "um grande trabalho" na alma das noviças. Teresa não diz "*o*" grande trabalho, mas destaca aqui tal ou tal trabalho *importante*, que fica para madre Maria de Gonzaga, enquanto o pincel "pequenino", eu, é Teresa, e serve para "os detalhes menores". A comparação da tela, do artista e dos pincéis se impõe evidentemente a Teresa, ela mesma pintora e irmã de duas pintoras. Mas pôde também lê-la em autores muito próximos, João da Cruz (CV, estrofe 3, v. 8) e Arminjon (ARM VII, p. 194).

91. Madre Inês anota em sua Cópia de HA de 1936: "Irmã Marta de Jesus".

Inflamar-nos mais no Amor

me espantava ao ver quanto a afeição que ela tinha por vós era diferente da minha. Havia também coisas no seu comportamento para com as irmãs que eu teria desejado que ela mudasse... Desde essa época Deus me fez / compreender que é das almas que sua misericórdia não se cansa de esperar, às quais Ele dá sua luz só aos poucos, por isso eu me guardava bem de avançar a sua hora e esperava pacientemente que agradasse a Jesus fazê-la chegar.

G 21r ↓

Irmã Marta

Refletindo um dia na permissão que nos tínheis dado de nos entreter juntas como está dito nas santas constituições: ⁺*Para nos inflamar mais no amor de nosso Esposo*, pensava com tristeza que nossas conversações não atingiam a meta desejada; então Deus me fez sentir que chegara o momento e que não era mais preciso temer falar ou então que devia cessar as conversas que se pareciam com as das amigas do mundo. Esse dia era um sábado; no dia seguinte[92] durante minha ação de graças, supliquei a Deus que colocasse em minha boca palavras doces e convincentes ou de preferência que Ele Mesmo falasse por mim. Jesus atendeu minha oração, permitiu que o resultado cumulasse inteiramente minha esperança pois: ⁺*Aqueles que voltarem seus olhares para ele serão iluminados*° (Sl. XXXIII) e ⁺*A luz se levantou nas trevas para aqueles que têm o coração reto*°. A primeira palavra dirige-se a mim e a segunda à minha companheira, que verdadeiramente tinha o coração reto....

Sl 33,6
Sl 111,4

Tendo chegado a hora na qual tínhamos resolvido estar juntas, a pobre irmãzinha ao lançar os olhos sobre mim, viu imediatamente que eu não era mais a mesma; sentou-se ao meu lado enrubescendo e eu, apoiando sua cabeça sobre meu coração, disse-lhe com lágrimas na / voz *tudo o que pensava dela*, mas com expressões tão ternas, testemunhando-lhe uma afeição tão grande que logo suas lágrimas se misturaram às minhas. Ela concordou com muita humildade que tudo o [que] eu dizia era verdade, prometeu-me começar uma nova vida e pediu-me como uma graça adverti-la sempre de suas faltas. Enfim no momento de nos separar, nossa afeição se tornara

G 21v ↓

---

92. Domingo, portanto, quando semelhante "conversa" era mais fácil.

Pr 18,19 toda espiritual, não havia mais nada de humano. Em nós se realizava esta passagem da Escritura: "⁺*O irmão que é ajudado pelo seu irmão é como uma cidade fortificada*°".

O que Jesus fez com o seu pincel pequeno teria sido logo apagado se não tivesse agido por vós, Madre, para realizar sua obra na alma que Ele queria toda para Si. A provação pareceu bem amarga à minha pobre companheira mas vossa firmeza triunfou e então pude, ao tentar consolá-la, explicar àquela que vós me tínheis dado como irmã entre todas, em que consiste o verdadeiro amor. Mostrei-lhe que era a *ela mesma* que ela amava e não a vós, disse-lhe como eu vos amava e os sacrifícios que tinha sido obrigada a fazer no começo de minha vida religiosa para não me apegar a vós de uma maneira toda material como o cão se apega ao seu dono. O amor se alimenta de sacrifícios, quanto mais a alma recusa satisfações naturais para si, mais sua ternura se torna forte e desinteressada.

G 22r ↓ Eu me lembro que sendo postulante, tinha às vezes tão violentas / tentações de ir ter convosco para me satisfazer, encontrar algumas gotas de alegria, que era obrigada a passar rapidamente diante do depósito[93] e me agarrar ao corrimão da escada. Vinha-me à mente uma multidão de permissões a pedir, enfim, Madre bem-amada, eu encontrava mil razões para contentar minha natureza..... Como estou feliz agora por me ter privado desde o começo de minha vida religiosa, gozo já da recompensa prometida àqueles que combatem corajosamente. Não sinto mais que seja necessário recusar-me todas as consolações do coração, pois minha alma está firmada por Aquele que eu queria amar unicamente. Vejo com felicidade que ao amá-lo, o coração se engrandece, que pode dar incomparavelmente mais ternura àqueles que lhe são caros, do que se estivesse concentrado num amor egoísta e infrutífero.

Madre querida, eu vos recordei o primeiro trabalho que Jesus e vós vos tendes dignado a realizar por mim; não era senão o prelúdio daqueles que deviam ser confiados a mim. Quando me foi dado penetrar no santuário das almas, vi imediatamente que a tarefa estava acima das minhas forças, então me coloquei nos braços de Deus como uma criancinha e,

---

93. Em princípio, o escritório destinado à "depositária" (a ecônoma), mas ocupado pela priora.

escondendo o meu rosto nos cabelos dele, Lhe disse: Senhor, sou pequena demais para alimentar vossas filhas; se quiserdes dar-lhes por mim o que convém a cada uma, enchei minha mãozinha e sem tirar vossos braços, sem desviar a cabeça, / darei vossos tesouros à alma que vier pedir-me o seu alimento. Se ela o achar ao seu gosto, saberei que não é a mim, mas a vós que ela o deve; ao contrário, se ela se queixar e achar amargo o que lhe apresento, minha paz não será perturbada, procurarei persuadi-la que esse alimento vem de vós e me guardarei bem de buscar um outro para ela. G 22v ↓

Madre, desde que compreendi que me era impossível fazer algo por mim mesma, a tarefa que vós me impusestes[94] não me pareceu mais difícil, senti que a única coisa necessária° era unir-me cada vez mais a Jesus e que †*O resto me seria dado por acréscimo*°. Com efeito nunca minha esperança foi enganada°, Deus dignou-se de encher minha mãozinha todas as vezes que foi necessário que eu alimentasse[95] a alma de minhas irmãs. Confesso-vos, Madre bem-amada, que se me tivesse apoiado o mínimo que fosse em minhas próprias forças, ter-vos-ia bem cedo entregue as armas.... *De longe parece tudo rosa** †*fazer o bem às almas*, fazê-las amar mais a Deus, enfim modelá-las segundo suas visões e seus pensamentos pessoais. *De perto* é exatamente o contrário, o rosa desapareceu... sente-se que fazer o bem é coisa tão impossível sem o socorro de Deus como fazer brilhar o sol na noite..... Sente-se que é preciso absolutamente esquecer seus gostos, suas concepções pessoais e guiar as almas pelo caminho que Jesus lhes traçou,

Lc 10,41-42
Mt 6,33
Rm 5,5

---

94. Embora Teresa exercesse desde cedo uma influência cada vez mais real sobre suas companheiras de noviciado, das quais ela era a decana, ou que lhe foram confiadas como seu "anjo", ou seja, a religiosa encarregada de ajudar uma nova postulante nos usos exteriores da vida conventual, ela faz, aqui, alusão à "tarefa que vós me impusestes", em março de 1896 portanto, quer dizer, na sua nomeação como ajudante da priora madre Maria de Gonzaga, a qual acumula a tarefa e o título oficial de "mestra de noviças". As noviças "não me devem o respeito que se dá a uma mestra", dirá ela mais longe (G 26v). Neste Manuscrito G a "missão" confiada se refere sempre à decisão de Maria de Gonzaga ("vós"). Sobre essa "missão", cf. DYN, pp. 549-553.

95. É o que Teresa escreveu. NECMA, p. 433, reconhece com razão a correção "para alimentar" como estranha, mas não dá a versão original perfeita de Teresa "que eu alimentasse" (sem a palavra "para"). Sente-se o respeito de Teresa: é Maria de Gonzaga, oficialmente mestra das noviças, que em primeiro lugar "alimenta" os cordeiros. Mas "se for necessário que" Teresa preste serviço, "alimente" a alma de suas irmãs, ela está pronta...

* N.T.: Teresa usa "rosa" no sentido de "cor-de-rosa", significando "agradável, fácil". Mantivemos "rosa", no masculino, indicando a cor.

G 23r sem tentar fazê-las andar / por seu próprio caminho. Mas isso não é ainda o mais difícil; o que me custa acima de tudo, é observar as faltas, as mais leves imperfeições e travar contra elas uma guerra mortal. Eu ia dizer: infelizmente para mim, (mas não, isso seria covardia) digo pois: felizmente para minhas irmãs, desde que tomei lugar nos braços de Jesus, sou como o vigia que observa o inimigo da mais alta torrinha da fortaleza. Nada escapa aos meus olhares; muitas vezes fico espantada de ver tão claro e acho o profeta Jonas bem escusável por ter fugido em vez de ir anunciar a ruína de Nínive°. Preferia mil vezes receber censuras que fazê-las aos outros, mas sinto que é muito necessário que isso me seja um sofrimento, pois quando se age por natureza, é impossível que a alma à qual se quer descobrir suas faltas compreenda seus erros, ela não vê senão uma coisa: A irmã encarregada de me dirigir está zangada e tudo recai sobre mim que estou no entanto cheia das melhores intenções.

Jn 1,2-3

Sei bem que vossos cordeirinhos me acham severa. Se lessem estas linhas, diriam que não parece custar-me o mínimo do mundo correr atrás deles, falar-lhes num tom severo e mostrar-lhes seu belo tosão sujo ou então lhes trazer algum leve floco de lã que se rasgou nos espinhos do caminho. Os cordeirinhos podem dizer tudo o que quiserem; no fundo sentem que os amo com verdadeiro amor, que nunca imitarei ⁺*O mercenário que vendo vir o lobo deixa a rebanho e / foge*°. Estou pronta a dar a minha vida por eles, mas minha afeição é tão pura que não desejo que a conheçam. Nunca com a graça de Jesus, tentei atrair para mim os seus corações, compreendi que minha missão era conduzi-los a Deus e fazê-los compreender que aqui em baixo, vós éreis, Madre, o Jesus visível que devem amar e respeitar.

G 23v
Jo 10,10-15

Disse-vos, Madre querida, que ao instruir as outras tinha aprendido muito. Vi primeiro que todas as almas têm mais ou menos os mesmos combates, mas que são tão diferentes por outro lado que não tenho dificuldade de compreender o que dizia o Padre Pichon[96]: "⁺*Há bem mais diferença entre as almas que há entre os rostos*". Por isso é impossível agir com todas da mesma maneira. Com certas almas, sinto que preciso fazer-me pequena, não temer humilhar-me reconhecendo meus combates, minhas derrotas; ao ver que tenho as mesmas fraquezas que elas, minhas irmãzinhas me

---

96. Numa pregação? Numa conversa com uma das irmãs?

confessam por sua vez as faltas das quais se censuram e se alegram que as compreendo *por experiência*. Com outras vi que é preciso o contrário, para lhes fazer o bem, ter muita firmeza e nunca voltar a uma coisa dita. Abaixar-se não seria nenhuma humildade, mas fraqueza. Deus me deu a graça de não temer a guerra, a todo custo é preciso que eu faça o meu dever. Mais de uma vez ouvi isto: — "Se quiserdes obter algo de mim, é preciso pegar-me pela doçura, pela / força não tereis nada". Sei que ninguém é bom juiz em causa própria e que uma criança a quem um médico faz passar por uma dolorosa operação não deixará de dar altos gritos e de dizer que o remédio é pior que o mal; no entanto se estiver curada uns poucos dias depois, está toda feliz por poder jogar e correr.

G 24r ↓

O mesmo acontece com as almas, logo elas reconhecem que um pouco de amargor é às vezes preferível ao açúcar e não temem reconhecê-lo. Algumas vezes não posso impedir-me de sorrir interiormente ao ver que mudança se opera de um dia ao outro, é fantástico...... Vêm dizer-me: — "Tínheis razão ontem de ser severa, no começo isso me revoltou, mas depois me lembrei de tudo e vi que éreis muito justa..... Escutai: ao ir embora pensava que estava acabado, eu me dizia: 'Vou encontrar nossa Madre e dizer-lhe que não irei mais com Ir. T[eresa] do Men[ino]Jesus', mas senti que era o demônio que me inspirava isso e depois pareceu-me que rezáveis por mim, então fiquei tranqüila e a luz começou a brilhar, mas agora é preciso que vós me esclareçais totalmente e é por isso que venho". A conversação se inicia bem depressa; estou totalmente feliz por poder seguir a inclinação de meu coração, não servindo alimento amargo. Sim mas[97].... percebo que não é preciso avançar demais, uma palavra poderia destruir o belo edifício construído nas lágrimas. Se tenho a infelicidade de dizer uma palavra que parece atenuar o que disse na véspera, vejo minha irmãzinha / tentar agarrar-se aos galhos, então faço interiormente uma pequena prece e a verdade triunfa sempre. Ah! é a oração, é o sacrifício que fazem a minha força, serão as armas invencíveis que Jesus me deu, podem bem mais que as palavras tocar as almas, fiz muitas vezes a experiência disso. Uma entre todas causou-me uma doce e profunda impressão.

G 24v ↓

---

97. Nas suas conversações, com uma ponta de humor, Teresa utilizava muitas vezes a expressão "sim mas". Às vezes, também na sua correspondência íntima, por exemplo em LT 222 ou LT 229 a Madre Inês.

Manuscrito G(onzaga)

Irmã Maria da Trindade

Foi durante a quaresma[98], eu me ocupava então com a única noviça que se encontrava aqui e da qual eu era o anjo[99]. Ela veio encontrar-me certa manhã toda radiante: "Ah! se soubésseis", me disse ela, "o que sonhei esta noite, estava perto de minha irmã e queria afastá-la de todas as vaidades que ela ama tanto, para isso eu lhe explicava essa estrofe: Viver de Amor — Amar-Te Jesus, que perda fecunda — Todos os meus perfumes são teus sem volta. Sentia bem que minhas palavras penetravam na sua alma e eu estava arrebatada de alegria. Nesta manhã ao me despertar pensei que Deus quisesse talvez que eu lhe desse essa alma. Se lhe escrevesse depois da quaresma para contar-lhe meu sonho e dizer-lhe que Jesus a quer só para Ele?"

Eu, sem pensar mais nisso, disse-lhe que ela podia tentar, mas antes, que era preciso pedir a permissão à Nossa Madre[100]. Como a quaresma estava ainda longe de chegar ao seu fim, vós ficastes, Madre bem-amada, muito surpresa com um pedido que vos pareceu prematuro demais; e cer-

---

98. De 1895. *Depois* da composição de PN 17, *Viver de Amor*, de que se tratará, e *antes* da vinda da postulante Maria Guérin. (Ver nota seguinte.)

99. Maria da Trindade como "a única noviça"? Entre as "noviças" no sentido estrito estava também irmã Genoveva, da qual Teresa era *o anjo*, mas Teresa não quer sem dúvida colocá-la em evidência diante de Maria de Gonzaga. Na sua Cópia de HA de 1936, madre Inês anota: "Nessa época havia, na realidade, quatro noviças no Noviciado cuja Mestra era Maria de Gonzaga, embora nossa Santinha também se ocupasse dele, mas não da mesma maneira. Quer dizer, não tão abertamente como da irmã Maria da Trindade, que lhe fora mais especialmente confiada a fim de estudar mais de perto por que ela saíra de outro Carmelo".

100. Título que as noviças davam à sua mestra de noviças, em 1895 Maria de Gonzaga. Quanto à priora, ela era chamada "Nossa Madre" por toda a comunidade. — Se, em 1896, Teresa fora nomeada mestra das noviças de maneira mais oficial, suas noviças, quase todas mais velhas que ela, a teriam chamado "Nossa Madre Mestra"...

tamente inspirada por Deus, respondestes que não era pelas cartas que as carmelitas / devem salvar as almas mas pela *oração*.

G 25r ↓

Ao saber de vossa decisão compreendi imediatamente que era a de Jesus e disse à Ir. Maria da Trindade: "É preciso que nos ponhamos em ação, rezemos muito. Que alegria *se no fim da quaresma* formos atendidas!....." Oh! misericórdia infinita do Senhor, que concorda em escutar a oração de seus filhos...... *No final da quaresma*, mais uma alma se consagrava a Jesus. Era um verdadeiro milagre da graça, milagre obtido pelo fervor de uma humilde noviça!

Como é pois grande o poder da *Oração*! dir-se-ia uma rainha que tem a cada instante livre acesso junto do rei e pode obter tudo o que pede[101]. Não é necessário para ser atendida ler num livro uma bela fórmula composta para a circunstância; se fosse assim.... ai de mim! como haveria de lamentar!... Fora do *Ofício Divino* que sou *bem indigna de* recitar, não tenho a coragem de obrigar-me a buscar nos livros *belas* orações, isso me dá dor de cabeça, e há tantas!.. e depois elas são todas umas mais *belas* que as outras......... Eu não saberia recitá-las todas e nem saber qual escolher, faço como as crianças que não sabem ler, digo simplesmente a Deus o que quero lhe dizer, sem fazer belas frases, e sempre ele me compreende...... Para mim a *oração* é um impulso do coração, é um simples olhar lançado para o Céu, é um grito de gratidão e de amor no seio da provação como no seio da alegria[102]; enfim é alguma coisa / de grande, de sobrenatural, que me dilata a alma e me une a Jesus.

G 25v ↓

Não gostaria porém, Madre bem-amada, que acreditásseis que as orações feitas em comum no coro, ou nas ermidas[103], as faço sem devoção. Pelo contrário gosto muito das orações em comum pois Jesus prometeu

---

101. Teresa pode ter pensado em Ester junto ao rei Assuero (Est 5,3-7). Tanto mais porque ela relia nessa época certas páginas da *Chama Viva de Amor*, de João da Cruz, onde "a *rainha* Ester" e o "*rei*" são evocados e onde Mardoqueu é comparado à alma transformada "levando no dedo o anel real sinal de seu *poder* no *reino* de seu Esposo. Com efeito, as almas que chegaram a esse grau *obtêm tudo o que* desejarem" (CV, estrofe 2, v. 5; sublinhamos as palavras comuns).

102. Esta definição da oração foi colocada na introdução da quarta parte, primeira seção, "A oração na vida cristã", do *Catecismo da Igreja Católica* (n. 2558).

103. Aposentos do mosteiro, reservados para aí rezar a são José, santa Teresa, ao Sagrado Coração.

Mt 18,19-20 *encontrar-se no meio daqueles que se reúnem em seu nome°*, sinto então que o fervor de minhas irmãs supre o meu, mas sozinha (tenho vergonha de confessá-lo) a recitação do rosário me custa mais que usar um instrumento de penitência.... Sinto que o digo tão mal, embora me esforce em meditar os mistérios do rosário, não consigo fixar meu espírito.... Durante muito tempo estive desolada por essa falta de devoção que me espantava, pois *amo tanto a Santíssima Virgem* que deveria ser-me fácil fazer em sua honra orações que lhe são agradáveis. Agora me aflijo menos, penso que a Rainha dos Céus sendo *minha Mãe*, deve ver minha boa vontade e que se contenta com ela.

Mt 6,9-13 Às vezes quando meu espírito está numa tão grande secura que me é impossível tirar daí um pensamento para unir-me a Deus, recito *muito lentamente* um "Pai Nosso°" e depois a saudação angélica[104]; então essas orações me arrebatam, elas alimentam minha alma bem mais que se as tivesse recitado precipitadamente uma centena de vezes..........

G 26r
↓

A Santíssima Virgem me mostra que não está zangada contra / mim, ela nunca falha em proteger-me assim que a invoco. Se me sobrevém uma inquietação, um embaraço, bem depressa me volto para ela e sempre como a mais terna das Mães ela se encarrega de meus interesses. Quantas vezes ao falar às noviças, aconteceu-me de invocá-la e sentir os benefícios de sua maternal proteção!...

Muitas vezes as noviças me dizem: "Mas tendes uma resposta para tudo, acreditava desta vez vos embaraçar.... onde pois ides buscar o que dizeis?" Há até umas bastante ingênuas para crer que leio em sua alma porque me aconteceu de preveni-las dizendo-lhes o que pensavam. Uma noite uma de minhas companheiras[105] tinha resolvido esconder de mim uma aflição que a fazia sofrer muito. Encontro-a pela manhã, ela me fala com um rosto sorridente e eu, sem responder ao que ela me dizia, disse-lhe com um acento convicto: Vós estais sofrendo. Se tivesse feito cair a lua aos seus pés, creio que ela não me teria olhado com mais espanto. Sua estupefação era tão grande que me contagiou, por um instante fui tomada de um pavor sobrenatural. Eu estava bem certa de não ter o dom de ler nas almas

---

104. Ou seja, a Ave Maria.
105. Irmã Marta de Jesus (cf. HA, p. 181 e seu testemunho em PO, p. 434).

e isso me espantou tanto mais por ter caído tão certo. Sentia que Deus estava muito perto, que, sem perceber, eu tinha dito, como uma criança, as palavras que não vinham de mim mas dele.

Madre bem-amada, compreendeis que às noviças tudo é permitido, / é preciso que elas possam dizer o que elas pensam sem nenhuma restrição, o bem como o mal. Isso para elas deve ser tanto mais fácil comigo porque não me devem o respeito que se presta a uma mestra. Não posso dizer que Jesus me faz andar *exteriormente* pelo caminho das humilhações, Ele se contenta em me humilhar no *fundo* de minha alma; aos olhos das criaturas tudo me sai bem, sou o caminho das honras, tanto como isso é possível em religião. Compreendo que não é para mim, mas para os outros que preciso andar pelo caminho que parece tão perigoso. Com efeito se aos olhos da comunidade eu passava por uma religiosa cheia de defeitos, incapaz, sem inteligência nem juízo, ser-vos-ia impossível, Madre, fazer-vos ajudar por mim. Eis porque Deus lançou um véu sobre todos os meus defeitos interiores e exteriores. Esse véu, às vezes, me atrai alguns cumprimentos da parte das noviças, sinto bem que não os fazem por adulação mas que é a expressão de seus sentimentos ingênuos; verdadeiramente isso não poderia inspirar-me vaidade, pois tenho sem cessar presente à mente a lembrança do que sou. Entretanto, às vezes me vem um desejo bem grande de ouvir outra coisa além de louvores. Vós sabeis, Madre bem-amada, que prefiro o vinagre ao açúcar; minha alma também se cansa de um alimento demasiado açucarado, e Jesus permite então que lhe seja servida uma boa saladinha, / bem avinagrada, bem picante, sem faltar nada exceto o *óleo*, o que lhe dá um sabor a mais..... Essa boa saladinha me é servida pelas noviças quanto menos espero. Deus levanta o véu que esconde minhas imperfeições, então minhas queridas irmãzinhas me vêem assim como sou sem me acharem mais totalmente ao seu gosto. Com uma simplicidade que me arrebata, elas me dizem todos os combates que lhes dou, o que lhes desagrada em mim; enfim, elas não se incomodam mais do que se tratasse de outra, sabendo que elas me dão um grande prazer ao agir assim. Ah! verdadeiramente é mais que um prazer, é um festim delicioso que cumula minha alma de alegria. Não posso explicar-me como uma coisa que desagrada tanto à natureza pode causar tão grande felicidade; se eu não o tivesse experimentado, não poderia acreditar...... Um dia em que eu tinha

G 26v ↓

G 27r ↓

particularmente desejado ser humilhada, aconteceu que uma noviça[106] se encarregou tão bem de me satisfazer que imediatamente pensei em Semei amaldiçoando Davi° e me dizia: Sim, é bem O Senhor que lhe ordena dizer-me todas essas coisas...... E minha alma saboreava deliciosamente o alimento amargo que lhe era servido com tanta abundância.

É assim que Deus se digna de cuidar de mim, não pode sempre me dar o pão fortificante da humilhação exterior, mas de vez em quando, Ele permite que †*me alimente das migalhas que caem da mesa DOS FILHOS*°. Ah! como sua misericórdia é grande, não a poderei / cantar° senão no céu......
....

Madre bem-amada, visto que convosco tento começar a cantar na terra, essa misericórdia infinita, devo ainda dizer-vos um grande benefício que retirei da missão que vós me confiastes. Outrora quando via uma irmã que fazia algo que me desagradava e me parecia irregular, eu me dizia: Ah! se eu pudesse dizer-lhe o que penso, mostrar-lhe que ela está errada, que bem isso me faria! Desde que pratiquei um pouco o ofício, garanto-vos, Madre, que mudei inteiramente de sentimento. Quando me acontece de ver uma irmã fazer uma ação que me parece imperfeita, dou um suspiro de alívio e me digo: Que felicidade! não é uma noviça, não sou obrigada a repreendê-la. E depois bem depressa procuro escusar a irmã e lhe prestar boas intenções que ela tem sem dúvida. Ah! Madre, desde que estou doente, os cuidados que me prodigalizais instruíram-me ainda muito sobre a caridade. Nenhum remédio vos parece caro demais, e se ele não dá resultado, sem vos cansar tentais outra coisa. Quando eu ia à recreação[107], que atenção não fazíeis para que eu estivesse bem colocada ao abrigo das correntezas de ar, enfim, se quisesse dizer tudo, não terminaria.

Ao pensar em todas essas coisas, disse-me que eu deveria ser tão compassiva para com as enfermidades espirituais de minhas irmãs, como vós sois, Madre querida, ao cuidar de mim com tanto amor.

Observei (e é totalmente natural) que as irmãs mais santas são as / mais amadas, a gente procura sua conversação, presta-lhes serviços sem que elas

---

106. Segundo NECMA, p. 394, sua própria irmã Celina, irmã Genoveva...
107. Cada vez mais gravemente doente, há algumas semanas Teresa não participa mais das recreações comunitárias.

os peçam, enfim essas almas capazes de suportar faltas de considerações, de delicadezas, se vêem cercadas da afeição de todas. Pode-se aplicar a elas essa palavra de nosso Pai S. João da Cruz: *+Todos os bens me foram dados quando não os busquei por amor próprio*[108].

As almas imperfeitas ao contrário, não são procuradas, sem dúvida se fica em relação a elas nos limites da polidez religiosa, mas temendo talvez dizer-lhes algumas palavras mais amáveis, evita-se a sua companhia. — Ao dizer as almas imperfeitas, não quero somente falar das imperfeições espirituais, visto que as mais santas só serão perfeitas no Céu; quero falar da falta de juízo, de educação, da susceptibilidade de certos caracteres, todas coisas que não tornam a vida muito agradável. Sei que essas enfermidades morais são crônicas, não há esperança de cura, mas sei também que minha Madre não cessaria de cuidar de mim, de tentar aliviar-me se eu ficasse doente toda a minha vida. Eis a conclusão que tiro: devo procurar na recreação, na licença, a companhia das irmãs que me são menos agradáveis, cumprir junto a essas almas feridas o ofício de bom Samaritano°. Uma palavra, um sorriso amável, bastam muitas vezes para alegrar uma alma triste; mas não é absolutamente para atingir essa meta que quero praticar a caridade pois sei que logo seria desencorajada: uma palavra que eu disser com a melhor intenção será talvez interpretada ao contrário. Também para não perder meu tempo, quero ser amável com todo o mundo / (e particularmente com as irmãs menos amáveis) para alegrar Jesus e responder ao conselho que Ele dá no Evangelho mais ou menos nestes termos: — "*+Quando fizerdes um festim, não convideis vossos parentes e vossos amigos por medo de eles não vos convidarem por sua vez e que assim tendes recebido vossa recompensa; mas convidai os pobres, os coxos, os paralíticos e sereis felizes porque eles não poderão vos retribuir°, pois vosso Pai que vê no segredo vos recompensará°*". Lc 10,33-35

G 28v ↓

Lc 14,12-14
Mt 6,4

Que festim poderia oferecer uma carmelita às suas irmãs se não um festim espiritual composto de caridade amável e alegre? Por mim, não conheço outro e quero imitar S. Paulo que se alegrava com aqueles que encontrava na alegria; é verdade que ele chorava também com os aflitos° e as Rm 12,15

---

108. Sentença escrita sobre a representação simbólica do *Monte de Perfeição*, desenhado pelo santo.

lágrimas devem às vezes aparecer no festim que quero servir, mas sempre procurarei que no fim ⁺*essas lágrimas se mudem em alegria*°, pois o Senhor ⁺*ama aqueles que dão com alegria*°.

Jo 16,20
2Cor 9,7

Eu me lembro de um ato de caridade que Deus me inspirou fazer sendo ainda noviça, era pouca coisa, no entanto ⁺*nosso Pai que vê no segredo*°, que olha mais para a intenção que para a grandeza da ação[109], ⁺*já me recompensou* sem esperar a outra vida. Era no tempo em que Ir. S. Pedro[110] ia ainda ao coro e ao refeitório. Para a oração da tarde ela era colocada diante de mim: 10 minutos antes das 6 horas, era preciso que uma irmã deixasse suas ocupações para conduzi-la ao refeitório, porque as enfermeiras tinham então doentes demais para vir / buscá-la. Muito me custava propor-me para prestar esse pequeno serviço, pois sabia que não era fácil contentar essa pobre Ir. S. Pedro que sofria tanto que não gostava de mudar de condutora. No entanto não queria perder uma tão bela ocasião de exercer a caridade, lembrando-me de que Jesus tinha dito: ⁺*O que fizerdes ao menor dos meus é a mim que tereis feito*°. Oferecia-me portanto humildemente para conduzi-la: não foi sem dificuldade que consegui fazer que aceitasse meus serviços! Enfim me pus em ação e tinha tanta boa vontade que tive perfeitamente êxito.

Mt 6,3

G 29r
↓

Mt 25,40

Toda tarde quando via Ir. S. Pedro sacudir sua ampulheta, eu sabia o que aquilo queria dizer: partamos. É incrível como me custava deixar meus afazeres, sobretudo no começo, fazia-o no entanto imediatamente e depois toda uma cerimônia começava. Era preciso mover e levar o banco de uma certa maneira, sobretudo não se apressar, em seguida ocorria o passeio. Tratava-se de seguir a pobre enferma sustentado-a pela cintura, eu o fazia com o maior cuidado que me era possível; mas se por infelicidade ela dava um passo em falso, imediatamente lhe parecia que eu a segurava mal e que ela ia cair: — "Ah meu Deus, vós ides rápido demais, vou me quebrar". Se

---

109. Já como postulante, Teresa escrevera a Celina: "Jesus não olha tanto para a grandeza das ações nem sequer para sua dificuldade quanto para o amor que leva a fazer esses atos..." (LT 65, de 22 de outubro de 1888). A inspiração dessa palavra lhe vinha, como aqui, de santa Teresa d'Ávila: "Nosso Senhor não considera tanto a grandeza de nossas obras como o amor com o qual as fazemos" (*Castelo interior*, Sétimas moradas, cap. 4). Teresa pode tê-la ouvido no noviciado ou nas pregações.

110. Irmã São Pedro de Santa Teresa, nascida em 1830 e falecida em 10 de novembro de 1895.

eu tentasse ir ainda mais suavemente: — "Mas segui-me, não sinto mais vossa mão, me soltastes, vou cair, ah! bem que eu disse que sois jovem demais para me conduzir". Enfim chegávamos sem acidente ao refeitório; lá sobrevinham outras dificuldades, tratava-se de fazer Ir. S. Pedro sentar-se e agir com jeito para / não machucá-la, em seguida era preciso suspender suas mangas (ainda de uma certa maneira), depois eu estava livre para ir embora. Com suas pobres mãos estropiadas, ela arranjava seu pão na sua tigela, como ela podia. Logo me dei conta e, toda tarde, não a deixava senão depois de lhe ter prestado ainda esse pequeno serviço. Como não mo tinha pedido, ficou muito tocada com minha atenção e foi por esse meio que não procurara de propósito, que ganhei totalmente suas boas graças e sobretudo (fiquei sabendo mais tarde) porque, depois de ter cortado o seu pão, antes de ir embora lhe dava o meu mais belo sorriso.

G 29v ↓

Madre bem-amada, talvez estejais espantada que vos conte esse pequeno ato de caridade, passado há tanto tempo. Ah! se o fiz é que sinto que preciso cantar, por causa dele, as misericórdias do Senhor°, Ele dignou-se de me deixar a lembrança como um perfume que me leva a praticar a caridade. Lembro-me às vezes de certos detalhes que são para minha alma como uma brisa primaveril. Eis um que se apresenta à minha memória: Numa tarde de inverno eu cumpria como de costume meu pequeno ofício, fazia frio, era noite.... De repente ouvi ao longe o som harmonioso de um instrumento musical, então me representei um salão bem iluminado, todo brilhante de dourados, moças elegantemente vestidas faziam-se mutuamente cumprimentos e gentilezas mundanas; depois meu olhar dirigiu-se para a pobre doente que eu sustentava; em vez de uma melodia eu ouvia de tempo em tempo seus gemidos queixosos, em vez de douraduras / via os tijolos de nosso claustro austero apenas iluminado por um fraco clarão. Não posso exprimir o que se passou na minha alma, o que sei é que o Senhor a iluminou com raios da *verdade* que superam de tal modo o brilho tenebroso das festas da terra, que não podia acreditar em minha felicidade... Ah! para gozar mil anos de festas mundanas, eu não teria dado os dez minutos empregados a cumprir meu humilde ofício de caridade.... Se já no sofrimento, no meio do combate, se pode gozar um instante de uma felicidade que sobrepuja todas as felicidades da terra ao pensar que Deus nos retirou do mundo, como será no Céu quando virmos, no seio de

Sl 88,2

G 30r ↓

uma alegria e de um repouso eterno, a graça incomparável que o Senhor nos fez ao nos escolher para †*habitar em sua casa*°, verdadeiro pórtico dos Céus°?............

Sl 26,4
Gn 28,17

Não foi sempre com esses transportes de alegria que pratiquei a caridade, mas no começo de minha vida religiosa, Jesus quis me fazer sentir como é doce vê-lo na alma de suas esposas; por isso quando conduzia minha Ir. S. Pedro, eu o fazia com tanto amor que ter-me-ia sido impossível fazer melhor se devesse conduzir o próprio Jesus. A prática da caridade nem sempre foi tão doce para mim, eu vo-lo dizia há pouco, Madre querida; para vo-lo provar, vou contar-vos certos pequenos combates que certamente vos farão sorrir. Por muito tempo, na oração da tarde, fui colocada diante de uma irmã[111] que tinha uma mania estranha, e penso... muitas luzes, pois ela se servia raramente de um livro, eis como eu / me dei conta disso. Logo que essa irmã tinha chegado, se punha a fazer um barulhinho estranho que se assemelhava ao que se faria esfregando duas conchas uma contra a outra. Só eu percebia isso, pois tenho o ouvido extremamente fino (um pouco demais talvez). Dizer-vos, Madre, quanto esse barulhinho me importunava, é impossível; tinha grande vontade de virar a cabeça e olhar a culpada que, certamente, não se dava conta de seu tique, era o único meio de avisá-la; mas no fundo do coração eu sentia que valia mais sofrer isso pelo amor de Deus e para não afligir a irmã. Eu ficava portanto tranqüila, tentava unir-me a Deus, esquecer o barulhinho... tudo era inútil, sentia o suor que me inundava e era obrigada a fazer simplesmente uma oração de sofrimento, mas enquanto sofria, buscava o meio de fazê-lo não com irritação, mas com alegria e paz, pelo menos no íntimo da alma, então procurei gostar do barulhinho tão desagradável; em vez de tentar não ouvi-lo (coisa impossível) punha a minha atenção em escutá-lo bem como se fosse um arrebatador concerto e toda a minha oração (que não era a de *quietude*[112]) era oferecer esse concerto a Jesus.

G 30v ↓

---

111. Irmã Maria de Jesus (1862-1938), que fazia ranger sua unha sobre seus dentes... "Mania" e "tique" inconscientes, garante Teresa. NECMA, p. 396, menciona Maria de Jesus entre essas "irmãs mais santas" de que Teresa fala em G 27v!

112. "*Oração de quietude*" é, segundo a terminologia de santa Teresa d'Ávila, um grau de oração *mística*. Cf. Mère Thérèse de Saint-Joseph. *La fille de Sainte Thérèse à l'école de sa Mère* (citado aqui como *La fille...*). Reims, Impr. Dubois-Poplimont, 1888. pp. 114-118.

As coisas mínimas da caridade

Noutra vez, estava na lavanderia diante de uma irmã[113] que me jogava água suja no rosto toda vez que levantava os lenços sobre seu banco; meu primeiro movimento foi de recuar / enxugando meu rosto, a fim de mostrar à irmã que me aspergia que ela me prestaria serviço ficando tranqüila, mas logo pensei que eu era bem tola de recusar tesouros que me eram dados tão generosamente e me guardei bem de deixar aparecer meu combate. Fiz todos os meus esforços para desejar receber muita água suja, de maneira que no fim tinha verdadeiramente tomado gosto por esse novo gênero de aspersão[114] e me prometi voltar outra vez a esse feliz lugar em que se recebiam tantos tesouros.

Madre bem-amada, vedes que sou uma *alma mínima* que não pode oferecer a Deus senão *coisas mínimas*, ainda me acontece freqüentemente deixar escapar esses pequenos sacrifícios que dão tanta paz à alma; isso não me desencoraja, suporto ter um pouco menos de paz e procuro ser mais vigilante numa outra vez.

Ah! o Senhor é tão bom para mim que me é impossível temê-lo, Ele sempre me deu o que desejei ou antes Ele me fez desejar[115] o que Ele queria me dar; assim um pouco de tempo antes que minha provação contra a fé começa, dizia-me: Verdadeiramente não tenho grandes provações exteriores e para ter interiores seria preciso que Deus mude minha via, não creio que Ele o faça, no entanto não posso sempre viver assim no repouso... que meio portanto Jesus achará para provar-me? A resposta não se fez esperar e mostrou-me que Aquele que amo não está desprovido de meios; sem mudar minha via, Ele me enviou a provação que devia misturar um salutar amargor a todas as minhas alegrias. Não é somente quando quer provar-me / que Jesus me faz pressentir e desejar. Há bem

---

113. Maria de São José (1858-1936), caráter neurastênico. Teresa se tornara em 1896-1897 sua auxiliar voluntária na rouparia. Guarda-se uma série de bilhetes de Teresa em que ela se faz extremamente próxima dessa "irmãzinha" (LT 199) de temperamento difícil.

114. Humor de Teresa esta comparação com a aspersão com a água benta! Toda tarde no coro, no fim das completas, a priora benzia assim todas as irmãs.

115. Esta alínea sobre o desejo introduz o relato da realização de um "desejo [...] totalmente irrealizável": ter um "*irmão padre*". E ela terá dois...

longo tempo tinha um desejo que me parecia totalmente irrealizável[116], o de ter *um irmão padre*, pensava muitas vezes que se meus irmãozinhos não tivessem voado para o Céu eu teria tido a felicidade de vê-los subir ao altar; mas visto que Deus os escolheu para fazer deles pequenos anjos, não podia mais esperar ver meu sonho realizar-se; eis que não somente Jesus me deu a graça que eu desejava, mas uniu-me pelos laços da alma a *dois* de seus apóstolos, que se tornaram meus irmãos...... Quero, Madre bem-amada, contar-vos em detalhe como Jesus cumulou meu desejo e até o ultrapassou, visto que eu não desejava senão *um* irmão padre, que todo dia pense em mim no santo altar.

Maurice Bellière

Foi nossa Sta. Mãe Teresa que me enviou para ramalhete de festa[117] em 1895 meu primeiro irmãozinho. Eu estava na lavanderia bem ocupada com o meu trabalho quando madre Inês de Jesus me tomando à parte leu-me uma carta que acabara de receber. Era um jovem seminarista, inspirado, dizia ele, por Sta. Teresa, que vinha pedir uma irmã que se dedicasse especialmente à salvação de sua alma e o ajudasse com suas orações e sacrifícios quando ele fosse missionário a fim de que pudesse salvar muitas almas. Prometia ter sempre uma lembrança por aquela que se tornasse sua irmã, quando pudesse oferecer o Santo Sacrifício. Madre Inês de Jesus me disse que queria que fosse eu a me tornar a irmã desse futuro missionário[118]. /

G 32r ↓

---

116. Exatamente como a entrada de sua irmã Celina no mesmo Carmelo lhe tinha parecido um "*sonho* inverossímil" (A 82r).

117. 15 de outubro, festa de Santa Teresa d'Ávila e da própria Teresa: o primeiro "ramalhete de festa" que ela recebe é, portanto, esse "primeiro irmãozinho", futuro "padre".

118. Maurice Bellière (10 de junho de 1874-14 de julho de 1907). Ele tem um ano e cinco meses menos que Teresa. Seminarista, ele partirá para o noviciado dos Padres Brancos, na véspera da morte de Teresa. A partir de outubro de 1896 se desenvolve entre os dois jovens uma correspondência densa, admirável pelo frescor e pela profundidade. Maurice abre sua alma a Teresa e madre Inês nos transmitiu palavras bem simpáticas a respeito. Ao olhar a fotografia do padre Bellière como soldado, Teresa diz um dia: "A esse soldado que tem o ar tão vivo, dou conselhos como a uma menina! Indico-lhe o caminho do amor e da confiança" (*Carnet jaune*, 12/8/2). E olhando a foto de Bellière e de Roulland: "Sou mais bonita que eles!" (*Carnet jaune*, 30/7/4). Ver: AHERN, Mons. Patrick. *Maurice and Thérèse. The story of a love*. Nova York, Doubleday, 1998. Igualmente: DCL [Irmã CECÍLIA]. Maurice Bellière. Premier frère de Thérèse. *Vie thérésienne* 66 (abr./1977) 134-159; 67 (jul./1977) 206-236; 68 (out./1977) 283-316; 69 (jan./1978) 56-66.

Meu primeiro irmãozinho

Madre, dizer-vos minha felicidade seria impossível, meu desejo cumulado de maneira inesperada fez nascer no meu coração uma alegria que chamarei infantil, pois preciso remontar aos dias de minha infância para encontrar a lembrança dessas alegrias tão vivas que a alma é pequena demais para contê-las, nunca desde anos eu tinha provado esse gênero de felicidade. Sentia que desse lado minha alma era nova, era como se pela primeira vez se tivesse tocado cordas musicais que até então estavam no esquecimento.

Compreendia as obrigações que me impunha, por isso pus-me em ação tentando redobrar de fervor. É preciso reconhecer que primeiro não tive consolações para estimular meu zelo; depois de ter escrito uma carta encantadora cheia de coração e de nobres sentimentos para agradecer a madre Inês de Jesus, meu irmãozinho[119] não deu mais sinal de vida senão no mês de julho seguinte, exceto que enviou sua carta no mês de novembro para dizer que entrava na caserna. Foi a vós, Madre bem-amada, que Deus reservara completar a obra começada; sem dúvida é pela oração e pelo sacrifício que se pode ajudar os missionários, mas às vezes quando agrada a Jesus unir duas almas para sua glória, ele permite que de tempo em tempo elas possam se comunicar seus pensamentos e excitar-se a amar a Deus mais; mas é preciso para isso uma *vontade expressa* da autoridade, pois me parece que de outro modo essa correspondência faria mais mal do que bem, se não ao missionário pelo menos à carmelita continuamente levada pelo seu gênero de vida / a se retirar sobre si mesma, então em vez de uni-la a Deus, essa correspondência (mesmo distanciada) que ela teria solicitado ocuparia o seu espírito; imaginando-se fazer grandes maravilhas, não faria nada senão conseguir, sob pretexto de zelo, uma distração inútil. Para mim isso não era muito diferente, sinto que é preciso para que minhas cartas façam o bem que sejam escritas por obediência e que eu prove mais da repugnância que do prazer de escrevê-las. Assim quando falo com uma noviça, procuro fazê-lo mortificando-me, evito dirigir-lhe perguntas que satisfariam minha curiosidade; se ela começa uma coisa interessante e depois passa a uma outra que me aborrece sem acabar a primeira, eu me

G 32v ↓

---

119. A correspondência de Teresa vai evoluir, a partir da apelação "Senhor Padre", na sua primeira carta de 21 de outubro de 1896, até "Meu querido Irmãozinho", na sua última carta de 10 de agosto de 1897.

guardo bem de lembrar-lhe o assunto que ela deixou de lado, pois me parece que não se pode fazer nenhum bem quando se busca a si mesmo.

Madre bem-amada, percebo que nunca me corrigirei, eis-me ainda bem longe de meu assunto, com todas as minhas dissertações, escusai-me, eu vos peço, e permiti que eu recomece na próxima ocasião pois não posso fazer de outro modo!... Vós agis como Deus que não se cansa de me ouvir, quando Lhe digo simplesmente minhas penas e minhas alegrias como se Ele não as conhecesse..... Vós também, Madre, conheceis há longo tempo o que penso e todos os acontecimentos um pouco memoráveis de minha vida, por isso não poderia vos ensinar nada de novo. Não posso impedir-me de rir ao pensar que vos escrevo escrupulosamente tantas coisas / que sabeis tão bem como eu. Enfim, Madre querida, eu vos obedeço e se agora não achais interesse em ler estas páginas, talvez elas vos distraiam em vossos velhos dias e sirvam em seguida para acender vosso fogo, assim não terei perdido meu tempo... Mas me divirto em falar como uma criança; não creiais, Madre, que busco qual utilidade possa ter meu pobre trabalho; visto que o faço por obediência, isso me basta e eu não provaria nenhuma pena se vós o queimásseis debaixo dos meus olhos antes de o terdes lido.

Adolfo Roulland

É tempo de retomar a história de meus irmãos que têm agora um lugar tão grande na minha vida. — No ano passado, no fim do mês de maio, lembro-me que um dia mandastes chamar-me diante do refeitório. O meu coração batia bem forte quando cheguei até vós, Madre querida, perguntava-me o que podíeis ter a me dizer, pois era a primeira vez que me mandáveis chamar assim. Depois de ter-me dito para sentar-me, eis a proposta que me fizestes: — "Quereis encarregar-vos dos interesses espirituais de um missionário que deve ser ordenado padre e partir proximamente[120]" e depois, Madre, lestes a carta desse jovem Padre a fim de que eu soubesse

---

120. Adolfo Roulland (13 de outubro de 1870 a 12 de junto de 1934), seminarista da Sociedade das Missões Estrangeiras de Paris. Ordenado sacerdote em 28 de junho de 1896, aos 3 de julho ele celebra a missa no Carmelo de Lisieux e encontra Teresa no parlatório. Ele embarca para o Su-Tchuen (China) no dia 2 de agosto de 1896. Na sua correspondência, Teresa evoluirá a partir do tratamento "Meu Reverendo Padre" (carta de 23 de junho de 1896) até "Meu Irmão" (carta de 14 de julho de 1897).

exatamente o que ele pedia. Meu primeiro sentimento foi um sentimento de alegria, que deu logo lugar ao temor. Eu vos expliquei, Madre bem-amada, que tendo já oferecido meus pobres méritos para um futuro apóstolo, acreditava não poder fazê-lo ainda nas intenções de outro e que, aliás, havia muitas irmãs melhores do que eu que poderiam responder ao seu desejo. Todas as minhas objeções foram inúteis, vós / me respondestes que se podia ter vários irmãos. Então vos perguntei se a obediência não poderia dobrar[121] meus méritos. Vós me respondestes que sim, dizendo-me várias coisas que me faziam ver que eu precisava aceitar sem escrúpulo um novo irmão. No fundo, Madre, eu pensava como vós e até, visto que "+*O zelo de uma carmelita deve abrasar o mundo*[122]", espero com a graça de Deus ser útil a mais de *dois* missionários e não poderei esquecer de rezar por todos, sem deixar de lado os simples padres cuja missão às vezes é tão difícil de cumprir como a dos apóstolos que pregam aos infiéis. Enfim quero ser filha da Igreja como era nossa Mãe Sta. Teresa[123] e rezar nas intenções de nosso Sto. Padre o Papa, sabendo que suas intenções abraçam o universo. Eis a meta geral de minha vida, mas isso não me teria impedido de rezar e de unir-me especialmente às obras de meus anjinhos queridos se tivessem sido padres. Pois bem! Eis como me uni espiritualmente aos apóstolos que Jesus me deu como irmãos: tudo o [que] me pertence, pertence a cada um deles, sinto bem que Deus é *bom* demais para fazer divisões, Ele é tão rico

G 33v ↓

---

121. As palavras a partir de "então vos" até "dobrar", inclusive, foram acrescentadas posteriormente a lápis, substituindo cinco ou seis palavras apagadas.
122. PF I, p. 78, menciona como fonte desta citação *Le banquet sacré ou L'idée d'une parfaite carmélite*, Albi, Impr. Rodière, [s.d.], p. 327. Mas Teresa escreve "embrase = abrasa" (a palavra "embrasser = abraçar" no Manuscrito é uma correção estranha), ao passo que *Le banquet* fala de "abraçar": "Seu zelo deve abraçar o mundo inteiro". De fato, é Teresa d'Ávila que a inspira aqui, mas através de *La fille...*, que cita o último capítulo do *Castelo interior*: "Sabei, minhas irmãs, que [...] vosso zelo apostólico pode abraçar o mundo" (p. 303) e, em relação com as outras irmãs da comunidade: "[...] arder com tal amor por Nosso Senhor que esse fogo que vos consume venha abrasar a todas" (p. 304). Ver também p. 315, palavras da santa d'Ávila tiradas de seu comentário sobre o Cântico dos Cânticos: "[...] vossa alma, que, em seu zelo, deve abraçar o mundo", e sobre "a oração" das contemplativas: "talvez até o Senhor quererá que [...] esse zelo apostólico que as abrasa faça sentir seus efeitos salutares".
123. Que disse no seu leito de morte: "Sou filha da Igreja", como relatam seus biógrafos. *La fille...* não fica para trás: "No momento supremo, ela parece esquecer-se de todos os privilégios que recebeu do Senhor para proclamar-se somente *Filha da Igreja*" (p. 230).

Manuscrito G(onzaga)

que dá sem medida tudo o que lhe peço.... Mas não credes, Madre, que me perco em longas enumerações.

Desde que tenho dois irmãos e minhas irmãzinhas as noviças, se eu quisesse pedir para cada alma aquilo [de que] ela tem necessidade e detalhá-lo, os dias seriam curtos demais e eu temeria muito esquecer alguma coisa importante. Para as almas simples, não são necessários meios complicados; como estou nesse número, certa manhã durante minha ação de graças, Jesus me deu um meio *simples* de cumprir minha missão. Ele me fez / compreender esta palavra dos Cânticos: "⁺*ATRAÍ-ME, CORRAMOS ao odor de vossos perfumes*°". Ó Jesus, não é sequer necessário dizer: ⁺*Ao me atrair, atraí as almas que amo!* Esta simples palavra ⁺*Atraí-me* basta. Senhor, eu o compreendo, quando uma alma se deixou cativar pelo ⁺*odor inebriante de vossos*[124] *perfumes*, não saberia correr sozinha, todas as almas que ela ama são arrastadas por ela; isso é feito sem coação, sem esforço, é uma conseqüência natural de sua atração para vós. Assim como uma torrente que se lança com impetuosidade no oceano arrasta atrás dela tudo o que encontrou em sua passagem, do mesmo modo, ó meu Jesus, a alma que mergulha no oceano[125] sem margens[126] de vosso amor[127] atrai com ela todos os tesouros que

---

124. Nesta passagem e nas treze linhas que seguirão, por sete vezes Teresa primeiro usou *tu* para Jesus, escrevendo: "de teus perfumes", "atração para ti", "teu amor", "tu o sabes", "que te agradou", "foste tu que mas confiastes", "tuas misericórdias". Depois de refletir, neste manuscrito destinado à priora, ela corrige os sete casos tratando o Senhor por *vós*.

125. Em Trouville Teresa viu muitas vezes o mar (com a foz do Touques, que passa por Lisieux), como viu o Mediterrâneo durante sua viagem a Roma, bem como as "torrentes" da Suíça. Todavia certas leituras desempenharão, no emprego dos símbolos, um papel catalisador. Assim, na página seguinte encontram-se de novo os traços de suas leituras de Arminjon. Em ARM VII, p. 201, se lê que os eleitos "se perdem no oceano de vossas claridades" e "mergulham no seio de vossa beatitude"; em ARM V, p. 137, que o Senhor os "mergulhará no oceano de suas luzes, e que [os] embeberá de delícias ao recebê-los em seu seio, *de torrente voluptatis potabis eos*", imagem da "torrente" que Teresa acaba também de utilizar.

126. Cf. ARM VII, p. 207: "o infinito não tem limite, nem fundo, nem margem". Em 1889, Teresa citou essas palavras literalmente em LT 85 a Celina. Mas a influência principal vem de João da Cruz, que Teresa freqüenta mesmo nos seus últimos meses. Diz-se que no momento da morte (de amor) "os rios do amor escapam da alma, e vão perder-se no oceano do amor divino" (CV, estr. 1, v. 6).

127. Alguns dias mais tarde, dia 14 de julho de 1897, talvez após a releitura do Manuscrito G, Teresa parece citar a si mesma quando fala dos anjos ocupados em "perder-se no Oceano sem margens do Amor" (LT 254 a padre Roulland).

possui..... Senhor, sabeis, não tenho outros senão as almas que vos agradou unir à minha; esses tesouros, sois vós que mos confiastes, por isso ouso tomar emprestadas as palavras que dirigistes ao Pai Celeste na última tarde que vos viu ainda em nossa terra, viajante e mortal. Jesus, meu Bem-Amado, não sei quando meu exílio findará... mais de uma tarde deve ver-me ainda cantar no exílio vossas misericórdias°, mas enfim para mim também virá ⁺*a última tarde*; então gostaria de poder dizer-vos, ó meu Deus: "⁺*Eu vos glorifiquei na terra; realizei a obra que me destes para fazer; fiz conhecer vosso nome àqueles que me destes: eram vossos, e os destes a mim. É agora que eles conhecem que tudo o que me destes vem de vós; porque eu lhes comuniquei as palavras que vós me comunicastes, eles as receberam e creram que fostes vós que me enviastes. Peço por aqueles que me destes porque eles são vossos.* | *Não estou mais no mundo; quanto a eles, eles estão aí e eu volto para vós. Pai Santo, conservai por causa de vosso nome aqueles que me destes. Vou agora para vós, e é a fim de que a alegria que vem de* VÓS[128] *seja perfeita neles, que digo isto enquanto estou no mundo. Não vos peço para tirá-los do mundo, mas para preservá-los do mal. Eles não são do mundo, assim como tampouco eu sou do mundo. Não é somente por eles que peço, mas também por aqueles que crerão em* VÓS *a partir do que os ouvirão dizer.*

Meu Pai, desejo que onde eu estiver, aqueles que vós me destes estejam comigo, e que o mundo conheça que vós os amastes como amastes a mim mesma°."

Sl 88,2

G 34v ↓

Jo 17,4-24

Sim Senhor, eis o que quereria repetir depois de vós, antes de partir voando em vossos braços. Talvez seja temeridade? Não, faz longo tempo tendes permitido que eu fosse audaciosa convosco; como o pai do filho pródigo falando ao seu filho primogênito, vós me disseste: "⁺*TUDO o que é meu é teu*°". Vossas palavras, ó Jesus, são portanto minhas e posso servir-me delas para atrair sobre as almas que estão unidas a mim os favores do Pai Celeste. Porém, Senhor, quando digo que onde eu estiver desejo que

Lc 15,31

---

128. Dentro deste texto em escrita inclinada, Teresa coloca a palavra "vós" em destaque, escrevendo-a normal, como também a palavra "Tudo" um pouco mais longe, sublinhando-a. Note-se que Teresa escreveu "envoyée/enviada" e "aimée/amada" no feminino, aplicando a si mesma as palavras de Jesus [N.T.: na tradução, não é possível manter o feminino, pois se diz o mesmo de outra maneira; fazer um torneio de frase para manter o feminino não seria legítimo, mas conservou-se "mesma", que é a última palavra da "citação"].

aqueles que foram dados a mim por vós estejam aí também, não pretendo que eles não possam chegar a uma glória bem mais elevada que aquela que vos agradará dar-me, quero pedir simplesmente que um dia estejamos todos reunidos em vosso belo Céu. Vós o sabeis, ó meu Deus, nunca desejei senão vos *amar*, não ambiciono outra glória. / Vosso amor me preveniu desde minha infância, cresceu comigo, e agora é um abismo cuja profundeza não posso sondar. O amor atrai o amor, por isso, meu Jesus, o meu se lança para vós, desejaria encher o abismo que o atrai, mas ai! não é sequer uma gota de orvalho perdida no oceano!.... Para vos amar como me amais, preciso tomar emprestado vosso próprio amor, só então encontro o repouso. Ó meu Jesus, talvez seja uma ilusão, mas parece-me que não podeis cumular uma alma com mais amor que cumulastes a minha; é por isso que ouso pedir-vos ⁺*para amar aqueles que me destes como amastes a mim mesma*°. Um dia, no Céu, se eu descobrir que os amais mais que a mim, eu me alegrarei com isso, reconhecendo desde já que essas almas merecem vosso amor bem mais que a minha, mas aqui em baixo não posso conceber uma maior imensidade de amor que vos agradou prodigalizar-me gratuitamente° ⁺*sem nenhum mérito de minha parte*.

"Tomar emprestado vosso próprio Amor"

Madre querida, finalmente volto a vós, estou toda espantada pelo que acabo de escrever, pois não tinha essa intenção, já que está escrito é preciso que fique; mas antes de voltar à história de meus irmãos, quero dizer-vos, Madre, que não aplico a eles, mas às minhas irmãzinhas, as primeiras palavras tomadas emprestado do Evangelho: ⁺*Eu lhes comuniquei as palavras que vós me comunicastes*° etc.... pois não me creio capaz de instruir missionários, felizmente ainda não sou bastante orgulhosa para isso! Eu não teria sido mais capaz / de dar alguns conselhos às minhas irmãs, se vós, Madre, que me representais Deus, não me tivésseis dado graça para isso.

É ao contrário a vossos queridos filhos espirituais que são meus irmãos que eu pensava ao escrever essas palavras de Jesus e aquelas que as seguem — "⁺*Não vos peço para tirá-los do mundo....... peço também por aqueles que crerão em vós a partir do que os ouvirão dizer*°". Como, de fato, poderia

"Atraí-me, corramos"

não rezar pelas almas que eles salvarão em suas missões longínquas pelo sofrimento e pela pregação?

Madre, creio que é necessário que vos dê ainda algumas explicações sobre a passagem do Cânt[ico] dos cânti[cos]: – "⁺*Atraí-me, corramos*°", pois o que eu quis dizer me parece pouco compreensível. ⁺*Ninguém*, disse Jesus, *pode vir após mim, se* MEU PAI *que me enviou não o atrair*°. Em seguida por sublimes parábolas, e muitas vezes sem mesmo usar desse meio tão familiar ao povo, Ele nos ensina que basta bater para que se abra, buscar para encontrar e estender humildemente a mão para receber o que se pede° ... Diz ainda que tudo o que se pede a *seu Pai* em seu nome, ele o concede°. É por isso sem dúvida que o Espírito Santo, antes do nascimento de Jesus, ditou esta oração profética: ⁺*Atraí-me, corramos*°. Ct 1,3

Jo 6,44

Mt 7,7

Jo 16,23

Ct 1,3

Que é pois pedir para ser *Atraído*, senão unir-se de uma maneira íntima ao objeto que cativa o coração? Se o fogo e o ferro tivessem a razão e se este último dissesse ao outro: Atrai-me, não provaria que deseja identificar-se com o fogo de maneira que o penetre / e o impregne[129] da sua ardente substância[130] e parece não ser senão um com ele? Madre bemamada, eis a minha oração, peço a Jesus para me atrair[131] às chamas de seu amor, unir-me tão estreitamente a Ele[132], que ele viva e aja em mim°. Sinto que quanto mais o fogo do amor abrasar meu coração, mais direi: ⁺*Atraí-me*, mas também as almas se aproximarão de mim (pobre pequeno resíduo de ferro inútil, se eu me afastasse do braseiro divino), mais essas

G 36r ↓

Gl 2,20

---

129. Em ARM VII, p. 201, Deus diz a propósito dos eleitos (sublinhamos as palavras comuns): "É preciso que eu seja a alma de sua alma, que eu *os penetre e os impregne da* minha Divindade, como *o fogo* embebe *o ferro*". Em CV, já no prólogo, João da Cruz fala do "Fogo", mas no lugar do "ferro" encontra-se nele a imagem da "lenha" penetrada pelo fogo: "Acontece como à lenha quando dela se apodera o fogo, transformando-a em si pela penetração de suas chamas".

130. Algumas linhas acima em ARM VII, p. 201, Deus fala de sua "*substância eterna e infinita*".

131. Cf. ainda ARM V, p. 151, onde as almas do purgatório, "ávidas dos abraçamentos eternos, se precipitam, para o Deus que é o seu fim, com mais energia que o ímã atrai o ferro, com mais impetuosidade que as coisas se precipitam para o seu centro". Também se terá notado a imagem e a expressão: precipitar-se (lançar-se) "com impetuosidade", que se encontra em G 34r, com "lançar-se".

132. Em ARM VII, p. 202, é feita a pergunta: "A criatura é suscetível *de unir-se* tão *estreitamente a Deus* a ponto de vê-lo face a face?" Mas Teresa considera essa união completa desde aqui embaixo, sem ver Deus.

Manuscrito G(onzaga)

Ct 1,3   almas ⁺*correrão com rapidez para o odor dos perfumes*° *de seu Bem-Amado*; pois uma alma abrasada de amor não pode ficar inativa, sem dúvida como Sta. Madalena ela permanece aos pés de Jesus, escuta sua palavra mansa e inflamada. Parecendo não dar nada, ela dá bem mais que Marta que se

Lc 10,40-41   atormenta com *muitas coisas* e desejaria que sua irmã a imite°. Não são os trabalhos de Marta que Jesus censura, a esses trabalhos sua divina Mãe submeteu-se humildemente toda a sua vida pois era preciso preparar as refeições da Sta. Família. É ⁺*a inquietação* apenas de sua[133] ardente anfitriã que ele desejaria corrigir. Todos os santos compreenderam isso e mais particularmente talvez aqueles que encheram o universo com a iluminação da doutrina evangélica. Não é na oração que os SS. Paulo, Agostinho, João da Cruz, Tomás de Aquino, Francisco, Domingos e tantos outros ilustres Amigos de Deus hauriram essa ciência Divina[134] que encanta os maiores gênios? Um sábio disse: "⁺*Dai-me uma alavanca, um ponto de apoio e levantarei o mundo*". O que Arquimedes não pôde obter porque seu pedido não se dirigia a Deus e porque não era feito senão do ponto de vista material,

G 36v ↓   os santos obtiveram / em toda a sua plenitude. O Todo-Poderoso lhes deu para ponto de apoio: *Ele mesmo*, e *só Ele*. Por alavanca: ⁺*A oração que abrasa por um fogo de amor*[135], e foi assim que eles ⁺*levantaram o mundo*, é assim que os Santos ainda militantes o levantam e que até o fim do mundo os Santos futuros o levantarão também.

---

133. A partir desta palavra, o resto do Manuscrito G está a lápis, com uma escrita muito mudada. Em 2 de julho, Teresa estava muito mais doente, no final das forças. A partir de 6 de julho as hemoptises voltam, quase cada dia até 5 de agosto; no dia 7 de julho, sempre na sua cela, ela parece moribunda; no dia 8 de julho, ela desceu à enfermaria, irmã Genoveva se instala na cela contígua. Foi antes ou depois de 7 de julho que Teresa escreveu estas últimas linhas a lápis? O manuscrito ficou inacabado.

134. Para desenvolver os pensamentos precedentes, Teresa utiliza certos elementos reunidos no capítulo sobre "o zelo da salvação das almas" segundo santa Teresa d'Ávila — já citado acima (nota 33) acerca do zelo que abras(ç)a o mundo — e mais precisamente segundo as últimas páginas do *Castelo interior*, assim como estão parcialmente reproduzidas em *La fille...*, pp. 301-302 (sublinharemos certas palavras comuns). É na união com o Deus forte, "*no santo exercício da oração*", "*que os Santos hauriram*" a sua coragem; cita-se como exemplo "São *Domingos*, São *Francisco*" e, por outro lado, "*Marta*" e "*Madalena*, sentada *a seus pés* [de Jesus] para *escutar sua palavra*". Marta merece elogios, tendo "*preparado sua refeição* [de Jesus]".

135. As palavras "que abrasa por um fogo de amor" são acrescentadas posteriormente; especificam de que oração se trata: de uma oração abrasada de amor.

A ORAÇÃO QUE LEVANTA O MUNDO

Madre querida, agora gostaria de vos dizer o que entendo pelo ⁺*odor dos perfumes*° do Bem-Amado. — Visto que Jesus subiu de novo ao Céu°, não posso segui-lo senão pelos traços que Ele deixou, mas como esses traços são luminosos, como são embalsamados! Não tenho senão de lançar os olhos no Sto. Evangelho, imediatamente respiro os perfumes da vida de Jesus e sei de qual lado correr... Não é ao primeiro lugar mas ao último que me lanço°; em vez de avançar com o fariseu, repito, cheia de confiança, a humilde oração do publicano°, mas sobretudo imito o comportamento de Madalena; sua espantosa ou melhor sua amorosa audácia, que encanta o Coração de Jesus°, seduz o meu. Sim eu o sinto, apesar de tudo terei na consciência todos os pecados que se podem cometer, irei, o coração partido de arrependimento, lançar-me nos braços de Jesus, pois sei quanto ele ama o filho pródigo que volta a Ele°. Não é porque Deus, na sua *amável* misericórdia, preservou minha alma[136] do pecado mortal que me elevo a Ele / pela confiança e pelo amor[137].

Ct 1,3
Mc 16,19

Lc 14,10
Lc 18,13

Lc 7,36-50

Lc 15,20-24

G 37r ↓

---

136. Primeira redação, ainda fracamente legível: "de todo pe[cado]", depois apagada e corrigida em "do pecado mortal".

137. No Processo do Ordinário, em 1910 (PO, pp. 191-192), madre Inês atesta que Teresa lhe pediu, no dia 11 de julho, para completar, da seguinte maneira, o "manuscrito de sua vida": "[...] Poder-se-ia crer que é porque não pequei que tenho uma confiança tão grande em Deus. Dizei bem, madre, que, se eu tivesse cometido todos os crimes possíveis, teria sempre a mesma confiança, sentiria que essa multidão de ofensas seria como uma gota de água lançada num braseiro ardente. Contareis em seguida a história da pecadora. As almas compreenderão imediatamente, esse exemplo as encorajará". "Eis o que ela queria que eu conte", continua madre Inês: "Está relatado na vida dos Padres do deserto que um deles converteu uma pecadora pública cujas desordens escandalizavam uma região inteira. Essa pecadora tocada pela graça seguia o santo no deserto para aí cumprir uma rigorosa penitência, quando na primeira noite da viagem, antes mesmo de ter chegado ao lugar de seu retiro, seus laços mortais foram rompidos pela impetuosidade de seu arrependimento cheio de amor, e o solitário viu no mesmo instante sua alma levada pelos anjos ao seio de Deus. Eis um exemplo bem notável daquilo que eu quereria dizer, mas essas coisas não podem ser expressas". Foi isso que madre Inês, com nuanças estilísticas mínimas, intercalou em HA, pp. 198-199.

MANUSCRITO **M**

Dedicado à

IRMÃ MARIA DO SAGRADO CORAÇÃO

Advertência

Nos textos de Teresa que se seguem encontrar-se-á uma utilização às vezes irregular e incomum de maiúsculas, de abreviações, da pontuação muito abundante... Respeitamos o estilo espontâneo e muitas vezes evocador da Teresa escritora. Os três sinais mais usados são os seguintes:

- ° = remete a uma *referência bíblica* assinalada na margem.
- ⁺ = precede um texto, às vezes uma única palavra, escrito por Teresa em *escrita inclinada*.
- / = indica o começo do fólio, *reto* (r) ou *verso* (v), cuja numeração é dada na margem.

Siglas

A = **M**anuscrito **A**(gnes = Inês)
G = **M**anuscrito **G**(onzaga)
M = **M**anuscrito **M**(aria)

Correspondência com as siglas utilizadas nas edições dependentes de padre François de Sainte-Marie (1956):

A = A
G = C
M = B

ARM = Abbé Arminjon, *Fin du monde présent...*, seguido da indicação da "Conferência" em algarismo romano (cf. terceira nota em A 3v).

CE e **CV** = São João da Cruz, ***Cântico Espiritual*** e ***Chama Viva de Amor***, seguidos da estrofe e do verso, fáceis de encontrar em todas as edições.

DYN = nossa obra *Dynamique de la confiance...* (cf. nota 8 da introdução ao Manuscrito A).

HA = *Histoire d'une âme* [*História de uma alma*], primeira edição de 1898.

PF I, II ou III = os três volumes de **P.** François de Sainte-Marie que acompanham a edição fototípica (1956, fac-símile) dos três manuscritos de Teresa, e

PFMA = edição tipográfica (impressa) por **P. F**rançois dos **M**anuscritos **A**utobiográficos.

NEC = **N**ova **E**dição do **C**entenário, volume dos Manuscritos Autobiográficos.

NECMA = **N**ova **E**dição do **C**entenário, volume dos **M**anuscritos Autobiográficos.*

Siglas dos escritos e palavras de Teresa utilizadas na NEC: **LT** = Lettres de Thérèse [Cartas de Teresa]; **LC** = Lettres de ses correspondants [Cartas de seus correspondentes]; **LD** = Lettres diverses [Cartas diversas que falam de Teresa]; **PN** = Poesias; **RP** = Récréations pieuses [Recreações Piedosas (peças de teatro)]; **Pri** = Prières [Orações]. Finalmente **DE** = Derniers Entretiens (palavras de Teresa relatadas por madre Inês, incluindo o **CJ** = Carnet jaune [Caderno amarelo], seguido da data e da ordem da palavra citada).

---

* N.T.: Thérèse de l'Enfant-Jésus et de la Sainte-Face. *Nouvelle édition du Centenaire* [nossa sigla = NEC]. *Edition critique des Oeuvres complètes (textes et dernières paroles)*. Nova edição em oito volumes. Paris, Cerf-DDB, 1992. Várias vezes o leitor encontrará, no presente volume, a lista dos escritos de Teresa e seu significado. [Nossa sigla NECMA, seguida da página, remete ao volume dos *Manuscritos autobiográficos. Edição crítica*, 1992.]

Introdução

ao

Manuscrito M(aria)

Em lugar nenhum Teresa de Lisieux se revelou tanto doutora da Igreja como no Manuscrito **M,** composto a pedido de sua irmã **M**aria do Sagrado Coração. Este escrito foge a qualquer classificação. Carta[1], oração, ensinamento, canto lírico, testamento espiritual, mensagem, há de tudo aí. Destas dez páginas (cinco fólios reto-verso), as duas primeiras são endereçadas a Maria do Sagrado Coração, as oito últimas a Jesus.

Vasta declaração de Amor, a vontade fundamental do Manuscrito é, no entanto, uma vontade de ensinamento. A pedido de Maria, Teresa quer expressamente partilhar sua "pequena doutrina" (M 1v), como ela a chama acompanhando sua irmã mais velha, que muito bem discerniu a coerência, a extensão e a originalidade do pensamento de Teresa. É a sua alma toda que se revela aqui, o sentido de sua vida, seu peso de amor que vem de outra parte, vem de Deus, e ela não aspira senão a que Ele o aumente: para Ele e para sua Igreja. Temos aí o fundo de sua oração, todo o seu olhar de contemplativa e de mística.

E de teóloga, pois esta é a sua síntese teológica. Depois dos dois Manuscritos que contam a sua história, este Manuscrito complementar nos dá a chave para compreender o segredo de sua vida, seu enraizamento profundo no Deus de Amor que é o verdadeiro autor da "História de sua alma". Aí Teresa revela sua inteligência de Deus, Trindade de amor e Salvador misericordioso, mas também sua inteligência da Igreja, que é um mistério de

---

1. "Carta admirável que se tornou o capítulo XI de *História de uma alma*", escreveu A. Combes no "prefácio" das *Lettres de sainte Thérèse de l'Enfant-Jésus*, Office Central de Lisieux, 1948, p. XX. Nessa edição, ela é a "Carta CLXXV". Por sua vez, a NEC coloca a primeira parte (páginas endereçadas a Maria) na *Correspondance générale*, como LT 196. Ao contrário, a segunda parte (páginas endereçadas a Jesus) aparece — com novamente a primeira parte — em NECMA, pp. 281-315.

comunhão. Isso dá a estas páginas um alento imenso, profético, universal. Aqui está uma ampla sinfonia espiritual cheia de toda beleza.

1. O coroamento dos dois manuscritos precedentes

Este Manuscrito M não é verdadeiramente "autobiográfico", como o chamou, em 1956, padre François de Sainte-Marie. Teresa não conta aí a sua vida na sucessão dos fatos. Importantes acontecimentos ocorreram desde o final de 1895; aqui Teresa não diz uma palavra sobre eles.

> Maria do Sagrado Coração espera de Teresa exatamente duas coisas: o relato de um sonho que ela teve e, sobretudo, a exposição de sua "pequena doutrina". Maria não deseja conhecer a vida de Teresa, mas sua "arte de amar", "os segredos de Jesus": "São bem doces os segredos de Jesus a Teresa e eu gostaria ainda de ouvi-los" (LC 169 de 13 de setembro de 1896). Teresa responde neste sentido e o título que convém a estas páginas é antes de tudo o de "Segredos de Jesus": segredos de Jesus reveladores do Mistério do amor divino, trinitário; segredos comunicados a Teresa; segredos que esta, por sua vez, comunica a Maria e a todos aqueles que quiserem ouvir.
>
> Como carta, o Manuscrito M poderia ter figurado em 1898 entre as cartas endereçadas a Celina, na *segunda* seção da biografia de Teresa, seção que no futuro abrigará tantas outras cartas. Mas não, Teresa e suas irmãs lhe deram um lugar totalmente privilegiado, a saber, na *primeira* seção do livro, na seção da própria *História de uma alma*, como complemento e coroamento dos dois manuscritos autobiográficos.
>
> Quem teve a idéia de colocá-lo aí — nós pensamos que foi a própria Teresa — foi genialmente inspirada. Este Manuscrito de fato se liga perfeitamente com o anterior, o manuscrito G. No Manuscrito G, Teresa acabava de expor, num contexto muito eclesial e apostólico, seus pensamentos sobre a passagem bíblica "Atraí-me, corramos", e exatamente no momento em que ia explicar o porquê de sua confiança evangélica o Manuscrito G tinha parado, inacabado; não se poderia imaginar melhor complemento que as páginas dirigidas a Maria, que são como um testamento espiritual. "Talvez seja vosso último retiro", lhe dizia Maria (LC 169), "retiro que talvez seja o meu último", escreve Teresa fazendo eco (M 1r). De fato, foi o último.

2. Estrutura e conteúdo do Manuscrito

À primeira vista, a estrutura do Manuscrito M levanta uma dificuldade. A segunda parte, as páginas dirigidas a Jesus (M 2r-5v), está datada de "8 de setembro de 1896", "hoje, o sexto aniversário" de sua profissão (M 2v). Em compensação, a primeira parte, as páginas endereçadas a Maria (M 1r-v), estando datada pela própria Teresa[2], foi claramente escrita *depois* de receber a carta de Maria de 13 de setembro de 1896, e sem dúvida na "tarde" (M 1r) desse dia.

Portanto, a primeira parte foi escrita *depois* da segunda! Teria Teresa "antedatado" esta segunda parte com "8 de setembro", como acreditava, em 1956, padre François de Sainte-Marie[3]? Em 1969, apoiando-nos na análise interna e na realidade material do Manuscrito, estabelecemos e explicamos[4] como de fato foi feita a composição. Teresa toma duas grandes folhas de papel para cartas finamente quadriculado (26 x 20,3 cm), dobra-as em duas e começa a escrever as páginas dirigidas a Jesus; desta maneira ela enche duas folhas, ou seja, quatro fólios, ou seja, oito páginas. Depois disso, e depois de ter recebido a carta de Maria datada de 13 de setembro, ela toma uma terceira folha, a *dobra em volta* das páginas já escritas e enche o primeiro fólio reto-verso até encontrar (apertando até sua escrita no final) as páginas já escritas anteriormente, as páginas dirigidas a Jesus. Isso explica por que o último fólio permaneceu em branco.

> Em 1969 sugerimos também que, em vista de uma análise precisa do pensamento de Teresa, pode ser instrutivo ler primeiro a segunda parte, em seguida a primeira, enfim a carta de Teresa de 17 de setembro de 1896, que é uma última elucidação de sua "pequena doutrina" diante da incompreensão de Maria.[5] Mas *ler* primeiro a segunda parte em vista de um estudo é outra coisa que *editar*, que *publicar* o Manuscrito M nessa ordem invertida. Seria ir contra a própria Teresa, que quis claramente que as páginas dirigidas a Maria *precedam* as dirigidas a Jesus.

---

2. A indicação "setembro de 1896" é da mão de Maria do Sagrado Coração.
3. Cf. PF I, pp. 6 e 46.
4. Cf. DYN, pp. 318-320, explicação que foi seguida nos volumes da NEC, cf. *Correspondance générale*, p. 889, e NECMA, p. 280.
5. LT 197. Voltaremos a falar disso na introdução à *Oferenda ao Amor Misericordioso*, mais adiante, neste volume.

Introdução ao Manuscrito M(aria)

Se Teresa quisesse que as páginas dirigidas a Maria seguissem as dirigidas a Jesus, teria resolutamente utilizado a *última* folha para completar sua mensagem, deixando a primeira em branco. Mais ainda, depois de ter terminado as páginas dirigidas a Maria, ela encadernou as duas partes na ordem conhecida (primeiro as páginas endereçadas a Maria, em seguida as endereçadas a Jesus), com ajuda de um fio de linha[6]. O que Teresa ligou não deve ser desligado! Enfim, ao acabar sua mensagem para Maria, Teresa fala das "páginas seguintes", especialmente aquelas em que se dirige "a Jesus" (M 1v); se a mensagem a Maria for publicada em segundo lugar, nada a seguirá...

Algumas palavras sobre a *ordem interna* do Manuscrito, que é uma verdadeira torrente de pensamentos e de fervor, aparentemente um turbilhão impetuoso, mas onde Teresa, fina e inteligente como sempre, pretende, no entanto, muito explicitamente, ensinar sua "pequena doutrina". Ela sabe para onde vai.

I. As páginas dirigidas a Maria do Sagrado Coração (M 1r-v).

II. As páginas dirigidas a Jesus:

A. "Prelúdio": o sonho de 10 de maio de 1896 (M 2r-v).

B. A "doutrina" de Teresa:

1. O tormento dos desejos incompatíveis (M 2v-3r).

2. A pacificação no Amor (M 3r-3v).

3. A via para o perfeito amor:

a. Indicação e justificação (M 3v).

b. O amor e suas obras (M 4r-v).

c. Descrição mais detalhada: o pequeno pássaro e a Águia (M 4v-5r).

d. Visão teológica sintética (M 5v).

e. Súplica final (M 5v).

---

6. Teresa costurou várias vezes desta maneira manuscritos mais longos, por exemplo, o das Poesias ou o das Recreações. O autógrafo do Manuscrito M apresenta sempre essa linha original. Um segundo fio de linha (que atravessa a fita adesiva transparente, posterior, portanto) o reforça.

3. Revelar os segredos de Jesus

O ponto visado por Maria do Sagrado Coração refere-se, pois, aos segredos de Jesus revelados a Teresa, "sua pequena esposa privilegiada a quem ele confia todos os seus segredos" (LC 169). Esses segredos "bem doces", "gostaria ainda de ouvi-los", diz Maria, fazendo alusão a uma conversa anterior.

"Segredos". Maria interroga Teresa sob o ângulo de seu conhecimento íntimo, particular, privilegiado. Trata-se dos segredos que Jesus "confia" a Teresa: luz e conhecimento confidenciais, incomuns, que nem todos conhecem, pelo menos não nessa profundeza. E Jesus confia a ela "todos" os seus segredos. Maria reconhece na sua irmã uma profusão abundante: Jesus não tem segredo para ela. No fim de sua carta, Maria olhará o conhecimento de Jesus sob um aspecto mais prático: trata-se da "arte de amar. Eis a pérola preciosa que a Teresinha possui".

Na sua resposta a Maria (M 1r-v), Teresa confirmará a existência desse conhecimento de amor; seu vocabulário o prova. Sim, Jesus "confia" (2 x) seus "segredos" (2 x), "segredos do Rei", "segredos do Céu", "ensinamentos Divinos", "ciência de amor". Sim, ele "instrui no segredo", "ensina", "compraz-se em mostrar", fala "mansamente ao ouvido de minha alma", faz "pressentir", "sentir" (2 x). Teresa pode "compreender" (3 x) "os segredos íntimos de seu Esposo", captar "as maravilhas que descobre ao olho de minha alma".

Quanto a "redizê"-los (2 vezes), "sente sua impotência em redizer com palavras terrestres". Resta "só calar-se, chorar de gratidão e de amor" ou então "tentar balbuciar algumas palavras", "a custo", porque é "inefável". E depois, esperar... "Depois de traçar páginas e páginas, acharia ainda não ter começado... Há tantos horizontes diversos, tantos matizes variados ao infinito, que só a paleta do Pintor Celeste poderá, após a noite desta vida, fornecer-me as cores capazes de pintar as maravilhas que descobre ao olho de minha alma". Na descrição de sua "pequena doutrina", nada será "exagerado", mas tudo é "bem mal expresso", pensa ela...

No entanto, Teresa deseja tanto comunicar seus segredos! "Ah! apesar de minha pequenez, gostaria de iluminar as almas como *os Profetas, os Doutores*" (M 3r), exclama ela. Se por ela mesma não pode realizar esse sonho, o Mestre interior está sempre lá. "Mas por que desejar comunicar

Introdução ao Manuscrito M(aria)

teus segredos de amor, ó Jesus, não foste tu que mos ensinaste e não podes revelá-los a outros?... Sim, sei disso, e conjuro-te que o faças" (M 5v).

Entretanto, Teresa consegue falar dele, e falar muito bem, porque se abriu inteiramente à ação do Espírito Santo que "ilumina os olhos de seu coração" (cf. Ef 1,18). Eis o segredo último de seu gênio espiritual. A ciência dela não é livresca — "pois não compreendo o que leio" (M 1r) —, mas é antes de tudo o fruto do Espírito que impele Teresa tanto a compreender como a ensinar, é o seu duplo carisma. Teresa é não somente contemplativa e amorosa, mas também teóloga, sábia e doutora, *mestra de noviças* universal nas coisas de Deus.

4. Um testamento espiritual, deliberadamente aberto...

Uma questão importante se levanta. Na segunda parte do Manuscrito (as páginas dirigidas a Jesus, escritas *antes* da primeira parte), por que Teresa não faz aí nenhuma alusão particular à sua irmã Maria, que solicitou e é a destinatária do Manuscrito? Ela quis conscientemente guardar esse texto aberto a qualquer leitor eventual?

> Algumas indicações sugestivas vão neste sentido. Nessas páginas destinadas a Maria, Teresa não pôs, originalmente, o nome da destinatária imediata.[7] Poder-se-ia objetar que Teresa as dirigiu a Jesus, mas mesmo numa oração ela poderia ter mencionado Maria e suplicado a Jesus por ela, como fez em outros casos[8]. Sobretudo no fim do Manuscrito, o pensamento de Teresa se volta explicitamente para "todas as pequenas almas", sua súplica abraça "um grande número", "uma legião". Pressente-se seu desejo de comunicar-se a todos: "Ó Jesus! não posso dizer a todas as *pequenas almas* quando tua condescendência é inefável..." (M 5v).

Desde Sexta-Feira Santa desse ano de 1896 Teresa sabe que morrerá em breve. Sabe que o Senhor a cumulou com "rios, ou melhor, oceanos de graças" (A 84r), o Manuscrito M descreverá essas torrentes mais recentes.

---

7. A dedicatória que se lê atualmente: "A minha querida irmã Maria do Sagrado Coração" é da mão de Teresa, mas foi inscrita numa data posterior, sem dúvida a pedido de sua irmã. Cf. cap. 11, nota 16.

8. Por exemplo, em Pri 8 para o padre Bellière, Pri 9 para a irmã Genoveva, Pri 12 para suas noviças.

E são muito apostólicas. Teresa sabe que, como toda carmelita, ela terá sua *circular* necrológica: muito freqüentemente, para a sua redação se aproveitavam as notas ou as palavras da defunta. Pode ser que ela quisesse deixar atrás de si essa "lembrança" (M 1r) como um texto de base, espécie de testamento espiritual onde ela expõe o seu pensamento mais profundo, deixando-o largo e aberto, sem ligá-lo a uma única destinatária. Isso explicaria porque ela não pensou em apor o nome de Maria, a qual, evidentemente, não está excluída.

> Poder-se-ia objetar que, na *primeira* parte do Manuscrito, Teresa escreveu a Maria: "[...] é unicamente a fim de vos dar prazer que escrevo estas linhas, pois sinto minha impotência em redizer com palavras terrestres os segredos do Céu". A objeção não é decisiva. Teresa não diz que ela escreveu "unicamente" para Maria, mas que, em face de sua "impotência", ela se pôs unicamente a escrever para dar prazer a Maria. O fato de escrever para dar prazer a alguém não exclui o desejo, ao mesmo tempo, de dar prazer a outros.
>
> Encontra-se um exemplo semelhante no Manuscrito A. Teresa diz a madre Inês, sublinhando: "É para *vós só* que vou escrever" (A 3v). No entanto, ela sabe muito bem que suas páginas (elas também provocadas por Maria do Sagrado Coração) serão lidas por suas *três* irmãs carmelitas, a quem ela se dirige às vezes coletivamente (cf. A 29v). E, sem problema, ela passará à irmã Genoveva cada um dos seis fascículos que constituem o Manuscrito A, à medida de sua composição e antes mesmo que madre Inês os tenha lido.

Limitando-nos principalmente às páginas abrasadas do Manuscrito M, que saem de uma grande profundeza de união com Deus, tentaremos agora indicar brevemente algumas perspectivas de ensinamento teológico e teologal contido na sua "pequena doutrina" aqui exposta. Nosso ponto de partida será sua oração: "Ó meu Jesus! eu te amo, amo a Igreja minha Mãe" (M 4v): este grito de amor implica a pessoa divina de Jesus, o sujeito Teresa e a comunidade eclesial. Contemplaremos o seu rosto através das páginas do Manuscrito M.

5. O mistério de Jesus

Quem é Jesus para Teresa, tal como sua "paleta" impotente consegue "pintar as maravilhas" da imagem que o Senhor "descobre ao olho de sua

Introdução ao Manuscrito M(aria)

alma" (M 1v)? Ele está totalmente próximo e totalmente longe. É totalmente grande e totalmente pequeno. É totalmente humano e totalmente divino. É trinitário e veio em busca dos pecadores. É Amor e, para Teresa, "meu *primeiro, meu único Amigo*, tu que *amo* UNICAMENTE" (M 4v).

Se, neste Manuscrito M, o nome de "Jesus" volta 40 vezes e do "Espírito" somente 2 vezes, o "Pai" uma vez só[9], Jesus nunca pode ser destacado do seio da "Trindade" (mencionada 2 vezes, sóbria mas fortemente), terra natal de onde vem "Aquele que veio chamar os pecadores" (M 5r).

Ele é nosso "Bem-amado Salvador" (M 3r), concebido no seio de uma "Virgem Santa" (M 2r). É o "Verbo divino" que, tornando-se nosso irmão humano, vem da Trindade e volta a ela, atraindo-nos: "Ó Verbo Divino [...], tu que te lançando para a terra do exílio quiseste sofrer e morrer a fim de *atrair* as almas até o seio do Eterno Fogo da Trindade Bem-aventurada" (M 5v). Depois de Jesus ter sido "flagelado e crucificado" (M 3r), sua "Cruz" tornou-se "gloriosa" (M 3r) e o Ressuscitado está definitivamente na Glória" (M 4r).

"Divino Rei dos Reis" (M 4r), resplandecente de divindade, ele é o "Sol Divino", "*Astro Adorado*", "*Astro de amor*", "seu Sol brilha sempre" (M 5r). Humano, ele tem "Mãos Divinas" (M 4v) e um "olhar divino", como Teresa gosta de dizer (3 vezes em M 5v). O adjetivo "Divino" volta 16 vezes neste Manuscrito. O "Céu" (ou "os Céus") é 10 vezes evocado[10].

O próprio "Deus" (8 menções deste Nome) é "Sol Divino, o Sol do Amor [...] o lar Divino da Santíssima Trindade" (M 4v-5r). Ao mesmo tempo que é "Criador do universo" (M 1v) e o "Deus Forte e Poderoso" (M 3v), "Justiça Divina" (M 3v), é "Fogo do Amor" (M 5v), "ardente Abismo desse Amor" (M 5v), "fornalha Divina" (M 1r), "Fogo devorador" (M 5r). E "para que o Amor seja plenamente satisfeito, é preciso que se abaixe, que se abaixe até o nada e transforme esse nada em *fogo*" (M 3v).

Se toda a Trindade, Pai, "Espírito de Amor" (M 1r) e "Verbo divino" (M 5v), é Sol de Amor, enquanto segunda pessoa da Trindade Jesus está

---

9. Também não é certo que seja visada diretamente a primeira Pessoa da Trindade quando Teresa fala do "abandono da criancinha que dorme sem medo nos braços do Pai" (M 1r). O próprio Jesus enche também esse gesto paterno-materno: "O elevador que deve elevar-me até o Céu são vossos braços, ó Jesus!" (G 3r). Ao evocar a comparação em que o pai (aqui com maiúscula) que leva seu filho, Teresa pode pensar em Deus em geral.

10. No total, o nome de "Jesus" aparece 1616 vezes no conjunto de seus escritos; o vocábulo "Deus", 895 vezes; o vocábulo "Trindade", 28 vezes; o nome do "Pai" (como primeira pessoa da Trindade), 69 vezes; o do "Espírito", 22 vezes. O "Céu" ("Céus") aparece 709 vezes, mas também os sinônimos: Pátria, Morada...

"no centro do Sol de Amor" (M 5v). Desde "a festa de vosso triunfo, a radiosa festa de Páscoa" (M 1r), diz ela a Jesus, estás vivo no seio da Trindade, mas ao mesmo tempo, "ó Jesus [...], como tua condescendência é inefável" (M 5v)! Tendo voltado para o Pai, permaneces entre nós por tua "presença" (M 5r) cheia de "graça" (M 2r) e por tua Eucaristia.

Aqui o pensamento de Teresa está no paroxismo de sua densidade. "És tu que subindo para a inacessível Luz que será doravante tua morada, és tu que ficas ainda no vale de lágrimas, escondido sob a aparência de uma hóstia branca... Águia eterna, queres alimentar-me com a tua divina substância, eu, pobre pequeno ser, que voltaria ao nada se teu divino olhar não me desse a vida a cada instante.... Ó Jesus! deixa-me no excesso de minha gratidão, deixa-me dizer-te que *teu amor vai até à loucura*" (M 5v).

"*Águia*" é a "Águia Eterna" (M 5v), potente e sempre em movimento. Somente nela se coloca toda a esperança de Teresa. "Um dia, tenho a esperança, Águia adorada, virás buscar teu pequeno pássaro, e subindo com ele ao Fogo do Amor, tu o mergulharás para a eternidade no Abismo ardente desse Amor ao qual se ofereceu como vítima" (M 5v).

Essas palavras de Teresa dão intenso testemunho da reciprocidade de seu amor e de sua confiança; vamos falar dele imediatamente. Já se terá notado com que empatia e que senso teológico Teresa, doutora da Igreja, se move no conhecimento do mistério cristão, ensinando, sem nenhuma pretensão técnica ou acadêmica, sua "pequena doutrina", mas ambicionando de todo o seu ser "*a ciência do* AMOR" (M 1r). Jesus é seu "mestre" e seu "livro de vida" (M 1r), que "ensina sem ruído de palavras" e lhe "inspira o que (ela deve) dizer ou fazer", dizer também por escrito (A 83v). Com Jesus, o olhar teológico de Teresa recentrou-se no mistério pascal e trinitário, e sobre o mistério da Igreja.[11]

---

11. Para Teresa, "seu interlocutor não é somente Jesus, mas o Filho e o Verbo divino no movimento de amor trinitário que a atrai para seu Pai. Aquele com quem Teresa conversa, Jesus, é o único ser no mundo cuja própria Pessoa, sendo divina, não existe senão na relação de amor com sua fonte. Nunca se poderá dizer de Buda, de Maomé, nem de nenhum profeta, por sublime que seja, o que Teresa diz de Jesus. Isso muda tudo". Cf. BRO, B. *Thérèse de Lisieux. Sa famille, son Dieu, son message*. Paris, Fayard, 1996. p. 76. Sobre a reciprocidade do amor, cf. em particular op. cit., pp. 75-130.

6. Teresa e seus desejos infinitos

"Jesus, eu te amo", rezava ela (M 4v). O sujeito Teresa aparece no Manuscrito M como um perfeito modelo evangélico do cristão. Num nível sublime, ela esboça toda a reciprocidade da vida teologal à qual Deus nos convida.

a) O amor

Todo o manuscrito é um longo "cântico do *Amor*" (M 4r), que Teresa quer cantar sem fim. A primeira leitora destas páginas, Maria do Sagrado Coração, terá a reação maravilhada: "Li vossas páginas ardentes de amor por Jesus" (LC 170). Jesus "tem sede de amor", diz Teresa, ele está "sedento" (M 1v). E ela reage vigorosamente: "Ó Jesus, eu sei, o amor não se paga senão com amor, por isso busquei, encontrei o meio de aliviar o meu coração ao te retribuir Amor por Amor" (M 4r).

Poder-se-ia desenvolver longamente; o próprio leitor explorará nas páginas de Teresa todas as facetas de seu amor, magnificamente resumidas em seu ideal antigo e sempre novo, porque redescoberto num nível mais profundo, abissal e eclesial: "Ó Jesus, meu Amor..... minha *Vocação*, enfim eu a encontrei, MINHA VOCAÇÃO É O AMOR! [...] No coração da Igreja, Madre, serei *o Amor*" (M 3v).

> Insistamos de preferência na dinâmica que impele o amor a ser verdadeiro e a manifestar-se em atos, "pois *o Amor* se prova pelas obras" (M 4r). Certamente, na sua vocação de monja enclausurada, "as obras estrondosas lhe são proibidas" (M 4r), mas Teresa será extremamente fiel em viver "por amor" "as mínimas coisas" da caridade fraterna e da vida cotidiana, em "aproveitar" cada flor para "*desfolhá-la* para ti" (M 4r-v). A santa da confiança (e nós veremos imediatamente porque isto é essencial) subscreve de todo o coração a afirmação de são Tiago que diz que "a fé que não tiver obras está morta" (Tg 2,17.26). O Manuscrito M expõe desejos magnânimos "de realizar por *ti, Jesus*, todas as obras mais heróicas", "as ações de todos os Santos" (M 2v-3r).

b) A confiança

Todavia, na sua impotência, Teresa espera receber de Deus o único infinito do amor que só ele pode dar. É a outra folha de seu díptico: a dinâmica de sua confiança, de importância vital para o crente. O Manuscrito M é a Grande Carta da Pequena Via que Teresa propõe e que coincide com o núcleo de sua "pequena doutrina[12]".

> Por um lado, Teresa experimenta sua fraqueza. Ninguém parece ter escrutado e sentido sua pequenez como ela. "Há uma alma mais *pequena*, mais impotente que a minha!" (M 3r). "Não sou senão uma criança, impotente e fraca" (M 3v). "Sou a menor das criaturas, conheço minha miséria e minha fraqueza" (M 4r). "Se fosse possível encontravas uma alma mais fraca, menor que a minha..." (M 5v).
>
> Por outro lado, há o infinito dos seus desejos, irreconciliáveis entre eles, pois é impossível realizá-los todos, nem todos ao mesmo tempo. Teresa os reunirá na síntese de sua vocação de amor.

Como "aspirar a possuir a plenitude do Amor?" (M 4v), ela se pergunta. "O *puro amor* está no meu coração?" (M 4v). Teresa compreende que deverá receber o amor perfeito do Amor Perfeito, receber Deus de Deus. Mas ela sabe como navegar: "Ó Farol luminoso do Amor, sei como chegar até ti, achei o segredo de me apropriar da tua chama" (M 3v). Qual é o segredo que se junta ao segredo de Deus? "É minha própria fraqueza que me dá a audácia de oferecer-me como Vítima ao Teu amor". Ela sondou o Coração de Deus, esse Coração essencialmente misericordioso, e sabe que "para que o *Amor* seja plenamente satisfeito, é preciso que se abaixe, que se abaixe até o nada e que transforme em *fogo* esse nada" (M 3v). No entanto, para que o Amor possa "plenamente" abaixar-se, deve "encontrar" corações "que se entreguem a ele sem reserva, que compreendam toda a ternura de seu Amor Infinito" (M 1v) — a quem ele poderá dar a "Plenitude do Amor", poderá entregar-se sem limite.

Com relação às suas criaturas, a misericórdia é o próprio ser de Deus, ela é visceral a ele. Teresa não coloca limites à confiança totalmente filial em nosso *Abba*-Pai e seu Filho "que veio chamar os pecadores" (M 5r): "Como queres que, diante desta Loucura, meu coração não se lance para ti? Como minha confiança teria limites?" "Minha *loucura* é minha, é de esperar que teu Amor me aceite como vítima". Ela espera Deus de Deus, espera a transformação em seu Amor, em tal profundidade, em tal união

---

12. Cf. DYN, pp. 313-348, onde este Manuscrito é estudado em detalhe.

que poderá "voar para o Sol de Amor com *as próprias asas da Águia Divina*" (M 5v).

Então, que transformação mística em Deus ela espera! O Amor Divino e a Vida Divina triunfarão plenamente no seu amor humano divinizado, na sua vida humana *cristificada*. "Já não é para mim que vivo, é para Cristo que vive em mim" (Gl 2,20). Teresa quer participar sempre mais dessa permuta contínua de Amor, ser presa nesse circuito divino, estar indissoluvelmente entregue à ação nela do Espírito de Amor de Jesus.

> Quando Teresa disser, por duas vezes, que Cristo "a *atrai*" e "*atrai*" as almas (e ela sublinha a palavra, o que nela é muitas vezes uma maneira de referir-se a um texto lido ou uma expressão ouvida), ela não compreende a palavra no sentido de encantar (o que é verdadeiro também), mas em toda a sua força da fonte escriturística em que Cristo promete: "Quando for elevado da terra, *atrairei* a mim todos os homens" (Jo 12,32). Ao atraí-la, Cristo elevará Teresa. Pela obra de Cristo ("passando por tuas Divinas mãos, ó Jesus") todos os atos de Teresa, que são em si e por causa de sua fraqueza "sem nenhum valor", adquirirão "um valor infinito", que ela quer sem cessar investir por toda a vida da Igreja (M 4v).

c) A fé

Quando Teresa redige o Manuscrito M, tinha entrado havia cinco meses num escurecimento de sua fé acerca do Céu. Nem por isso ficou abalada, esse Manuscrito M o demonstra bem! A generosidade e a gratuidade da fé, sem ver, sem provar, sem gozar, sempre foram para ela a diretriz de sua vida contemplativa.

Sua fé é antes de tudo relativa, não a uma teoria, mas a uma Pessoa, que ensina, que nos ama e que continua a dar-se. A adesão de seu espírito e a confiança de sua vontade desembocam no desejo de amar ardentemente o Senhor que é sua "Luz" e seu "Sol". Mesmo se "lhe parece não acreditar que existe outra coisa senão as nuvens que a envolvem", ela quer "fixar a luz invisível que se esconde de sua fé" (M 5r).

> Para Teresa, Jesus é a luz do mundo. Ela cita o seu Evangelho, leva-o sobre seu coração, quer "anunciá-lo nas cinco partes do mundo" (M 3r).

Em são João da Cruz ela pôde ler como Cristo é um "abismo insondável[13]". Em uníssono com o santo, ela confessou alguns meses antes a propósito do Evangelho: "Descubro aí sempre novas luzes, sentidos escondidos e misteriosos" (A 83v). Aos seus olhos, Jesus é inesgotável.

O fato de que "nuvens escuras vêm esconder o *Astro de Amor*" não muda nada. Teresa "sabe que além das nuvens seu Sol brilha sempre, que seu brilho não poderia ser eclipsado um só instante" (M 5r). Na penumbra da fé, na neblina espessa e debaixo das nuvens tempestuosas, toda a luz que resta vem do sol escondido e trai a sua presença.

Admirável determinação de Teresa a seguir seu Cristo através de tudo! Sua grande fé transparece nos seus desejos do martírio, múltiplos e inauditos, sendo o primeiro este: "Como tu, meu Esposo Adorado, desejaria ser flagelada e crucificada..." e o último o de Joana d'Arc: "Desejaria na fogueira murmurar teu nome, ó Jesus" (M 3r).

7. A Igreja e o coração *comunial* de Teresa

"Ó meu Jesus! eu te amo, amo a Igreja minha Mãe" (M 4v). A Igreja é "Mãe". Pelos sacramentos, antes de tudo pelo batismo e pela Eucaristia, onde Jesus nos "alimenta com (sua) divina substância" (M 5v), ela comunica a vida que ela mesma recebe de Jesus, Verbo Incarnado, com quem ela constitui o "corpo místico" (M 3v). Ela é, pois, "esposa" de Jesus, e por isso "Rainha" (M 4r). Como Teresa, cada cristão é "*filho da Igreja*", chamado a resplandecer de uma "glória" que é "o reflexo daquela que brotará da fronte de sua Mãe", esperando "a Glória do Céu" (M 4r).

Não insistiremos nos desejos apostólicos e missionários de Teresa a serviço da Igreja (M 2v-3r) e que são um desdobramento do sacerdócio do povo de Deus, impulsos tão vivos que Teresa sente ter "*a vocação de* PADRE", ao mesmo tempo que sente ter "a *vocação* de imitar [são Francisco de Assis] que recusou a sublime dignidade do *Sacerdócio*" (M 2v).

---

13. "Oh! como é insondável o abismo de Cristo! É uma mina de ouro de maravilhosa riqueza, cujas galerias inumeráveis encerram tesouros, de onde podem ser tirados sem nunca se esgotar. Longe disso; quanto mais se explora essa mina, mais se descobre nela, por todos os lados e em todos os sentidos, filões novos que escondem novas maravilhas. O apóstolo São Paulo não escreveu aos Colossenses que *nele estão escondidos todos os tesouros da Sabedoria e da ciência?*" (CE, estrofe 38, Explicação dos vv. 1-2).

Para todos os seus desejos, ela encontrará uma resposta tranqüilizante e propulsiva para a fé, quando ela saberá que é convidada a ser Amor no "coração" do corpo místico da Igreja (M 3v). Essa vocação, "foste tu que ma deste", diz ela a Jesus: o Espírito no seu coração iluminou-a quando o escutava falar nas Escrituras.

Sendo Amor no coração da Igreja, Teresa "ama por seus irmãos que combatem" (M 4r). Mas seu senso eclesial a conduz à inteira *Comunhão dos santos*: Igreja da terra ("Igreja combatente"), do Céu ("Igreja triunfante") e dos defuntos a caminho da plena Luz ("Igreja sofredora"). Teresa tem um coração verdadeiramente *comunial*; a palavra mereceria existir, pelo menos para Teresa!

8. "Esse grande desdobramento teológico e teologal"

O que monsenhor Dagens afirma acerca do conjunto dos escritos de Teresa aplica-se maravilhosamente ao Manuscrito M em particular. "É claro que todos os escritos de Teresa, dos manuscritos autobiográficos às poesias, fazem aparecer, com uma simplicidade perturbadora, o grande desdobramento teológico e teologal da experiência cristã de Deus e de seu amor[14]". É a forte intuição de Hans Urs von Balthasar, quando descrevia a vida de Teresa como "uma existência teológica[15]".

Haveria muito a cavar nessas páginas inesgotáveis, ardentes de amor, luminosas de perspectivas teológicas e espirituais, onde todo o gênio[16] de Teresa se desdobra em sua "ciência do Amor". Mas o que foi destacado

---

14. DAGENS, Mons. C. Sainte Thérèse de l'Enfant-Jésus, théologienne? In: *Thérèse au milieu des Docteurs* [colóquio de 1997 em N. D. de Vie]. Venasque, Editions du Carmel, 1998. p. 98.

15. *Schwestern im Geist. Thérèse von Lisieux und Elisabeth von Dijon.* Einsiedeln, Johannes Verlag, 1970. pp. 48-73. Quanto às nossas reservas diante de certas elaborações concretas das intuições fecundas, cf. DYN, pp. 387-396. Para uma confrontação objetiva dos pontos de vista, cf. V. Azcuy, *La figura de Teresa de Lisieux. Ensayo de fenomenología teológica según Hans Urs von Balthasar*, Buenos Aires, 1997, t. 2, Teología, pp. 331-365.

16. Muitas vezes se destacou o "gênio" de Teresa. Cf. PETITOT, H. *Sainte Thérèse de Lisieux. Une renaissance spirituelle*. 2. ed. Paris, Desclée et Cie, 1926. GUITTON, J. Le Génie de Sainte Thérèse de l'Enfant-Jésus. *Vie thérésienne* 15 (jul./1964) 101-125. TRICOT, C. & ZAMBELLI, R. *Blaise Pascal et Thérèse de Lisieux. Deux mystiques français*. Paris, de Guibert, 1999.

leva a entender que este Manuscrito M é como um fogo de artifício em que cada elemento estoura de repente numa nova explosão multicolorida de perspectivas teológicas e de luzes espirituais. A diferença com o fogo de artifício comum é a duração... O fogo de artifício termina rapidamente, as páginas de Teresa ficarão para sempre.

É o que madre Inês parece ter percebido bem na tarde de 4 de junho de 1897 (LC 185), quando ela escrevia a Teresa: "Procurarei fazer amar e servir a Deus com todas as luzes que ele vos deu e que não se extinguirão nunca".

[Capítulo 11]

[Os Segredos de Jesus]
[Minha vocação, é o Amor]
[no Coração da Igreja]

J M. J T.[1]   M 1r

Jesus †

Ó Irmã querida! vós me pedis que vos dê uma lembrança de meu retiro, retiro que talvez seja o último... Visto que nossa Madre o permite[2], é uma alegria para mim vir entreter-me convosco, que sois duas vezes minha Irmã[3], convosco que me emprestastes vossa voz, prometendo em meu nome que eu não queria servir senão a Jesus, quando não me era possível falar[4].... Querida Madrinha, é a criança que oferecestes ao Senhor que vos fala nesta tarde, é ela que vos ama como uma filha sabe amar sua Mãe..... No Céu somente conhecereis toda a gratidão que transborda de meu coração..... Ó minha Irmã querida! gostaríeis de ouvir os segredos que Jesus confia à vossa filhinha; esses segredos Ele vo-los confia, eu o sei, pois fostes vós que me ensinastes a colher os ensinamentos Divinos, entretanto tentarei balbuciar algumas palavras, embora sinta que é impossível à palavra humana redizer coisas que o coração humano pode apenas pressentir°....

1Cor 2,9

Não creiais que nado nas consolações, oh não! minha consolação é não tê-las na terra[5]. Sem se mostrar, sem fazer ouvir sua voz Jesus me instrui no segredo; não é por meio de livros, pois não compreendo o que

---

1. Muitas vezes, na abreviatura de "Jesus, Maria, José, Teresa (d'Ávila)", Teresa só coloca ponto depois do M e do T.
2. É o que Maria anunciou em sua carta. "Nossa Madre" indica, aqui, Maria de Gonzaga, de novo priora desde 21 de março de 1896.
3. "Irmã" pelo sangue e "irmã" no mosteiro.
4. No batismo de Teresa, no dia 4 de janeiro de 1873, na Igreja de Notre-Dame em Alençon. Sua "madrinha" Maria tinha, então, treze anos.
5. Teresa não se demora em seus *estados de alma*, seus sentimentos pessoais; ela considera o *Objeto* de seu amor. A pureza e a gratuidade de seu amor para o Bem-Amado lhe são uma "consolação" superior. Cf. M 5r, onde ela é assaltada pela tempestade: "Então

leio, mas às vezes uma palavra como esta que tirei no final da oração (após ter ficado[6] no silêncio e na secura) vem consolar-me: "⁺*Eis o mestre que te dou, ele te ensinará tudo o que deves fazer. Quero fazer com que leias no livro da vida, onde está contida a ciência do A*MOR[7]". A ciência do Amor[8], oh sim! esta palavra ressoa docemente ao ouvido de minha alma, só desejo essa ciência. Por ela, ⁺*tendo dado todas as minhas riquezas*, avalio como a esposa dos sagrados cânticos ⁺*não ter dado nada*°.... Compreendo tão bem que só o amor pode nos tornar agradáveis a Deus que esse amor é o único bem que ambiciono. Jesus se compraz em mostrar-me o único caminho que conduz a essa fornalha Divina, esse caminho é o *abandono* da criança pequena[9] que adormece sem medo nos braços de seu Pai..... "Se alguém *é totalmente pequeno* que venha a mim°" disse o Espírito Santo pela boca de Salomão e esse mesmo Espírito de Amor disse ainda que "⁺*a misericórdia é concedida aos pequenos*°". Em seu nome, o profeta Isaías nos revela que no último dia "⁺*O Senhor conduzirá seu rebanho nas pastagens, que reunirá os* CORDEIRINHOS *e os apertará sobre seu seio*°" e como se todas essas promessas não bastassem, o mesmo profeta cujo olhar inspirado mergulhava já nas profundezas eternas exclama em nome do Senhor: "⁺*Como uma mãe acaricia seu filho assim eu vos consolarei, vos levarei sobre meu seio e vos acariciarei sobre meus joelhos*°". Ó Madrinha querida! depois de semelhante linguagem, só resta calar-se, chorar de gratidão / e de amor...... Ah! se

Ct 8,7

Pr 9,4

Sb 6,7

Is 40,11

Is 66,13.12

M 1v
↓

é o momento da *alegria perfeita*"; e G 7r: "Há uma *alegria* maior que a de sofrer por vosso amor?" O que ela busca é "consolar" *Jesus*: cf. nota 14 em *Oferenda ao Amor Misericordioso*.

6. Primeira redação: "sem palavras", corrigido para "no silêncio".

7. Teresa pode ter encontrado esta palavra do Senhor dirigida a santa Margarida Maria Alacoque num dos raros livros que tinha para seu uso pessoal, *Petit bréviaire du Sacré-Coeur. Petits offices pour chaque jour de la semaine et Exercice pendant la messe* [*Pequeno breviário do Sagrado Coração. Pequenos ofícios para cada dia da semana e Exercício durante a missa*]. 3. ed. Nancy, Librairie Notre-Dame, 1882. p. 58.

8. Teresa retoma a expressão, mas leu-a também em João da Cruz: "a ciência do amor" (CE, estrofe 26, v. 1; estrofe 38, v. 1).

9. Atitude teologal típica de Teresa, mas que faz eco ao mesmo tempo à carta de Maria, que escreve a propósito de Teresa: "[...] seu Esposo celeste [...] a embala suavemente sobre seu coração, Ele sorri ao seu abandono". Ver nota 37. — "Embora a Santa nunca descreva o abandono com precisão, ela o aproxima tão freqüentemente da vontade divina que se pode, numa primeira tentativa, defini-lo como a busca de conformidade da vontade humana com a de Deus, pondo, todavia, o acento sobre a iniciativa divina, à qual se deseja fielmente aderir. Essa busca não é forçada nem servil, mas livre e *amorosa*" (DYN, pp. 483 e seguintes).

todas as almas fracas e imperfeitas sentissem o que sente a menor de todas as almas[10], a alma de vossa Teresinha, nenhuma se desesperaria de chegar ao cume da montanha do amor[11], visto que Jesus não pede grandes ações, mas somente o abandono e a gratidão, pois disse no Sl. XLIX: "*+Não tenho nenhuma necessidade dos bodes de vossos rebanhos, porque todos os animais das florestas me pertencem e os milhares de animais que pastam nas colinas, conheço todos os pássaros das montanhas........ Se eu tivesse fome, não é a vós que o diria: pois a terra e tudo o que ela contém é minha. Acaso devo comer a carne dos touros e beber o sangue dos bodes?.... IMOLAI A DEUS SACRIFÍCIOS de LOUVORES e DE AÇÕES DE GRAÇAS°.*" Eis portanto tudo o que Jesus reclama de nós, ele não tem necessidade de nossas obras, mas somente de nosso *amor*[12], pois é este mesmo Deus que declara *+não ter necessidade de nos dizer se tem fome,* não tem medo de *mendigar* um pouco de água à Samaritana. Ele tinha sede.... Mas ao dizer "*+dá-me de beber°*" era *o amor* de sua pobre criatura que o Criador do universo reclamava. Ele tinha sede de amor... Ah! sinto-o mais do que nunca Jesus está *sedento*[13], ele só encontra ingratos e indiferentes entre os discípulos do mundo e entre seus *próprios discípulos* encontra, ai! poucos corações que se entregam a ele sem reserva, que compreendem toda a ternura de seu Amor infinito.

Sl 49,9-14

Jo 4,6-15

Irmã querida, como somos felizes por compreender os íntimos segredos de nosso Esposo, ah! se quisésseis escrever tudo o que conheceis disso, teríamos belas páginas para ler, mas eu sei, preferis guardar no fundo de vosso coração "*+Os segredos do Rei*", a mim dissestes "*+Como é honroso publicar as obras do Altíssimo°*". Acho que tendes razão em guardar o si-

Tb 12,7.11

---

10. Por quatro vezes neste Manuscrito M Teresa exprime sua convicção de ser a *menor* alma que possa existir. Ver os textos em nossa *introdução* a este Manuscrito, ponto 6.b.

11. Já no tempo de sua profissão ela falava do "cume da montanha do amor" (LT 110, LT 112). Então ela lia intensamente João da Cruz, cujo desenho do "Monte Carmelo", "monte da perfeição", a inspirava muito.

12. Cf. TERESA D'ÁVILA. *Castelo interior*, Terceiras moradas, cap. 1: "E este amor não deve estar na imaginação, mas mostrar-se nas obras. Não penseis todavia que Deus tem necessidade de nossas obras; o que ele pede é a determinação de nossa vontade de ser dele sem reserva". Sobre as "obras", cf. notas 48 e 49.

13. Teresa não coloca vírgula entre as palavras precedentes. Não se sabe com certeza se *ela* sente "mais do que nunca" que Jesus está sedento, ou se ela sente que *Jesus* está "mais do que nunca" sedento. Na primeira perspectiva, ela tinha podido compreender quinze meses mais cedo "mais do que nunca quanto Jesus deseja ser amado" (A 84r).

lêncio e não é senão a fim de vos dar prazer que escrevo estas linhas, pois sinto minha impotência em redizer com palavras terrestres os segredos do Céu e depois, após ter traçado páginas e páginas, acharia não ter ainda começado..... Há tantos horizontes diversos, tantos matizes variados ao infinito, que só a paleta do Pintor Celeste poderá, após a noite desta vida, fornecer-me as cores capazes de pintar as maravilhas que ele descobre ao olho de minha alma.

Minha I[rmã] Querida, vós me pedistes que vos escrevesse meu sonho e "minha pequena doutrina", como a chamais.... Eu o fiz nas páginas seguintes[14] mas tão mal que me parece impossível que compreendais. Talvez ireis achar minhas expressões exageradas.... Ah! perdoai-me, isso se deve ao meu estilo pouco agradável, asseguro-vos que não há nenhum exagero na minha *pequena alma*, que tudo aí é calmo e repousado......

(Ao escrever, é a Jesus que falo, isso me é mais fácil para exprimir meus pensamentos....... O que, ai, não impede que eles sejam bem mal expressos[15]!) /

M 2r
↓

J M. J T.

8 de setembro de 1896.

(⁺*A minha querida Irmã Maria do Sagrado Coração*[16].)

Ó Jesus, meu Bem-Amado! Quem poderá dizer com que ternura, que doçura vós conduzis minha *pequena alma*[17]? como vos agrada fazer lu-

---

14. Para precisar, Teresa acrescentou entre as linhas as palavras antes ausentes: "nas páginas seguintes".

15. Teresa escreveu primeiro: "que eles o sejam bem mal!" Ela apaga "o" e acrescenta "expressos".

16. Esta dedicatória, com tinta diferente e escrita posterior (o A maiúsculo é muito pontudo, ao passo que em todas as outras vezes no Manuscrito M — com as palavras Amor, Astro, Águia, Adorado — ele é redondo), foi acrescentada posteriormente, sem dúvida a pedido de Maria, durante o verão de 1897, quando Teresa retoca o Manuscrito tendo em vista sua publicação.

17. No Manuscrito M, as sete ocorrências da fórmula "*petite(s) âme(s)*" são sublinhadas; portanto, a fórmula se tornou para Teresa um conceito. Na espiritualidade que doravante é a sua, as "almas pequenas" (no plural) constituem como uma família, da qual Teresa é de alguma forma cabeça de fila e que gostaria que fosse muito numerosa (cf. M 5v). A atitude de humilde e inteira confiança na Misericórdia divina evoca espontaneamente os *anawim*, os *pobres de coração* da Bíblia.

Um sonho misterioso

zir o raio de vossa graça no meio da mais escura tempestade?... Jesus, a tempestade ribombava forte na minha alma desde a bela festa de vosso triunfo, a radiosa festa de Páscoa, quando num sábado do mês de maio[18], pensando nos sonhos misteriosos que são às vezes concedidos a certas almas, eu me dizia que essa devia ser uma bem doce consolação, no entanto não a pedia. De tarde, considerando as nuvens que cobriam o céu, minha *pequena alma* se dizia ainda que os belos sonhos não eram para ela, e debaixo da tempestade adormeceu..... O dia seguinte era 10 de maio, o segundo †D‍OMINGO do mês de †*Maria*, talvez o aniversário do dia em que a Santíssima Virgem dignou-se de *sorrir*[19] *à sua florzinha*[20]...

Nos primeiros clarões da aurora, eu me encontrava (em sonho) numa espécie de galeria, havia várias outras pessoas, mas afastadas. Nossa Madre[21] só estava junto de mim; de repente sem ter visto como elas tinham entrado, percebi três carmelitas vestidas com seus mantos e grandes véus[22], pareceu-me que vinham para nossa Madre, mas o que compreendi claramente, é que vinham do Céu. No fundo do meu coração, exclamei: Ah! como seria feliz em ver o rosto de uma destas carmelitas. Então como se minha oração tivesse sido ouvida por ela, a maior das santas avançou para mim; imediatamente caí de joelhos. Oh! felicidade, a Carmelita †*tirou o véu ou melhor levantou-o e cobriu-me com ele*[23]... sem nenhuma hesitação reconheci †*a Venerável Madre Ana de Jesus*, a fundadora do Carmelo na

---

18. Depois dessas palavras, duas linhas e meia foram raspadas e reescritas com uma tinta mais preta, incluindo as palavras "não a pedia". Duas linhas adiante, acréscimo da palavra "ainda". Entre as "certas almas", aqui vagamente evocadas, constava na primeira versão a figura mítica de Diana Vaughan; sem dúvida se tratava só dela (ver nota 28 do cap. 9).

19. Cf. A 30r. "Segundo" domingo de maio, de fato, mas o dia 13 de maio (não "o 10") em 1883, dia de Pentecostes.

20. Para Teresa, uma imagem fundamental, igualmente presente desde os prólogos dos Manuscritos A e G. Cf. nossa *introdução* ao Manuscrito A, nota 10, sobre o símbolo da *flor*.

21. A presença da priora, neste sonho, poderia simbolizar o profundo espírito de *obediência* religiosa de Teresa. Ademais, parece-lhe que as visitantes celestes vieram "para nossa Madre". — Teresa sonha *no plural*! No plano de fundo, há várias outras pessoas", e as carmelitas do céu vêm em "três".

22. "Mantos" são as capas de coro brancas; "grandes véus" pretos, que desciam da cabeça à cintura e que as carmelitas usavam em certas circunstâncias para se furtarem à vista do público.

23. Desta vez, no sonho, a presença dentro do espaço do véu parece simbolizar uma *proteção materna*, à qual Teresa é muito sensível e que lhe é aqui oferecida pela madre

Manuscrito M(aria)

França[24]. Seu rosto era belo, de uma beleza imaterial, não saía nenhum raio e no entanto apesar do véu que nos envolvia todas as duas, eu via esse celeste rosto iluminado com uma luz inefavelmente suave, luz que ele não recebia mas que produzia por si mesmo.....

Não poderia redizer a alegria de minha alma, essas coisas se sentem e não se podem exprimir.... Vários meses se passaram desde esse doce sonho, no entanto a lembrança que deixou em minha alma não perdeu nada de seu frescor, de seus encantos Celestes... Vejo ainda o olhar e o sorriso ⁺*CHEIOS DE AMOR* da Ven. Madre. Creio sentir ainda as carícias com que ela me cumulou.....

Vendo-me tão ternamente amada, ousei pronunciar estas palavras: "Ó Madre! Suplico-vos, dizei-me se Deus me deixará por muito tempo na terra?.. Virá ele logo buscar-me?.." Sorrindo com ternura, a Santa murmurou: "⁺*Sim, logo, logo... Eu vo-lo prometo*". — "Madre, acrescentei, dizei-me

M 2v ↓ ainda se Deus não me pede alguma coisa / além de minhas pobres pequenas ações e meus desejos. Ele está contente comigo[25]?" O rosto da Santa tomou uma expressão *incomparavelmente mais terna* do que na primeira vez que me falou. Seu olhar e suas carícias eram a mais doce das respostas. No entanto ela me disse: "Deus não pede nenhuma outra coisa de vós, Ele está contente, muito contente!...". Após ter-me ainda acariciado com mais amor do que jamais fez por seu filho a mais terna das mães, vi-a afastar-se... Meu coração estava na alegria, mas lembrei-me de minhas irmãs, e quis pedir algumas graças para elas, mas ai... despertei-me!...

Ó Jesus! o temporal então não estrondeava, o céu estava calmo e sereno.... eu *acreditava, sentia* ⁺*que há um Céu* e que esse ⁺*Céu* está povoado de almas que me querem bem, que me olham como filha delas... Essa impressão permanece no meu coração, tanto mais porque a Ven. Madre ⁺*Ana*

Ana de Jesus, vinda do Céu. Teresa gosta também de evocar o véu da Virgem Maria, sob o qual se esconde (cf. LT 162; PN 1,5.13; RP 8,6r).

24. Ana de Lobera (n. 1545), companheira de Teresa d'Ávila e para quem João da Cruz compôs o comentário de seu *Cântico espiritual*. Em 1604, ela introduziu a reforma teresiana na França e alguns anos mais tarde na Bélgica, onde morreu, no Carmelo de Bruxelas, em 4 de março de 1621.

25. Uma questão de amor e de consciência delicada, que habita Teresa desde sua pequena infância (cf. A 18v).

de Jesus me era até então *absolutamente indiferente*, nunca a tinha invocado e seu pensamento não me vinha à mente senão ao ouvir falar dela, o que era raro. Por isso quando compreendi a que ponto *ela me amava*, quanto eu lhe era pouco *indiferente*, meu coração derreteu-se de amor e de gratidão, não somente pela Santa que me visitara, mas ainda por todos os Bem-aventurados habitantes do Céu..

Ó meu Bem-Amado! Essa graça não era senão o prelúdio de graças maiores com que tu[26] querias cumular-me, deixa-me, meu único Amor, recordá-los a ti hoje... hoje, o sexto aniversário de *nossa união*[27]...... Ah! perdoa-me Jesus, se desarrazôo ao querer redizer meus desejos, minhas esperanças que tocam o infinito, perdoa-me e cura minha alma dando-lhe o que ela espera[28]!!!..........

Ser tua *esposa*, ó Jesus, ser *carmelita*, ser por minha união contigo a *mãe* das almas, isso deveria bastar-me.......... não é assim... Sem dúvida estes três privilégios são bem +*minha vocação, Carmelita, Esposa e Mãe*, no entanto sinto em mim outras +*vocações*, sinto a +*vocação de* GUERREIRO, de SACERDOTE, de APÓSTOLO, de DOUTOR, de MÁRTIR; enfim, sinto a necessidade, o desejo de realizar para +*ti, Jesus*, todas as obras mais heróicas..... Sinto em minha alma a coragem +*de um Cruzado, de um Zuavo Pontifício*, desejaria morrer num campo de batalha pela defesa da Igreja..

Sinto em mim +*a vocação de* SACERDOTE, com que amor, ó Jesus, te levaria nas minhas mãos quando à minha voz descesses do Céu.... Com que amor te daria às almas!.. Mas ai! ao mesmo tempo em que desejo ser +*Sacerdote*, admiro e invejo a humildade de S. Francisco de Assis e sinto a +*vocação* de imitá-lo recusando a sublime dignidade do +*Sacerdócio*.

Ó Jesus! meu amor minha vida... como unir esses contrastes? / Como realizar os desejos de minha pobre *pequena alma*?....

M 3r ↓

---

26. Teresa tratou Jesus por vós no começo de M 2r (exatamente como nos Manuscritos A e G e na maioria de seus textos dirigidos a próximos respeitáveis ou destinados a um público); a partir daqui o trata por tu. Isto prova ainda o caráter muito íntimo e particular do Manuscrito M.

27. Alusão à sua profissão religiosa. A data desse "sexto aniversário" está indicada mais acima: "8 de setembro de 1896" (M 2r).

28. A grande súplica das estrofes 9-11 do *Cântico espiritual* de João da Cruz.

Manuscrito M(aria)

Ah! apesar da minha pequenez, gostaria de iluminar as almas como ⁺*os Profetas, os Doutores*, tenho a ⁺*vocação de ser Apóstolo*... gostaria de percorrer a terra, pregar teu nome e plantar no solo infiel tua Cruz gloriosa, mas, ó meu *Bem-Amado*, uma só missão não me bastaria, desejaria ao mesmo tempo anunciar o Evangelho nas cinco partes do mundo e até nas ilhas mais recuadas°..... Gostaria de ser missionária não só durante alguns anos, mas desejaria tê-lo sido desde a criação do mundo e sê-lo até à consumação dos séculos.... Mas desejaria acima de tudo, ó meu Bem-Amado Salvador, desejaria derramar meu sangue por ti até a última gota[29].......

Is 66,19

O ⁺*Martírio*, eis o sonho de minha juventude, esse sonho que cresceu comigo nos claustros do Carmelo... Mas aí ainda sinto que meu sonho é uma loucura, pois não poderia limitar-me a desejar *um* gênero de martírio... Para satisfazer-me precisaria de *todos*.... Como tu, meu Esposo Adorado, eu gostaria de ser flagelada e crucificada[30].... Gostaria de morrer despojada como S. Bartolomeu... Como S. João, gostaria de ser mergulhada no óleo fervente, gostaria de passar por todos os suplícios infligidos aos mártires... Com Sta. Inês e Sta. Cecília, gostaria de apresentar meu pescoço à espada e como Joana d'Arc, minha irmã querida, gostaria de murmurar na fogueira teu nome, ⁺*ó Jesus*.... Ao pensar nos tormentos que serão a parte dos cristãos no tempo do Anticristo[31], sinto meu coração estremecer e gostaria que esses tormentos me fossem reservados..... Jesus, Jesus, se eu quisesse escrever todos os meus desejos, precisaria pedir emprestado *teu livro de vida*°, onde estão registradas as ações de todos os Santos e essas ações, gostaria de tê-las realizado para ti.....

Ap 20,12

Ó meu Jesus! o que responderás a todas as minhas loucuras?.... Há uma alma *menor*, mais impotente que a minha!. No entanto por causa

---

29. Cf. G 7r: "Corro para meu Jesus, digo-lhe estar pronta a derramar até à última gota de meu sangue para confessar que há um Céu". Na escuridão de sua fé, a prontidão ao martírio não fraqueja por um instante.

30. Na cabeça da impressionante série dos desejos do martírio, que Teresa vai descrever, vem o do martírio de Jesus na cruz.

31. Aqui, Teresa se inspira sem dúvida na segunda conferência de Arminjon (acerca da "perseguição do Anticristo"): "[...] a perseguição do Anticristo será a mais inumana e a mais sangrenta de todas aquelas que o cristianismo jamais sofreu [...] haverá, então, multidões de mártires, mais gloriosos e mais admiráveis que os que outrora combateram contra leões nos anfiteatros de Roma e da Gália" (ARM II, p. 73).

O AMOR ENCERRA TODAS AS VOCAÇÕES

mesmo de minha fraqueza, agradou-te, Senhor, cumular meus *pequenos desejos infantis*, e queres, hoje, cumular de outros *desejos maiores* que o universo.........

Na oração meus desejos me faziam sofrer um verdadeiro martírio, abri as epístolas de S. Paulo a fim de buscar alguma resposta. Os cap. XII e XIII da primeira epístola aos Coríntios me caíram sob os olhos.... Li aí, no primeiro, que nem *todos* podem ser apóstolos, profetas, doutores etc... que a Igreja é composta de diferentes membros e que o olho não poderia ser ao *mesmo tempo* a mão°.... 1Cor 12,29.12.21

A resposta estava clara mas não cumulava meus desejos, não me dava a paz.... Como Madalena inclinando-se sempre junto ao túmulo vazio°³² acabou por encontrar / o que buscava, assim, abaixando-me até as profundezas de meu nada elevei-me tão alto que pude atingir minha meta³³.... Sem me desencorajar continuei minha leitura e esta frase aliviou-me: "⁺*Buscai com ardor os* DONS MAIS PERFEITOS, *mas vou ainda mostrar-vos um caminho mais excelente*°". E o Apóstolo explica como todos os ⁺DONS MAIS PERFEITOS não são nada sem o ⁺*AMOR*³⁴.....° Que a ⁺*Caridade é o* CAMINHO EXCELENTE que conduz seguramente a Deus.   Jo 20,11-18   **M** 3v ↓   1Cor 12,31   1Cor 13,1-3

Enfim, tinha encontrado o repouso... Considerando o corpo místico da Igreja, não me tinha reconhecido em nenhum dos membros descritos por S. Paulo, ou melhor queria reconhecer-me em todos... ⁺*A Caridade* deu-me a chave de minha *vocação*. Compreendi que se a Igreja tinha um corpo, composto de diferentes membros°, o mais necessário, o mais nobre   1Cor 12,14

---

32. Comparação já utilizada em A 60v.
33. Cf. a poesia de João da Cruz, *Num ímpeto ardente de amor* (sublinhamos as palavras que voltam em Teresa): "Abismado no meu vil *nada*. / [...] E humilhando-me tão baixo, tão baixo, / *elevei-me tão alto, tão alto,* / *que pude atingir minha meta*".
34. Em escrita inclinada, esta palavra é ademais *muito* aumentada, razão pela qual a colocamos em caixa alta. Serão cinco vezes os casos neste fólio 3v; além disso, sete vezes ela escreve a palavra em escrita inclinada e aumentada, mas *menos* que da primeira vez, razão pela qual imprimimos a palavra em versalete. (Em outra vez, sempre neste mesmo M 3v, ao utilizar a palavra como epíteto, em "Ó Jesus, meu Amor", ela continua em escrita comum, mas coloca uma maiúscula. Ao falar do "Farol luminoso do amor", desta vez a maiúscula será omitida.) Não há que duvidar, Teresa é fascinada pela vocação do Amor! A escrita e a própria pontuação ilustram como Teresa se deixa entusiasmar até falar de sua alegria "delirante", expressão que vai matizar um pouco mais longe.

de todos não lhe faltava, compreendi que a Igreja ⁺*tinha um Coração*³⁵, e esse *Coração estava* ARDENDO *de* AMOR. Compreendi que ⁺*só o Amor* fazia agir os membros da Igreja, que se o ⁺*Amor* se extinguisse, os Apóstolos não anunciariam mais o Evangelho, os Mártires se recusariam a derramar seu sangue..... Compreendi que ⁺*o* AMOR ENCERRAVA TODAS AS VOCAÇÕES, QUE O AMOR ERA TUDO, QUE ELE ABRANGE TODOS OS TEMPOS E TODOS OS LUGARES... NUMA PALAVRA QUE ELE É ETERNO!............

Então no excesso de minha alegria delirante, exclamei: Ó Jesus, meu Amor..... minha ⁺*Vocação*, enfim eu a encontrei, ⁺MINHA VOCAÇÃO É O AMOR!....

Sim encontrei meu lugar na Igreja e esse lugar, ó meu Deus, foste tu que mo deste³⁶.... no Coração da Igreja, Madre, eu serei o ⁺*Amor*... assim serei tudo.... assim meu sonho será realizado!!!....

Por que falar de uma alegria delirante, não essa expressão não é justa, é antes a paz calma e serena do navegante que percebe o farol que deve conduzi-lo ao porto.... Ó Farol luminoso do amor, sei como chegar até ti, encontrei o segredo de apropriar-me da tua chama.

Sou apenas uma criança, impotente e fraca, no entanto³⁷ é a minha própria fraqueza que me dá a audácia de oferecer-me como ⁺*Vítima* ao *teu*

---

35. São Paulo não menciona o "coração". Teresa elabora de maneira original a comparação paulina do "corpo", na linha da "caridade", que é o "dom mais perfeito".

36. [Em francês: *c'est toi qui me l'as donnée*] Atualmente se lê, escrito por cima, no manuscrito: "vous" e "avez". Esta leitura, que trata Deus por *vós*, é uma correção de origem pelo menos "duvidosa" (cf. PF II, p. 104, *expertise* de M. Trillat). A correção nos parece estranha, por isso voltamos à primeira versão da própria Teresa, onde ela *tuteia* Deus, exatamente como antes e depois neste Manuscrito M. Ela não tem dificuldade em tratar Deus por tu (por exemplo, em PN 17,11; 23,3; 31,5; RP 2,1r e 4v).

37. Aqui, Teresa vai descrever, numa síntese notável, como sai do impasse em que a punha sua impotência: pela confiança (núcleo de sua Pequena Via) na intervenção absoluta e misericordiosa de Deus. Em M 5r e M 5v, Teresa oferecerá ainda dois outros belos resumos de sua espiritualidade da confiança. Lembremos também o outro condensado de sua Pequena Via: "[...] o único caminho que conduz a essa fornalha Divina, esse caminho é o *abandono* da criancinha que adormece sem medo nos braços de seu Pai" (M 1v). À sua maneira, a parábola do passarinho animado de um "audacioso abandono", de um "temerário abandono", e enfim ajudado pela Água divina (M 4v-5v), descreverá em forma narrativa e simbólica a mesma atitude.

O Amor me escolheu

Amor[38], *ó Jesus*! Outrora as hóstias puras e sem manchas eram as únicas aceitas pelo Deus° Forte e Poderoso°. Para satisfazer a *Justiça* Divina eram necessárias vítimas perfeitas, mas à lei do temor sucedeu a ⁺*lei do* Amor, e o ⁺Amor escolheu-me[39] para holocausto°, eu fraca e imperfeita criatura.... Essa escolha não é digna do ⁺Amor?.. Sim, para que o ⁺*Amor* seja plenamente satisfeito, é preciso que Ele se abaixe[40], que se abaixe até o nada e que transforme em *fogo*°[41] esse nada[42].... /

Lv 22,18-20
Sl 23,8
Lv 22,18

1Rs 18,38

Ó Jesus, eu sei, o amor não se paga senão com amor[43], por isso busquei, encontrei o meio de aliviar o meu coração ao te retribuir Amor por Amor. — Empregai as riquezas que se tornam injustas para fazer para vós amigos, que vos recebam nos tabernáculos eternos°". Eis, Senhor, o conselho que dás aos teus discípulos depois de ter dito que "Os filhos das trevas

M 4r
↓

Lc 16,9

---

38. Alusão à sua Oferenda ao Amor Misericordioso, de 9 de junho de 1895. Maria, para quem Teresa redige este Manuscrito M, também tinha oferecido a si mesma como vítima (cf. nota 65) ao Amor Misericordioso.

39. "Escolher": mais uma vez, Teresa ama sublinhar a iniciativa e a livre escolha do Senhor. "Essa escolha não é digna de seu Amor?", exclama ela ainda (M 3v). E ela terminará com a súplica ardente dirigida a Jesus de "escolher uma legião de pequenas vítimas dignas de (seu) Amor" (M 5v). Desde as primeiras linhas de sua autobiografia ela destacara o caráter gratuito ("graças") da ação divina, "o mistério dos privilégios de Jesus sobre (sua) alma..... Ele não chama os que não são dignos, mas aqueles de quem se *agrada*" (A 2r). A reação fundamental de Teresa é de ceder a essa "escolha" divina de misericórdia.

40. Cf. A 2v: "[...] o próprio do amor sendo abaixar-se".

41. Sem dúvida, alusão ao sacrifício de Elias no Carmelo, relato que a carmelita devia conhecer bem: "O fogo do Senhor caiu [cf. "se abaixa"] e devorou [cf. "transforma"] o holocausto" (1Rs 18,38). Teresa, que evocará Elias algumas linhas depois, considera evidentemente a ação de Deus à luz plena do Novo Testamento.

42. Teresa nos ofereceu, aqui, uma notável visão de conjunto da teologia que sustenta sua Pequena Via: o próprio Amor divino se abaixa para a "fraca e imperfeita criatura" para que a misericórdia condescendente que o caracteriza seja "plenamente satisfeita". É uma "escolha digna do Amor". Esse "Amor" (misericordioso) vai além da "Justiça divina" (vindicativa), à qual, em princípio, só conviria o sacrifício "perfeito". Teresa sabe que é "escolhida" pelo Amor, *no* seu nada e *por causa de* seu nada oferecido a Deus; ela sabe que é gratuitamente amada por Deus. Do ponto de vista exegético, uma abordagem tão limitada e simplificada do Antigo Testamento apresentada como "lei do temor" e de "Justiça" (vindicativa), à qual só convém um sacrifício "perfeito", é unilateral, mas é tributária do clima jansenista da época, que Teresa contribuirá poderosamente para romper, ao glorificar a suprema Misericórdia de Deus que ela quer servir com uma fidelidade máxima, fidelidade de amor e não de temor.

43. Cf. João da Cruz. CE, estrofe 9, v. 5. Esta frase, que se tornou a divisa pessoal de Teresa, está inscrita em suas Armas (cf. A 85v e 86r).

Manuscrito M(aria)

Lc 16,8   são mais hábeis em seus afazeres que os filhos da luz°". Filha da luz, compreendi que meus *desejos de ser tudo*, de abraçar todas as vocações, eram riquezas que poderiam bem me tornar injusta, então me servi delas para †*fazer amigos para mim*... Lembrando-me do pedido de Eliseu a seu Pai

2Rs 2,9   Elias quando ousou pedir-lhe †SEU DUPLO ESPÍRITO°, apresentei-me diante dos Anjos e dos Santos, e lhes disse: "Sou a mínima das criaturas, conheço minha miséria e minha fraqueza, mas sei também quanto os corações nobres e generosos gostam de fazer o bem, suplico-vos pois, ó Bem-aventurados habitantes do Céu, suplico-vos que †*ME ADOTEIS POR FILHA*, de *vós só* será *a glória* que me fizerdes adquirir, mas dignai-vos de atender a minha prece, ela é temerária, eu sei, no entanto ouso pedir-vos que me obtenhais: †*VOSSO DUPLO AMOR*[44]".

Jesus, não posso aprofundar meu pedido, temeria acabar abatida sob o peso dos meus desejos audaciosos...... Minha desculpa é que sou *uma criança*, as crianças não refletem no alcance das suas palavras; no entanto seus pais, quando estão colocados no trono, quando possuem tesouros imensos, não hesitam em contentar os desejos dos *pequenos seres* que amam tanto quanto a eles mesmos; para lhes dar prazer, fazem loucuras, vão até à *fraqueza*.... Pois bem! Eu sou a *FILHA* da *Igreja*, e a Igreja é Rainha visto que é tua Esposa, ó Divino Rei dos Reis.... Não são as riquezas e a Glória (nem a Glória do Céu) que o coração da criancinha reclama.... Ela compreende que a glória pertence por direito a seus Irmãos, os Anjos e os Santos.... A glória sua será o reflexo daquela que jorrará da fronte de sua Mãe[45]. O que pede, é o Amor...... Não sabe senão uma coisa, amar-te, ó Jesus... As obras grandiosas lhe são proibidas, não quer pregar o Evangelho, derramar seu

---

44. Súplica difícil de precisar. O mais provável é que Teresa pense aqui, além do amor com que arde já *na terra*, em obter também e desde já o amor que se possui *no Céu*: "vosso" amor, pede ela aos anjos e aos santos, o amor totalmente puro e perfeito que ela desconta de Deus, a participação plena no Amor da Trindade, a irrupção do Amor Divino que aumenta então quase ao infinito o amor que já na terra habita e "transforma" o seu coração. Certamente, a humilde Teresa atribuirá a seus intercessores celestes toda "a glória" desse Amor maior, "duplo": "*a vós só*", a esses "pais" que ela quer que "a adotem por filha". Mais adiante ela repete que pede para ela mesma não a "Glória", mas "o Amor". O vocábulo "duplo" é tomado do pedido de Eliseu (2Rs 2,9), onde a "dupla parte" da herança cabe ao primogênito, evocada acima. Ver a introdução a este manuscrito, ponto 7.

45. A Igreja.

O amor nas "mínimas coisas"

sangue... mas que importa, seus irmãos[46] trabalham em seu lugar, e ela, *pequena criança*, fica muito perto do *trono*° do Rei e da Rainha[47], ela ⁺AMA por seus irmãos que combatem..... Mas como dará testemunho de seu ⁺*Amor*, visto que ⁺*o Amor* se prova pelas obras[48]? Pois bem, a criancinha *lançará flores*, embalsamará com seus *perfumes* o trono real°, cantará com sua voz argêntea o cântico do *Amor*°...

Ap 14,3

Ap 8,3
Ap 14,3

Sim meu Bem-Amado, eis como se consumirá minha vida... Não tenho outro meio de te provar meu amor a não ser jogar flores, quer dizer não deixar escapar nenhum pequeno sacrifício, nenhum olhar, / nenhuma palavra, aproveitar todas as mínimas coisas e fazê-las por amor.. Quero sofrer por amor e até gozar por amor, assim lançarei flores diante do teu trono, não encontrarei uma delas sem *desfolhá-la* para ti.... depois ao lançar minhas flores cantarei, (poder-se-ia chorar ao fazer uma ação tão alegre?), cantarei, mesmo quando precisar colher minhas flores no meio de espinhos e meu canto será tanto mais melodioso porque os espinhos serão longos e picantes.

M 4v
↓

Jesus, para que te servirão minhas flores e meus cantos?. Ah! sei bem, essa chuva embalsamada, essas pétalas frágeis e sem nenhum valor, esses cantos de amor do menor dos corações te encantarão, sim, esses nadas te darão prazer, farão a Igreja Triunfante sorrir, ela recolherá minhas flores desfolhadas *por amor* e fazendo-as passar por tuas Mãos Divinas, ó Jesus, a Igreja do Céu, querendo *jogar* com sua filhinha, jogará, ela também, *essas flores* que terão adquirido por teu toque divino um valor infinito[49]; ela as

---

46. A palavra "irmãos" se refere sem dúvida a *todos* os obreiros evangélicos, mesmo se há vários meses Teresa pede com ardor por seus dois "irmãos padres", Maurício Bellière e Adolfo Roulland (cf. G 31v-33v).

47. Sempre a Igreja. Teresa acaba de dizer a Jesus: "A Igreja é Rainha visto que ela é tua Esposa" (M 4r).

48. Axioma de santa Teresa d'Ávila, já citado na nota 12.

49. É, pois, Jesus, único Mediador, que dá o "valor" sobrenatural a nossos atos, ao *tocar* — gesto muito evangélico e como que *sacramental* — nossos atos. (Teresa toma emprestado, aqui, um vocábulo de João da Cruz, *toque*, sinônimo de graças místicas onde Deus *toca* a alma). Mas os atos de Teresa, enquanto membro da Igreja, corpo místico do Senhor, pertencem à Igreja inteira, à grande *Comunhão dos santos*, o que faz com que também os santos do Céu possam servir-se "desses" atos, dessas "flores, desses "nadas" transformados, para com eles beneficiar outros na terra, graças obtidas de Jesus só. — A descrição mostra bem como Teresa pôde intuitivamente conceber para ela mesma uma atividade póstuma, lançando suas "flores" na terra. Nossa oração "Que teu Reino venha" não deverá cessar no Céu, pelo contrário!

jogará na Igreja sofredora a fim de extinguir as chamas, joga-las-á sobre a Igreja combatente⁵⁰ a fim de alcançar a vitória!...

Ó meu Jesus! eu te amo, amo a Igreja minha Mãe, lembro-me que: "⁺*O mínimo movimento de* PURO AMOR *lhe é mais útil que todas as outras obras reunidas juntas*⁵¹", mas o ⁺PURO AMOR está bem no meu coração?.. Meus imensos desejos não são um sonho, uma loucura?... Ah! se for assim, Jesus, ilumina-me, tu sabes, busco ⁺*a verdade*... se meus desejos são temerários, faze-os desaparecer, pois esses desejos são para mim o maior dos martírios...... No entanto, eu o sinto, ó Jesus, depois de ter aspirado às regiões mais elevadas do Amor, se não devo atingi-las um dia, terei provado mais *doçura no meu martírio, na minha loucura*, que provaria no seio das *alegrias da pátria*, a menos que por um milagre tirasses de mim a lembrança de minhas esperanças terrestres. Então deixa-me gozar durante meu exílio das delícias do amor. Deixa[-me] saborear as doces amarguras do meu martírio..... Jesus, Jesus, se é tão delicioso o *desejo* de *te Amar*, então como será o de possuir, de gozar do Amor?.......

Como uma alma tão imperfeita como a minha pode aspirar a possuir a plenitude do ⁺*Amor*?.. Ó Jesus! meu *primeiro, meu único Amigo*, tu que *eu amo* UNICAMENTE⁵², dize-me que mistério é esse?... Por que não reservas essas imensas aspirações às grandes almas, às ⁺*Águias* que planam nas alturas?... Eu me considero como um ⁺*fraco passarinho*⁵³ coberto somente com uma leve penugem, não sou uma ⁺*águia*, dela tenho simplesmente ⁺OS OLHOS *e O* CORAÇÃO, pois apesar de minha pequenez extrema ouso fixar o Sol

---

50. Atualmente se lê no manuscrito a correção *estranha* "militante", mas Teresa escreveu "combatente", termo que designa a Igreja na terra, ao passo que a Igreja "sofredora" evoca os defuntos que ainda precisam de purificação ulterior (no "purgatório"), as duas Igrejas estão unidas à Igreja "triunfante" do Céu.
51. Teresa cita de memória, um pouco livremente, João da Cruz, CE, Exposição da estrofe 29: "O mínimo ato de puro amor tem mais preço aos olhos de Deus, é mais proveitoso à Igreja e à própria alma que todas as outras obras reunidas".
52. Sublinhado duas vezes. Cf. "Ó meu Bem-Amado [...], meu único Amor" em M 2v.
53. Aqui começa a parábola do passarinho (Teresa) e da Águia divina (Jesus). A parábola será atravessada por outra linha de pensamento, a oposição entre o passarinho Teresa e as "grandes almas", chamadas também de "Águias que planam nas alturas" e que aparentemente são capazes de "elevar-se até o fogo Divino da Trindade Santíssima", ao passo que Teresa, incapaz de levantar vôo por suas próprias forças, deverá voar com as próprias asas da Águia divina. Cf. notas 64 e 66.

Divino, o Sol do Amor e meu coração sente nele todas / as aspirações da +*Águia*... O passarinho gostaria de *voar* para esse brilhante Sol[54] que encanta seus olhos, gostaria de imitar as Águias seus irmãos que ele vê elevar-se até o fogo Divino da Trindade Santíssima[55].... ai, tudo o que pode fazer é *levantar* suas *pequenas* asas, mas voar não está em seu *pequeno* poder! o que acontecerá com ele? morrerá de tristeza vendo-se tão impotente?... Oh não! o passarinho não vai nem afligir-se. Com um audacioso abandono, quer ficar fixo em seu Divino Sol[56]; nada poderia assustá-lo, nem o vento nem a chuva, e se nuvens escuras vierem esconder +o *Astro de Amor*, o passarinho não muda de lugar, ele sabe que além das nuvens seu Sol brilha sempre, que seu brilho não poderia ser eclipsado um só instante. Às vezes, é verdade, o coração do passarinho se acha assaltado pela tempestade, parece não acreditar que exista outra coisa além das nuvens que o envolvem; é então o momento da *alegria perfeita* para o *pobre pequeno ser* fraco. No entanto, que alegria para ele *ficar* aí, fixar a invisível luz que se furta à sua

M 5r
↓

---

54. O Jesus "Águia" é ao mesmo tempo o Jesus "Sol". Em estilo lírico, as imagens se sobrepõem facilmente.

55. Entre esses "irmãos Águias", a carmelita pensa evidentemente, em primeiro lugar, em seus pais espirituais, santa Teresa d'Ávila e são João da Cruz. Eles serão mais tarde declarados doutores da Igreja (respectivamente em 1970 e 1926), como será, em 1997, a "pequena" Teresa.

56. Visto que Teresa acaba de falar do "fogo Divino da Trindade Santíssima", que é o "Sol Divino, o Sol do Amor" e "brilhante Sol", as fórmulas "Divino Sol" e "*o Astro de Amor*", que utilizará agora, se referem ainda a *toda* a Trindade. Ao pensar em toda a Trindade, Teresa pensa também em Jesus (o "Verbo divino" que ela "contempla no centro do Sol de Amor" que é a Trindade, como ela dirá mais longe ao se dirigir especialmente a "Jesus". Vice-versa, ao focalizar a atenção no Verbo divino feito homem, Teresa encontra implicitamente toda a Trindade. Em seus escritos, Teresa passará muitas vezes do Nome de Jesus ao Nome de Deus. Fala muitas vezes de seu "Jesus divino". Neste Manuscrito M ela fala das "Divinas Mãos" de Jesus (M 4v), de seu "divino olhar" (3 x em M 5v) e de sua "divina substância" com a qual quer nos alimentar na Eucaristia (M 5v). "Verbo Divino" (M 5v), Jesus reflete para ela o Pai todo (cf. Jo 14,9: "Quem me vê, vê o Pai") e ele nos dá o Espírito Santo todo (cf. Jo 14,26: "Quando vier o Paráclito que eu vos enviarei de junto do Pai..."). Teresa olha toda a "Trindade" na Unidade. Ao amar Jesus, ela atrai o Pai e seu coração é abrasado pelo Espírito Santo. Meditar-se-á a admirável estrofe 2 de *Viver de Amor* do final de fevereiro de 1895 (PN 17): "Viver de Amor é olhar a Ti Mesmo / Verbo incarnado, Palavra de meu Deus, / Ah! tu o sabes, Divino Jesus, eu te amo / O Espírito de Amor me abrasa com seu fogo / É amando-te que atraio o Pai / Meu fraco coração o guarda sem volta. / Ó Trindade! Vós sois Prisioneira / De meu Amor!.....

Manuscrito M(aria)

fé!!!.. Jesus, até o momento, compreendo teu amor pelo passarinho[57], visto que ele não se afasta de ti... mas eu sei e tu sabes também, muitas vezes, a imperfeita criaturinha ao mesmo tempo que permanece em seu lugar (isto é sob os raios do Sol), se deixa um pouco distrair de sua única ocupação, pega um pequeno grão à direita e à esquerda, corre atrás de um pequeno verme... depois encontrando uma pequena poça de água *molha* suas penas apenas formadas, vê uma flor[58] que lhe agrada, então[59] seu pequeno espírito se ocupa com essa flor..... enfim não podendo planar como as águias, o pobre passarinho se ocupa ainda com as bagatelas da terra. No entanto depois de todas as suas malfeitorias, em vez de ir esconder-se num canto para chorar sua miséria e morrer de arrependimento, o passarinho se volta para seu Bem-Amado Sol, apresenta aos seus raios benfazejos suas asinhas *molhadas*, geme como a andorinha° e no seu suave canto confia, conta em detalhe suas infidelidades, pensando no seu temerário abandono adquirir assim mais domínio, atrair mais plenamente o amor daquele que não veio chamar os justos mas os pecadores°.... Se o †*Astro adorado* permanece surdo aos gorjeios lamentosos de sua criaturinha, se permanece *velado*... pois sim! a criaturinha permanece *molhada*, aceita tremer de frio e se alegra ainda por esse sofrimento que no entanto mereceu..... Ó Jesus! como teu *passarinho* está feliz por ser *fraco* e *pequeno*, o que seria dele se fosse grande?.. Jamais teria a audácia de aparecer em tua presença, de *dormitar* diante de ti.... sim, isso é ainda uma fraqueza[60] do passarinho quando quer fixar o

Is 38,14

Mt 9,13

---

57. Teresa "compreende" o amor de Jesus por ela porque, até aqui, a alma é apresentada como forte e generosa na tempestade e na escuridão. Agora ela vem explicar o amor fiel de Jesus por ela justamente quando ela é *fraca* e *distraída*, cometendo "infidelidades". Quanto mais Teresa se aproxima do fim de seu Manuscrito, mais ela exaltará o amor misericordioso do Senhor.

58. Imagem bastante inesperada (uma flor capaz de interessar um pássaro!); a inspiração longínqua deve sem dúvida ser buscada em João da Cruz (CE, estrofe 3, v. 3), que descreve a alma apaixonada por Deus como decidida a não "retardar sua caminhada" colhendo "as flores que encontra em seu caminho" (Teresa faz alusão a isso em LT 149), quer dizer, deixando-se indevidamente retardar pelas "doçuras", "prazeres" e "delícias" que "se podem encontrar na vida".

59. Primeira redação: "sua cabecinha", apagada e substituída por "seu pequeno espírito".

60. A "fraqueza" de "dormitar" na presença do Divino Sol, quer dizer, durante as duas horas diárias de oração silenciosa no Carmelo. Por falta de repouso noturno, a jovem Teresa dormia facilmente durante a oração (cf. A 75r, 79v), para retomar muito generosamente, quando desperta, seu "ofício de *amor*" e continuar a rezar, como ela descreverá. A Pequena Via de confiança na Misericórdia divina passa, aqui, pelo próprio coração de sua intimidade com Deus.

Divino Sol e as nuvens o impedem de ver um só raio, sem querer seus olhinhos se fecham, sua cabecinha se esconde sob a asinha e o pobre pequeno ser adormece, crendo sempre fixar seu Astro Querido. Ao despertar, não se desola, seu coraçãozinho fica em paz, recomeça seu ofício de *amor*[61], invoca os Anjos e os Santos que se elevam como Águias para o Fogo devorador, objeto de sua inveja / e as Águias ficando com dó de seu irmãozinho, o protegem, o defendem e põem em fuga os abutres que gostariam de devorá-lo. Os abutres, imagens dos demônios[62], o passarinho não os teme, não está destinado a tornar-se presa deles, mas a da ÁGUIA que contempla no centro do Sol de Amor[63]. Ó Verbo° Divino, és tu a Águia[64] adorada que amo e que me *atrai*°, és tu que te lançando para a terra do exílio quiseste sofrer e morrer a fim de *atrair* as almas até o seio do Eterno Fogo da Trindade Bem-aventurada, és tu que subindo° para a inacessível Luz° que será doravante tua morada, és tu que ficas ainda no vale de lágrimas° escondido sob a aparência de uma hóstia branca... Águia eterna, queres alimentar-me com a tua divina substância, eu, pobre peque-

M 5v
↓

Jo 1,1
Jo 12,32; Ct 1,3

Mc 16,19
1Tm 6,16
Sl 83,7

---

61. Expressão herdada de João da Cruz (estrofe 36 do CE) e já utilizada em A 83r.
62. Posteriormente, Teresa especificou o que entende por "abutres", ao escrever entre as linhas "imagem dos demônios".
63. Começa, aqui, uma síntese teológica soberba. Teresa evoca, aí, todo o mistério trinitário e o mistério pascal de redenção. Ela percorre a trajetória ida e volta, descida e subida, da Trindade à Trindade. Ao passar pela *kénosis* da incarnação ("ao te lançares para a terra do exílio") e da morte de Jesus ("quis sofrer e morrer"), ela contempla sua elevação junto do Pai ("voltando para a Luz inacessível"), de modo que nossa transformação espiritual (nos "dar a vida"), em particular na Eucaristia ("alimentar-me com a tua divina substância"), para que nós também sejamos elevados ("voar com *as próprias asas da Águia Divina*"). Da Trindade, à Trindade, em Jesus. Ver, também, nota 56 e nossa introdução a este manuscrito, ponto 5.
64. Teresa pôde conhecer Dt 32,11 (onde Javé é comparado a uma "águia que encoraja sua ninhada: ela plana acima de seus filhotes, estende toda a sua envergadura, apanha-os e os carrega em suas asas"), mas a imagem parece sobretudo tributária de João da Cruz. Em CE, estrofe 31, vv. 3-5, ele explica como o "divino Esposo", o "Bem-Amado" está apaixonado pela alma (e João cita Ct 4,9 sobre o "cabelo em teu colo", que a própria Teresa citou em LT 191, dois meses antes de escrever o Manuscrito M): "na sua misericordiosa bondade" o Senhor "se abaixava até nós", deixando-se "tomar por um amor tão pobre, tão imperfeito" como o nosso; "ferido" e "mantido prisioneiro" por "um único cabelo", "apraz à águia real descer das alturas inacessíveis em que comumente fica, para deixar-se pegar" e assim "para fazê-lo entrar mais cedo ainda nos abismos de sua divina caridade". Ver, também, nota 66. Teresa guarda, no entanto, toda a sua originalidade ao situar o amor do Bem-Amado no seu grande desígnio de salvação e ao descrever, diante de tanto amor divino misericordioso, sua "confiança" apaixonada até à "loucura".

Manuscrito M(aria)

no ser, que voltaria ao nada se teu divino olhar não me desse a vida a cada instante.... Ó Jesus! deixa-me no excesso de minha gratidão, deixa-me te dizer que ⁺*teu amor vai até à loucura*°..... Como queres, diante dessa Loucura, que meu coração não se lance para ti? Como minha confiança teria limites..... Ah! para ti, eu sei, os Santos também fizeram *loucuras*, fizeram grandes coisas visto que eram *águias*.....

1Cor 1,18-25

Jesus, sou pequena demais para fazer grandes coisas, e minha *loucura* é esperar que teu Amor me aceite como vítima[65].... Minha *loucura* consiste em suplicar às Águias meus irmãos e obter para mim o favor de voar para o Sol do Amor com ⁺*as próprias asas*[66] *da Águia° Divina*.....

Dt 32,11

Por tanto tempo quanto quiseres, ó meu Bem-Amado, teu passarinho ficará sem forças e sem asas, sempre ele manterá os olhos fixos em ti, quer ser *fascinado* por teu olhar divino, quer tornar-se a *presa*[67] do teu

---

65. Segundo M 3v ("a audácia de me oferecer como Vítima ao teu Amor, ó Jesus", o que logo Teresa vai repetir uma terceira e uma quarta vez no final de M 5v), eis uma nova alusão à sua Oferenda de 9 de junho de 1895. Aqui no Manuscrito M como então, a fé no Amor Misericordioso, a confiança audaciosa e a oferenda decorrente constituem juntas o coração de sua teologia espiritual e são a placa giratória de todos os seus ardentes desejos de santidade para Deus e da fecundidade missionária para o mundo. A palavra "vítima" é compreendida à luz da força da irrupção divina que Teresa espera de seu desejo de abandonar-se a ela sem reserva alguma.

66. O passarinho não subirá pousado *sobre* as asas da Águia Divina (como em Dt 32,11), mas "*com*" as próprias asas da Águia. A ajuda poderosa de Deus, portanto, de modo algum permanecerá estranha, exterior a ela, mas invadirá e transformará sua impotência, tornando-se interior e "transformando em fogo seu nada" (M 3v). A santidade que Teresa visa *não é um suplemento* exterior acrescido ao seu próprio esforço, mas consiste em "possuir a plenitude do Amor" à qual aspira (M 4v), para realmente "apropriar(-se) (da) chama" do Amor (M 3v). É Ele nela, a Águia no passarinho, que voará. Ou, se se prefere, o pássaro voará com a força infinita que Jesus nela lhe dá. Por isso, exatamente como na descrição da descoberta de sua "pequena via" (G 2v-3r), Teresa coloca o termo dessa transformação final "no Céu", quando ela será mergulhada "pela eternidade no Abismo ardente desse Amor". Aqui, Teresa pode ter se inspirado no CE, estrofe 31, onde João da Cruz diz que "todos os nossos esforços para chegar a ele seriam perdidos" se "a própria águia divina [...] não nos provocasse [...] a levantar o vôo de nosso amor, dando-nos a força e a coragem necessárias", nos fazendo, assim, "entrar mais cedo ainda nos abismos da divina caridade".

67. Como na Oferenda ao Amor Misericordioso (Pri 6), a imagem da "presa" não evoca aqui nada de dilacerante ou de destruidor. Teresa diz que não está "destinada a tornar-se a presa dos abutres" (M 5v), mas de Jesus, que, ao transformá-la, tomará intei-

Com as próprias asas da Águia divina

Amor.... Um dia, tenho a esperança, Águia adorada, virás buscar teu pequeno pássaro, e subindo com ele ao Fogo do Amor, tu o mergulharás para a eternidade no Abismo ardente desse Amor ao qual se ofereceu como vítima.....

....

Ó Jesus! como posso dizer[68] a todas as *pequenas almas*[69] quanto tua condescendência é inefável..... Sinto que se verdadeiramente impossível encontrasses[70] uma alma mais fraca, menor que a minha, tu te comprazerias em cumulá-la de favores maiores ainda, se ela se abandonasse com inteira confiança à tua misericórdia infinita... Mas por que desejar comunicar teus segredos de amor[71], ó Jesus, não foste tu só que mos ensinaste e não poder revelá-los° a outros?... Sim eu sei, e te conjuro que o faças, suplico-te que abaixes teu olhar divino sobre um grande número de *pequenas almas*......... Suplico-te que escolhas uma legião° de *pequenas* vítimas dignas de teu *Amor*!...   Mt 11,25   Mt 26,53

---

ramente posse dela e lhe conferirá a força de voar "com as próprias asas" da Águia. Teresa não pensa de modo algum num dilaceramento pelas garras e pelo bico de uma águia. A imagem da presa está mais ligada à presença de um fogo que "consome sem consumir", como no caso da sarça ardente de Moisés (Ex 3,2), no sentido em que Teresa fala dela em outros lugares (A 38v: "esse Fogo Divino que queima sem consumir"). — Nesse livro de fogo que é a *Chama viva de amor* de João da Cruz, Teresa pôde precisamente ler (CV, estrofe 2, v. 1) acerca da atividade de "Oh! maravilha [...] este fogo de Deus [...] não consome nem destrói a alma em que está assim ardendo! Menos ainda é capaz de causar nela peso algum; antes, na medida da força do amor, vai endeusando-a e deleitando-a, enquanto a abrasa e nela arde suavemente".

68. Após ter terminado sua exposição, Teresa traçou uma linha pontilhada e passa para a súplica final. De repente sua oração se torna abertamente universal. Suplica por "todas as *pequenas almas*", os "outros", "uma legião".

69. Aqui, Teresa visa já uma categoria determinada de pessoas que são pobres e confiantes como ela, uma escola de discípulos de Jesus a quem ele poderá "revelar" — é a súplica ardente de Teresa — os mesmos segredos de amor que ele revelou a Teresa, e que ela expôs... Teresa se percebe como o protótipo deles, sua vanguarda.

70. Seguirá uma nova breve evocação sintética de sua Pequena Via.

71. "Desejar comunicar", "segredos", "ensinar": o Manuscrito que Teresa acaba de compor satisfaz o pedido de Maria do Sagrado Coração. Mas esse ensinamento corresponde ao mesmo tempo a um desejo profundo de Teresa de poder "iluminar as almas" (M 3r). Além de uma prece de amor, este Manuscrito é um escrito de ensino, onde está contida sua "pequena doutrina" (M 1v). Ver nossa introdução a este Manuscrito M, ponto 3.

Manuscrito M(aria)

+*A TOTALMENTE PEQUENA[72] Ir.*
Teresa do Menino Jesus[73] da Sagrada Face
rel. carm. ind[74].

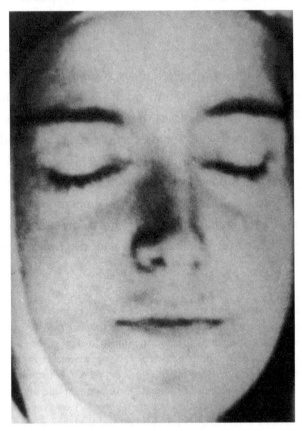

Teresa, após sua morte.

---

72. Sublinhar as palavras "totalmente pequena" (em escrita inclinada) trai uma alusão secreta a um de seus textos bíblicos preferidos: "Se alguém é pequenino, que venha a Mim" (Pr 9,4 — numa tradução que ela lia), texto que esteve na base de sua descoberta da Pequena Via. Desde então as duas palavras "tout(e) petit(e)" — [a tradução literal da expressão francesa "tout(e) petit(e)" é "totalmente pequeno(a)". Comumente se traduz a expressão por pequenino(a). A assinatura de Teresinha em francês é: "La toute petite S.r Thérèse de l'Enfant-Jésus de la S.te Face"] — constituem para ela como um programa, uma divisa (cf. DYN, pp. 112-114). De resto, em M 1v Teresa cita explicitamente Pr 9,4 e *sublinha* as palavras *tout petit*.

73. A conjunção "e" que se lê atualmente no manuscrito entre "Jesus" e "da", é um acréscimo *estranho*.

74. Abreviatura de "religiosa carmelita indigna", que na época se acrescentava à sua assinatura.

Epílogo

OFERENDA AO AMOR MISERICORDIOSO

Introdução

O oferecimento de Teresa ao Amor Misericordioso, de 9 de junho de 1895, ressoou intensamente, nós o vimos, no Manuscrito M dirigido a Maria do Sagrado Coração que, seguindo Teresa, se tinha oferecido também. Mas o discípulo não compreende tão bem quanto o mestre. Teresa o constatará logo...

> Certamente, Maria está emocionada com a resposta de Teresa, "páginas ardentes de amor por Jesus", verdadeiro "eco do Coração de Deus", onde sua afilhada, "possuída por Deus", revelou "os segredos de sua alma[1]". Mas ela confessa a aflição surda que a entristece: o temor de não poder "amar Jesus como vós". Desolando-se por não ter os desejos impetuosos de sua irmã, Maria se engana sobre o essencial da mensagem, que é a confiança apaixonada na misericórdia de Jesus. "Como o jovem do Evangelho", reconhece Maria, "um certo sentimento de tristeza me tomou diante de vossos desejos extraordinários do martírio. Esta é a prova de vosso amor, sim vós possuís o amor, mas eu! Nunca jamais vós me fareis crer que posso atingir esse fim desejado. Pois temo tudo o que amais. [...] Gostaria que dissésseis por escrito à vossa madrinha se ela pode amar Jesus como vós. Mas duas palavras somente".

1. Por que se oferecer ao Amor Misericordioso

A indulgente Teresa reagirá na sua carta de 17 de setembro de 1896 (LT 197), engenhando-se em formular sempre melhor a quintessência de sua via de esperança e o porquê do oferecimento comum delas. Tão ligada ao Manuscrito M, essa carta constitui uma das páginas mais fortes e audaciosas que a santa nos legou. Ela não constará na *História de uma alma* de 1898, mas será acrescentada no ano seguinte entre os textos em Apêndice (HA de 1899, pp. 256-257). Destacaremos as passagens principais; elas

---

1. LC 170 de Maria a Teresa, de 17 de setembro de 1896.

constituem ao mesmo tempo uma excelente introdução à leitura da Oferenda ao Amor Misericordioso.

Primeiro, com uma cordial franqueza fraterna, Teresa exprime seu espanto: "Como podeis perguntar-me se é possível que ameis a Deus como eu o amo?.... Se tivésseis compreendido a história de meu passarinho, não me faríeis esta pergunta. Meus desejos de martírio *não são nada*, não são eles que me dão a confiança ilimitada que sinto em meu coração".

Esses desejos são uma "consolação", argumenta Teresa, mas não a verdadeira "marca de meu amor". E volta às suas certezas irreversíveis relativas ao Coração misericordioso de Deus e à alegria que ele sente diante de nossa confiança: "Ah! sinto bem que não é isso absolutamente que agrada a Deus na minha pequena alma, o que lhe agrada *é ver-me amar minha pequenez* e minha *pobreza, é a esperança cega* que *tenho* em *sua misericórdia*... Eis meu único tesouro. Madrinha querida, por que este tesouro não seria o vosso?".

Teresa põe-se quase a suplicar que sua irmã creia no incrível Amor do Senhor: "Ó minha Irmã querida, eu vos peço, compreendei vossa filhinha, compreendei que para amar Jesus, ser sua *vítima* de *amor*, quando mais fraco se é, sem desejos, nem virtudes, mais apto se está para as operações desse amor consumidor e transformador...".

Teresa quer dizer: "sem desejos" sentidos nem "virtudes" brilhantes. Evidentemente, ela não elimina o próprio desejo da santidade e tudo o que ela supõe de pobreza espiritual, feita de humildade e de confiança.

"Só o *desejo* de ser vítima basta, mas é preciso consentir em permanecer pobre e sem força e isto é o difícil porque '+*O verdadeiro pobre de espírito, onde encontrá-lo? é preciso buscá-lo bem longe*' disse o salmista.... Ele não diz que é preciso buscar entre as grandes almas, mas '+*bem longe*', quer dizer na *baixeza*, no *nada*... Ah! fiquemos pois *bem longe* de tudo o que brilha, amemos nossa pequenez, amemos não sentir nada, então seremos pobres de espírito e Jesus virá nos buscar, *por longe* que estivermos ele nos transformará em chamas de amor... Oh! como gostaria de poder vos fazer compreender o que sinto!... É a confiança e nada senão a confiança que deve conduzir-nos ao Amor... O temor não conduz à *justiça severa* assim como é representada aos pecadores, mas não [é] essa *Justiça* que Jesus terá por aqueles que o amem. Visto que vemos o *caminho*, corramos juntos.

Sim, eu o sinto, Jesus quer dar-nos as mesmas graças, quer dar-nos *gratuitamente* o seu Céu. Ó minha Irmãzinha querida, se não me compreendeis, é porque sois uma alma grande demais.... ou antes porque me explico mal, pois estou segura que Deus não vos daria o desejo de ser POSSUÍDA *por Ele*, por seu *Amor Misericordioso* se ele não vos reservasse esse favor... ou talvez já vo-lo tenha feito, visto que vos entregastes a *Ele*, visto que *desejais* ser consumida por *Ele* e que nunca Deus dá desejos que não possa realizar..."

2. O texto da Oferenda: essencial à *História de uma alma*

O texto da *Oferenda ao Amor Misericordioso* figurava, certamente, na *História de uma alma* desde a primeira edição (HA, pp. 257-259); em apêndice, é verdade, mas sempre na *primeira* seção, a biografia propriamente dita. Madre Inês se refere explicitamente a isto (HA, p. 141).

Seja qual for seu lugar original[2], o texto da *Oferenda* pertence histórica e essencialmente ao conjunto da *História de uma alma* e não pode ser separado. E isto tanto mais porque, na visão espiritual de Teresa, a abertura total ao Amor Misericordioso é a única esperança do pesquisador de Deus: não se conquista Deus, ele se dá; diante dele sempre se terá as mãos vazias; só Deus pode nos dar Deus.[3]

Na ardente súplica final do Manuscrito M, Teresa propôs o abandono "com uma inteira confiança na (divina) misericórdia infinita" como a porta de entrada para as graças máximas. Pouco importa a forma que toma nosso dom de confiança inteira: porta só há uma.

---

2. Pode-se, de fato, se perguntar se, no manuscrito enviado a padre Godofredo Madelaine para correção, estas páginas tão essenciais da *Oferenda* não estavam integradas *no próprio corpo* da biografia, no lugar em que Teresa fala dele (A 84r), exatamente como a oração de sua profissão (Pri 2, em HA, pp. 127-128). Eis uma hipótese que já não é mais possível verificar: nada prova isto com certeza, mas depois de tudo o que se sabe das intervenções de padre Madelaine, particularmente no que se refere à supressão de textos longos e repetições, nada exclui que o próprio censor tenha colocado em Apêndice o texto da Oferenda.

3. Cf. DYN, pp. 289-304. E DE MEESTER, C. *Je m'offre à Ton Amour!* Carmel-Edit, 1995. pp. 29-55 (reedição em: Estrasburgo, Editions du Signe, 1999. pp. 29-55).

3. "Não, eu não me arrependo de ter-me entregue!"

É por esta porta que Teresa continua a aproximar-se de Deus, até à sua morte. Um ano após suas primeiras hemoptises da Sexta-Feira Santa de 1896, Teresa deve render-se à dura evidência da doença[4] e aceitar desincumbir-se pouco a pouco de seus empregos, muitas vezes também do ofício litúrgico em comum e das recreações. Está cada vez mais esgotada, tem freqüentemente febre. Em junho ela redige o Manuscrito G para madre Maria de Gonzaga. Em 6 de julho as hemoptises voltam, quase diariamente, até 5 de agosto. No dia 8 de julho ela deixa sua cela e é descida à enfermaria. No dia 30 de julho recebe a "extrema-unção" (sacramento dos enfermos). No dia 19 de agosto ela comunga pela última vez.

Mas sua alma comunga sem cessar. Em Deus e em toda a Igreja. Mártir no seu corpo e na sua alma pela provação interior que a atenaza, Teresa vive seu martírio de amor. Olha muitas vezes para o Crucificado: "A mais bela morte de amor", diz ela...

Na sua *Oferenda*, ela pediu: "Que eu me torne mártir de vosso Amor, ó meu Deus". Ela dá testemunho: "Bem freqüentemente, quando posso, repito meu oferecimento ao Amor". Cada batimento de seu coração quer ser um ato de amor. "Tudo o que faço, os movimentos, os olhares, tudo, desde minha oferta, é por amor."

A tuberculose prossegue sua obra de destruição. A gente se pergunta como Teresa pôde continuar viva. A gente a lamenta: "É horrível"! "Não", responde ela, "não é horrível. Uma pequena vítima de amor não pode achar horroroso o que o seu Esposo lhe envia por amor". Era 25 de setembro.

Ela resistirá ainda cinco longas noites e cinco longos dias. Em 30 de setembro de 1897 ela vê seu último dia. Escutemos suas palavras após o meio-dia assim como madre Inês pôde registrá-las.

"Sim, parece-me que nunca busquei senão a verdade; sim, compreendi a humildade do coração... Parece-me que sou humilde."

---

4. Para a evolução na sua concepção da "morte de amor", cf. DYN, pp. 361-364. Para o relato mais circunstanciado, ver: GAUCHER, G. *La passion de Thérèse de Lisieux*. Paris, Cerf. IDEM. *Histoire d'une vie*. Paris, Cerf.

Epílogo – Oferenda ao amor misericordioso

"Tudo o que escrevi sobre meus desejos do sofrimento, oh! é no entanto bem verdadeiro!"

"Não me arrependo de ter-me entregue ao Amor. Oh! não, não me arrependo, pelo contrário!"

"Nunca teria acreditado que fosse possível sofrer tanto! nunca! nunca! Não posso explicar isso a não ser pelos desejos ardentes que tive de salvar almas."

"Madre! Não é ainda a agonia? Não quero morrer? Oh! não gostaria de sofrer tanto..."

Alguns minutos depois das sete horas da tarde, olhando para seu crucifixo, ela pronuncia suas últimas palavras:

"Oh! eu o amo... Meus Deus... eu vos amo!"

Oferenda ao Amor Misericordioso[1]

J.M.J.T.
Oferenda de mim mesma,
Sb 3,6   como Vítima[2] de Holocausto°
ao Amor Misericordioso de Deus

Ó meu Deus! Trindade Bem-Aventurada[3], desejo vos *Amar* e vos fazer *Amar*, trabalhar para a glorificação da Santa Igreja salvando as almas que estão na terra e livrando aquelas que sofrem no purgatório[4]. Desejo cumprir
Jo 14,2   perfeitamente vossa vontade e chegar ao grau de glória que me preparastes° em vosso reino, numa palavra, desejo ser Santa, mas sinto minha impotência e vos peço, ó meu Deus! serdes vós mesmo minha *Santidade*[5].

---

1. Existem, da mão de Teresa, dois manuscritos (completos) deste texto. Teresa levava o primeiro, dobrado no seu Evangelho, sempre sobre seu coração. Apresenta uma rasura, vários acréscimos e algumas correções de palavras. Mas é o segundo manuscrito, completado e definitivo, que publicamos, como fazem igualmente PFMA e NEC, no volume das *Prières* [*Orações*]. O segundo manuscrito contém mais palavras escritas por Teresa em *escrita inclinada*: fiel a nosso método, nós as imprimimos em itálico; imprimiremos em VERSALETE as palavras em escrita inclinada e aumentada. (Neste texto não há palavras sublinhadas por ela.)

2. Cf. Manuscrito M, notas 65 e 67, para o sentido de *vítima*. A palavra *holocausto*, derivada do grego, e que significa "inteiramente" (*holos*) "queimado" (*kaustos*), se refere ao "Fogo" divino (que "consome sem consumir"). As duas palavras sugerem a totalidade da oferenda de Teresa e a profundidade de seu desejo de transformação em Deus. Alguns meses mais cedo, em RP 3,19v, Teresa citou Sb 3,6 ao falar das almas dos justos recebidas por Deus "como uma hóstia de holocausto".

3. Dia 9 de junho de 1895, dia de sua Oferenda, era a festa da Santíssima Trindade. Para a visão trinitária de Teresa, cf. introdução ao Manuscrito M, ponto 5, e nota 63.

4. No primeiro manuscrito do texto, Teresa tinha primeiro prolongado sua frase: "enfim, meu Deus! gostaria de tornar-me digna de minha vocação ajudando vossos apóstolos a conquistar para vós todos os corações". Essas palavras não pertencem à primeiríssima redação, pois foram acrescentadas entre as linhas; serão em seguida rasuradas: Teresa deve ter achado que seu ímpeto apostólico estava suficientemente expresso pelas palavras "vos fazer Amar".

5. Nestas últimas linhas se reconhecem os passos fundamentais de sua descoberta de sua Pequena Via: generosos desejos de amar a Deus e de fazer que seja amado; constatação de sua impotência em amar tanto quanto se deseja; abandono confiante e realista para que o próprio Deus viva em nós e nos divida sua santidade. Cf. G 2v-3r e DYN, pp. 81-89, 381-446.

Oferenda ao Amor misericordioso

Visto que vós me amastes até dar-me vosso Filho único° para ser meu Salvador⁶ e meu Esposo, os tesouros infinitos de seus méritos são meus, eu vo-los ofereço com felicidade, suplicando-vos para não olhardes senão através da Face de Jesus e no seu Coração ardente de *Amor*⁷.   Jo 3,16

Ofereço-vos ainda todos os méritos dos Santos (que estão no Céu e na terra), seus atos de *Amor* e os dos Santos Anjos, enfim vos ofereço, ó *Bem-aventurada Trindade!* o *Amor* e os méritos da *Santíssima Virgem, minha Mãe querida*⁸, é a ela que abandono minha oferenda⁹ pedindo a ela que vo-la apresente. Seu Divino Filho, meu Esposo *Bem-Amado*, nos dias de sua vida mortal°, nos disse: "*Tudo o que pedirdes a meu Pai, em meu nome, ele vos dará!°*". Estou portanto certa que atendereis aos meus desejos; eu sei, ó meu Deus! "*quanto mais quereis dar, mais fazeis desejar*¹⁰". Sinto em meu coração desejos imensos¹¹ e é com confiança que vos peço que venhais tomar posse de minha alma. Ah! não posso receber a Santa Comunhão tão freqüentemente como desejo¹², mas, Senhor, não sois *Todo-Poderoso*?... Permanecei em mim, como no tabernáculo¹³, não vos afasteis nunca de vossa pequena hóstia.....   Hb 5,7   Jo 16,23

Gostaria de consolar-vos¹⁴ pela ingratidão dos maus e vos suplico que me tireis a liberdade de vos desagradar, se por fraqueza eu cair alguma

---

6. Como no Manuscrito M, a "loucura" da incarnação e da morte vivificadora de Jesus constitui o fundamento primordial da confiança de Teresa. Cf. M 5v.

7. As palavras "e no seu Coração ardente de *Amor*" foram acrescentadas no autógrafo a pedido de Maria do Sagrado Coração. Com o consentimento pleno de Teresa, pois nesse 9 de junho ela examinou tão bem "as ondas de infinitas ternuras", "o Amor desprezado", desse "Coração" (cf. A 84r).

8. A gente reconhece o coração *comunial* de Teresa, sua união com toda a *Comunhão dos santos*. Cf. nossa introdução ao Manuscrito M, ponto 7.

9. Com irmã Genoveva, ajoelhadas diante da estátua da Virgem do Sorriso, no dia 11 de junho de 1895, Teresa pronunciou o texto desta Oferenda, que ela tinha sem dúvida começado a redigir desde o próprio dia 9 de junho.

10. Cf. João da Cruz. Carta à madre Eleonora de São Gabriel: "Quanto mais ele [Deus] quer dar, mais faz desejar".

11. Teresa escrevera originalmente: "desejos infinitos". Por sugestão de padre Lemonnier, consultado por madre Inês, ela aceitou corrigir para "imensos". (No primeiro manuscrito se reconhece, ainda, sob a rasura e a correção, a palavra "infinitos"). No Manuscrito M, Teresa falará somente de "meus desejos, minhas esperanças que tocam o infinito" (M 2v)...

12. Nessa época não havia, ainda, a comunhão *diária* no Carmelo de Lisieux.

13. No sentido de uma presença viva e plena, de uma tomada total de "posse de minha alma", como ela acaba de pedir.

14. Nobre atitude de Teresa, cheia de ternura por Jesus, Verbo divino, que, na união hipostática de sua Pessoa divina e de sua natureza humana, guarda por toda a eter-

vez, que imediatamente vosso *Divino Olhar* purifique minha alma, consumindo todas as minhas imperfeições como o fogo que transforma todas as coisas em si mesmo......

Sb 3,5-6
Mt 24,30

Jo 20,27
Gl 6,17

Agradeço-vos, ó meu Deus! por todas as graças que me concedestes, em particular por me terdes feito passar pelo crisol do sofrimento°[15]. É com alegria que vos contemplarei no último dia° levando o cetro da Cruz; visto que vos dignastes de me dar em partilha essa Cruz tão preciosa, espero no Céu assemelhar-me a vós e ver brilhar sobre meu corpo° glorificado[16] os sagrados estigmas° de vossa Paixão[17]...

Depois do exílio da terra, espero ir gozar de vós na Pátria, mas não quero amontoar méritos[18] para o Céu, quero trabalhar por vosso *Amor só*,

---

nidade seu coração humano e sua psicologia humana. Teresa é uma verdadeira "esposa" de Jesus (M 2v), tomando parte em todas as suas alegrias e também em todas as privações de honra e de amor que Lhe vêm da parte dos seres humanos. Mergulhada na sua provação da fé na existência do Céu, ela gritará: "se por impossível [que fosse] vós mesmo devíeis ignorar meu sofrimento, eu seria ainda feliz por possuí-lo se por ele pudesse impedir ou reparar uma só falta cometida contra *a Fé*..." (G 7r).

15. Cf. A 3r, de alguns meses antes: "Encontro-me numa época de minha existência em que posso lançar um olhar sobre o passado; minha alma amadureceu no crisol das provações exteriores e interiores".

16. "Glorificado", como o corpo glorificado de Jesus Ressuscitado, cuja ressurreição é o penhor da nossa.

17. Desejo cujo atendimento Teresa reserva para o "Céu".

18. Teresa reconhece a existência e o valor dos "méritos": os de Jesus, de Maria, de "todos os Santos que estão no Céu e na terra". Mas é Jesus, único Mediador em todos, que dá às suas "flores" "um valor infinito" (cf. M 4v). Teresa "oferece seus pobres méritos" em proveito da Igreja (G 33r). Para ela mesma, não quer "amontoar méritos", ela pede a Deus para "não contar suas obras" (pedido vão, pois Deus reconhece perfeitamente toda obra "sua" em "nossas" obras), ela trabalhará "com o único fim de dar prazer" a Deus e pensa em aparecer diante dele "de mãos vazias" porque "todas as nossas justiças têm manchas", como ela diz nesta *Oferenda*. Teresa busca a gratuidade total no amor, e este é seu maior mérito. Muitas vezes ela constatou, em sua época e em seu meio, uma certa mentalidade de segurança diante do "mérito", um certo espírito de proprietário, de contador espiritual, de cálculo. Ela quer sair cada vez mais de qualquer clima de comércio, expulsar de seu coração toda sombra de egoísmo e prestar homenagem à pura misericórdia divina. Assim ela se aproxima da concepção sadia do mérito, que é um dom que Deus quer pôr em nossas mãos. Como diz o Concílio de Trento (Decreto sobre a Justificação, cap. XVI, D 810): "A bondade de Deus em relação aos seres humanos é tão grande que ela quer que aquilo que é um dom dele seja nosso mérito". Quanto ao vocabulário utilizado nesse lugar da Oferenda, cf. ARM V, p. 144 (sublinhamos as palavras comuns): "O tempo em que o próprio ser humano pode satisfazer por seus pecados, *amontoar méritos*, aumentar sua *coroa* celeste, expira com a morte". Cf. A 46v-47r, onde ela evoca, na época de sua Oferenda, todos os benefícios recebidos do livro de Arminjon.

com o único objetivo de vos dar prazer, de consolar vosso Coração Sagrado[19] e de salvar almas que vos amarão eternamente.

Na tarde desta vida, aparecerei diante de vós de mãos vazias, pois não vos peço, Senhor, que conteis minhas obras. Todas as nossas justiças têm manchas° aos vossos olhos. Quero pois revestir-me de vossa própria *Justiça* e receber de vosso *Amor* a posse eterna de *Vós mesmo*. Não quero outro *Trono* e outra *Coroa* senão *Vós*, ó meu *Bem-Amado*!......   Is 64,5

Aos vossos olhos o tempo não é nada, um só dia é como mil anos°, podeis portanto num instante preparar-me para aparecer diante de vós...   Sl 89,4

A fim de viver num ato de perfeito Amor[20], EU ME OFEREÇO COMO VÍTIMA DE HOLOCAUSTO AO VOSSO AMOR MISERICORDIOSO, suplicando-vos que me consumais sem cessar, deixando transbordar em minha alma os rios° de *ternura infinita* que estão encerrados em vós e que assim eu me torne *Mártir* de vosso *Amor*, ó meu Deus!...   Jo 7,38

Que este *martírio* depois de me ter preparado para aparecer diante de vós me faça enfim morrer e que minha alma se lance sem demora no eterno abraço[21] de *Vosso Misericordioso Amor*...

Quero, ó meu *Bem Amado*, a cada batimento de meu coração, vos renovar este oferecimento um número infinito de vezes, até que as sombras estando dissipadas° eu possa vos redizer meu *Amor* num *Face-a-Face° Eterno*[22]!....   Ct 4,6
1Cor 13,12

      Maria, Francisca, Teresa do Menino Jesus e da Sagrada Face
                                      rel. carm. ind.

Festa da Santíssima Trindade.
9 de junho do ano da graça de 1895.

---

19. "De consolar vosso Coração Sagrado": as mesmas observações que nas notas 7 e 14.

20. "Um ato", um só, contínuo, e que Teresa quer manter ao renovar sua oferenda "a cada batimento de seu coração", como ela dirá.

21. Cf. ARM VII, p. 206 (sublinhamos as palavras comuns): "A vida eterna [...] são núpcias, núpcias em que a alma enlaçará seu Criador com um *abraço eterno*".

22. Cf. ARM VII, p. 201 (sublinhamos as palavras comuns): "E o Deus agradecido exclama: [...] é preciso que [...] eu me una àqueles por um *face a face eterno*". Esta passagem figura entre os textos de ARM copiados por Teresa na sua juventude. No pano de fundo, está evidentemente 1Cor 13 (o Hino à Caridade): "No presente vemos por um espelho e obscuramente; então veremos face a face". O oferecimento de Teresa prosseguirá eternamente no Céu, em plenitude.

ANEXOS

ANEXOS

Anexo 1

Amostras da escrita de Teresa

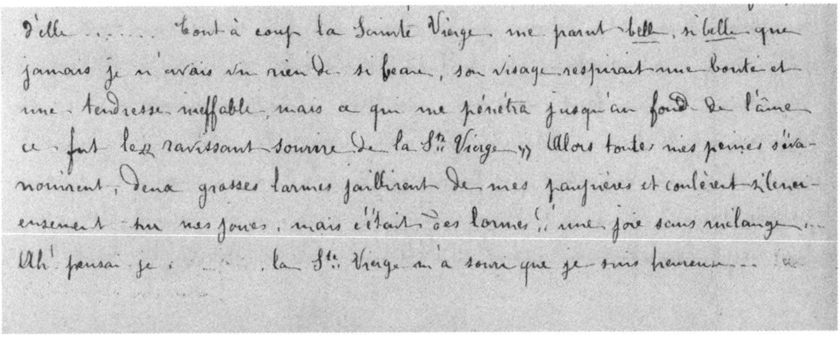
d'elle....... tout à coup la Sainte Vierge me parut belle, si belle que jamais je n'avais vu rien de si beau, son visage respirait une bonté et une tendresse ineffable, mais ce qui me pénétra jusqu'au fond de l'âme ce fut le « ravissant sourire de la Ste Vierge » Alors toutes mes peines s'évanouirent, deux grosses larmes jaillirent de mes paupières et coulèrent silencieusement sur mes joues, mais c'était des larmes d'une joie sans mélange... Ah! pensai-je, ... la Ste Vierge m'a souri que je suis heureuse...

A 30r

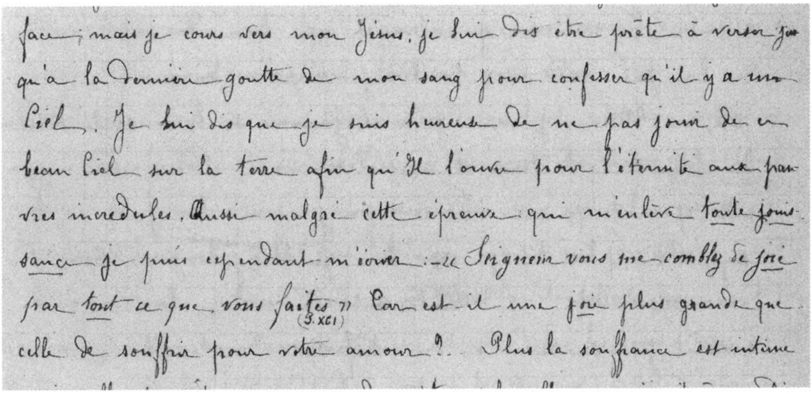
face; mais je cours vers mon Jésus, je lui dis être prête à verser jusqu'à la dernière goutte de mon sang pour confesser qu'il y a un Ciel. Je lui dis que je suis heureuse de ne pas jouir de ce beau Ciel sur la terre afin qu'Il l'ouvre pour l'éternité aux pauvres incrédules. Aussi malgré cette épreuve qui m'enlève toute jouissance je puis cependant m'écrier: « Seigneur vous me comblez de joie par tout ce que vous faites » (Ps. XCI) Car est-il une joie plus grande que celle de souffrir pour votre amour?.. Plus la souffrance est intime

G 7r

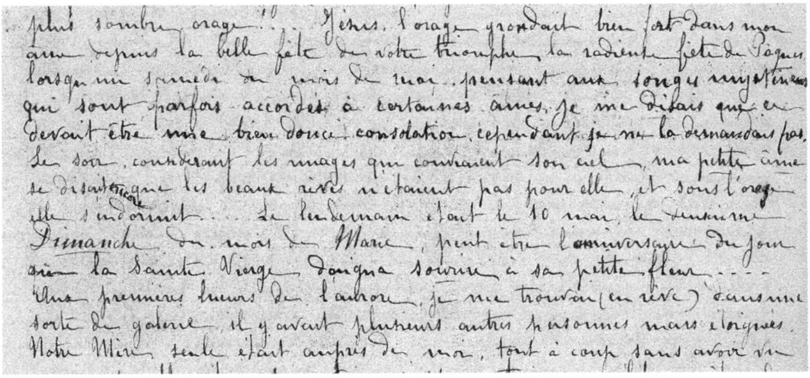
plus sombre orage!... Jésus, l'orage grondait bien fort dans mon âme depuis la belle fête de votre triomphe, la radieuse fête de Pâques lorsqu'un samedi du mois de mai, pensant aux songes mystérieux qui sont parfois accordés à certaines âmes, je me disais que ce devait être une bien douce consolation, cependant je ne la demandais pas. Le soir, considérant les nuages qui couvraient son ciel, ma petite âme se disait encore que les beaux rêves n'étaient pas pour elle, et sous l'orage elle s'endormit... Le lendemain était le 10 mai, le deuxième Dimanche du mois de Marie, peut-être l'anniversaire du jour où la Sainte Vierge daigna sourire à sa petite fleur.... Aux premières lueurs de l'aurore, je me trouvai (en rêve) dans une sorte de galerie, il y avait plusieurs autres personnes mais éloignées. Notre Mère seule était auprès de moi, tout à coup sans avoir vu

M 2r

Anexo 2

Horário do Carmelo de Lisieux

No tempo de Teresa, esse era o *horário de inverno*, de 14 de setembro até a Páscoa. [Da Páscoa até 13 de setembro, *horário de verão*, levantava-se uma hora mais cedo (às 4h45, portanto) e o mesmo acontecia com todos os exercícios da manhã até à recreação inclusive. Às 12h silêncio (sesta de uma hora ou tempo livre); às 13h o horário é o mesmo que no inverno.]

5h45	Levantar
6h	Oração silenciosa no coro
7h	Horas menores do ofício (prima, terça, sexta, nona)
8h	Missa e ação de graças (Domingo às 9h)
9h	Trabalho (sem a pequena refeição; no horário de verão exceto nos dias de jejum: sopa)
10h50	Exame de consciência no coro
11h	Refeição (45 minutos — intervalo)
12h	Recreação (para as irmãs designadas: lavação da louça durante cerca de meia hora)
13h	Trabalho
14h	Vésperas no coro
14h30	Leitura espiritual. Mas, durante a semana, para as noviças (para Teresa, portanto, durante toda a sua vida religiosa): reunião no noviciado; leitura de um livro e/ou explicação da Regra e das Constituições e regulamentos.
15h	Trabalho
17h	Oração silenciosa no coro
18h	Colação (30 minutos — intervalo)

18h45	Recreação (lavagem de louça)
19h40	Completas
20h	Grande silêncio (tempo livre)
21 h	Matinas e laudes (de 75 a 100 minutos, segundo as festas litúrgicas)
	Exame de consciência (10 minutos)
	Leitura do ponto de meditação para o dia seguinte.
22h30/23h	Deitar

Anexo 3

Genealogia da família Martin

A. Lado paterno

> *Avô:* Capitão Pierre-François Martin, nascido em Athis-de-l'Orne (Orne) em 16 de abril de 1777, falecido em Alençon em 26 de junho de 1865. Casamento em Lyon em 4 de abril de 1818.
>
> *Avó:* Marie-Anne-Fanie Boureau, nascida em Blois em 12 de janeiro de 1800, falecida em Valframbert (Orne) em 8 de abril de 1883.

Seus filhos:

1) Pierre Martin, nascido em Nantes em 29 de julho de 1819, desapareceu num naufrágio em data desconhecida.

2) Marie-Anne Martin, nascida em Nantes em 18 de setembro de 1820 (casou-se com François-Marie Burin em 8 de outubro de 1838), falecida em Argentan em 19 de fevereiro de 1846.

3) **Louis-Joseph-Aloys-Stanislas Martin (pai de Teresa)**, nascido em Bordeaux em 22 de agosto de 1823 (casou-se com Zélie Guérin em 13 de julho de 1858 em Alençon), falecido em Saint-Sébastien-de-Morsent (onde se encontra a propriedade de La Musse), em 29 de julho de 1894.

4) Anne-Françoise Fanny Martin, nascida em Alençon em 10 de março de 1826 (casou-se em 11 de abril de 1842 com François-Adolphe Leriche, que morre em 25 de maio de 1843; casou-se de novo em 26 de fevereiro de 1849 com François-Marie Burin, seu cunhado viúvo), falecida em Fécamp em 9 de outubro de 1853.

5) Anne-Sophie Martin, nascida em Alençon em 7 de novembro de 1833, falecida em 23 de setembro de 1842.

> *P.S.:* Teresa, portanto, não conheceu nenhum de seus tios e tias do lado paterno, e a avó somente até seus dez anos.

B. Lado materno

> *Avô:* Isidore Guérin, nascido em Saint-Martin-l'Aiguillon (Orne) em 6 de julho de 1789, falecido em Alençon em 3 de setembro de 1868. Casou-se em Pré-en-Pail em 5 de setembro de 1828.
>
> *Avó:* Louise-Jeanne Mace, nascida em Pré-en-Pail em 11 de julho de 1804, falecida em Alençon em 9 de setembro de 1859.

Seus filhos:

1) Marie-Louise-Pétronille Guérin, nascida em Gandelain em 31 de maio de 1829, falecida como visitandina (soeur Marie-Dosithée = irmã Maria Dositéia) no Mans em 24 de fevereiro de 1877.

2) **Azélie-Marie (Zélie) Guérin (mãe de Teresa)**, nascida em Gandelain em 23 de dezembro de 1831 (casou-se com Louis Martin em 13 de julho de 1858 em Alençon), falecida em Alençon em 28 de agosto de 1877.

3) Marie-Victor-Isidore [Isidoro] Guérin, nascido em Gandelain em 2 de janeiro de 1841, falecido em 28 de setembro de 1909.

   Isidoro casou-se em Lisieux em 11 de setembro de 1866 com Elisa (Celina) Fournet, nascida em 15 de março de 1847 em Lisieux, falecida em 13 de fevereiro de 1900 em Lisieux.

Filhos de Isidoro e Elisa:

1) Jeanne, nascida em Lisieux em 24 de fevereiro de 1868 (casou-se em 1º de outubro de 1890 com o doutor Francis La Néele [1858-1916]. Não terão filhos). Falecida em 25 de abril de 1938 em Nogent le Rotrou.

2) Marie, nascida em Lisieux em 22 de agosto de 1870 (no Carmelo de Lisieux é soeur Marie de l'Eucharistie = irmã Maria da Eucaristia), falecida em 14 de abril de 1905.

3) Um filho (Paul) nasceu morto em Lisieux em 16 de outubro de 1871.

Anexo 3

C. *Teresa e seus irmãos e irmãs*

1) Marie-Louise [Maria Luísa], nascida em 22 de fevereiro de 1860, falecida em 19 de janeiro de 1940. (No Carmelo de Lisieux: soeur Marie du Sacré-Coeur = Irmã Maria do Sagrado Coração.)

2) Pauline [Paulina], nascida em 7 de setembro de 1861, falecida em 28 de julho de 1951. (No Carmelo de Lisieux: soeur, depois mère, Agnès de Jésus = irmã, depois madre, Inês de Jesus.)

3) Léonie [Leônia], nascida em 3 de junho de 1863, falecida em 16 de junho de 1941. (Na Visitação de Caen: soeur Françoise-Thérèse = irmã Francisca Teresa.]

4) Hélène [Helena], nascida em 13 de outubro de 1864, falecida em 22 de fevereiro de 1870.

5) Joseph-Louis [José Luís], nascido em 20 de setembro de 1866, falecido em 14 de fevereiro de 1867.

6) Joseph-Jean-Baptiste [José João Batista], nascido em 19 de dezembro de 1867, falecido em 24 de agosto de 1868.

7) Céline [Celina], nascida em 28 de abril de 1869, falecida em 25 de fevereiro de 1959. (No Carmelo de Lisieux: soeur Geneviève de la Sainte-Face = irmã Genoveva da Sagrada Face.)

8) Mélanie-Thérèse [Melânia Teresa], nascida em 16 de agosto de 1870, falecida em 8 de outubro de 1870.

9) Marie-Françoise-Thérèse [Maria Francisca Teresa], nascida em 2 de janeiro de 1873, falecida em 30 de setembro de 1897. (No Carmelo de Lisieux, onde entrou em 9 de abril de 1888, soeur Thérèse de l'Enfant-Jésus e de la Sainte-Face = irmã Teresa do Menino Jesus e da Sagrada Face.)

P.S.: Todos os filhos de Martin nasceram em Alençon (na rua da Ponte Nova, n. 15, exceto Teresa, que nasceu da rua São Braz, n. 36) e têm como primeiro nome Marie, mesmo os dois Joseph.

Anexo 4

Cronologia

1873:

Quinta-feira, 2 de janeiro: Nascimento de Teresa em Alençon.

Sábado, 4 de janeiro: Batismo na igreja Notre-Dame.

Sábado, 15 ou domingo, 16 de março: Partida para a ama-de-leite em Semallé.

1874 – Um ano:

Quinta-feira, 2 de abril: Volta definitiva a Alençon.

1875 – Dois anos:

Segunda-feira, 29 de março: Viagem de trem com sua mãe ao Mans, para visitar sua tia religiosa da Visitação.

Desde a idade de dois anos: "Serei religiosa" (A 6r).

1877 – Quatro anos:

Sábado, 24 de fevereiro: Morte de sua tia visitandina.

Sexta-feira, 18 a quarta-feira, 23 de junho: Peregrinação da senhora Martin a Lourdes, com Maria, Paulina e Leônia, para obter sua cura.

Quarta-feira, 28 de agosto: Morte da senhora Martin, a 0h30.

Quinta-feira, 15 de novembro: Mudança para os "Buissonnets" em Lisieux.

1878 – Cinco anos:

De segunda-feira, 17 de junho a terça-feira, 2 de julho: Sr. Martin em Paris, com Maria e Paulina, para visitar a Exposição. Teresa é confiada à tia Guérin.

Quinta-feira, 8 de agosto: Vê o mar pela primeira vez, em Trouville.

1880 – Sete anos:
Começo do ano ou final do precedente: Primeira confissão.

1881 – Oito anos:
Segunda-feira, 3 de outubro: Entra como semi-interna na abadia beneditina de Lisieux.

1882 – Nove anos:
Segunda-feira, 2 de outubro: Sua irmã Paulina entra no Carmelo de Lisieux.

1883 – Dez anos:
Domingo de Páscoa, 25 de março: Teresa fica doente na casa dos Guérin.
Domingo, 8 de abril: Morte de sua avó Martin.
Domingo, 13 de maio, Pentecostes: Sorriso da Santíssima Virgem. Cura súbita de Teresa.
Segunda-feira, 20 até quinta-feira, 30 de agosto: Férias em Alençon.

1884 – Onze anos:
Quinta-feira, 8 de maio: Primeira comunhão na abadia. Profissão de Paulina, irmã Inês no Carmelo.
Sábado, 14 de junho: Confirmação por dom Hugonin na abadia.
Agosto: Férias em Saint-Ouen-le-Pin.

1885 – Doze anos:
Domingo, 3 ou sexta-feira, 10 de maio: Na praia, em Deauville.
Julho: Férias em Saint-Ouen-le-Pin.
Sábado, 22 de agosto ou sábado, 10 (ou 17?) de outubro: Viagem do Sr. Martin a Constantinopla (sete semanas).

1886 – Treze anos:
Fevereiro-março: Teresa definitivamente retirada da abadia.

Anexo 4

Começo de outubro: Viagem com o pai e as irmãs a Alençon.
Sexta-feira, 15 de outubro: Entrada de Maria no Carmelo de Lisieux.
Sábado, 25 de dezembro, Natal: Graça de sua "conversão".

1887 – Quatorze anos:

Domingo, 29 de maio, Pentecostes: Teresa obtém de seu pai a permissão para entrar no Carmelo.
Segunda-feira, 20 até domingo, 26 de junho: Férias em Trouville.
Verão: "Conversas do Belvedere" com Celina. Orações para a conversão de Pranzini.
Segunda-feira, 31 de outubro: Teresa em Bayeux, com dom Hugonin.
Sexta-feira, 4 de novembro até sexta-feira, 2 de dezembro: Viagem a Paris, à Suíça, à Itália, a Roma.

1888 – Quinze anos:

Segunda-feira, 9 de abril, Festa da Anunciação: Entrada de Teresa no Carmelo.
Sábado, 23 a terça-feira, 27 de junho: Fuga do senhor Martin para Havre.

1889 – Dezesseis anos:

Quinta-feira, 10 de janeiro: Tomada de hábito. Ela acrescenta "da Sagrada Face" ao seu nome religioso "Teresa do Menino Jesus".
Terça-feira, 12 de fevereiro: Sr. Martin é hospitalizado em Caen.

1890 – Dezessete anos:

Segunda-feira, 8 de setembro, Festa da Natividade de Maria: Profissão (perpétua) de Teresa.
Quarta-feira, 25 de dezembro, Natal: Rescisão do contrato de aluguel dos "Buissonnets".

1891 – Dezoito anos:

Segunda-feira, 24 de novembro: Tricentenário da morte de são João da Cruz.

Sábado, 5 de dezembro: Morte de madre Genoveva, fundadora do Carmelo de Lisieux.

1892 – Dezenove anos:

Sábado, 2 a quinta-feira, 7 de janeiro: Epidemia de influenza, três irmãs da comunidade morrem.

Terça-feira, 10 de maio: Depois de três anos em Caen, o senhor Martin, enfermo, é reconduzido a Lisieux, para a casa dos Guérin.

Quinta-feira, 12 de maio: Última visita do Sr. Martin a suas filhas carmelitas; suas únicas palavras: "Au Ciel! [No Céu]".

1893 – Vinte anos:

Segunda-feira, 20 de fevereiro: Irmã Inês eleita priora.

Setembro: Teresa obtém permissão de permanecer no "noviciado".

1894 – Vinte e um anos:

Janeiro: Sua primeira peça de teatro, sobre Joana d'Arc, para a festa da priora, em 21 de janeiro.

Domingo, 27 de maio: Paralisia e extrema-unção [unção dos enfermos] do Sr. Martin.

Sábado, 16 de junho: Entrada de Maria da Trindade no Carmelo.

Sexta-feira, 19 de julho: Morte do Sr. Martin em Saint-Sébastien-de-Morsent (onde se encontra a propriedade de La Musse).

Sexta-feira, 14 de setembro: Entrada de sua irmã Celina no Carmelo.

1895 – Vinte e dois anos:

Durante o ano: Manuscrito autobiográfico A.

Domingo, 9 de junho, Festa da Santíssima Trindade: Oferenda dela mesma ao Amor Misericordioso.

Quinta-feira, 15 de agosto: Entrada de sua prima Maria Guérin no Carmelo de Lisieux, Maria da Eucaristia.

ANEXO 4

Quinta-feira, 17 de outubro: Madre Inês pede a Teresa para rezar pelo padre Maurice Bellière, seu primeiro "irmão espiritual".

1896 – Vinte e três anos:

Segunda-feira, 24 de fevereiro: Profissão de sua irmã Celina, irmã Genoveva.

Sábado, 21 de março: Eleição difícil de madre Maria de Gonzaga como priora. Teresa é confirmada no seu papel de mestra auxiliar das noviças.

Sexta-feira, 3 de abril, Sexta-Feira Santa: Primeira hemoptise, repetida à tarde.

(Por volta de?) domingo, 5 de abril, Páscoa: Teresa entra na sua "provação da fé", que durará até sua morte.

Sábado, 30 de maio: Madre Maria de Gonzaga lhe confia um segundo "irmão espiritual", padre Adolfo Roulland.

Terça-feira, 8 de setembro: Começo do Manuscrito M, para irmã Maria do Sagrado Coração.

Sábado, 21 de novembro: Novena para obter a cura de Teresa em vista de sua possível partida para um Carmelo na Indochina; recaída definitiva.

1897 – Vinte e quatro anos:

Começo de abril: Fim da Quaresma, Teresa fica gravemente doente.

Terça-feira, 6 de abril: Começo de suas "Últimas conversas", registradas por madre Inês.

Segunda-feira, 19 de abril: Leo Taxil revela suas imposturas acerca de "Diana Vaughan", em quem Teresa acreditou por muito tempo.

Quinta-feira, 3 de junho: Começo do Manuscrito autobiográfico G, para madre Maria de Gonzaga.

Quinta-feira, 8 de julho: Teresa é descida à enfermaria.

Sexta-feira, 30 de julho: Hemoptises contínuas, sufocações. Às 18 horas, ela recebe a extrema-unção [unção dos enfermos] e o viático.

Quinta-feira, 30 de setembro: Por volta de 19h20, Teresa morre. Suas últimas palavras: "Meu Deus, eu vos amo!..."

Segunda-feira, 4 de outubro: Inumação no cemitério de Lisieux.

Depois de sua morte:

20 de outubro de 1898: Aparece a *História de uma alma*, em 2.000 exemplares. Será preciso, a cada ano, uma reedição.

1910: Abertura do processo de beatificação. Pequeno Processo dos Escritos; Processo do Ordinário.

1915-1917: Processo Apostólico.

29 de abril de 1923: Beatificação por Pio XI.

17 de maio de 1925: Canonização em São Pedro de Roma por Pio XI.

14 de dezembro de 1927: Pio XI proclama Teresa padroeira principal das missões, ao lado de são Francisco Xavier.

2 de junho de 1980: O papa João Paulo II peregrino em Lisieux.

30 de setembro de 1997: Primeiro centenário da morte de Teresa.

19 de outubro de 1997, domingo das missões: Teresa é proclamada doutora da Igreja pelo papa João Paulo II.

20 de outubro de 1998: Primeiro centenário do aparecimento de *História de uma alma*.

Anexo 5

Lista dos pontos-e-vírgulas introduzidos por nós no texto de Teresa

Manuscrito A

A 2v: veste batismal; ibid.: a mais sublime; A 3r: sobre o passado; A 3v: esconder os seus benefícios; A 4r: minha vida de criança; ibid.: bem distintos; A 5r: 5 h ½; ibid.: mais na minha cama; ibid.: comigo; A 5v: se comportasse bem; ibid.: ao seu Pai; continuação de A 4v: fazer como ela; A 6v: gargalhadas com ela; A 7r: voltar da Visitação; A 7v: e partimos; A 8r: minha caminha; ibid.: despertar sua mamãe; ibid.: "beijar a terra"; A 9r: ela a pega; A 9v: segui-la; A 10r: sem mais cerimônia; ibid.: toda a minha vida; A 10v: sozinha no jardim; A 11r: com Celina; A 11v: na volta; ibid.: nunca se queixar; A 12r: minha vida agradável; ibid.: na terra; ibid.: respondi-lhe; A 12v: esconder de mim; A 13v: um grau a menos; A 14r: fingia beber; ibid.: jogar fora o conteúdo; ibid.: no muro; A 15r: encontrávamos; ibid.: sorrir para mim; A 15v: rindo; ibid.: fizesse a oração; ibid.: da cozinha; A 16v: dizer os meus pecados; ibid.: ficar de pé; A 18r: buscar-nos; A 18v: quarto afastado; ibid.: única imperfeição; ibid.: tivésseis proibido; ibid.: não quer"; A 19r: mais ternura ainda; ibid.: felizes; A 19v: recompensas merecidas; A 20r: se voltar; ibid.: me encontrava; ibid.: coisa de extraordinário; A 20v: aspecto de Papai; ibid.: 6 a 7 anos; A 21r: causava admiração; A 21v: sem cessar; ibid.: acreditava nisso; A 22r: de minha vida; ibid.: de minha idade; A 23r: alegrias da família; ibid.: pequenas Maudelonde; ibid.: pequena Maria; A 23v: público indiscreto; ibid.: os carros; A 24r: cada vez mais; A 24v: nossos brindes; ibid.: seu quarto; A 25r: para Celina; ibid.: ia fazer; ibid.: nova vida; ibid.: com ela; ibid.: da minha; A 25v: era a vida; A 26r: muito bela; ibid.: chamado Divino; ibid.: ficar sozinha; A 26v: muito gentil; ibid.: nenhuma atenção; A 27r: do demônio; A 27v: me fez chorar; ibid.: para dormir; A 28v: não pensava; A 29r: bons para mim; ibid.: idiota; A 30r: da janela; ibid.: mais do que eu; ibid.: seus favores; ibid.: tão prementes; A 31r: teria no Carmelo; A 32r: inspiração Celeste; A 32v: sem nuvens; A 33r: passava em mim; A 33v: comunidades religiosas; ibid.: grande afeição; A 34r: mestra camareira; ibid.: os ofícios; ibid.: dos missionários; A 35r: sacrifícios; A 35v: da terra; A 36r: melancolia; ibid.: Papai e Maria; ibid.: primeira comunhão; A 36v: alegria somente nele; ibid.: *doçura* inefável; A 37r: minha idade; ibid.: debaixo das árvores; ibid.: literalmente; A 37v: os recreios; ibid.: muito tímida; ibid.: como uma graça; A 38r: incompreendido; ibid.: da terra"; A 38v: um membro; A 39v: ficar doente; ibid.: de solteirona; ibid.: da família; A 40v: Stos. Anjos; ibid.: lição de costura; A 41r: bem só; A 41v: estivesse morta; ibid.: Constantinopla; A 42r: 12 anos e meio; ibid.: fez chorar; A 42v: castiçais; A 43v: entre elas; A 44r: bem imperfeita; A 44v: tudo diferente; ibid.: inesquecível de Natal; A 45r: muito minha felicidade; ibid.: inocentes alegrias; A 45v: meios imagináveis; A 46r: meu pecador; A 47r: tradicional; A 48r: pegadas de Jesus; A 48v: seu Deus; A 49r: sua misericórdia; ibid.: era o Carmelo; A 49v: lhe pedia; ibid.: viver; A 50r: molhados de lágrimas; ibid.: suas filhas; ibid.: nosso passeio; A 51r: de 15 anos; ibid.: a meu tio; ibid.: amarga; A 51v: comigo; A 52r: friamente; ibid.: viagem a Bayeux; A 54v: no seu gabinete; ibid.: *eloqüentemente* possível; A 55r: alegrar-me; A 57v: suas duas filhas; ibid.: ser carmelita; ibid.: de uma montanha; A 60r: vida oculta; A 61r: *eu buscava*; A 62r: AO PAPA"; ibid.: padres da romaria; A 63v: fazer-me levantar; A 65r: de tanto luxo; ibid.: num palácio; A 65v: irmã de Sta. Clara; ibid.: meu cinto; ibid.: me ajudou; ibid.: num canto; ibid.: distintos da romaria; A 67r: palmeiras graciosas...; A 68r: ao lado dele; A 68v: *fiz nenhuma*; A 69r: sua bênção; A 70r: enchia a minha alma; A 71r: conhecê-los; A 71v: desapareceram; ibid.: perfeição; A 73r: de ramos; A 73v: na minha alma; ibid.: amor próprio; A 74r: da sua; ibid.: compreender melhor a perfeição; ibid.: necessidade muito grande; A 74v: esconder nada; A 75r: na terra; ibid.: liberalidade; A 75v: uma prova; A 76v: a minha; ibid.: minha tentação; A 77r: casamento de Joana; A 78r: recebido *nenhuma*; A 78v: leves movimentos; ibid.: alguma relíquia; ibid.: um diamante; A 79r: lhe pertencera; ibid.: gravemente doente; ibid.: das celas; A 80v: exprimi-las; A 81r: a vós em tudo; A 81v: campos de Alençon; A 82v: da irmã; A 84r: desconhecido, rejeitado.

Manuscrito G

G 1v: não é assim; G 2r: insensível a eles; G 2v: o mínimo escrito; G 3v: bem fácil; ibid.: desviasse vossos cordeirinhos; G 5r: esperar por muito

Anexo 5

tempo; G 7r: bravamente; G 9r: amo minhas irmãs; G 9v: infância religiosa; G 10r: bem fiel; ibid.: ser de fato; ibid.: um obstáculo; G 10v: surpresa inesperada; ibid.: até o fim; G 11r: são felizes; G 11v: a caridade; G 13r: ao presépio; ibid.: bem contente; G 13v: bela virtude; ibid.: nas obras; G 15r: idéia luminosa; G 16r: dilatar o meu coração; G 16v: é necessário; G 18v: profundezas da caridade; G 19v: sem as obras; G 20r: ao menos dois; G 21r: meta desejada; ibid.: um sábado; G 23r: o mais difícil; G 28r: perfeitas no Céu; G 30v: seu banco; G 31r: queria me dar; G 31v: sonho realizar-se; G 32r: amar a Deus mais; G 33r: como uma criança; G 33v: meios complicados; G 34r: à minha; G 34v: audaciosa convosco; G 35r: cumulastes a minha; ibid.: que fique; G 36r: perfumes de seu Bem-Amado; G 36v: que me lanço; ibid.: Madalena.

Manuscrito M

M 1r: vossa filhinha; ibid.: no segredo; M 2r: junto de mim; M 2v: de Mártir; M 4r: das suas palavras; M 4v: valor infinito; M 5r: que o envolvem.

Anexo 6

Autores principais

Remetemos sempre à *página*, mesmo quando se trata de notas. Na mesma página (texto de Teresa e/ou notas) o autor às vezes é citado em várias ocasiões.

1. IMITAÇÃO DE CRISTO: 109, 121, 128, 131, 133, 136, 143, 148, 184, 202, 234, 237, 242, 249

2. SÃO JOÃO DA CRUZ: 26, 86, 95, 102, 110, 123, 130, 131, 133, 179, 181, 186, 187, 201, 202, 205, 208, 222, 238, 239, 240, 252, 253, 258, 265, 269, 278, 281, 282, 300, 304, 305, 308, 309, 313, 315, 316, 317, 319, 320, 329

3. SANTA TERESA D'ÁVILA: 47, 63, 86, 101, 111, 149, 174, 186, 222, 229, 244, 246, 247, 270, 272, 274, 277, 282, 303, 305, 308, 315, 317

4. CÔNEGO ARMINJON (ARM): 26, 50, 78, 124, 127, 128, 131, 133, 134, 140, 173, 197, 205, 222, 234, 235, 236, 237, 258, 278, 281, 310, 330, 331

Anexo 7

Notas-chave desta edição

Remetemos, aqui, a certas notas mais importantes ou a explicações dadas nas diferentes introduções do presente volume. Indicamos sempre a *página*. No lugar indicado, muitas vezes se remete a outras notas. Para as palavras utilizadas pela própria *Teresa*, indica-se o excelente instrumento de trabalho *Les mots de sainte Thérèse de l'Enfant-Jésus et de la Sainte-Face. Concordance générale*, estabelecida por irmã Genoveva, irmã Cecília e Jacques Lonchampt, Paris, Cerf, 1996.

A
Abandono: 303, 312
Águia: 296, 316
Agora: 227
Alegria: 224, 303
Amor (a Deus): 294-297
Apostólico (zelo): 225, 237-238, 275, 276, 281, 293-294
Arminjon (Cônego): 50, 129-355

B
Belliére (padre): 274
Belvedere (conversas do): 131
Brinquedo: 162
Buissonnets (Os): 68

C
Caridade (de Deus): 125, 311
Caridade fraterna: 219, 245
Cela: 172
Céu: 234
Ciência do amor: 303
Comunhão dos Santos: 300-301, 314-316

Confiança: 283, 297-299, 312, 316
Consolar: 329
Coro: 172

D
Delatrotte (padre): 139
Demônio: 62, 94
Descrença: 234, 236-237
Desejos: 197, 204, 297-299, 309-311, 324, 329

E
Educadora (Teresa): 141, 225, 231, 245, 258
Elevador: 230
Escritora (Teresa): 37-41, 218-221, 228
Escritura Sagrada: 202, 231, 313
Espírito Santo: 110, 256, 301
Eucaristia: 109, 233, 295, 319

F
Face (Sagrada): 176

Família: 51, 339-341
Fazer o bem: 239
Fé: 234-239, 297-300, 316
Flor: 37, 135, 316
Fraqueza: 195-196, 298-299

G
Genoveva (madre): 66, 189-191
Glória (do Céu): 314

H
Holocausto: 328
Humildade: 305-306, 313, 316

I
Igreja: 237-238, 297-299, 300-301, 314-316
Inês (madre): 90, 147, 195-196
Inspiração: 35-39, 133, 202, 292, 296
Introdução ao Manuscrito A: 28-45
Introdução ao Manuscrito G: 214-225
Introdução ao Manuscrito M: 288-302

J
Jesus: 203, 294-296, 299, 316, 329
João da Cruz (são): 102, 202, 345
Justiça: 203

L
Leônia: 93, 121
Lisieux: 69, 82
Liturgia: 61, 74-75, 172

M
Mãe (Zélia Martin): 28-30, 55
Maria (irmã do Sagrado Coração): 54
Maria (Santíssima Virgem): 48, 96, 116-117, 137, 207
Maria de Gonzaga (madre): 90, 173, 196, 227, 231
Martírio: 310
Méritos: 330
Mesa dos pecadores: 238
Mestra das noviças: 231, 261, 264
Misericórdia (de Deus): 33-35, 47, 176, 203-205, 208, 223-224, 312-313
Missões: 199, 242-243, 273-275
Morrer de amor: 239, 326
Morte: 240

O
Obediência: 216-217, 307
Obras: 297, 303, 314-316
Oceano: 278
Oferenda (ao Amor Misericordioso): 33-36, 203-204, 323-331
Oração: 33-35, 131, 223-225, 265, 272, 281, 288, 315-316

P
Padres: 149, 273
Pai (Luís Martin): 50, 78-79, 80, 169, 176-177, 179-180
Pecadores: 283
Pensamentos: 33-34, 37-39
Pequenas almas: 306

Pequenas coisas: 270, 297
Pequena Via: 229-230, 312-313, 320, 328
Pequeno pássaro: 316-320
Pintura: 197, 252
Poesias: 196
Pranzini: 126
Presença de Deus: 33-34, 43-45, 223-225
Prisão/prisioneira: 167
Profissão: 186
Prou (padre): 194

R
Reciprocidade (de amor): 246, 297-299, 316
Reparar: 238
Revelar: 133, 292-293
Révérony (padre): 144

Rosa (Pequena Rosa, Taillé): 56

S
Segredos (de Jesus): 292-293
Sentimentos: 227, 303
Sonhos: 307-308

T
Taxil (Leo): 234
Tomada de hábito: 98, 177
Tomada de véu: 188
Transformação: 280-281, 299, 313-314, 323-324
Trindade: 294-296, 316

V
Vaughan (Diana): 234
Vítima: 320
Vontade (de Deus): 216-217

Rua Dona Inácia Uchoa, 62
04110-020 – São Paulo – SP (Brasil)
Tel.: (11) 2125-3500
paulinas.com.br – editora@paulinas.com.br
Telemarketing e SAC: 0800-7010081